소송실무자료

2024년 최신판

다문화가정[이혼·혼인] 실무

편저 : 법률연구회

법률정보센터

목 차

제1장 국제혼인

제1절 국제혼인

1. 준거법 ·· 1
   가. 혼인의 실질적 성립요건 ·· 1
   나. 혼인의 형식적 성립요건(방식) ·· 1

2. 우리나라에 창설적 신고를 하는 경우 ··· 2
   가. 등록관의 심사 ··· 2
      (1) 혼인의 실질적 성립요건 ·· 2
      (2) 혼인의 방식 ·· 3
  [선례 1] 혼인신고서상 증인적격문제 ··· 3
[예규 1] 성년증인 2명의 연서(연서)와 날인이 없는 혼인신고서의 수리가부 ················ 4
   나. 혼인의 성립시기 ··· 5

3. 외국에서 혼인이 성립한 경우 ··· 5
   가. 증서등본의 제출 ··· 5
[예규 2] 외국에 거주하고 있는 한국인의 가족관계등록신고절차 등에 관한 사무처리지침 ·········· 6
  [선례 2] 우리나라 여자가 일본인과 일본에서 일본방식에 의하여 혼인을 한
         경우의 혼인증서 제출방법 ·· 8
  [선례 3] 일본방식에 의한 수리사실이 기재된 혼인신고서 등본을 혼인증서로써
         제출한 경우에는 접수처리하여야 한다. ·· 9
  [선례 4] 한국인 남자와 일본인 여자가 일본국 관공서에 혼인신고를 하고
         혼인신고서(혼인계)등본을 첨부한 경우 이를 수리하여야 하는지 여부 ··········· 9

2 목   차

   나. 등록관의 심사 ··· 10
     (1) 혼인의 실질적 성리요건 심사 ·· 10
[예규 3] 한국인과 외국인 사이의 국제혼인 사무처리지침 ··· 10
     (2) 중혼의 경우 ··· 13
[예규 4] 중혼에 관한 가족관계등록사무 처리지침 ··· 13
[예규 5] 재일동포인 혼인한 남자가 다시 일본 여자와 혼인하였다는
    혼인증서의 등본을 제출한 경우 ·· 18
   다. 혼인의 성립시기 ··· 18

4. 혼인신고서의 기재와 첨부서류 ·· 18
   가. 혼인신고서의 기재사항 ·· 18
[예규 6] 부모의 혼인으로 인하여 준정되는 사람의 처리 ··· 20
   나. 첨부서류 ··· 21
     (1) 공통서류 ··· 21
[예규 7] 외국인 또는 가족관계등록부가 없는 사람 등과의 혼인신고가 있는 경우의 사무처리지침 ···· 21
[예규 8] 기록대상자가 외국인인 경우의 기록방법에 관한 예규 ································· 22
     (2) 우리나라에서 창설적 혼인신고를 하는 경우 ······································ 23
     (3) 외국 혼인증서 등본을 제출하는 경우 ·· 23
[예규 9] 자녀의 성과 본에 관한 가족관계등록사무 처리지침 ····································· 24
   다. 증서등본과 등록부에 기록된 당사자의 성명이 일치하지 않는 경우 ············· 25
[예규 10] 한국인과 외국인 사이의 국제혼인 사무처리지침 ··· 25
 [선례 5] 국제가족관계등록사건의 신고를 수리하는데 있어서 외국증서와 가족관계등록부에
    각 기재된 당사자의 성명이 불일치하는 경우 그 동일성을 증명하는 서면의 첨부에
    대한 구체적인 기준 ·· 28
   라. 가족관계등록부 부존재자 또는 불명자인 경우 ·· 28

5. 등록부의 기록 ·· 29
   가. 혼인 외의 출생자의 준정 기록 ·· 29
[예규 11] 부모의 혼인으로 인하여 준정되는 사람의 처리 ··· 30

나. 혼인에 따른 친권자 지정의 실효 및 종료 ··································· 31

[예규 12] 친권자의 지정 또는 변경에 관한 가족관계등록사무 처리지침 ··············· 31

다. 배우자가 가족관계등록부 부존재자 또는 불명자인 경우 ······················· 32
라. 배우자가 외국인인 경우 ··· 32
    (1) 원칙 ··· 32

[예규 13] 외국인 또는 가족관계등록부가 없는 사람 등과의 혼인신고가 있는 경우의 사무처리지침 ···· 33
[예규 14] 기록대상자가 외국인인 경우의 기록방법에 관한 예규 ····················· 33
[예규 15] 외국의 국호, 지명 및 인명의 표기에 관한 사무처리지침 ···················· 34
[예규 16] 한국인과 외국인 사이의 국제혼인 사무처리지침 ···························· 39
    (2) 1998년 6월 14일 전에 혼인한 경우 - 혼인으로 인한 국적취득 ··········· 42

마. 외국인 또는 가족관계등록부 부존재자 등과 혼인신고 후의 등록부 존재신고 ········ 43

[예규 17] 가족관계등록이 되어 있지 않은 처가 가족관계등록부 존재신고를 한 때에 종전의
    혼인신고서가 보존되어 있지 아니한 경우의 처리 ····························· 44
[예규 18] 한국인과 외국인 사이의 가족관계등록 신고서류의 처리절차 예규 ············· 45

6. 외국인 배우자에 관한 기록의 정정 ·· 45

가. 출생연월일, 국적, 외국인등록번호, 성별 등의 기록이 누락된 경우 ·················· 45

[예규 19] 기록대상자가 외국인인 경우의 기록방법에 관한 예규 ····················· 46
[예규 20] 재외국민 가족관계등록사무소의 업무 및 가족관계등록관의 등록사무 처리에 관한 지침 ······ 46

나. 혼인으로 인한 배우자의 성(姓)변경 ·· 53
    (1) 본국법에 따라 변경된 외국인 배우자의 성으로 혼인신고 한 경우 ··········· 53

[선례 6] 태국인 갑녀가 한국인 을남과 태국에서 태국방식으로 혼인을 하고 자녀를 출산한
    후에 태국에서 태국법령의 절차에 따라 개명을 한 상태에서 을남이 혼인증서등본에
    의한 혼인신고와 출생한 자녀에 대한 출생신고를 한 경우, 혼인신고서 및 출생
    신고서에 기재된 갑녀의 성명(성은 을남의 성을 따르고 이름은 개명한 이름)과
    혼인증서등본에 기재된 갑녀의 성명(혼인 및 개명 전의 성과 이름)이 서로
    다를 때 가족관계등록부에 기록할 갑녀의 성명 ································· 54

[선례 7] 한국인 남자와 일본인 여자가 일본국 방식에 의하여 혼인을 하여
    그 혼인계와 일본법에 따라 일본인 여자의 성이 한국인 남자의 성으로
    변경되었다는 내용의 수리증명서를 첨부하여 혼인신고를 하였을 경우

　　　　　　이를 수리하여 호적기재를 하여야 하는지 ··· 56
　　　　(2) 혼인신고 후 일본법에 따라 변경된 성으로 정정할 수 있는지 여부 ················ 56
　　[선례 8] 한국인 갑남과 일본인 을녀가 미국 방식에 의하여 혼인을 하고 그 증서등본에 의한
　　　　　　혼인신고를 하여 갑남의 한국 호적에 일본인 을녀와의 혼인사유가 기재된 후, 일본
　　　　　　법에 따라 일본인 을녀의 성(姓)이 한국인 갑남의 성(姓)으로 변경된 취지가 기재된
　　　　　　을녀의 일본 호적등본을 제출한 경우, 갑남의 본적지 호적관장자가 감독법원의
　　　　　　허가를 얻어 직권정정의 방식에 의하여 갑남의 신분사항란에 기재된 혼인사유 중
　　　　　　일본인 을녀의 혼인 전의 성(姓)을 남편인 갑남의 성(姓)으로 정정할 수 있는지 여부 ····· 56

다. 외국인 배우자의 개명 ·· 57

　　[선례 9] 태국인 갑녀가 한국인 을남과 태국에서 태국방식으로 혼인을 하고 자녀를 출산한
　　　　　　후에 태국에서 태국법령의 절차에 따라 개명을 한 상태에서 을남이 혼인증서등본에
　　　　　　의한 혼인신고와 출생한 자녀에 대한 출생신고를 한 경우, 혼인신고서 및 출생신고서
　　　　　　에 기재된 갑녀의 성명(성은 을남의 성을 따르고 이름은 개명한 이름)과 혼인증서
　　　　　　등본에 기재된 갑녀의 성명(혼인 및 개명 전의 성과 이름)이 서로 다를 때 가족관계
　　　　　　등록부에 기록할 갑녀의 성명 ·· 58

라. 외국인 배우자가 외국에서 외국인 양친과 파양하여 성이 변경된 경우 ·················· 59

　　[선례 10] 태국인 갑녀가 한국인 을남과 태국에서 태국방식으로 혼인을 하고 자녀를 출산한
　　　　　　 후에 태국에서 태국법령의 절차에 따라 개명을 한 상태에서 을남이 혼인증서등본에
　　　　　　 의한 혼인신고와 출생한 자녀에 대한 출생신고를 한 경우, 혼인신고서 및 출생
　　　　　　 신고서에 기재된 갑녀의 성명(성은 을남의 성을 따르고 이름은 개명한 이름)과
　　　　　　 혼인증서등본에 기재된 갑녀의 성명(혼인 및 개명 전의 성과 이름)이 서로
　　　　　　 다를 때 가족관계등록부에 기록할 갑녀의 성명 ··· 60

마. 외국인 배우자의 국적 변경 ·· 61

　　[선례 11] 한국인과 외국인이 혼인하면 한국인 배우자의 호적상 신분사항란에는 외국인
　　　　　　 배우자의 국적이 기재되는데, 그 외국인 배우자가 혼인 당시의 국적을 상실하고
　　　　　　 다른 나라의 국적을 취득한 경우, 별도의 국적변경신고가 필요한지 여부 ······················· 61

바. 특례법에 의한 등록부 정정절차의 간소화 ··· 62

[예규 21] 재외국민의 가족관계등록창설, 가족관계등록부정정 및 가족관계등록부정리에관한
　　　　　특례법」에 의한 가족관계등록사무 처리지침 ·· 63

제2장 국제이혼

제1절 국제이혼사건

1. 이혼의 실질적 성립요건 ·· 64
   가. 이혼의 형식적 성립요건(방식) ·· 65

제2절 협의이혼

1. 서론 ·· 65

2. 협의이혼 ·· 65
   가. 의의 ·· 66

3. 협의이혼절차 ·· 67
   가. 협의이혼에 관한 안내 제도 ·· 67
   나. 이혼숙려기간 제도 ·· 67
   다. 자의 양육과 친권자 결정 ·· 68
   라. 양육비 부담조서 등의 교부 ·· 69
   마. 한국인 사이의 협의이혼 ·· 69
      (1) 내용적 요건 ·· 69
      (2) 절차적 요건 ·· 69
      (3) 이혼신고 ·· 70
   바. 이혼에 따른 법률효과 ·· 70
      (1) 재산분할 청구 ·· 70
      (2) 위자료 청구 ·· 70
   사. 자녀 친권 및 양육 ·· 71
      (1) 친권자의 지정 ·· 71
         (가) 협의이혼하는 경우 ·· 71

                (나) 재판상 이혼하는 경우 ·· 71
            (2) 양육자의 지정 ·· 72
                (가) 양육에 관한 사항의 결정 ·· 72
                (나) 양육에 관한 사항의 변경 ·· 72
                (다) 양육권 없는 부모의 지위 ·· 72
    아. 가정법원의 확인 없는 협의이혼 가부 ·· 73
[예규 22] 협의이혼의 의사확인사무 및 가족관계등록사무 처리지침 ·· 73
    [선례 12] 재일 한국인 부부가 일본에서 협의이혼을 하고자 하는 경우에 일본 가정재판소가
            당사자의 협의이혼의사를 확인하는 대행기관이 될 수 있는지 여부 및 재일 한국인
            부부가 일본에서 협의이혼을 하고자 하는 경우에 일본 공증인이 선서인증의 방법에
            의하여 당사자의 협의이혼의사를 확인하는 대행기관이 될 수 있는지 여부 ·················· 86
            (1) 이혼의 방식 ·· 87
[예규 23] 협의이혼의 의사확인사무 및 가족관계등록사무 처리지침 ·· 88
            (2) 등록관의 심사 ·· 89
[예규 24] 협의이혼의 의사확인사무 및 가족관계등록사무 처리지침 ·· 89
            (3) 한국인과 외국인 사이의 협의이혼 ·· 90
            (4) 이혼의 성립시기 ·· 90
    자. 재판관할권 ··· 90
            (1) 국제재판관할권 ·· 90
            (2) 우리나라의 재판관할권 ·· 91
    차. 외국법원의 재판관할권 ·· 92
    카. 준거법 : 본국법 ··· 92
    타. 외국법원의 이혼판결의 효력 ··· 93
    파. 국제적 중복제소 ··· 93
[서식 1] 이혼 및 재산분할 등 ··· 93

제3절 재판상 이혼

1. 의의 및 성질 ··· 103
   가. 의의 ··· 103
   나. 성질 ··· 103
   다. 유책주의와 파탄주의 ·· 104
      (1) 유책주의 ··· 104
         (가) 공통적 특징 ·· 104
      (2) 파탄주의 ··· 104
         (가) 공통적 특징 ·· 104

2. 정당한 당사자 ·· 104

3. 이혼사유 ·· 104
   가. 부정한 행위 ··· 104
      [판례 1] 이혼,위자료 ·· 105
   나. 악의의 유기 ··· 105
      [판례 2] 이혼및위자료등 ··· 106
   다. 배우자 또는 그 직계존속에 의한 심히 부당한 대우 ································· 107
      [판례 3] 혼인의 무효 ·· 107
   라. 자기의 직계존속이 배우자로부터 심히 부당한 대우를 받았을 때 ············· 107
   마. 배우자의 생사가 3년 이상 분명하지 아니한 때 ·· 108
   바. 혼인을 계속하기 어려운 중대한 사유가 있을 때 ······································ 108

4. 유책배우자의 이혼청구 ·· 108
   [판례 4] 이혼 〈유책배우자 이혼청구 사건〉 ··· 109
   [판례 5] 이혼 ·· 111
   [판례 6] 이혼 ·· 112

8 목 차

　　[**판례 7**] 이혼및친권자지정 ·· 113

5. 관할 ··· 113

　　가. 토지관할 ··· 113

　　나. 사물관할 ··· 114

　　다. 제척기간 ··· 115

　　　　(1) 민법 제840조 제1호의 경우 ·· 115
　　　　(2) 민법 제840조 제6호의 경우 ·· 115
　　　　(3) 그 밖의 이혼원인의 경우 ··· 115

　　라. 북한이탈주민 이혼사건 ··· 116

6. 사건 유형별 준거법 ·· 117

　　가. 이혼사건의 준거법 ··· 117

[**예규 25**] 신분관계를 형성하는 국제신분행위를 함에 있어 신분행위의 성립요건
　　　　　 구비여부의 증명절차에 관한 사무처리지침 ·· 118

　　나. 혼인무효사건의 준거법 ··· 122

　　다. 혼인취소사건의 준거법 ··· 123

7. 이혼확정판결 효력 ·· 124

　　가. 우리나라 판결에 의한 이혼 ··· 124

[**예규 26**] 확정판결(조정)에 의한 신고 등 ·· 125

　　나. 외국 판결에 의한 이혼 ··· 126

[**예규 27**] 외국법원의 이혼판결에 의한 가족관계등록사무 처리지침 ································· 127

　　다. 이혼의 성립시기 ··· 128

　　라. 이혼신고서의 기재와 첨부서류 등 ··· 129

　　　　(1) 신고인 ··· 129

[**예규 28**] 협의이혼의 의사확인사무 및 가족관계등록사무 처리지침 ································· 130

[**예규 29**] 외국에 거주하고 있는 한국인의 가족관계등록신고절차 등에 관한 사무처리지침 ············· 130

[**예규 30**] 외국법원의 이혼판결에 의한 가족관계등록사무 처리지침 ································· 133

(2) 이혼신고서의 기재사항 ··· 134
(3) 첨부서류 ·· 136
　　(가) 협의이혼의 경우 ·· 136
[예규 31] 가족관계등록신고사건 접수시 신고인 등 확인방법 ································ 136
　　(나) 재판상 이혼의 경우 ·· 140
[예규 32] 외국법원의 이혼판결에 의한 가족관계등록사무 처리지침 ···················· 141
[예규 33] 외국에 거주하고 있는 한국인의 가족관계등록신고절차 등에 관한 사무처리지침 ········ 143

마. 등록부의 기록 ·· 145
(1) 배우자에 관한 기록 ·· 145
(2) 미성년 자녀에 대한 친권 기록 ··· 145
　　(가) 협의이혼의 경우 ·· 145
[예규 34] 친권자의 지정 또는 변경에 관한 가족관계등록사무 처리지침 ·············· 147
[예규 35] 협의이혼의 의사확인사무 및 가족관계등록사무 처리지침 ·················· 148
[예규 36] 친권자의 지정 또는 변경에 관한 가족관계등록사무 처리지침 ·············· 148
[예규 37] 친권자의 지정 또는 변경에 관한 가족관계등록사무 처리지침 ·············· 149
[선례 13] 한국인 처 갑녀와 일본인 남편 을남이 일본국에서 일본국방식으로 협의이혼을
　　하면서 그 혼인중의 출생자인 병의 친권자를 갑녀로 지정하여, 을남의 일본국
　　호적에 위 이혼 및 친권자지정에 관한 사항이 기재되도록 한 후에 갑녀가 한국에서
　　병에 대한 출생신고를 하여 자신의 호적에 병을 입적한 다음, 시(구)·읍·면의 장에게
　　일본국 발행의 병에 대한 친권자지정사항이 기재되어 있는 을남의 호적등본과 그
　　한국어 번역문을 첨부한 이혼신고서(이혼신고서상 친권자지정란을 기재하지
　　아니하였음)를 제출하여 시(구)·읍·면의 장이 이를 수리한 경우, 시(구)·읍·면의
　　장이 갑녀가 이혼신고서를 제출할 당시에 첨부하였던 을남의 호적등본과 그
　　한국어 번역문상 '병의 친권자가 갑녀로 지정되어 있음'을 근거로 병의 신분
　　사항란에 친권자지정에 관한 사항을 직권으로 기재할 수 있는지의 여부(소극) ·············· 150
[예규 38] 친권자의 지정 또는 변경에 관한 가족관계등록사무 처리지침 ·············· 151
　　(나) 재판상 이혼의 경우 ·· 152
[예규 39] 친권자의 지정 또는 변경에 관한 가족관계등록사무 처리지침 ·············· 152
[예규 40] 친권자의 지정 또는 변경에 관한 가족관계등록사무 처리지침 ·············· 154
[서식 1] 소장 (외국인과 이혼) ·· 155

8. 조정신청 (쌍방 외국인만) ·· 157
가. 의의 ··· 157
나. 관할 ··· 157
다. 조정신청 및 조정기일 안내 ··· 157
라. 일정 및 장소 ·· 158
마. 조정조서 송달 ··· 158

[서식 2] 이혼(매주조정) 신청서 – (쌍방 외국인) ··· 159
[서식 3] 소장(이혼) ··· 161
[서식 4] 답변서 (이혼) ·· 165
[서식 5] 조정신청서 (이혼, 위자료, 재산분할, 미성년자녀) ·· 167
[서식 6] 답변서 (조정용) (이혼, 위자료, 재산분할, 미성년자녀) ································· 175
[서식 7] 기초조사표(조정신청서용) ·· 183
[서식 8] 기초조사표(조정신청서용 – 피신청인) ·· 189
[서식 9] 미성년 자녀를 위한 자녀양육 안내문 ··· 195
[서식 10] 이혼(친권자 지정)신고서 ·· 197
[서식 11] 협의이혼의사확인신청서 ··· 201
[서식 12] 자의 양육과 친권자결정에 관한 협의서 ··· 203
[서식 13] 협의이혼의사확인신청사건부 ··· 206
[서식 14] 협의이혼제도안내 ·· 207
[서식 15] 협의이혼제도안내(재외국민용) ··· 209
[서식 16] 이혼 숙려기간 면제(단축)사유서 ·· 211
[서식 17] 협의이혼의사확인신청서 ··· 212
[서식 18] 진술조서 ·· 213
[서식 19] 확인기일조서 ·· 215
[서식 20] 확인기일조서 ·· 216
[서식 21] 이혼의사확인회보서 ··· 217
[서식 22] 불확인통지서 ·· 218
[서식 23] 진술요지서 ·· 219
[서식 24] 송달증명서 ·· 220

[서식 25] 영수증 ·· 221
[서식 26] 영수증 ·· 222
[서식 27] 양육비부담조서 ··· 223
[서식 28] 양육비부담조서 ··· 232
[서식 29] 친권자(지정, 변경)신고서 ·· 236
[서식 30] 친권(상실, 일시정지, 일부제한) 법률행위대리권·재산관리권(상실, 사퇴)신고서 ············· 239
[서식 31] 친권(상실, 일시정지, 일부제한) 회복
　　　　　법률행위대리권·재산관리권(상실, 사퇴)회복신고서 ··· 241

제3장 관련 판례

1. 재판상 이혼 ·· 248
가. 재판상 이혼사유 ··· 248
(1) 민법 제840조 제6호의 재판상 이혼사유 해당여부 ································ 248
① 주요판시 ·· 248
② 관련 법조문 ·· 248
③ 참고판례 ·· 249
(2) 이혼의 귀책사유 재산분할 및 친권자 양육자지정에 관한 판단 ········· 249
① 주요판시 ·· 249
② 관련 법조문 ·· 250
(3) 자녀가 외국에서 거주하는 친권자 양육자지정에 관한 준거법 ··········· 250
① 주요판시 ·· 250
② 관련 법조문 ·· 250
(4) 중혼적 사실혼관계에도 법률혼에 준하는 보호가 인정되는지 여부 ··· 251
① 주요판시 ·· 251
② 관련 법조문 ·· 251
③ 참고판례 ·· 252
(5) 배우자의 정신장애가 재판상 이혼사유에 해당하는지 여부 ··············· 252
① 주요판시 ·· 252
② 관련 법조문 ·· 252
(6) 혼인파탄의 책임 ·· 253
① 주요판시 ·· 253

② 관련 법조문 ··· 253

2. 자녀의 입양 ··· 254
(1) 부양료 청구권의 침해를 이유로 한 채권자취소권의 제척기간 기산일 ········· 254
  ① 주요판시 ··· 254
  ② 관련 법조문 ··· 254
(2) 친생부인의 소의 원고적격을 갖는 처는 자의 생모에 한정되는지 여부 ········ 254
  ① 주요판시 ··· 254
  ② 관련 법조문 ··· 255
(3) 조부모 면접교섭권의 허용여부 ·· 255
  ① 주요판시 ··· 255
  ② 관련 법조문 ··· 255
  ③ 참고판례 ··· 256
(4) 사실혼관계의 해소방법 및 사실혼 관계의 해소로 인한 재산분할
청구권의 인정여부 ·· 256
  ① 주요판시 ··· 257
  ② 관련 법조문 ··· 257
  ③ 참고판례 ··· 257

3. 혼인의 무효와 취소 ·· 260
가. 당사자가 일방에게만 참다운 부부관계의 설정을 바라는 의사가 있고 상대방에게는 그러한 의사가 결여된 경우 혼인의 효력 ·· 260
  ① 주요판시 ··· 260
  ② 관련 법조문 ··· 260
나. 가장혼인에 있어 혼인무효의 판결을 받지 않고 가족관계등록부의 정정이 가능한지 여부 ··· 261
  ① 주요판시 ··· 261
  ② 관련 법조문 ··· 261
  ③ 참고판례 ··· 261
다. 임신가능 여부가 혼인취소사유에 해당하는지 여부 ···································· 262
  ① 주요판시 ··· 262
  ② 관련법 조문 ··· 262
  ③ 참고판례 ··· 262

제4장 가족관계등록 선례

제1절 신고

제1관 파양

[선례 1] 외국인과의 파양신고서에 첨부할 증명서 ·· 263
[선례 2] 재외국민의 파양절차 ·· 264
[선례 3] 한국인이 미국인 양친에게 입양된 후 우리나라 재외공관의 장에게 미국국적
취득전이라는 증명서등을 첨부하지 아니한 파양신고를 하고 그 신고가 본적지
시(구)·읍·면에 송부되어 온 경우의 처리 ·· 264
[선례 4] 양자(여자)가 외국인과 혼인한 경우의 파양절차 ··· 265
[선례 5] 만 15세 미만인 한국인 양자와 네덜란드인 양친이 그 거주지인 홍콩에서 협의 또는
재판상 파양을 한 후에 그 한국인이 제3자(한국인, 홍콩인 또는 기타 외국인)를 양친
으로 하는 양친자관계를 새로이 창설하고자 할 경우에 그 파양 및 입양의 허용여부
및 요건과 방식 ·· 266

제2관 혼인

[선례 1] 한국인 남자가 외국에서 외국인 여자와 혼인하여 자를 출산하였으나 혼인신고를
하지 않은 상태에서 다시 한국인 여자와 혼인하고 한국국적을 상실한 경우
한국에 입국한 위 외국인 여자 및 그 자의 호적정리절차 ·· 267
[선례 2] 일본국에서 적법하게 섭외혼인(남자는 한국인, 여자는 일본인임) 및 혼인외의 자에
대한 인지신고를 마쳤으나 국내 호적을 정리하지 못하고 남자(혼인외의 자의 부)가
사망한 경우 위 혼인 및 인지신고의 효력과 국내 호적의 정리 절차 ································· 268
[선례 3] 우리나라 여자가 외국인과 혼인한 경우의 재산상속권 ·· 268
[선례 4] 섭외혼인의 신고절차 ·· 268
[선례 5] 우리나라에서 한 외국인 간의 혼인(영사혼)의 효력 ··· 269
[선례 6] 외국에서 섭외혼인을 하고 증서를 작성하였으나 증서제출에 의한 혼인신고를
하지 않고 우리나라 방식에 의한 혼인 신고를 하여 증서작성일자와 혼인신고
일자가 상이한 경우의 혼인성립일과 호적정정 ·· 269
[선례 7] 기혼남자인 외국인과 한국인 여자 사이의 거행지법에 의한 혼인증서가

　　　　　　　　제출된 경우의 처리 ·· 270

[선례 8] 한국인 여자와 중국인 남자 사이의 혼인신고절차 ···················· 270

[선례 9] 한국인 남자와 혼인한 외국인 여자의 국적득상과 입·제적 및 혼인의 효력 ····· 271

[선례 10] 한국인 남자와 혼인한 외국인 여자의 국적득상과 입·제적 및 혼인의 효력 ···· 271

[선례 11] 한국인 남자와 외국인 여자 사이의 섭외혼인의 성립시기, 외국인 여자의
　　　　　 국적변동 및 이에 따른 혼인의 효력 ··· 272

[선례 12] 재외국민 사이의 혼인신고절차 ··· 273

[선례 13] 우리나라 국적을 상실한 여자가 호적상 제적처리되지 않은 상태에서 외국인
　　　　　 남자와 혼인하여 그 혼인사유가 호적에 기재되었다면 이혼후 국적을 회복하고
　　　　　 재혼신고를 하려는 경우에는 그 이혼사실을 소명하여야 한다. ··················· 273

[선례 14] 지정 미수교국 국민과의 혼인절차 ··· 274

[선례 15] 재외공관장이 수리한 재외국민의 혼인으로 인한 혼인증서등본을 송부받았으나
　　　　　 부의 호적에서 중혼임을 발견한경우에 불수리하여야 하는지 여부 ············· 274

[선례 16] 우리나라 여자가 일본인과 일본에서 일본방식에 의하여 혼인을 한 경우의
　　　　　 혼인증서 제출방법 ··· 275

[선례 17] 일본방식에 의한 수리사실이 기재된 혼인신고서 등본을 혼인증서로써 제출한
　　　　　 경우에는 접수처리하여야 한다. ·· 275

[선례 18] 중국에서 발행한 혼인상황증명을 제출한 경우 혼인신고를 수리하여야 하는지 여부 ······ 276

[선례 19] 한국인과 외국인 사이에 한국에서 한국법에 따라 혼인을 하고, 혼인성립요건을
　　　　　 구비하는 증명서를 본국의 권한있는 기관으로부터 발급받아 혼인신고서를 제출
　　　　　 하였을 경우 다른 서면을 또 제출하여야 하는지 여부 ······································ 276

[선례 20] 한국인 여자와 재일교포인 북한에 본적을 가진 남자와의 거행지 방식에 의한
　　　　　 혼인신고의 수리 여부 ··· 277

[선례 21] 한국에 호적을 가지고 있는 부모가 중국으로 건너가 살면서 그 곳에서 자(자)를
　　　　　 낳아 결혼을 시킨 경우 한국호적에 그 자의 출생신고와 혼인신고를 하는 절차 ······ 277

[선례 22] 1917. 2. 27. 일본인 여자와 혼인하여 처가에 입적(입부혼인)한 우리나라 남자가
　　　　　 친가호적에서 제적되지 아니하고 남아 있는 경우의 호적정리 방법 ················· 278

[선례 23] 외국인이 한국인과 혼인을 하고 한국방식에 의한 신고를 할 경우 혼인신고의 장소 ······ 278

[선례 24] 우리나라 여자가 외국남자(미국시민권취득자)와 1971년 혼인하였음에도 친가의
　　　　　 호적에서 제적되지 않고 혼인사유만이 기재되어 있는 경우 그 혼인의 효력 ········· 279

[선례 25] 섭외혼인의 당사자가 혼인신고를 하고 혼인성립증서의 발급을 요구한 경우
　　　　호적관서의 장의 처리절차 등 ·· 279
[선례 26] 한국인 남자와 중국인 여자 사이의 혼인신고절차(일부변경) ····································· 280
[선례 27] 중화민국(대만)인과 한국인 사이에 섭외혼인을 함에 있어 중화민국인에 대한
　　　　혼인의 실질적 성립요건의 섭외사법상 준거법인 본국법의 결정 ··································· 281
[선례 28] 혼인증서 여부의 판단 ·· 282
[선례 29] 중화인민공화국에서 발행받은 '공증서'에 주한중국대사관으로부터 인증을 받아
　　　　제출한 혼인신고서의 수리 여부(일부변경) ·· 282
[선례 30] 한국인 남자와 혼인하려는 중국인 여자의 혼인성립요건 구비증명서 및
　　　　중국결혼증의 효력 여하(일부변경) ·· 283
[선례 31] 한국인 남자와 중국인 여자와의 혼인신고절차(변경) ·· 284
[선례 32] 우리나라의 국적을 상실한 중국교포가 한국에 남아 있는 종전의 호적에
　　　　곧바로 혼인신고할 수 있는지 여부 ··· 284
[선례 33] 중국인에 대한 신분행위성립요건구비증명서 등에 관한 발급절차 변경 ····················· 285
[선례 34] 한국인 남자와 외국 여자가 외국에서 거행지 방식에 따라 혼인을 하고 국적법
　　　　제3조에 규정한 기간(6월)이 경과한 후에 그 지역을 관할하는 재외공관의 장에게
　　　　그 증서의 등본을 제출한 경우 호적기재의 방법 ··· 285
[선례 35] 동성동본인 우리나라 남녀가 이국(일본)에서 그 나라 방식에 의한 혼인을 하고
　　　　그 증명을 발급받아 재외국민취적·호적정정및호적정리에관한임시특례법에 의한
　　　　호적정리신청을 하여 온 경우 호적공무원이 이를 수리하여야 하는지 여부 ··············· 286
[선례 36] 일본국 거주 재외국민인 여자가 무적자인 한국인 남편과 혼인을 하여 자(자)를
　　　　출산하고 남편은 호적을 가지기 전에 사망한 경우의 호적정리 절차 ······················· 286
[선례 37] 중국발행의 결혼증서 심사시 유의사항 ·· 287
[선례 38] 한국인과 중국인이 혼인을 하는 경우 혼인당사자인 중국인의 혼인성립요건구비
　　　　증명서로 중국외교부의 영사확인을 받은 미혼공증서를 첨부하여 한국방식에
　　　　따른 혼인신고를 할 수 있는지 여부(변경) ·· 288
[선례 39] 구 국적법 당시 중국인 여자가 한국인 남자와 혼인하여 한국 국적을 취득하였으나
　　　　중국 국적을 포기하지 않아 한국 국적이 상실되었고, 한국 국적을 회복하기 위하여
　　　　중국 국적을 포기하고 국적회복허가신청을 하였으나 허가를 얻지 못하여 무국적자가
　　　　된 상태에서 남편이 사망한 후 다른 한국인 남자와 혼인하고자 하는 경우의
　　　　혼인신고 방법(변경) ·· 289
[선례 40] 국내 호적관서에 혼인신고가 되지 않은 재일동포 갑남과 을녀가 자(자) 병을 출산

16 목 차

　　　　　하고 일본에서 그 출생신고는 한 상태에서 후에 갑남이 사망한 경우, ① 을녀가
　　　　　처라고만 기재된 일본국 발행의 폐쇄제등록원표기재사항증명서를 혼인관계를 증명
　　　　　하는 서면으로 첨부하여 재외국민취적·호적정정 및 호적정리에 관한 특례법에
　　　　　의한 호적정리신청으로 갑남과 을녀가 혼인한 것으로 할 수 있는지, 없다면
　　　　　혼인신고방법, ② 자(子) 병의 출생 등 국내 호적정리방법 ·· 290

[선례 41] 한국인과 중국인 사이의 혼인신고절차(변경) ··· 291

[선례 42] 갑남과 을녀가 1998. 6. 11. 미국의 주법에 따라 혼인을 한 후 갑남은 1999. 10.
　　　　　28. 미국 시민권을 취득하고 미국법에 따라 개명을 하였으며, 2000. 6. 3. 자(子)
　　　　　병을 출산하여 미국의 신분등록원서에 출생등록을 한 상태에서 2001. 3. 26. 한국의
　　　　　재외공관에 갑남의 국적상실신고만 하여 갑남의 호적이 제적된 경우, 갑남과 을녀의
　　　　　혼인성립에 따른 호적정리절차 및 자(子) 병의 입적 절차 ··· 292

[선례 43] 한국인 갑남과 이집트인 을녀가 이집트에서 이집트법에 따라 혼인을 하고 자(子)를
　　　　　출산하였으나 한국의 호적관서에 혼인 및 출생신고를 하지 않아 갑남의 호적에 혼인
　　　　　사유 및 자(子)의 입적기재가 이루어지지 않은 상태에서, 갑남이 사망하여 제적되고
　　　　　갑남의 장남이 호주승계를 하여 그 장남을 호주로 하는 신호적이 편제된 경우,
　　　　　지금이라도 혼인신고 및 출생신고를 할 수 있는지 여부 ·· 293

[선례 44] 외국의 방식에 따라 혼인이 성립한 후 다시 우리 나라의 호적관서에 혼인신고
　　　　　하는 경우에 증인의 연서가 필요한지 여부 및 위 신고인이 재일동포인 경우에
　　　　　그 첨부서류로써 처의 출생사유 번역문이 혼인신고서에 반드시 첨부되어야
　　　　　하는지 여부 ·· 294

[선례 45] 한국인 갑남과 일본인 을녀가 일본국에서 일본방식에 의하여 혼인(1968. 3. 2.)을
　　　　　하고, 그 사이에 자 병녀, 정남, 무남을 출산하였고, 갑남과 을녀의 혼인신고 및
　　　　　자들의 출생신고가 일본인 을녀의 호적에 기재가 되었으나 한국인 갑남의 호적에는
　　　　　기재되어 있지 않은 상태에서 갑남이 사망하고, 재외국민취적·호적정정및호적
　　　　　정리에관한특례법에 의하여 갑남과 을녀의 혼인신고 및 자들의 출생신고를 하여
　　　　　왔을 경우 이를 정리하는 방법 ·· 295

[선례 46] 한국인 남자와 일본인 여자가 일본국 방식에 의하여 혼인을 하여 그 혼인계와
　　　　　일본법에 따라 일본인 여자의 성이 한국인 남자의 성으로 변경되었다는 내용의
　　　　　수리증명서를 첨부하여 혼인신고를 하였을 경우 이를 수리하여 호적기재를
　　　　　하여야 하는지 여부 ··· 296

[선례 47] 한국인 갑남이 중국 국적을 가진 을녀와의 혼인으로 법정분가 호적이 편제되고
　　　　　자를 출산하였으나, 그 혼인이 무효하여 가정법원의 혼인무효판결을 받은
　　　　　경우 호적정리방법 ··· 297

[선례 48] 요르단인 을녀가 한국인 갑남과의 사이에 병남(1998. 6. 13.생)을 출산한 후
　　　　　요르단에서 요르단법에 의하여 혼인(1999. 2. 27.)을 하였으나 한국인 갑남의

호적에 혼인신고 및 자의 출생신고를 하지 않아 그 기재가 되어 있지 않은
상태에서 갑남과 연락이 두절된 경우 한국인 갑남의 호적에 혼인신고 및
자의 출생신고를 할 수 있는 방법 ·· 297

[선례 49] 한국인 갑남과 일본인 을녀가 미국 방식에 의하여 혼인을 하고 그 증서등본에
의한 혼인신고를 하여 갑남의 한국 호적에 일본인 을녀와의 혼인사유가 기재된
후, 일본법에 따라 일본인 을녀의 성(성)이 한국인 갑남의 성(성)으로 변경된
취지가 기재된 을녀의 일본 호적등본을 제출한 경우, 갑남의 본적지 호적관장자가
감독법원의 허가를 얻어 직권정정의 방식에 의하여 갑남의 신분사항란에 기재된
혼인사유 중 일본인 을녀의 혼인 전의 성(성)을 남편인 갑남의 성(성)으로 정정
할 수 있는지 여부 ·· 298

[선례 50] 한국주재 중국대사관에서 영사가 발급한 미(재)혼성명공증서[미(재)혼성명공증서]가
혼인의 준거법소속국인 중국의 권한 있는 기관이 발급한 '혼인의 성립요건을 구비
하고 있다는 증명서'에 해당하는지 여부(적극) ·· 299

[선례 51] ① 한국인 남자가 베트남사회주의공화국(이하 '베트남'이라고 칭함) 국적의 여자와
베트남에서 베트남방식에 따라 혼인하여 재외공관의 장(대사, 공사 또는 영사) 또는
본적지 시(구)·읍·면의 장에게 '결혼등록(신고)서'를 제출한 경우, 이 '결혼등록
(신고)서'를 베트남의 권한 있는 기관이 발행한 '혼인증서의 등본'으로 볼 수 있는지
여부(소극)와, ② 만18세 이상 만 20세 미만의 베트남 여자가 한국인 남자와
한국방식으로 혼인하는 경우, 혼인신고서에 그 베트남 여자의 부모 등의
혼인동의서를 첨부하여야 하는지 여부(소극) ·· 300

[선례 52] 갑남과 을녀는 일본국에서 일본국 방식으로 혼인하여 외국인등록원표에 그 혼인
사항이 기재되어 있는 일본영주 재외국민인바, 갑남과 을녀의 혼인계[혼인계 :
혼인계에 기재된 갑남과 을녀의 출생연월일은 일본국의 외국인등록원표상의
출생연월일의 기재와는 동일하나 각자의 호적에 기재되어 있는 출생연월일과는
상이하였고, 혼인계에 기재된 갑남의 모(모)의 성명도 갑남의 외국인등록원표의
기재에 따랐으나, 갑남의 호적의 기재와는 상이함]를 첨부한 혼인신고서와 일본국
에서 갑남과 을녀 사이에서 혼인중에 출생한 것으로 기재되어 있는 병과 정의
출생계(출생계)를 첨부한 출생신고서에 의하여 갑남의 호적을 정리하는 방법 ········· 301

[선례 53] 한국인 갑과 중국인 을이 한국에서 한국방식에 따라 혼인할 경우, 그 혼인신고서에
첨부하여야 할 중국인 당사자의 혼인성립요건구비증명 서면에 '친족공증서'가 포함
되는지 여부(한정적극) ·· 302

[선례 54] 4촌 사이인 한국인 갑남과 파키스탄인 을녀가 파키스탄에서 파키스탄의 혼인법령에
따라 혼인하였는바, 한국에서 그 혼인의 효력을 인정힐 수 있는지 여부(소극) ············ 303

제3관 이 혼

[선례 1] 한국인 여자가 외국인 남자와 혼인하였다가 우리나라 국적을 상실하기 전에 외국에서 이혼하였으나 이혼신고를 하지 않은 상태에서 한국인 남자와의 사이에 혼인외의 자를 출산한 경우 그 자를 자기의 호적에 입적시키는 절차 등 ················· 304

[선례 2] 우리나라 국적을 상실한 여자가 호적상 제적처리되지 않은 상태에서 외국인 남자와 혼인하여 그 혼인사유가 호적에 기재되었다면 이혼후 국적을 회복하고 재혼신고를 하려는 경우에는 그 이혼사실을 소명하여야 한다. ················· 304

[선례 3] 재외국민 사이에 거행지 방식에 따라 작성된 이혼증서의 제출에 의하여 호적기재가 된 이상 이혼성립과정에 하자가 있다 하더라도 그 이혼의 효력은 재판에 의하여서만 부정 될 수 있다. ················· 305

[선례 4] 외국법원의 이혼판결에 기한 이혼신고절차 ················· 306

[선례 5] 외국법원의 혼인무효 또는 취소판결에 기한 호적신고절차 등 ················· 306

[선례 6] 외국인 남자와 국내에서 혼인하였으나 그가 본국에 귀국하여 행방불명된 경우의 이혼절차 ················· 307

[선례 7] 미국법원의 이혼판결에 기한 이혼신고 ················· 307

[선례 8] 외국법원에서 9년전에 받은 이혼판결에 기한 이혼신고의 가부 ················· 308

[선례 9] 외국인 남자와 국내에서 혼인하였으나 그가 본국에 귀국하여 행방불명된 경우의 이혼절차 ················· 308

[선례 10] 이혼판결에 의한 이혼신고 수리 여부 ················· 309

[선례 11] 이혼판결 효력 및 이혼신고서에 첨부할 서면 ················· 309

[선례 12] 이혼판결이 민사소송법 제203조의 조건을 갖추고 있으면 국내에서 집행판결을 받을 필요가 없다. ················· 310

[선례 13] 혼인무효판결에 의한 호적정정절차 ················· 310

[선례 14] 외국법원의 이혼판결에 따른 이혼신고의 요건 ················· 310

[선례 15] 외국법원의 이혼판결에 기한 이혼신고서의 처리 ················· 311

[선례 16] 배우자인 처(妻)가 우리나라 국적을 상실한 경우에도 협의이혼이 가능한지 여부 ········· 312

[선례 17] 중국인 여자와 혼인한 한국인 남자가 중국에서 협의이혼할 수 있는지 여부 ················· 312

[선례 18] 외국인과 혼인한 우리나라 여자가 이혼을 한 경우 입적할 가(家) 등 ················· 313

[선례 19] 호적상 외국인과 혼인중에 있는 을녀가 그 외국인과 외국에서 이미 이혼판결을
받았으나 아직 이혼신고가 되지 않은 상태에서 다시 한국인 갑남과 혼인하여
혼가(갑남의 호적)에 입적된 후 갑남이 을녀와 외국에서 이혼판결을 받아
이혼신고를 하고자 하는 경우의 호적정리절차 ··· 314

[선례 20] 일본국 법원에서 받은 이혼무효심판에 대하여 우리 나라에서 호적신고를 하기
위하여 다시 국내 법원의 집행판결을 받아야 하는지 여부 ······························· 315

[선례 21] 한국인 남자와 가나인 여자가 가나법에 따라 혼인을 하고 자(자)를 출산하였으나
한국의 호적관서에서는 혼인 및 출생신고를 하지 않은 경우, 국내법상 이혼이
가능한지 여부 ·· 315

[선례 22] 외국인과 혼인하여 외국에 거주하다 외국법원의 이혼판결을 받았으나 이혼판결문을
분실한 경우 이혼판결문의 제출없이 이혼신고를 할 수 있는지 여부 ·············· 316

[선례 23] 재일 한국인 부부가 일본에서 협의이혼을 하고자 하는 경우에 일본 가정재판소가
당사자의 협의이혼의사를 확인하는 대행기관이 될 수 있는지 여부 및 재일 한국인
부부가 일본에서 협의이혼을 하고자 하는 경우에 일본 공증인이 선서인증의 방법에
의하여 당사자의 협의이혼의사를 확인하는 대행기관이 될 수 있는지 여부 ······ 316

[선례 24] 미국 국적 취득으로 인한 국적상실로 남편의 호적에서 제적된 처의 성명과 미국
법원의 이혼판결문상 처의 성명이 상이할 경우, 남편의 호적상 이혼사유 중
배우자란에 기재하여야 할 처의 성명 ··· 317

제4관 친권 및 후견

[선례 1] 외국인 여자의 미성년인 혼인외의 자를 한국인 부가 인지한 경우에는 그 자의
국적에 관계없이 친자관계가 발생하고 친권행사도 가능하다. ························· 318

[선례 2] 이혼한 생모는 외국인과 혼인하여 외국에 거주하고 있는 경우에도 백부에
우선하여 미성년인 자의 후견인이 된다. ·· 318

[선례 3] 부 사망후 외국인과 혼인하였으나 아직 혼인제적되지 않은 모의 미성년인 자에
대한 친권행사 가부 ··· 319

[선례 4] 생모의 부의 양자로 입양된 미성년자에 대한 친권행사 ······································· 320

제5장 가류 가사소송사건

제1절 혼인의 무효

1. 의의 및 사유 ··· 321

   가. 사유 ··· 321

   나. 혼인의사의 철회 ·· 322

   다. 실질적 성립요건 : 혼인의사의 결여 ·· 322

   　　[판례 1] 대법원 2003. 10. 9. 2003도3800 ·· 322

   　　[판례 2] 혼인의무효 ·· 322

   　　[판례 3] 이혼및위자료 ·· 323

   　　[판례 4] 혼인무효확인 ·· 323

   　　[판례 5] 혼인무효확인 ·· 323

   라. 형식적 성립요건 ·· 324

   　　[판례 6] 이혼및위자료 ·· 324

   　　[판례 7] 혼인취소 ·· 325

2. 정당한 당사자 ··· 326

   가. 원고적격 ··· 326

   　　[판례 8] 친생관계부존재 (대법원 1981. 10. 13. 선고 80므60 전원합의체 판결) ············· 326

   나. 피고적격 ··· 327

3. 관할 ··· 327

   가. 토지관할 ··· 327

   나. 사물관할 ··· 328

   다. 관련사건의 병합 ·· 329

           라. 소송절차의 승계 ·· 329
               (1) 원고가 사망한 경우 ·· 329
               (2) 피고가 사망한 경우 ·· 329

4. 혼인무효의 효과 ·· 330
    가. 소급효 ··· 330
        [판례 9] 소유권이전등기말소 ·· 330
        [판례 10] 혼인무효확인 ·· 331
        [판례 11] 혼인무효 ·· 331
        [판례 12] 혼인무효확인 ·· 331

5. 판결 등 ·· 332
    가. 청구인용판결의 주문 ··· 332

6. 혼인무효 관련 서식 ·· 333

[서식 1] 혼인무효 청구의 소 (조선족으로 형사판결 받아 혼인무효 소송을 제기한 경우) ················ 333
[서식 2] 판결서 ··· 335

제6장   나류 가사소송사건

제1절   혼인의 취소

1. 의의 및 성질 ·· 337
    가. 취소원인 ··· 338
        [판례 13] 혼인취소 ·· 338
        [판례 14] 혼인취소 ·· 338
        [판례 15] 혼인무효확인등 ·· 339

2. 정당한 당사자 ··· 339
가. 원고적격 ·· 339
나. 피고적격 ·· 340
다. 혼인취소소송의 성질 ··· 340
(1) 형성소송 ·· 340
[판례 16] 이혼및위자료 ·· 340
(2) 제척기간의 제한 ··· 341
[판례 17] 혼인취소 ·· 342
라. 혼인취소의 효과 ·· 343
(1) 장래에 향하여 효력 : 소급하지 않음 ·· 343
[판례 18] 토지인도등 ·· 343
(2) 자녀에 관한 처분 ··· 344
(3) 손해배상청구 ·· 344
(4) 재산분할청구 ·· 344
마. 조정전치주의 ·· 345

3. 관할 ··· 345
가. 제척기간 ·· 346

4. 판결 등 ·· 346
가. 청구인용판결의 주문 ·· 346

5. 혼인취소 관련 서식 ··· 347

[서식 1] 혼인취소의 소 (부에게 의처증과 알콜중독증이 있어 부부생활을 계속할 수 없는
사유가 있음을 알지 못했다는 이유로 부를 상대로 혼인취소의 소를제기하는 경우) ········· 347

제7장 관련 법령

1. 민법 [시행 2021. 1. 26.] [법률 제17905호, 2021. 1. 26., 일부개정] ·················· 349

제4편 친 족

제3장 혼 인

제1절 약혼

제800조 (약혼의 자유) ·· 349
제801조 (약혼연령) ··· 349
제802조 (성년후견과 약혼) ·· 349
제803조 (약혼의 강제이행금지) ·· 349
제804조 (약혼해제의 사유) ·· 349
제805조 (약혼해제의 방법) ·· 350
제806조 (약혼해제와 손해배상청구권) ··· 350

제4절 혼인의 효력

제1관 일반적 효력

제826조 (부부간의 의무) ··· 350
제826조의2 (성년의제) ·· 350
제827조 (부부간의 가사대리권) ·· 350
제2관 재산상 효력 ·· 350
제830조 (특유재산과 귀속불명재산) ·· 350
제831조 (특유재산의 관리 등) ·· 351
제832조 (가사로 인한 채무의 연대책임) ·· 351
제833조 (생활비용) ··· 351

제5절 이혼

제1관 협의상 이혼

제837조 (이혼과 자의 양육책임) ·· 351
제837조의2 (면접교섭권) ·· 352
제839조의2 (재산분할청구권) ·· 352

제2관 재판상 이혼

제840조 (재판상 이혼원인) ·· 352
제841조 (부정으로 인한 이혼청구권의 소멸) ·· 352
제842조 (기타 원인으로 인한 이혼청구권의 소멸) ··· 353
제843조 (준용규정) ··· 353

제3절 친권

제1관 총칙

제909조 (친권자) ··· 353
제912조 (친권 행사와 친권자 지정의 기준) ··· 353

제7장 부양

제974조 (부양의무) ··· 354
제975조 (부양의무와 생활능력) ··· 354
제976조 (부양의 순위) ·· 354
제977조 (부양의 정도, 방법) ··· 354
제978조 (부양관계의 변경 또는 취소) ··· 354

제5편 상속

제1장 상속

제2절 상속인

제1000조 (상속의 순위) ·· 355
제1001조 (대습상속) ··· 355
제1003조 (배우자의 상속순위) ·· 355
제1004조 (상속인의 결격사유) ·· 355

제3절 상속의 효력

제1관 일반적 효력

제1005조 (상속과 포괄적 권리의무의 승계) ··· 356
제1006조 (공동상속과 재산의 공유) ·· 356
제1007조 (공동상속인의 권리의무승계) ·· 356
제1008조 (특별수익자의 상속분) ·· 356
제1008조의2 (기여분) ··· 356
제1008조의3 (분묘 등의 승계) ··· 357

제2관 상속분

제1009조 (법정상속분) ·· 357
제1010조 (대습상속분) ·· 357

제3관 상속재산의 분할

제1012조 (유언에 의한 분할방법의 지정, 분할금지) ································· 357
제1013조 (협의에 의한 분할) ··· 357
제1014조 (분할후의 피인지자 등의 청구권) ··· 358
제1015조 (분할의 소급효) ··· 358

2. 가사소송법 [시행 2023. 10. 19.] [법률 제19354호, 2023. 4. 18., 타법개정] ········ 359

제1조 (목적) ··· 359
제2조 (가정법원의 관장 사항) ··· 359
제4조 (제척·기피 및 회피) ·· 365
제6조 (가사조사관) ··· 365
제7조 (본인 출석주의) ·· 365
제8조 (사실조사의 촉탁) ··· 365
제9조 (가족관계등록부 기록 등의 촉탁) ·· 366
제10조 (보도 금지) ··· 366
제11조 (위임 규정) ··· 366

제4편　가사조정

제49조 (준용법률) · 366
제50조 (조정 전치주의) · 366
제51조 (관할) · 366
제52조 (조정기관) · 367
제53조 (조정장 등 및 조정위원의 지정) · 367
제54조 (조정위원) · 367
제55조 (조정의 신청) · 367
제56조 (사실의 사전 조사) · 367
제57조 (관련 사건의 병합신청) · 367
제58조 (조정의 원칙) · 367
제59조 (조정의 성립) · 368
제60조 (이의신청 등에 의한 소송으로의 이행) · 368
제61조 (조정장 등의 의견 첨부) · 368

3. 가사소송규칙 [시행 2019. 8. 2] [대법원규칙 제2856호, 2019. 8. 2, 일부개정] · 369

제1편　총　칙

제8조 (가사조사관의 임무) · 369
제9조 (가사조사관의 사실조사) · 369
제10조 (조사기간) · 369
제11조 (조사보고서의 작성) · 369
제12조 (사회복지기관과의 연락등) · 369
제12조의2 (상담 권고) · 369
제13조 (가사조사관의 기일에의 출석) · 370

제4편　가사조정

제117조 (준용규정) · 370
제118조 (조정장소) · 370
제119조 (격지조정) · 370
제120조 (조정장의 기명날인) · 370

4. 민사조정법 [시행 2020. 3. 5] [법률 제16910호, 2020. 2. 4, 일부개정] ················ 371

제1조 (목적) ··· 371
제2조 (조정사건) ··· 371
제3조 (관할법원) ··· 371
제4조 (이송) ··· 371
제5조 (신청 방식) ··· 372
제5조의2 (독촉절차의 조정으로의 이행) ·· 372
제5조의3 (독촉절차의 조정으로의 이행에 따른 처리) ·································· 372
제6조 (조정 회부) ··· 372
제7조 (조정기관) ··· 373
제8조 (조정위원회) ··· 373
제9조 (조정장) ·· 373
제10조 (조정위원) ··· 373
제10조의2 (조정위원회를 구성하는 조정위원) ··· 374
제11조 (조정절차) ··· 374
제12조 (조정위원에 대한 수당 등) ·· 374
제13조 (수수료 납부의 심사) ··· 374
제14조 (조정신청서 등의 송달) ··· 374
제14조의2 (사건의 분리·병합) ·· 374
제15조 (조정기일) ··· 375
제16조 (이해관계인의 참가) ·· 375
제17조 (피신청인의 경정) ··· 375
제18조 (대표당사자) ·· 375
제19조 (조정 장소) ··· 376
제20조 (비공개) ·· 376
제21조 (조정 전의 처분) ··· 376
제22조 (진술청취와 사실조사) ··· 376
제23조 (진술의 원용 제한) ·· 376
제24조 (조서의 작성) ·· 377
제25조 (조정신청의 각하) ··· 377
제26조 (조정을 하지 아니하는 결정) ·· 377
제27조 (조정의 불성립) ··· 377
제28조 (조정의 성립) ·· 377
제29조 (조정의 효력) ·· 377
제30조 (조정을 갈음하는 결정) ··· 377

제31조 (신청인의 불출석) ··· 378
제32조 (피신청인의 불출석) ··· 378
제33조 (조정에 관한 조서의 송달 등) ··· 378
제34조 (이의신청) ·· 378
제35조 (소멸시효의 중단) ··· 379
제36조 (이의신청에 의한 소송으로의 이행) ··· 379
제37조 (절차비용) ·· 379
제38조 (「민사소송법」의 준용) ·· 379
제39조 (「비송사건절차법」의 준용) ·· 380
제40조 (조정위원회 및 조정장의 권한) ··· 380
제40조의2 (상임 조정위원의 공무원 의제) ·· 380
제41조 (벌칙) ·· 380
제42조 (조정 전의 처분 위반자에 대한 제재) ··· 380
제43조 (위임규정) ·· 380

5. 민사조정규칙 [시행 2021. 11. 18.] [대법원규칙 제3002호, 2021. 10. 29., 일부개정] ············· 381

제1조 (규칙의 취지) ·· 381
제2조 (조정의 신청) ·· 381
제2조의2 (조정신청의 각하등) ··· 381
제3조 (조정수수료) ·· 381
제4조 (소송절차와의 관계) ·· 381
제5조 (집행절차와의 관계) ·· 382
제6조 (당사자의 출석의무와 대리인등) ·· 382
제6조의2 (비디오 등 중계장치 등에 의한 조정기일) ··· 383
제6조의3 (비디오 등 중계장치 등에 의한 조정사무 수행) ··· 383
제7조 (조정위원회를 구성하는 조정위원의 지정취소) ·· 383
제8조 (사실조사등) ·· 383
제9조 (의견청취의 촉탁) ·· 384
제10조 (촉탁된 사실조사등의 조정위원에 의한 실시) ·· 384
제11조 (조사의 촉탁) ·· 384
제12조 (전문적인 지식, 경험에 관한 의견의 청취) ·· 384
제12조의2 (조서의 작성) ··· 384
제13조 (비용의 예납등) ·· 384
제14조 (조정위원회의 의결) ·· 385

제15조 (합의의 비공개) ··· 385
제15조의2 (조정을 갈음하는 결정) ·· 385
제16조 (이의신청) ··· 385
제16조의2 (절차비용) ··· 385
제16조의3 (조서의 송달) ··· 386
제16조의4 (인지액 납부의 심사) ··· 386
제17조 (기록의 열람등) ··· 386
제18조 (조정위원회 및 조정장의 권한) ·· 386

제1장 국제혼인

제1절 국제혼인

1. 준거법

국제사법은 혼인의 성립, 일반적 효력 및 해소(이혼)에 관한 준거법을 따로 규정하고 있으며, 혼인의 성립에 관하여 실질적 성립요건과 형식적 성립요건(방식)의 준거법을 나누어 규정하고 있다.

가. 혼인의 실질적 성립요건

혼인의 실질적 성립요건은 각 당사자에 관하여 그의 본국법에 따라 판단한다(국제사법 제63조 제1항). 즉 각 당사자의 본국법이 편면적으로 적용되고, 중혼이나 근친혼의 금지와 같이 당사자 쌍방에게 문제되는 쌍방적 요건은 양 당사자의 본국법이 누적적으로 적용된다.

> ☞ 국제사법 [시행 2022. 7. 5.] [법률 제18670호, 2022. 1. 4., 전부개정]
> 제63조 (혼인의 성립) ① 혼인의 성립요건은 각 당사자에 관하여 그 본국법에 따른다.

나. 혼인의 형식적 성립요건(방식)

혼인의 형식적 성립요건 즉 방식은, 혼인거행지법 또는 당사자 일방의 본국법에 의한다. 다만, 대한민국에서 혼인을 거행하는 경우에 당사자 일방이 대한민국 국민인 때에는 대한민국 법에 의한다(국제사법 제63조 제2항).

> ☞ 국제사법 [시행 2022. 7. 5.] [법률 제18670호, 2022. 1. 4., 전부개정]
> 제63조 (혼인의 성립) ② 혼인의 방식은 혼인을 한 곳의 법 또는 당사자 중 한쪽의 본국법에 따른다. 다만, 대한민국에서 혼인을 하는 경우에 당사자 중 한쪽이 대한민국 국민인 때에는 대한민국 법에 따른다.

2. 우리나라에 창설적 신고를 하는 경우

가. 등록관의 심사

(1) 혼인의 실질적 성립요건

혼인의 실질적 성립요건은 각 당사자의 본국법에 따라 판단한다. 따라서 한국인과 일본인 사이의 혼인의 경우 한국인은 한국 민법에 따라, 일본인은 일본 민법에 따라 혼인의 실질적 성립요건 구비여부를 판단한다.
우리 민법은 혼인의 요건으로 혼인적령(민법 제807조), 동의가 필요한 혼인(민법 제808조), 근친혼의 금지(민법 제809조), 중혼의 금지(민법 제810조) 등을 규정하고 있으며, 등록관은 등록사항별 증명서, 제적부 등의 서류를 통해 이를 형식적으로 심사한다.[1]

> ☞ 민법 [시행 2024. 5. 17.] [법률 제19409호, 2023. 5. 16., 타법개정]
> 제807조 (혼인적령) 만 18세가 된 사람은 혼인할 수 있다.
> [전문개정 2007. 12. 21.]
>
> 제808조 (동의가 필요한 혼인) ① 미성년자가 혼인을 하는 경우에는 부모의 동의를 받아야 하며, 부모 중 한쪽이 동의권을 행사할 수 없을 때에는 다른 한쪽의 동의를 받아야 하고, 부모가 모두 동의권을 행사할 수 없을 때에는 미성년후견인의 동의를 받아야 한다.
> ② 피성년후견인은 부모나 성년후견인의 동의를 받아 혼인할 수 있다.
> [전문개정 2011. 3. 7.]
>
> 제809조 (근친혼 등의 금지) ① 8촌 이내의 혈족(친양자의 입양 전의 혈족을 포함한다) 사이에서는 혼인하지 못한다.
> ② 6촌 이내의 혈족의 배우자, 배우자의 6촌 이내의 혈족, 배우자의 4촌 이내의 혈족의 배우자인 인척이거나 이러한 인척이었던 자 사이에서는 혼인하지 못한다.
> ③ 6촌 이내의 양부모계(養父母系)의 혈족이었던 자와 4촌 이내의 양부모계의 인척이

---

[1] 혼인의 실질적 성립요건의 핵심은 당사자 간의 혼인의사의 합치라고 볼 수 있으나(민법 제815조 제1호, 대법원 1996. 11. 22. 선고 96도2049 판결 참조). 형식적 심사권을 가진 등록관이 당사자 간의 혼인의사 유무를 확인하는 것은 현실적으로 불가능하다. 민법 제813조도 '혼인의 신고는 그 혼인이 제807조 내지 제810조 및 제812조 제2항의 규정 기타 법령에 위반함이 없는 때에는 이를 수리하여야 한다'고 규정하고 있다.

었던 자 사이에서는 혼인하지 못한다.
[전문개정 2005. 3. 31.]

제810조 (중혼의 금지) 배우자 있는 자는 다시 혼인하지 못한다.

외국인의 경우 본국의 관공서나 재외공관 등 권한 있는 기관에서 발급받은 혼인의 성립요건구비증명서[2]를 제출하면 요건을 구비한 것으로 본다.

(2) 혼인의 방식

혼인의 방식은 혼인거행지법 또는 당사자 일방의 본국법에 의할 수 있으므로, 한국인과 일본인이 일본에서 혼인하는 경우에는 당사자의 선택에 따라 한국법 또는 일본법이 정한 방식에 의할 수 있다. 그러나 한국인과 일본인이 한국에서 혼인하는 경우에는 한국법에 따라 창설적 신고를 하여야 한다.

우리 민법상 혼인은 법이 정한 바에 따라 신고함으로써 그 효력이 생기며, 이때 신고는 당사자 쌍방과 성년자인 증인 2인의 연서한 서면으로 하여야 한다(민법 제812조 제1항 제2항), 본국법에 의하여 성년자이면 혼인당사자의 친족이나 가족도 혼인신고의 증인이 될 수 있다(구 호적선례 제3-255호).

☞ 민법 [시행 2024. 5. 17.] [법률 제19409호, 2023. 5. 16., 타법개정]
제812조 (혼인의 성립) ① 혼인은 「가족관계의 등록 등에 관한 법률」에 정한 바에 의하여 신고함으로써 그 효력이 생긴다. <개정 2007. 5. 17.>
② 전항의 신고는 당사자 쌍방과 성년자인 증인 2인의 연서한 서면으로 하여야 한다.

[선례 1] 혼인신고서상 증인적격문제

제정 1994. 5. 24. [호적선례 제3-255호, 시행]

호적제신고에 있어서 증인을 필요로 하는 사건의 증인적격 여부는 여타 소송법과 관련지음이 없이 해당조항의

---

[2] 신분행위의 성립요건구비증명서와 관련하여 자세한 내용은 제1장 제1절 3. '나. 신분행위의 성립요건구비증명서 제도' 참조

해석에 따라야 할 것이며, 혼인신고서에 연서할 증인으로는 "갑설"과 같이 성년자이면 혼인당사자의 친족, 호주, 가족 등의 여부에 관계없이 적격자가 된다고 보아야 할 것이다. (1994. 5. 24. 법정 3202-214)
참조조문 : 민법 제812조 제2항, 법 제32조
참조예규 : 75호
질의요지 : 민법 제812조 제2항에 의하면 혼인의 신고는 당사자 쌍방과 성년자인 증인 2인의 연서한 서면으로 하여야 한다고 규정하고 있는바, 여기서 증인 2인이 민사소송법 제285조 제1호 및 형사소송법 제148조 제1호에 게기된 자인 혼인당사자의 친족, 호주, 가족 또는 이러한 관계에 있었던 자도 가능한지의 여부
갑설 - 민법 제812조 제2항에 의하면 증인은 성년자이어야 한다는 제한밖에 없으므로 혼인당사자의 친족, 호주, 가족 또는 이러한 관계에 있었던 자도 가능하다.
을설 - 혼인신고 또는 기타 호적제신고에 있어서 증인이 문제되는 것은 그 신고의 무효 여부가 문제될 때인바, 이 때 증인으로 민사소송법 제285조 제1호 및 형사소송법 제148조 제1호에 게기된 자라면 증언을 거부할 수 있으므로 실질적으로 증인으로서의 적격자가 될 수 없다.

혼인신고서에 성년증인 2명의 연서가 없는 경우 등록관은 수리를 거부하여야 하나(민법 제813조), 이를 위반하여 신고가 수리되어도 민법상 혼인무효 또는 취소사유에 해당하지 않으므로 혼인은 유효하게 성립한다(예규 제144호).

> ☞ 민법 [시행 2024. 5. 17.] [법률 제19409호, 2023. 5. 16., 타법개정]
> 제813조 (혼인신고의 심사) 혼인의 신고는 그 혼인이 제807조 내지 제810조 및 제812조제2항의 규정 기타 법령에 위반함이 없는 때에는 이를 수리하여야 한다. <개정 2005. 3. 31.>

[예규 1] 성년증인 2명의 연서(連署)와 날인이 없는 혼인신고서의 수리가부

성년증인 2명의 연서(連署)와 날인이 없는 혼인신고서의 수리가부

제정 2007. 12. 10. [가족관계등록예규 제144호, 시행 2008. 1. 1.]

혼인신고서에 「민법」제812조제2항 및 제813조에 따라 성년증인 2명의 연서가 있어야 수리할 수 있는바 이에 위반하였다 하더라도 민법상 혼인무효 또는 취소사유에 해당하지 아니하므로 혼인은 유효하게 성립된 것이다. 그러나 수리 당시에 발견했으면 같은 법 제813조에 따라 수리를 거부해야 한다.

부 칙

이 예규는 2008년 1월 1일부터 시행한다.

나. 혼인의 성립시기

우리나라에 창설적 혼인신고를 하는 경우, 등록부의 기록 여부와 관계없이 혼인신고가 수리도니 때 신고서의 접수일자에 소급하여 혼인의 효력이 발생한다.[3]

3. 외국에서 혼인이 성립한 경우

가. 증서등본의 제출

외국 방식에 의하여 혼인이 성립한 경우에는 3개월 이내에 그 증서등본을 제출하여야 하며(가족관계등록법 제35조), 이때의 혼인신고는 보고적 신고이다.

> ☞ 가족관계의 등록 등에 관한 법률 [시행 2024. 7. 19.] [법률 제19547호, 2023. 7. 18., 일부개정]
> 제35조 (외국의 방식에 따른 증서의 등본) ① 재외국민이 그 나라의 방식에 따라 신고사건에 관한 증서를 작성한 경우에는 3개월 이내에 그 지역을 관할하는 재외공관의 장에게 그 증서의 등본을 제출하여야 한다. <개정 2015. 2. 3.>
> ② 대한민국의 국민이 있는 지역이 재외공관의 관할에 속하지 아니하는 경우에는 3개

---

[3] 혼인은 호적법에 따라 호석공무원이 그 신고를 수리함으로써 유효하게 성립되는 것이며 호적부에의 기재는 그 유효요건이 아니어서 호적에 적법히 기재되는 여부는 혼인성립의 효과에 영향을 미치는 것은 아니므로 부부가 일단 혼인신고를 하였다면 그 혼인관계는 성립된 것이고 그 호적의 기재가 무효한 이중호적에 의하였다 히어 그 효력이 좌우되는 것은 아니다(대법원 1991. 12. 10. 신고 91므344 판결)

월 이내에 등록기준지의 시·읍·면의 장 또는 재외국민 가족관계등록사무소의 가족관계등록관에게 증서의 등본을 발송하여야 한다. <개정 2015. 2. 3.>

혼인증서 등본은 관공서 등 일정한 권한을 가진 사람이 그 신분행위가 성립된 사실을 증명한 서면이면 그 명칭을 불문하고 인정된다(예규 제486호).

혼인사실이 기록된 일본의 호적 등본, 혼인신고서(혼인계)등본(기재사항증명서), 수리증명서도 모두 혼인증서 등본에 해당한다(예규 제486호, 구 호적선례 제2-182호, 제2-183호, 제200312-1호).

[예규 2] 외국에 거주하고 있는 한국인의 가족관계등록신고절차 등에 관한 사무처리지침

외국에 거주하고 있는 한국인의 가족관계등록신고절차 등에 관한 사무처리지침

제정 2007.12.10 가족관계등록예규 제30호
개정 2015.06.10 가족관계등록예규 제466호
개정 2016.02.17 가족관계등록예규 제486호

1. 가족관계등록신고의 의무 및 신고 가부
   가. 외국에 거주하고 있는 한국인은 한국에 거주하고 있는 사람과 동일하게 보고적 신고사항에 대하여 「가족관계의 등록 등에 관한 법률」에 따른 가족관계등록신고의 의무를 진다.
   나. 보고적 신고대상인 신분변동사실에 대하여 거주지 나라의 법에 따라 그 나라 관공서 등에 가족관계등록신고를 한 경우에도 동일한 신고사항에 대한「가족관계의 등록 등에 관한 법률」상의 신고의무가 면제되는 것은 아니다.
   다. 신고의무가 있는 보고적 신고사항에는 출생, 사망과 같은 고유의 보고적 신고와 재판상 인지신고, 재판상 이혼신고, 외국의 방식에 의한 신고사건에 대한 증서를 작성한 경우 등과 같은 전래의 보고적 신고가 모두 포함된다.
   라. 등록기준지변경과 같은 절차적 창설적 신고사항과 혼인, 입양과 인지 등과 같은 실체적 창설적 신고사항 중 국제사법상 그 방식의 준거법이 한국법인 경우에는 「가족관계의 등록 등에 관한 법률」이 정한 절차에 따라 그 신고를 할 수 있다.

2. 외국에 있는 한국인의 가족관계등록신고절차
   가. 신고장소
      (1) 외국에 거주하고 있는 한국인은 거주하고 있는 지역에 재외공관이 설치되어 있는 경우에도 신고사건의 본인 등록기준지 시(구)·읍·면의 장 또는 「가족관계의 등록 등에 관한 법률」 제4조의2의 재외국민 가족관계등록사무소 가족관계등록관(이하 '가족관계등록관'이라 한다.)에게 직접 우편의 방법으로 제출하거나, 귀국하여 등록기준지 또는 현재지 시(구)·읍·면 또는 재외국민 가족관계등록사무소에 제출하는 방법으로 가족관계등록신고(보고적, 창설적 신고를 포함한다)를 할 수 있다.
      (2) 외국에 거주하고 있는 한국인은 그 지역을 관할하는 재외공관의 장 또는 재외공관에서 근무하는 가족관계등록관에게 가족관계등록신고를 할 수 있으나, 다른 지역을 관할하는 재외공관의 장 또는 재외공관에서 근무하는 가족관계등록관에게 가족관계등록신고를 할 수는 없다.
   나. 증서의 등본 제출방식에 의한 가족관계등록부의 기록절차
      (1) 증서의 등본 제출방식에 의하여 가족관계등록부에 기록을 할 수 있는 경우는 외국에 거주하고 있는 한국인이 그 거주지 나라 방식에 의하여 실체적인 창설적 신분행위(혼인, 입양, 인지, 이혼과 파양 등)를 하여 신분행위가 성립된 경우에만 가능하다.
      (2) 외국에 거주하고 있는 한국인 사이 또는 한국인과 외국인 사이에 그 거주지 나라의 방식에 의하여 신분행위를 할 수 있는 것은 국제사법상 그 신분행위 방식의 준거법으로 행위지법을 적용할 수 있는 경우를 말한다.
      (3) 증서의 방식은 나라에 따라 상이하고 다양하나 관공서 등 일정한 권한을 가진 사람이 그 신분행위가 성립된 사실을 증명한 서면이면 그 명칭에도 불구하고 인정된다.
      (4) 증서의 등본은 신분행위 당사자 1명이 그 지역을 관할하는 재외공관의 장이나 사건본인인 한국인의 등록기준지 시(구)·읍·면의 장 또는 가족관계등록관에게 우편의 방법을 이용하거나 직접 제출할 수 있다.
   다. 외국에 거주하는 한국인이 거주지 방식으로 그 관공서 등에 신분변동사항에 관한 보고적 신고를 한 경우의 가족관계등록신고절차
      (1) 거주지 나라의 법이 정한 방식에 따라 그 나라 관공서 등에 한 신분변동사항에 대한 보고적 신고는 「가족관계의 등록 등에 관한 법률」에 따른 유효한 가족관계등록신고로 볼 수 없으므로, 따로 가족관계등록신고를 하여야 한다.
      (2) 외국에 거주하고 있는 한국인이 신분변동사항에 대하여 거주지 나라 방식에 따라 보고적 신고를 한 후 그 "수리증명서" 등을 교부 받은 경우에도, 위 "나"

항의 증서의 등본 제출방식에 의한 가족관계등록부의 기록은 할 수 없다.

(3) 외국에 거주하고 있는 한국인이 출생, 사망 등과 같은 보고적 신고(고유의 의미)를 하는 경우에는, 가족관계등록신고서에 첨부하여야 할 출생증명서나 사망증명서 등을 갈음하여 그 거주지 나라의 방식에 의해 신고한 사실을 증명하는 서면(예: 수리증명서 등)을 첨부할 수 있다.

(4) 외국에 거주하고 있는 한국인이 외국 법원의 확정판결을 받아 재판상 이혼신고, 재판상 인지신고와 같은 보고적 신고(전래적 의미)를 하는 경우, 거주지 나라 방식에 의해 신고한 사실을 증명하는 서면으로는 가족관계등록신고서에 첨부하여야 할 확정판결과 집행판결을 갈음할 수 없다.

부　칙

이 예규는 2008년 1월 1일부터 시행한다.

부　칙 (2015.06.10 제466호)

이 예규는 2015년 7월 1일부터 시행한다.

부　칙 (2016.02.17 제486호)

이 예규는 2016년 3월 1일부터 시행한다.

[선례 2] 우리나라 여자가 일본인과 일본에서 일본방식에 의하여 혼인을 한 경우의 혼인증서 제출방법

제정 1991. 6. 19. [호적선례 제2-182호, 시행]

우리나라 여자가 일본인 남자와 일본에서 일본방식에 의한 혼인신고를 하여 부의 호적에 그 혼인사유가 기재된 경우, 처인 한국인 여자의 호적에 혼인사유의 기재를 하려면 일본인 남편의 호적등본 또는 거행지 유관기관이 발행한 혼인증서를 관할 재외공관 또는 친가본적지 등에 제출하면 될 것이다. 이 경우 혼인사유가 기재된 일본인 남편의 호적등본은 혼인증서의 일종으로 볼 수 있기 때문에 그러한 호적등본을 첨부하였다면 별도로 혼인증서(혼인사실 증명)를 첨부할 필요는 없는 것이고, 또한 혼인신고의 장소는 호적법 제25조 제1항의

규정에 의하면 될 것이며, 외국방식에 의한 혼인증서 제출의 경우라 하여 특별히 본적지 관할구청이 아닌 종로구청을 경유할 필요는 없다. (91.6.19. 법정 제993호)
참조조문 : 법 제25조
참조예규 : 378항, 379항
질의요지 : 일본인 남자와 한국인 여자가 일본국방식에 의하여 혼인을 하고 그 혼인사실이 기재된 호적등본을 첨부하여 여자의 친가본적지에 혼인신고를 할 때에 종로구청을 경유하여야 하는지 여부와 일본대사관에서 발급한 혼인사실증명을 첨부하여야 하는지에 대하여 유권해석하여 주시기 바랍니다.
주 : 혼인신고의 장소에 관한 호적법 제77조의 규정이 삭제(90.12.31.자)되어 혼인신고도 다른 호적신고와 마찬가지로 당사자인 부 또는 처(처)의 본적지 또는 주소지에다 신고할 수 있으므로, 호적선례요지집 제1권 157항의 신고장소에 관한 사항은 변경되었음.

[선례 3] 일본방식에 의한 수리사실이 기재된 혼인신고서 등본을 혼인증서로써 제출한 경우에는 접수처리하여야 한다.

제정 1991. 9. 17. [호적선례 제2-183호, 시행]

우리나라 남자와 일본인 여자가 일본에서 일본방식에 의한 혼인신고를 하고 접수와 수리사실이 기재된 그 혼인신고서(혼인증서)등본을 우리나라 남자의 본적지에 제출한 경우에는 호적공무원은 이를 접수처리하여야 하며 혼인증서등본 이외의 호적(또는 제적)등본의 제출을 요구할 수 없다.(91.9.17. 법정 제1431호)
참조예규 : 378항

[선례 4] 한국인 남자와 일본인 여자가 일본국 관공서에 혼인신고를 하고 혼인신고서(혼인계)등본을 첨부한 경우 이를 수리하여야 하는지 여부

제정 2003. 12. 26. [호적선례 제200312-1호, 시행]

1. 한국인 남자와 일본인 여자가 일본국 방식에 의하여 혼인을 하고 그 접수와 수리사실이 기재된 혼인신고서(혼인계)등본을 첨부하여 재외공관에 혼인신고를 한 경우 별도의 수리증명서(또는 호적등본)을 첨부하지 아니하여도 이를 수리하여 호적에 기재하여야 할 것이다.
2. 한국인 남자와 일본인 여자 사이의 혼인중 출생자에 대하여, 자는 출생에 의하여 한국 국적과 일본 국적을 취득하므로 부 또는 기타 출생신고의무자의 출생신고에 의하여 부의 호적에 입적할 수 있을 것이다.
다만, 국적법 제12조 및 부칙 제5조의 규정에 의하면 만22세가 되기전까지 어느 한 국적을 선택하여야 하고 이 기간내에 출생신고를 하지 아니한 경우에는 우리 나라 국적을 상실하므로 출생신고에 의하여 한

국인 부(부)의 호적에 입적할 수 없을 것이다. (2003. 12. 26. 호적 3202-600 외교통상부장관 대 법원 행정처장 질의회답)
참조조문 : 국적법 제12조, 부칙 제5조
참조예규 : 제434호
참조선례 : 2권 183항, 2003. 7. 4. 호적 3202-269 질의회답
참조문헌 : 국적법해설(2003년, 법무부 발행) p 157~158

나. 등록관의 심사

(1) 혼인의 실질적 성립요건 심사

외국 방식에 따라 혼인하는 경우에도, 혼인의 실질적 성립요건은 각 당사자의 본국법에 의하여 판단한다. 그러나 혼인증서 등본에 사소한 흠결이 있거나 혼인의 실질적 성립요건에 흠결이 있더라도 그 흠결이 혼인의 무효사유에 해당하지 않는 경우에는 이를 수리하여야 한다(예규 제452호).

[예규 3] 한국인과 외국인 사이의 국제혼인 사무처리지침

한국인과 외국인 사이의 국제혼인 사무처리지침

제정 2007.12.10 가족관계등록예규 제161호
개정 2009.07.17 가족관계등록예규 제306호
개정 2015.01.08 가족관계등록예규 제452호

한국인과 외국인 사이에 혼인한 경우의 혼인신고 및 이에 관련된 가족관계등록사무는 아래와 같이 처리한다.

1. 한국에서 혼인신고를 하는 경우
   가. 외국인의 혼인성립요건 구비증명서
      (1) 외국인의 혼인성립요건 구비증명서는 「대법원 가족관계등록예규」 제33호에 따른다. 다만, 미국인이 군인인 경우의 혼인능력 증명은 미국법에 의하여 공증

인 직무를 행할 수 있도록 지명된 미군장교(법무관)가 발행한 것으로 확인된 당사자 서약에 대한 증명서를 첨부할 수 있다.
- (2) 중국인은 미혼임을 증명하는 서면으로서 중국의 권한 있는 기관이 발급한 증명서에 중국외교부 또는 각 성, 자치구 및 직할시 외사판공실의 인증(확인)을 받아야 한다(주중 한국 공관의 영사확인은 불필요).
- (3) 중국인이 중국의 혼인법에서 정한 혼인적령에 이르지 아니한 경우에도 「민법」 제807조에서 규정한 연령에 이른 때에는 혼인적령에 미달하였다는 것을 이유로 하여 그 혼인신고의 수리를 거부할 수 없으며, 혼인당사자인 중국인이 만18세 이상인 경우에는 그 부모 등의 혼인동의서의 첨부를 요구할 수 없다.

나. 혼인신고의 절차 및 기록방법
- (1) 한국인이 남자인 경우
  외국인인 처의 위 1.가.의 증명서면을 첨부하여 「가족관계의 등록 등에 관한 법률」 제71조에 따라 혼인신고를 하면, 이를 수리한 시(구)·읍·면의 장은 처가 혼인신고에 의하여 한국의 국적을 취득하는 것이 아니므로 남편의 가족관계등록부 일반등록사항란에 혼인사유만을 기록하였다가 나중에 귀화통보가 있을 때에 처의 가족관계등록부를 작성한다.
- (2) 한국인이 여자인 경우
  외국인인 남편의 위 1. "가"의 증명서면을 첨부하여 「가족관계의 등록 등에 관한 법률」 제71조에 따른 혼인신고를 하면 처의 가족관계등록부 일반등록사항란에 혼인사유를 기록하고, 후에 처가 외국 국적을 취득하여 한국 국적을 상실하면 국적상실신고 등에 의하여 처의 가족관계등록부를 폐쇄한다.
- (3) 국제적 혼인신고를 수리한 때에는 외국인의 본국에는 혼인신고서를 송부하지 아니한다.

2. 외국에서 혼인한 경우

가. 첨부서면
- (1) 혼인을 한 외국방식에 의하여 혼인이 성립되었음을 증명하는 서면(혼인 거행지국의 권한 있는 기관이 발행한 혼인증서등본 및 그에 대한 번역문)
- (2) 중국인과 혼인한 경우는 중국방식에 의하여 혼인이 성립되었음을 증명하는 서면에 중국외교부 또는 각 성, 자치구 및 직할시 외사판공실의 인증(확인)을 받은 서면(주중 한국 공관의 영사 확인은 불필요)

나. 혼인신고의 절차 및 기록방법
- (1) 한국인이 남자인 경우
  위 2.가.의 서면을 첨부하여 그 지역을 관할하는 한국 재외공관의 장에게 제출하거나, 혼인을 한 외국 지역이 한국 재외공관의 관할에 속하지 아니한 때에는 한국 남편 등록기준지의 시(구)·읍·면의 장에게 혼인증서의 등본을 발송하여야 하며, 이를 접수한 시(구)·읍·면의 장은 처가 혼인신고에 의하여 한국의 국적을 취득하는 것이 아니므로 남편의 가족관계등록부 일반등록사항란에 혼인사유만을 기록하였다가 나중에 귀화통보가 있을 때에 처의 가족관계등록부를 작성한다.

  (2) 한국인이 여자인 경우
    위 2.가.의 서면을 접수한 처의 등록기준지 시(구)·읍·면의 장은 처의 가족관계등록부 일반등록사항란에 혼인사유를 기록하고, 후에 처가 외국 국적을 취득하여 한국 국적을 상실하면 국적상실신고 등에 의하여 처의 가족관계등록부를 폐쇄한다.

다. 가족관계등록부정리상 유의사항
  (1) 재외국민과 외국인 사이에 혼인이 성립된 경우, 혼인증서등본상의 한국인 당사자 성명과 가족관계등록부상 성명이 일치하지 아니하더라도 동일인임이 확인되면 이를 수리한다.
  (2) 혼인증서등본상 혼인의 실질적 요건에 흠결이 있더라도 그 흠결이 혼인의 무효사유에 해당하지 않는 경우에는 이를 수리한다.
  (3) 혼인증서등본에 사소한 흠결이 있더라도 이를 수리하여야 하며, 혼인증서등본상 외국인 당사자의 성명과 신고서상에 기재된 성명이 서로 다를 때에는 혼인증서등본에 의하여 가족관계등록부 기록을 한다.

3. 외교관계가 없는 외국 국민과의 혼인
우리나라와 외교관계가 없는 외국 국민과의 혼인도, 외교관계가 있는 국민과 혼인한 경우에 준하여 처리한다.

4. 신고서류에 의문이 있는 경우
혼인신고 서류에 의문이 있는 경우에는 감독법원에 의견을 구하여 처리하고, 특히 중국인의 서류의 진위여부에 의문이 있을 때는 서류의 사본을 첨부하여 외교부 영사과나 주중 대한민국 대사관에 그 서류가 진정하게 작성되었는지 여부를 조회하여 처리한다.

5. 등록사항별증명서의 기재례는 가족관계등록실무자료집(기재편) 참조

부　　칙

> 이 예규는 2008년 1월 1일부터 시행한다.
>
> 부 칙 (2009.07.17. 제306호)
>
> 이 예규는 2009년 7월 20일부터 시행한다.
>
> 부 칙 (2015.01.08 제452호)
>
> 이 예규는 2015년 2월 1일부터 시행한다.

(2) 중혼의 경우

외국 방식에 따라 이미 혼인이 성립하였다면 그 혼인에 취소사유가 있더라도 판결에 의하여 취소되기 전까지 그 혼인은 유효하므로, 등록관은 증서등본의 제출에 따라 등록부에 혼인사유를 기록하여야 한다(예규 제415호, 구 호적선례 제2-181호).

[예규 4] 중혼에 관한 가족관계등록사무 처리지침

> ### 중혼에 관한 가족관계등록사무 처리지침
>
> 제정 2007.12.10 가족관계등록예규 제155호
> 개정 2015.01.08 가족관계등록예규 제415호
>
> 중혼은 혼인의 무효사유가 아니라 취소사유에 불과하므로(「민법」제816조, 제810조) 부득이한 사유로 중혼관계가 성립되었다면 그 후의 혼인이 취소되지 않는 한 유효한 혼인이므로 그와 관련한 가족관계등록사무는 이 지침에 따라 처리한다.
>
> 1. 중혼관계가 성립되는 각 유형에 따른 가족관계등록사무처리절차
>   가. 이중의 혼인신고가 수리된 경우
>   (1) 가족관계등록공무원의 잘못으로 이중의 혼인신고를 수리한 경우 혼인중에 있는 남자(여자)가 다시 다른 여자(남자)와 한 혼인신고가 잘못 수리된 경우에는

새로운 혼인신고를 받은 때와 같이 남자(여자)의 가족관계등록부 일반등록사항란에 후혼의 사유를 기록한다.
(2) 후혼의 혼인신고가 먼저 기록된 후 전혼에 대한 혼인증서가 제출된 경우와 전혼이 먼저 기록된 후 후혼에 대한 혼인증서가 제출된 경우에도 위 1.가.(1)과 같이 처리한다.

나. 협의이혼 후 다른 사람과 재혼을 하였으나 그 협의이혼이 무효 또는 취소된 경우
협의이혼을 한 후 그 당사자가 재혼을 하였으나 그 협의이혼이 무효이거나 그 후에 취소된 때에는 종전의 혼인관계는 처음부터 해소되지 않은 것으로 되므로 이러한 때에는 중혼관계가 성립하게 된다.
(1) 협의이혼 후 남자만이 재혼을 한 경우
협의이혼의 무효 또는 취소판결에 의한 등록부정정신청에 의하여 남편 및 처의 가족관계등록부 일반등록사항란에 기록된 이혼사유를 각각 말소하고, 양자의 가족관계등록부 특정등록사항란에 말소된 배우자 성명, 출생연월일 등을 각각 부활 기록한다.
(2) 협의이혼 후 여자만이 재혼을 한 경우 및 협의이혼 후 남자, 여자가 각각 모두 재혼을 한 경우
이 경우에도 위 1.나.(1)과 같이 처리한다.

다. 배우자의 일방이 실종선고를 받아 혼인관계가 해소된 후 잔존 배우자가 재혼을 하였으나 그 후에 그 실종선고가 실종자의 생존을 원인으로 하여 취소된 경우 중혼관계의 성립여부와 가족관계등록부 정리절차
(1) 전혼관계는 부활되지 않는 것으로 본다. 따라서 원칙적으로 이 경우에는 중혼관계는 성립되지 않게 된다. 잔존배우자가 실종선고의 취소전에 재혼을 한 경우에는 일단 재혼당사자가 모두 선의인 것으로 추정하여 실종선고가 취소되어도 전혼관계는 부활하지 않는 것으로 보아 처리한다.
① 실종자가 처(처)인 경우
혼인중에 있는 처에 대하여 실종선고가 있은 후 잔존 배우자인 부(부)가 재혼을 하였으나 그 후에 전처에 대한 실종선고가 취소된 경우에는 실종선고취소신고에 의하여 실종되었던 사람(처)의 가족관계등록부를 부활하되 전혼사유는 이기하지 아니하며, 부(부)의 가족관계등록부 일반등록사항란에 기록되어 있는 전혼관계해소사유도 말소하지 아니한다.
② 실종자가 부(부)인 경우
혼인중에 있는 부(부)에 대하여 실종선고가 있은 후 잔존 배우자인 처가 재혼을 하였으나 그 후에 전부(전부)에 대한 실종선고가 취소된 경우에는 실종선고취소신고에 의하여 실종되었던 사람(부)의 가족관계등록부를 부활하

되 전혼사유는 이기하지 아니하며, 재혼한 전처의 가족관계등록부 일반등록사항란에 어떠한 기록도 하지 않는다.
    (2) 예외적으로 중혼관계가 성립되는 경우와 그 가족관계등록부 정리절차 재혼당사자의 쌍방 또는 일방이 악의임이 입증되면 그에 따른 등록부정정절차를 취함으로써 위 (1)의 방식에 따라 기록된 가족관계등록부를 정정할 수 있다. 이 때에는 중혼관계가 성립하게 된다.
        ① 실종자가 처(처)인 경우
            등록부정정신청에 의하여 부활기록된 실종되었던 사람(전처)의 가족관계등록부 일반등록사항란에 전혼사유를 기록하고 특정등록사항란에 전 배우자의 성명, 출생연월일 등을 기록한다. 또한 부(부)의 가족관계등록부 일반등록사항란에 기록되어 있는 전혼관계 해소사유를 말소하고, 특정등록사항란에 말소된 배우자의 성명, 출생연월일 등을 각각 부활 기록한다.
        ② 실종자가 부(부)인 경우
            등록부정정신청에 의하여 부활기록된 실종되었던 사람(전부)의 가족관계등록부 일반등록사항란에 전혼사유를 기록하고, 특정등록사항란에 전 배우자의 성명, 출생연월일 등을 각각 기록한다. 또한 재혼한 전처의 가족관계등록부 일반등록사항란에 기록되어 있는 전혼관계해소사유를 말소하고, 특정등록사항란에 말소된 배우자의 성명, 출생연월일 등을 각각 부활 기록한다.

2. 중혼의 해소와 가족관계등록사무처리절차
    가. 후혼의 취소로 후혼관계가 해소된 경우
        (1) 남자가 중혼인 경우 후혼의 취소판결이 확정되어 그 혼인취소신고가 수리된 때에는 남편의 일반등록사항란에 후혼의 취소사유와 후혼의 처(처)의 가족관계등록부 일반등록사항란에 혼인취소사유를 각각 기록하고, 양자의 가족관계등록부 특정등록사항란에 기록된 후혼 배우자의 성명, 출생연월일 등을 각각 말소한다.
        (2) 여자가 중혼인 경우 후혼의 취소판결이 확정되어 그 혼인취소신고가 수리된 때에는 일반등록사항란에 후혼 남편과의 혼인취소사유와 후혼의 남편 가족관계등록부 일반등록사항란에 혼인취소사유를 각각 기록하고, 양자의 가족관계등록부 특정등록사항란에 기록된 후혼 배우자의 성명, 출생연월일 등을 각각 말소한다
    나. 후혼관계가 이혼에 의하여 해소된 경우
        후혼관계가 이혼에 의하여 해소되어 그 이혼신고서가 수리된 때에는 위 "가"의 각 절차에 따라 처리하되 혼인취소사유 대신 이혼사유를 기록하면 된다.

다. 전혼관계가 이혼에 의하여 해소된 경우
  (1) 남자가 중혼인 경우 전혼에 관한 이혼신고서가 수리된 때에는 남편의 일반등록사항란에 전혼의 이혼사유를 기록하고 전혼의 처 일반등록사항란에는 이혼사유를 기록하며, 양자의 가족관계등록부 특정등록사항란에 기록된 전혼 배우자의 성명, 출생연월일 등을 각각 말소한다.
  (2) 여자가 중혼인 경우 전혼에 대한 이혼신고서가 수리된 때에는 여자의 일반등록사항란에 전혼의 이혼사유와 전혼 남편의 일반등록사항란에 이혼사유를 각각 기록하고, 양자의 가족관계등록부 특정등록사항란에 기록된 전혼 배우자의 성명, 출생연월일 등을 각각 말소한다.
라. 중혼자가 사망한 경우
  중혼의 당사자가 사망한 경우에는 전혼, 후혼관계 모두가 해소되므로 중혼자의 사망신고가 수리된 때는 중혼자의 일반등록사항란에 사망사유를 기록하여 가족관계등록부를 폐쇄하고 중혼자의 각 상대방 일반등록사항란에 중혼자의 사망사유를 기록하고, 특정등록사항란 배우자란에 중혼자인 배우자의 성명 옆에 사망 이라고 표시한다.
마. 중혼자의 상대방이 사망한 경우
  중혼자의 상대방이 사망하여 그 사망신고가 수리된 때는 사망한 사람의 일반등록사항란에 사망사유를 기록하여 폐쇄함과 아울러 중혼자의 일반등록사항란에 배우자의 사망사유를 기록하고, 특정등록사항란 배우자란에 기록된 사망한 배우자 성명 옆에 사망 이라고 표시한다.

3. 민법 시행 전에 성립된 중혼의 효력
  가. 민법 시행(1960. 1. 1.)전의 중혼은 구 관습법에 의하여 당연 무효이다.
  나. 그러나 구법 당시의 중혼이라 하더라도 신법 시행 당시까지 그 혼인(후혼)무효심판이 없었다면 그 혼인의 효력에 관하여는 「민법」부칙(1958.2.22. 공포 법률 제471호)제18조에 따라 신법의 적용을 받아야 한다. 따라서 중혼은 「민법」제810조 및 제816조에 따라 혼인취소사유에 해당되므로 전혼자(본처)와 협의이혼이 성립될 경우에는 중혼으로 인한 취소사유는 해소된다.

부 칙

이 예규는 2008년 1월 1일부터 시행한다.

부 칙 (2015.01.08 제418호)

제1조 (시행일) 이 예규는 2015년 2월 1일부터 시행한다.
제2조 (다른 예규의 폐지) 가족관계등록예규 제157호는 이 예규 시행과 동시에 폐지한다.

한국 민법(제810조, 제816조)과 일본 민법(제732조, 제744조)은 모두 중혼을 혼인의 취소사유로 보고 있다. 따라서 이미 혼인한 한국인이 일본에서 일본 호적관서에 일본인과 혼인신고를 하여 수리된 경우 그 혼인은 이미 성립한 것이므로 한국에 그 혼인증서 등본을 제출한 경우 이를 수리하여야 한다(예규 제164호).

☞ 민법 [시행 2024. 5. 17.] [법률 제19409호, 2023. 5. 16., 타법개정]
제732조 (화해의 창설적효력) 화해계약은 당사자 일방이 양보한 권리가 소멸되고 상대방이 화해로 인하여 그 권리를 취득하는 효력이 있다.

제744조 (도의관념에 적합한 비채변제) 채무없는 자가 착오로 인하여 변제한 경우에 그 변제가 도의관념에 적합한 때에는 그 반환을 청구하지 못한다.

제810조 (중혼의 금지) 배우자 있는 자는 다시 혼인하지 못한다.

제816조 (혼인취소의 사유) 혼인은 다음 각 호의 어느 하나의 경우에는 법원에 그 취소를 청구할 수 있다. <개정 1990. 1. 13., 2005. 3. 31.>
   1. 혼인이 제807조 내지 제809조(제815조의 규정에 의하여 혼인의 무효사유에 해당하는 경우를 제외한다. 이하 제817조 및 제820조에서 같다) 또는 제810조의 규정에 위반한 때
   2. 혼인당시 당사자 일방에 부부생활을 계속할 수 없는 악질 기타 중대사유있음을 알지 못한 때
   3. 사기 또는 강박으로 인하여 혼인의 의사표시를 한 때

[예규 5] 재일동포인 혼인한 남자가 다시 일본 여자와 혼인하였다는 혼인증서의 등본을 제출한 경우

> ### 재일동포인 혼인한 남자가 다시 일본 여자와 혼인하였다는 혼인증서의 등본을 제출한 경우
>
> 제정 2007.12.10 가족관계등록예규 제164호
>
> 중혼은 우리나라 법에 의하거나 일본국 법에 의하거나 다 같이 혼인취소의 원인으로 중혼이라도 일본방식에 의한 혼인신고를 수리하면 그 혼인은 이미 성립한 것이므로 일본당국의 혼인증서의 등본을 우리 나라 재외공관의 장에게 제출시에는 이를 수리하여야 한다.
>
> 부 칙
>
> 이 예규는 2008년 1월 1일부터 시행한다.

다. 혼인의 성립시기

증서등본을 제출한 때가 아니라, 외국 방식에 의하여 혼인이 성립한 때가 혼인성립일이 된다. 일본 방식에 따라 혼인한 경우 일본 호적관서에서 혼인신고가 수리된 때 혼인이 유효하게 성립한다.

4. 혼인신고서의 기재와 첨부서류

가. 혼인신고서의 기재사항

일반적인 신고서의 기재사항(가족관계등록법 제25조 제1항) 외에, 혼인신고서에는 당사자의 성명·본·출생연월일·주민등록번호 및 등록기준지(당사자가 외국인인 때에는 그 성명·출생연월일·국적 및 외국인등록번호), 당사자의 부모와 양부모의 성명·등록기준지 및 주민등록번호, 민법 제781조 제1항 단서에 따라 혼인 후 자녀가 모의 성과

본을 따르기로 협의한 경우에는 그 사실, 민법 제809조 제1항에 따른 근친혼(8촌 이내의 혈족 사이의 혼인)에 해당되지 아니하는 사실을 기재하여야 한다(가족관계등록법 제71조).

☞ **가족관계의 등록 등에 관한 법률** [시행 2024. 7. 19.] [법률 제19547호, 2023. 7. 18., 일부개정]

제25조 (신고서 기재사항) ① 신고서에는 다음 사항을 기재하고 신고인이 서명하거나 기명날인하여야 한다.
  1. 신고사건
  2. 신고연월일
  3. 신고인의 출생연월일·주민등록번호·등록기준지 및 주소
  4. 신고인과 신고사건의 본인이 다른 때에는 신고사건의 본인의 등록기준지·주소·성명·출생연월일 및 주민등록번호와 신고인의 자격

제71조 (혼인신고의 기재사항 등) 혼인의 신고서에는 다음 사항을 기재하여야 한다. 다만, 제3호의 경우에는 혼인당사자의 협의서를 첨부하여야 한다. <개정 2010. 5. 4.>
  1. 당사자의 성명·본·출생연월일·주민등록번호 및 등록기준지(당사자가 외국인인 때에는 그 성명·출생연월일·국적 및 외국인등록번호)
  2. 당사자의 부모와 양부모의 성명·등록기준지 및 주민등록번호
  3. 「민법」 제781조제1항 단서에 따른 협의가 있는 경우 그 사실
  4. 「민법」 제809조제1항에 따른 근친혼에 해당되지 아니한다는 사실

☞ **민법** [시행 2024. 5. 17.] [법률 제19409호, 2023. 5. 16., 타법개정]

제781조 (자의 성과 본) ① 자는 부의 성과 본을 따른다. 다만, 부모가 혼인신고시 모의 성과 본을 따르기로 협의한 경우에는 모의 성과 본을 따른다.

제809조 (근친혼 등의 금지) ① 8촌 이내의 혈족(친양자의 입양 전의 혈족을 포함한다) 사이에서는 혼인하지 못한다.

창설적 혼인신고의 경우 당시지 쌍방과 성년자인 증인 2인의 서명 또는 날인이 있어야 하며(민법 제812조 제2항), 증인은 신고서에 주민등록번호 및 주소를 기재하여야 한다(가족관계등록법 제28조). 외국 방식에 따라 혼인이 성립된 후 그 증서등본 제출하

는 경우에는 혼인당사자 일방이 서명 또는 날인하여 신고할 수 있으며, 이 경우에는 증인의 연서를 필요로 하지 않는다.

부모의 혼인으로 인하여 혼인 중의 자의 신분을 취득하는 자녀가 있을 경우에는 혼인신고서의 기타사항란에 그 신분취득사유 외에 그 자녀의 성명과 등록기준지를 기재하여야 한다(가족관계등록법 제30조, 예규 제159호).

☞ **민법** [시행 2024. 5. 17.] [법률 제19409호, 2023. 5. 16., 타법개정]

제812조 (혼인의 성립) ② 전항의 신고는 당사자 쌍방과 성년자인 증인 2인의 연서한 서면으로 하여야 한다.

☞ **가족관계의 등록 등에 관한 법률** [시행 2024. 7. 19.] [법률 제19547호, 2023. 7. 18., 일부개정]

제28조 (증인을 필요로 하는 신고) 증인을 필요로 하는 사건의 신고에 있어서는 증인은 신고서에 주민등록번호 및 주소를 기재하고 서명하거나 기명날인하여야 한다.

제30조 (법령 규정사항 이외의 기재사항) 신고서에는 이 법 또는 다른 법령으로 정하는 사항 외에 등록부에 기록하여야 할 사항을 더욱 분명하게 하기 위하여 필요한 사항이 있으면 이러한 사항도 기재하여야 한다.

[예규 6] 부모의 혼인으로 인하여 준정되는 사람의 처리

부모의 혼인으로 인하여 준정되는 사람의 처리

제정 2007.12.10 가족관계등록예규 제159호

부모의 혼인으로 인하여 혼인중의 자의 신분을 취득한 자녀가 있을 경우에는 「가족관계의 등록 등에 관한 법률」 제30조에 따라 그 혼인신고서 기타사항란에 그 신분취득사유 외에 그 자녀의 성명, 등록기준지를 기재하여야 하고, 시(구)·읍·면의 장은 「가족관계의 등록 등에 관한 규칙」 제55조제2항에 따라 직권으로 자녀의 가족관계등록부에 신분취득의 기록을 하여야 한다.

부 칙

이 예규는 2008년 1월 1일부터 시행한다.

나. 첨부서류

(1) 공통서류

혼인당사자의 기본증명서·혼인관계증명서·가족관계증명서4), 민법 제781조 제1항 단서에 따른 성·본 협의가 있는 경우 그 협의서, 신고인의 신분증명서를 제출하여야 한다.

혼인당사자의 일방이 외국인인 경우에는, 해당 외국 관공서 또는 우리나라 관공서가 발행한 공문서(예 : 여권, 주민등록표 등본, 그 밖의 증명서 등)에 의하여 외국인의 국적, 성명, 출생연월일 등의 인적사항을 소명하여야 한다(예규 제163호, 예규 제397호 제8조).

> ☞ 민법 [시행 2024. 5. 17.] [법률 제19409호, 2023. 5. 16., 타법개정]
> 제781조 (자의 성과 본) ① 자는 부의 성과 본을 따른다. 다만, 부모가 혼인신고시 모의 성과 본을 따르기로 협의한 경우에는 모의 성과 본을 따른다.

[예규 7] 외국인 또는 가족관계등록부가 없는 사람 등과의 혼인신고가 있는 경우의 사무처리지침

외국인 또는 가족관계등록부가 없는 사람 등과의 혼인신고가 있는 경우의 사무처리지침

제정 2007.12.10 가족관계등록예규 제163호

---

4) 단, 등록사항별 증명서는 전산정보처리조직에 의하여 확인할 수 있는 경우에는 첨부하지 않아도 된다(규칙 제44조 제2항)

1. 우리나라 사람 갑이 외국인 또는 가족관계등록부가 없거나 가족관계등록부에 기록이 되어 있는지가 분명하지 아니한 사람인 을과의 혼인신고를 할 경우에는 해당 외국 관공서 또는 우리나라의 관공서가 발행한 공문서(예: 여권, 주민등록등본, 그 밖의 증명서 등)에 의하여 을에 대한 성명, 출생연월일 등의 인적사항을 소명하여야 한다.
2. 1항의 혼인신고에 의하여 갑의 가족관계등록부에 혼인사유를 기록하되 을의 가족관계등록부를 작성해서는 안 된다.
3. 을이 우리나라 국적을 취득하거나 가족관계등록부에 기록되어 있음이 판명된 때 또는 기록할 수 있게 된 때에는 신고인 또는 신고사건의 본인은 그 사실을 안 날로부터 1개월 이내에 신고사건을 표시하여 제1항의 혼인신고를 수리한 시(구)·읍·면의 장에게 그 사실을 신고하여야 한다(「가족관계의 등록 등에 관한 법률」제22조).
4. 제1항의 경우 등록사항별증명서 기재례는 가족관계등록실무자료집(기재편) 참조.

부 칙

이 예규는 2008년 1월 1일부터 시행한다.

[예규 8] 기록대상자가 외국인인 경우의 기록방법에 관한 예규

기록대상자가 외국인인 경우의 기록방법에 관한 예규

제정 2009.09.18 가족관계등록예규 제314호
개정 2014.05.16 가족관계등록예규 제397호
개정 2022.09.27 가족관계등록예규 제606호
개정 2022.12.23 가족관계등록예규 제618호

제8조 (외국인 사건의 접수절차의 특칙) 외국인이 사건본인인 가족관계등록신고를 접수하면 영문성명이 기재된 신분증명서 또는 증서등본을 확인하여 영문성명, 출생연월일, 국적, 외국인등록번호를 가족관계등록정보시스템을 이용하여 특종신고서류편철장목록에 기록한 후 접수증을 신고인에게 즉시 교부하여 기록의 정확성을 확인한다.

부 칙 (2022.09.27. 제606호)

이 예규는 2022년 10월 12일부터 시행한다.

(2) 우리나라에서 창설적 혼인신고를 하는 경우

우리나라에서 창설적 신고를 하는 경우, 혼인당사자의 일방이 외국인인 때에는 그 외국법에 따른 혼인의 성립요건구비증명서와 번역문을 추가로 제출하여야 한다.

또한 혼인당사자 일방이 출석하지 않은 경우에는 불출석 당사자의 신분증명서(주민등록증, 운전면허증, 여권 등)를 제시하거나 인감증명서를 첨부하여야 하며, 이를 제시 또는 첨부하지 않은 때에는 신고서를 수리할 수 없다(가족관계등록법 제23조 제2항).

> ☞ 가족관계의 등록 등에 관한 법률 [시행 2024. 7. 19.] [법률 제19547호, 2023. 7. 18., 일부개정]
>
> 제23조 (신고방법) ② 신고로 인하여 효력이 발생하는 등록사건에 관하여 신고사건 본인이 시·읍·면에 출석하지 아니하는 경우에는 신고사건 본인의 주민등록증(모바일 주민등록증을 포함한다)·운전면허증·여권, 그 밖에 대법원규칙으로 정하는 신분증명서(이하 이 항에서 "신분증명서"라 한다)를 제시하거나 신고서에 신고사건 본인의 인감증명서를 첨부하여야 한다. 이 경우 본인의 신분증명서를 제시하지 아니하거나 본인의 인감증명서를 첨부하지 아니한 때에는 신고서를 수리하여서는 아니 된다. <개정 2023. 12. 26.> [시행일: 2024. 12. 27.] 제23조

(3) 외국 혼인증서 등본을 제출하는 경우

외국에서 외국 방식에 따라 이미 혼인이 성립한 경우에는, 혼인증서 등본 및 그 번역문을 제출한다. 그리고 이때에도 자녀가 모의 성과 본을 따르기로 협의한 때에는 신고서에 그 취지를 기재하고 협의서를 제출하여야 한다(예규 제518호 제7조).

[예규 9] 자녀의 성과 본에 관한 가족관계등록사무 처리지침

자녀의 성과 본에 관한 가족관계등록사무 처리지침

제정 2007.12.10 가족관계등록예규 제101호
개정 2008.06.18 가족관계등록예규 제284호
개정 2009.07.17 가족관계등록예규 제312호
개정 2013.06.07 가족관계등록예규 제387호
개정 2014.05.16 가족관계등록예규 제394호
개정 2015.01.08 가족관계등록예규 제414호
개정 2018.04.30 가족관계등록예규 제518호
개정 2021.12.10 가족관계등록예규 제574호
개정 2022.03.21 가족관계등록예규 제587호
개정 2022.06.08 가족관계등록예규 제591호
개정 2022.12.23 가족관계등록예규 제616호

제1장 총 칙

제7조 (증서등본 제출에 의한 혼인신고) ① 「국제사법」 제63조에 따라 외국의 방식에 의한 혼인이 허용되어 그 외국의 방식에 따라 혼인이 유효하게 성립된 후, 그 외국에서 작성한 혼인증서의 등본을 제출하여 한국에서 혼인신고를 할 경우, 혼인신고시에 자녀가 모의 성과 본을 따르기로 협의한 때에도 그 자녀의 성과 본은 모의 성과 본을 따른다.

② 제1항에 관해서는 제3조부터 제6조까지를 준용한다.

부 칙 (2022.12.23 제616호)

이 예규는 즉시 시행한다.

다. 증서등본과 등록부에 기록된 당사자의 성명이 일치하지 않는 경우

신고인은 원칙적으로 우리나라 또는 외국 관공서가 발행한 동일성을 증명하는 서면을 신고서류와 함께 제출하여야 한다. 다만, 신고서류만으로 동일인임이 명백하거나 사소한 착오나 유루가 있는 것에 불과한 때에는 동일성을 증명하는 서면 없이 신고서류를 수리할 수 있다(예규 제452호, 선례 제201110-1호).

[예규 10] 한국인과 외국인 사이의 국제혼인 사무처리지침

한국인과 외국인 사이의 국제혼인 사무처리지침

제정 2007.12.10 가족관계등록예규 제161호
개정 2009.07.17 가족관계등록예규 제306호
개정 2015.01.08 가족관계등록예규 제452호

한국인과 외국인 사이에 혼인한 경우의 혼인신고 및 이에 관련된 가족관계등록사무는 아래와 같이 처리한다.

1. 한국에서 혼인신고를 하는 경우
   가. 외국인의 혼인성립요건 구비증명서
   (1) 외국인의 혼인성립요건 구비증명서는 「대법원 가족관계등록예규」제33호에 따른다. 다만, 미국인이 군인인 경우의 혼인능력 증명은 미국법에 의하여 공증인 직무를 행할 수 있도록 지명된 미군장교(법무관)가 발행한 것으로 확인된 당사자 서약에 대한 증명서를 첨부할 수 있다.
   (2) 중국인은 미혼임을 증명하는 서면으로서 중국의 권한 있는 기관이 발급한 증명서에 중국외교부 또는 각 성, 자치구 및 직할시 외사판공실의 인증(확인)을 받아야 한다(주중 한국 공관의 영사확인은 불필요).
   (3) 중국인이 중국의 혼인법에서 정한 혼인적령에 이르지 아니한 경우에도 「민법」제807조에서 규정한 연령에 이른 때에는 혼인적령에 미달하였다는 것을 이유로 하여 그 혼인신고의 수리를 거부할 수 없으며, 혼인당사자인 중국인이 만18세 이상인 경우에는 그 부모 등의 혼인동의서의 첨부를 요구할 수 없다.
   나. 혼인신고의 절차 및 기록방법
   (1) 한국인이 남자인 경우

외국인인 처의 위 1.가.의 증명서면을 첨부하여 「가족관계의 등록 등에 관한 법률」 제71조에 따라 혼인신고를 하면, 이를 수리한 시(구)·읍·면의 장은 처가 혼인신고에 의하여 한국의 국적을 취득하는 것이 아니므로 남편의 가족관계등록부 일반등록사항란에 혼인사유만을 기록하였다가 나중에 귀화통보가 있을 때에 처의 가족관계등록부를 작성한다.
  (2) 한국인이 여자인 경우
  외국인인 남편의 위 1. "가"의 증명서면을 첨부하여 「가족관계의 등록 등에 관한 법률」 제71조에 따른 혼인신고를 하면 처의 가족관계등록부 일반등록사항란에 혼인사유를 기록하고, 후에 처가 외국 국적을 취득하여 한국 국적을 상실하면 국적상실신고 등에 의하여 처의 가족관계등록부를 폐쇄한다.
  (3) 국제적 혼인신고를 수리한 때에는 외국인의 본국에는 혼인신고서를 송부하지 아니한다.

2. 외국에서 혼인한 경우
  가. 첨부서면
   (1) 혼인을 한 외국방식에 의하여 혼인이 성립되었음을 증명하는 서면(혼인 거행지국의 권한 있는 기관이 발행한 혼인증서등본 및 그에 대한 번역문)
   (2) 중국인과 혼인한 경우는 중국방식에 의하여 혼인이 성립되었음을 증명하는 서면에 중국외교부 또는 각 성, 자치구 및 직할시 외사판공실의 인증(확인)을 받은 서면(주중 한국 공관의 영사 확인은 불필요)
  나. 혼인신고의 절차 및 기록방법
   (1) 한국인이 남자인 경우
   위 2.가.의 서면을 첨부하여 그 지역을 관할하는 한국 재외공관의 장에게 제출하거나, 혼인을 한 외국 지역이 한국 재외공관의 관할에 속하지 아니한 때에는 한국 남편 등록기준지의 시(구)·읍·면의 장에게 혼인증서의 등본을 발송하여야 하며, 이를 접수한 시(구)·읍·면의 장은 처가 혼인신고에 의하여 한국의 국적을 취득하는 것이 아니므로 남편의 가족관계등록부 일반등록사항란에 혼인사유만을 기록하였다가 나중에 귀화통보가 있을 때에 처의 가족관계등록부를 작성한다.
   (2) 한국인이 여자인 경우
   위 2.가.의 서면을 접수한 처의 등록기준지 시(구)·읍·면의 장은 처의 가족관계등록부 일반등록사항란에 혼인사유를 기록하고, 후에 처가 외국 국적을 취득하여 한국 국적을 상실하면 국적상실신고 등에 의하여 처의 가족관계등록부를 폐쇄한다.

다. 가족관계등록부정리상 유의사항
  (1) 재외국민과 외국인 사이에 혼인이 성립된 경우, 혼인증서등본상의 한국인 당사자 성명과 가족관계등록부상 성명이 일치하지 아니하더라도 동일인임이 확인되면 이를 수리한다.
  (2) 혼인증서등본상 혼인의 실질적 요건에 흠결이 있더라도 그 흠결이 혼인의 무효사유에 해당하지 않는 경우에는 이를 수리한다.
  (3) 혼인증서등본에 사소한 흠결이 있더라도 이를 수리하여야 하며, 혼인증서등본상 외국인 당사자의 성명과 신고서상에 기재된 성명이 서로 다를 때에는 혼인증서등본에 의하여 가족관계등록부 기록을 한다.

3. 외교관계가 없는 외국 국민과의 혼인
우리나라와 외교관계가 없는 외국 국민과의 혼인도, 외교관계가 있는 국민과 혼인한 경우에 준하여 처리한다.

4. 신고서류에 의문이 있는 경우
혼인신고 서류에 의문이 있는 경우에는 감독법원에 의견을 구하여 처리하고, 특히 중국인의 서류의 진위여부에 의문이 있을 때는 서류의 사본을 첨부하여 외교부 영사과나 주중 대한민국 대사관에 그 서류가 진정하게 작성되었는지 여부를 조회하여 처리한다.

5. 등록사항별증명서의 기재례는 가족관계등록실무자료집(기재편) 참조

부   칙

이 예규는 2008년 1월 1일부터 시행한다.

부   칙 (2009.07.17. 제306호)

이 예규는 2009년 7월 20일부터 시행한다.

부   칙 (2015.01.08 제452호)

이 예규는 2015년 2월 1일부터 시행한다.

[선례 5] 국제가족관계등록사건의 신고를 수리하는데 있어서 외국증서와 가족관계등록부에 각 기재된 당사자의 성명이 불일치하는 경우 그 동일성을 증명하는 서면의 첨부에 대한 구체적인 기준

제정 2011. 10. 25. [가족관계등록선례 제201110-1호, 시행]

국제가족관계등록사건에서 외국증서와 가족관계등록부에 각 기재된 당사자의 성명이 불일치하는 경우, 신고인은 원칙적으로 우리나라 또는 외국 관공서가 발행한 동일성을 증명하는 서면을 신고서류와 함께 제출하여야 한다. 다만, 신고서류만으로 동일인임이 명백하거나(예: 미국 시민권증서 뒷면에 'name change' 확인내용이 기재되는 경우, 혼인으로 성이 변경된 때 가족관계증명서나 혼인관계증명서 등에 의하여 배우자의 성이 확인되는 경우 등) 사소한 착오나 유루가 있는 것에 불과한 때에는 동일성을 증명하는 서면 없이 신고서류를 수리할 수 있다. 동일성을 증명하는 서면의 예로는 우리나라 재외공관이 발행하는 동일인증명서, 한국주재 캐나다 재외공관이 발행하는 법정확인서(또는 캐나다 통계국이 발행하는 성명변경증명서), 한국주재 미국 재외공관이 공증한 사건본인의 선서서 등이 있다.(2011. 10. 25. 가족관계등록과-3061 질의회답)

참조규칙 : 가족관계의 등록 등에 관한 규칙 제44조
참조예규 : 가족관계등록예규 제306호
참조선례 : 가족관계등록선례200808-1

일본 호적등본에 당사자의 성 변경 또는 개명 사실이 기재된 경우에는 신고서류만으로 동일인임이 명백한 경우에 해당하므로, 동일성 증명서면 없이 신고서류를 수리할 수 있다.

라. 가족관계등록부 부존재자 또는 불명자인 경우

혼인당사자 일방이 한국인이지만 가족관계등록부 부존재자 또는 불명자인 경우에는 신고서에 그 취지를 기재하여야 한다(가족관계의 등록 등에 관한 규칙 제34조 제1항).
이 경우에도 혼인의 실질적 성립요건 구비여부를 심사하여야 하나, 등록부 부존재나 불명자는 우리나라의 혼인관계증명서나 외국 관공서 발행의 성립요건구비증명서 등을 첨부할 수 없다. 따라서 실무에서는 등록부 부존재자 또는 불명자라는 뜻과 우리 민법에 의한 혼인의 실질적 성립요건을 구비하고 있다는 뜻을 기재한 2인 이상의 인우인의 보증서를 첨부하게 하여 혼인의 성립요건 구비여부를 심사한 후 그 수리여

부를 결정하고 있다.

> ☞ **가족관계의 등록 등에 관한 규칙** [시행 2024. 7. 19.] [대법원규칙 제3140호, 2024. 3. 28., 일부개정]
> 제34조 (가족관계등록의 여부가 불분명한 경우 등의 표시) ① 신고인 그 밖의 사람이 가족관계등록이 되어 있지 않거나 분명하지 않은 경우에는 신고서류에 그 취지를 기재하여야 한다.
> ② 사건본인이나 그 부 또는 모가 외국인인 경우에는 신고서의 등록기준지란에 그 국적을 기재하여야 한다

5. 등록부의 기록

혼인신고가 있으면 각 당사자의 등록부 특정등록사항란에 각 배우자의 특정등록사항을 기록하고, 각 당사자의 등록부 일반등록사항란에 혼인사유를 기록한다.

가. 혼인 외의 출생자의 준정 기록

혼인 외의 출생자가 혼인 중의 출생자로 그 지위가 변동되는 것을 준정이라고 한다. 준정은 그 요건인 사실의 완성 당시 부 또는 모의 본국법 또는 자의 상거소지법에 의한다(국제사법 제69조 제1항)[5]

우리 민법 제855조 제2항은 혼인 외의 출생자는 그 부모가 혼인한 때에는 그때로부터 혼인 중의 출생자로 본다고 규정하고 있다. 여기서 부는 법률상의 부를 의미하므로, 준정에 의하여 혼인 중의 출생자가 되는 것은 생부의 인지 또는 인지의 효력 있는 출생신고를 전제로 한다.

혼인 외의 자가 혼인 중의 출생자로 된 때에는 직권으로 자의 등록부 일반등록사항에 그 사유를 기록하여야 한다(규칙 제55조 제2항, 예규 제159호).

> ☞ **국제사법** [시행 2022. 7. 5.] [법률 제18670호, 2022. 1. 4., 전부개정]
> **제69조 (혼인 외의 출생자)** ① 혼인 외의 출생자가 혼인 중의 출생자로 그 지위가 변동

---
[5] 이 경우 부 또는 모가 그 요건인 사실이 완성되기 전에 사망한 때에는 사망 당시 본국법을 그의 본국법으로 본다(국제사법 제42조 제2항). 또한 자의 본국법이 자 또는 제3자의 승낙이나 동의 등을 요건으로 할 때에는 그 요건도 갖추어야 한다(국제시법 제44조).

되는 경우에 관하여는 그 요건인 사실의 완성 당시 아버지 또는 어머니의 본국법 또는 자녀의 일상거소지법에 따른다.

☞ 민법 [시행 2024. 5. 17.] [법률 제19409호, 2023. 5. 16., 타법개정]
제855조 (인지) ②혼인외의 출생자는 그 부모가 혼인한 때에는 그때로부터 혼인 중의 출생자로 본다.

☞ 가족관계의 등록 등에 관한 규칙 [시행 2024. 7. 19.] [대법원규칙 제3140호, 2024. 3. 28., 일부개정]
제55조 (자녀의 등록사항 등) ② 혼인외의 출생자가 혼인중의 출생자로 된 때 또는 부모의 혼인이 무효로 된 때에는 자녀의 등록부 일반등록사항란에 그 사유를 기록하여야 한다.

[예규 11] 부모의 혼인으로 인하여 준정되는 사람의 처리

부모의 혼인으로 인하여 준정되는 사람의 처리

제정 2007.12.10 가족관계등록예규 제159호

부모의 혼인으로 인하여 혼인중의 자의 신분을 취득한 자녀가 있을 경우에는 「가족관계의 등록 등에 관한 법률」 제30조에 따라 그 혼인신고서 기타사항란에 그 신분취득사유 외에 그 자녀의 성명, 등록기준지를 기재하여야 하고, 시(구)·읍·면의 장은 「가족관계의 등록 등에 관한 규칙」 제55조제2항에 따라 직권으로 자녀의 가족관계등록부에 신분취득의 기록을 하여야 한다.

부 칙

이 예규는 2008년 1월 1일부터 시행한다.

나. 혼인에 따른 친권자 지정의 실효 및 종료

미성년자의 등록부에 기록된 친권자가 그 미성년자의 친부, 친모, 양부, 양모와 혼인 한 때에는, 직권으로 미성년자의 등록부에 그 취지를 기록하고, 친권자지정사유를 말소한다(예규 제374호 제9조 제1항). 또한 등록부에 친권자 지정 또는 변경에 관한 기록이 있는 미성년자가 혼인한 때에는 친권이 종료되므로 직권으로 그 취지를 기록하여야 한다(예규 제374호 제9조 제2항 제2호).

[예규 12] 친권자의 지정 또는 변경에 관한 가족관계등록사무 처리지침

친권자의 지정 또는 변경에 관한 가족관계등록사무 처리지침

제정 2007.12.10 가족관계등록예규 제177호
개정 2008.06.18 가족관계등록예규 제286호
개정 2013.06.07 가족관계등록예규 제374호

제9조 (친권자가 사망한 경우 등의 직권기록) ① 시(구)·읍·면의 장이 미성년자의 가족관계등록부상 친권자로 기록된 사람에게 다음 각 호의 어느 하나에 해당하는 사유가 있는 사실을 알게 된 때에는 직권으로 미성년자의 가족관계등록부에 그 취지를 기록하여야 한다.
  1. 친권자가 사망하거나 실종선고를 받은 때
     등록사항별증명서 기재례는 가족관계등록실무자료집(기재편) 참조
  2. 친권자가 미성년자의 친부, 친모, 양부, 양모와 혼인한 때
     등록사항별증명서 기재례는 가족관계등록실무자료집(기재편) 참조
② 친권자 지정 또는 변경에 관한 기록이 있는 경우 시(구)·읍·면의 장이 미성년자에게 다음 각 호의 어느 하나에 해당하는 사유가 있는 사실을 알게 된 때에는 직권으로 미성년자의 가족관계등록부에 친권종료인 취지를 기록하여야 한다.
  1. 미성년자가 성년에 도달한 때
     등록사항별증명서 기재례는 가족관계등록실무자료집(기재편) 참조
  2. 미성년자가 혼인한 때
     등록사항별증명서 기재례는 가족관계등록실무자료집(기재편) 참조

부 칙 (2013.06.07 제374호)

> 이 예규는 2013년 7월 1일부터 시행한다.

다. 배우자가 가족관계등록부 부존재자 또는 불명자인 경우

배우자가 혼인신고 당시 등록부에 등록이 되어 있지 않거나 등록이 되어 있는지가 분명하지 않은 경우에는, 상대방 당사자의 등록부 일반등록사항란의 혼인사유에 그 취지를 기록한다.

라. 배우자가 외국인인 경우

(1) 원칙

한국인과 외국인의 혼인신고가 있는 경우, 한국인의 등록부에 혼인사유를 기록하되, 외국인의 등록부는 작성하지 않는다(예규 제163호).

외국인 배우자의 성명, 출생연월일, 국적, 외국인등록번호(외국인등록을 하지 않은 외국국적동포의 경우에는 국내거소신고번호), 성별 등의 특정등록사항은 가족관계증명서와 혼인관계증명서에 기록되고, 혼인사유는 혼인관계증명서의 일반등록사항란에 기록된다(예규 제618호 제1조 제2항, 제3조).

외국인 배우자의 성명은, 신고인이 신고서에 한글로 표기한 해당 외국의 원지음대로 등록부에 기록하되, 성과 이름 순으로 기록하여야 하며, 한자는 함께 기록할 수 없다(예규 제621호). 다만, 혼인증서 등본과 신고서에 기재된 외국인 배우자의 성명이 다른 때에는 혼인증서 등본에 의하여 등록부에 기록한다(예규 제452호).

[예규 13] 외국인 또는 가족관계등록부가 없는 사람 등과의 혼인신고가 있는 경우의 사무처리지침

외국인 또는 가족관계등록부가 없는 사람 등과의 혼인신고가 있는 경우의 사무처리지침

제정 2007.12.10 가족관계등록예규 제163호

1. 우리나라 사람 갑이 외국인 또는 가족관계등록부가 없거나 가족관계등록부에 기록이 되어 있는지가 분명하지 아니한 사람인 을과의 혼인신고를 할 경우에는 해당 외국 관공서 또는 우리나라의 관공서가 발행한 공문서(예: 여권, 주민등록등본, 그 밖의 증명서 등)에 의하여 을에 대한 성명, 출생연월일 등의 인적사항을 소명하여야 한다.
2. 1항의 혼인신고에 의하여 갑의 가족관계등록부에 혼인사유를 기록하되 을의 가족관계등록부를 작성해서는 안 된다.
3. 을이 우리나라 국적을 취득하거나 가족관계등록부에 기록되어 있음이 판명된 때 또는 기록할 수 있게 된 때에는 신고인 또는 신고사건의 본인은 그 사실을 안 날로부터 1개월 이내에 신고사건을 표시하여 제1항의 혼인신고를 수리한 시(구)·읍·면의 장에게 그 사실을 신고하여야 한다(「가족관계의 등록 등에 관한 법률」 제22조).
4. 제1항의 경우 등록사항별증명서 기재례는 가족관계등록실무자료집(기재편) 참조.

부　칙

이 예규는 2008년 1월 1일부터 시행한다.

[예규 14] 기록대상자가 외국인인 경우의 기록방법에 관한 예규

기록대상자가 외국인인 경우의 기록방법에 관한 예규

제정 2009.09.18 가족관계등록예규 제314호
개정 2009.09.18 가족관계등록예규 제397호
개정 2022.09.27 가족관계등록예규 제606호

개정 2022.12.23 가족관계등록예규 제618호

제1조 (목적 등) ② 외국인의 특정등록사항은 성명, 출생연월일, 외국인등록번호, 국적 및 성별에 관한 기록사항이다.

제3조 (외국인인 배우자) 외국인인 배우자의 특정등록사항은 국민인 상대방 배우자의 가족관계증명서 및 혼인관계증명서에 기록한다.

부　　칙 (2022.12.23. 제618호)

이 예규는 즉시 시행한다.

[예규 15] 외국의 국호, 지명 및 인명의 표기에 관한 사무처리지침

외국의 국호, 지명 및 인명의 표기에 관한 사무처리지침

제정 2007.12.10 가족관계등록예규 제38호
개정 2008.11.03 가족관계등록예규 제292호
개정 2015.01.08 가족관계등록예규 제451호
개정 2021.12.10 가족관계등록예규 제576호
개정 2023.02.27 가족관계등록예규 제621호

제1장 통 칙

제1조 (목적) 이 예규는 외국의 국호, 지명 및 인명을 가족관계등록부 및 가족관계등록신고서(법무부장관의 국적관련통보서를 포함한다. 다음부터 같다)에 표기하는 방법을 정함으로써, 가족관계등록부 기록의 통일성을 기하고자 함을 목적으로 한다.

제2조 (외국의 국호, 지명 및 인명의 표기방법) 가족관계등록부 및 가족관계 등록신고서에 기록 또는 기재하는 외국의 국호, 지명 및 인명은 해당 외국의 원지음을 한글로 표기하되, 문화체육관광부가 고시하는 외래어 표기법에 의하는 것을 원칙으로 한다.

제3조 (시(구)·읍·면에서의 사무처리 등) ① 가족관계등록신고서에 국호, 지명 및 인명의 외국어(한자를 포함한다)표기만 있고 해당 외국의 원지음 한글표기가 없는 경우에, 시(구)·읍·면의 장은 이를 보정시킨 뒤 수리하여야 하고, 가족관계등록부에도 해당 외국의 원지음을 한글로 기록하여야 한다.

② 가족관계등록신고서에 기재된 국호와 지명에 대한 해당 외국 원지음의 한글표기가 외래어 표기법에 맞지 아니하는 경우, 시(구)·읍·면의 장은 외래어 표기법에 맞는 표기를 부전지에 적어 그 가족관계등록신고서에 붙이고, 가족관계등록부에는 외래어 표기법에 맞추어 기록하여야 한다.

③ 외국인의 인명은 신고인(통보자를 포함한다. 다음부터 같다)이 가족관계등록신고서에 한글로 표기한 해당 외국의 원지음대로 가족관계등록부에 기록하여야 하며, 이 경우 한자는 함께 기록할 수 없다.

④ 제3항에도 불구하고, 중화인민공화국(이하 "중국"이라 한다)에서 발행한 공문서(예: 거민신분증, 호구부 등. 이하 같다)에 의하여 조선족임을 소명한 중국 국적자에 대하여 가족관계등록신고(법무부장관의 국적관련통보를 포함한다. 다음부터 같다.)를 하는 경우에, 신고인이 해당 중국국적자의 인명에 대하여 그에 대응하는 한국통용의 한자를 소명한 때에는, 그 한국통용의 한자에 대한 한국식 발음의 한글(한자는 함께 기록할 수 없다)을 그 원지음을 갈음하여 가족관계등록신고서에 표기할 수 있으며, 시(구)·읍·면의 장은 가족관계등록신고서에 표기된 한국식 발음의 한글을 그 원지음을 갈음하여 가족관계등록부에 기록하여야 하고, 한자는 함께 기록할 수 없다.

⑤ 제4항의 경우, 시(구)·읍·면의 장은 중국에서 발행한 공문서에 기재된 인명의 한자와 가족관계등록신고서에 기재된 한국식 발음의 한글표기가 서로 일치하는지를 조사하여야 한다. 만약 그 인명이 중국에서 통용되는 간체자로 표기되어 있고, 그 간체자가 한국에서 통용되는 한자에 대한 간체자인지에 관하여 의심이 있을 때에는, 신고인에게 그 간체자에 대응하는 한국통용의 한자를 소명하도록 요구할 수 있다.

⑥ 제4항과 제5항의 경우에, 신고인이 해당 중국국적자의 인명에 대하여 그에 대응하는 한국통용 한자를 소명하지 못한 때에는, 시(구)·읍·면의 장은 신고인에게 가족관계등록신고서의 인명표기를 중국의 원지음에 따라 한글로 표기하도록 보정시킨 뒤, 그 보정된 원지음 표기에 따라 가족관계등록부에 기록하여야 한다.

⑦ 제3항 내지 제6항에도 불구하고, 「외국인 부와 한국인 모 사이에 출생한 혼인중의 자의 성과 이름 표기 및 가족관계등록부에 기록하는 절차」 "3"의 "나" 또는 「성(성)의 표기 정정에 관한 사무처리지침」 제12조 또는 「자녀의 성과 본에 관한 가족관계등록사무 처리지침」 제12조 제2항에 따라 외국인 부와 한국인 모 사이에

출생한 자녀의 외국식 성을 그 한자에 대한 한국식 발음의 한글 및 한자를 병기하는 방법으로 표기하는 경우, 그 자의 가족관계등록부의 특정등록사항란의 외국인 부의 성 표기에는 한자를 병기할 수 있다.

제2장 귀화통보, 국적회복통보 및 국적취득통보에 따른 성명표기 및 기록방법

제4조 (귀화통보의 경우) ① 귀화에 의하여 대한민국 국적을 취득한 사람(이하 "귀화자"라 한다)에 대하여 귀화통보를 하는 경우, 그 인명은 해당 외국의 원지음(한자는 함께 기록할 수 없다)을 귀화통보서에 한글로 표기하여야 하고, 가족관계등록부에는 귀화통보서에 한글로 표기한 원지음대로 기록하여야 한다.

② 제1항에도 불구하고, 귀화자가 중국에서 발행한 공문서에 의하여 조선족임을 소명한 중국국적자인 경우에, 그 귀화자의 인명에 대하여는 제3조 제4항부터 제6항까지를 준용한다.

제5조 (부모의 성과 본에 따른 가족관계등록부의 기록) ① 제4조에도 불구하고, 귀화자는 처음부터 우리나라의 가족관계등록부가 없으나 그 부모에게는 우리나라가족관계등록부(「가족관계의 등록 등에 관한 법률」 부칙 제4조에 따른 제적을 포함한다)가 있는 경우, 귀화자의 성·본(한자를 포함한다)은 부 또는 모(부를 알 수 없는 경우)의 성·본(한자를 포함한다)을 따를 수 있다. 다만, 이름(성을 제외)은 해당 외국의 원지음을 한글로 기록하여야 한다.

② 제1항에도 불구하고, 귀화자가 중국에서 발행한 공문서에 의하여 조선족임을 소명한 중국국적자인 경우에, 그 귀화자의 명(성을 제외)에 대하여는 제3조 제4항부터 제6항까지의 규정을 준용한다.

③ 제1항과 제2항의 경우, 귀화자는 귀화통보서에 기재된 부모가 자신의 부모임을 증명하는 소명자료(예: 중국국적자의 경우에는 출생증명서, 호구부, 친족관계공증서 등. 이하 같다)를 제출하여야 하고, 시(구)·읍·면의 장은 귀화통보서에 기재된 부모의 인명과 그 소명자료에 기재된 부모의 인명이 일치하는지를 확인하여야 한다.

제6조 (귀화자의 부모·배우자의 가족관계등록부 기록) ① 귀화통보를 하는 경우에, 귀화자의 부모·배우자의 성명은 우리나라 등록사항별 증명서에 의하여 소명된 그 부모·배우자의 성명을 기록하여야 한다.

② 귀화자의 부모·배우자에게 처음부터 우리나라 가족관계등록(폐쇄)부가 없었거나, 등록사항별 증명서(제적을 포함한다. 이하 같다)에 의하여 그 성명을 소명할 수 없는 경우, 그 부모·배우자의 인명에 대하여는 해당 외국의 원지음(한자는 함께 기

록할 수 없다)을 귀화통보서에 한글로 표기하여야 하고, 귀화자 가족관계등록부의 부모·배우자란에는 부모·배우자를 귀화통보서에 한글로 표기한 원지음대로 기록하여야 한다.

③ 제2항에도 불구하고, 귀화자 및 그 부모·배우자가 중국에서 발행한 공문서에 의하여 조선족임을 소명한 중국국적자인 경우에, 그 귀화자의 부모·배우자의 인명에 대하여는 제3조 제4항부터 제6항까지를 준용한다.

④ 제1항, 제2항 및 제3항의 경우, 귀화자는 귀화통보서에 기재된 부모가 자신의 부모임을 증명하는 소명자료를 제출하여야 하고, 시(구)·읍·면의 장은 귀화통보서에 기재된 부모의 인명과 그 소명자료에 기재된 부모의 인명이 일치하는지를 확인하여야 한다. 다만, 서로 일치하지 아니하는 경우에는 부모의 인명을 가족관계등록부에 기록할 수 없다.

제7조 (귀화로 인한 수반취득자의 인명표기) 귀화로 인한 수반취득자의 인명은 해당 외국의 원지음을 귀화통보서에 한글로 기재하여야 한다. 다만, 수반취득자가 중국에서 발행한 공문서에 의하여 조선족임을 소명한 중국국적자인 경우에, 그 수반취득자의 인명에 대하여는 제3조 제4항부터 제6항까지를 준용한다.

제8조 (국적회복통보의 경우) ① 대한민국 국적을 회복한 사람(이하 "국적회복자"라 한다)에 대하여 국적회복통보를 하는 경우에, 국적회복자가 종전에 우리나라에서 사용하던 성명(한자를 포함한다)을 국적회복통보서에 기재한 때에는 이를 수리하여야 한다. 이 경우 국적회복자가 종전에 우리나라에서 사용하던 성명(한자를 포함한다)을 등록사항별 증명서에 의하여 소명하여야 하며, 이때에는 인명용 한자의 제한을 받지 아니한다.

② 제1항의 국적회복자가 처음부터 우리나라 가족관계등록부가 없었거나, 등록사항별 증명서에 의하여 그 성명을 소명할 수 없는 때, 또는 당해 외국의 원지음 기록을 원하는 경우, 그 인명에 대하여는 해당 외국의 원지음(한자는 함께 기록할 수 없다)을 국적회복통보서에 한글로 표기하여야 하고, 가족관계등록부에는 국적회복통보서에 한글로 표기한 원지음대로 기록하여야 한다.

③ 제2항에도 불구하고, 국적회복자가 중국에서 발행한 공문서에 의하여 조선족임을 소명한 중국국적자인 경우에, 그 국적회복자의 인명에 대하여는 제3조 제4항부터 제6항까지를 준용한다.

제9조 (국적회복으로 인한 수반취득자의 경우) ① 국적회복으로 인한 수반 취득자의 인명은 제7주의 규정을 준용한다. 다만, 제8조 제1항에 따라 국적회복자가 종전에 우리나라에서 사용하던 성명(한자를 포함한다)을 등록사항별 증명서에 의하여 소명하였으

나, 그 수반취득자에게는 우리나라의 가족관계등록부가 없는 경우, 그 수반취득자의 성·본(한자를 포함한다)은 부 또는 모(부를 알 수 없는 경우 및 모의 성·본을 따르기로 한 경우)의 성·본(한자를 포함한다)을 따를 수 있으나, 그 이름(성을 제외)은 해당 외국의 원지음으로 기록하여야 한다.

② 제1항 단서에도 불구하고, 수반취득자가 중국에서 발행한 공문서에 의하여 조선족임을 소명한 중국국적자인 경우, 그 수반취득자의 이름(성을 제외)은 제3조 제4항부터 제6항까지를 준용한다.

제10조 (준용규정) ① 제5조와 제6조의 규정은 국적회복의 경우에 각각 준용 한다.

② 귀화에 관한 규정은 인지에 의한 국적취득(「국적법」 제3조)과 모계출생자에 대한 국적취득특례(「국적법」 부칙 제7조)의 경우에 각각 이를 준용한다.

③ 국적회복에 관한 규정은 국적의 재취득(「국적법」 제11조)의 경우에 이를 준용한다.

제3장 간이직권정정 절차에 의한 정정

제11조 (외국의 국호와 지명의 정정) 외국의 국호와 지명에 관한 가족관계등 록부의 기록이 외래어 표기법에 맞지 아니하는 경우에, 이해관계인은 외래어 표기법에 맞는 한글표기를 기재하여 시(구)·읍·면의 장에게 직권정정을 신청할 수 있고, 시(구)·읍·면의 장은 「가족관계의 등록 등에 관한 규칙」 제60조를 준용하여 간이직권정정절차에 의하여 이를 정정하여야 한다.

제12조 (성명 배열의 정정) 귀화 또는 국적회복한 외국인의 인명이 해당 외 국 방식에 의하여 가족관계등록부에 기록된 경우(우리나라 방식의 성명 배열이 아닌 경우)에, 이해관계인은 우리나라 방식의 성명 배열에 맞는 한글표기를 기재하여 시(구)·읍·면의 장에게 직권정정을 신청할 수 있고, 시(구)·읍·면의 장은 「가족관계의 등록 등에 관한 규칙」 제60조 제2항 제5호를 준용하여 간이직권정정절차에 의하여 정정하여야 한다.

제13조 (원지음에 의한 한글 인명표기의 정정) 종전 「대법원 호적예규」 제635호(2003. 11. 15) 및 「대법원 호적예규」 제662호에 따라 기록된 국호, 지명 및 인명과 이 예규가 정하는 방식에 따른 국호, 지명 및 인명이 서로 다른 경우에, 이해관계인은 이 예규가 정하는 방식에 따른 국호, 지명 및 인명을 기재하여 시(구)·읍·면의 장에게 직권정정을 신청할 수 있고, 시(구)·읍·면의 장은 간이직권정정절차에 의하여 이를 정정하여야 한다.

부 칙

이 예규는 2008년 1월 1일부터 시행한다.

부 칙 (2008.11.03. 제292호)

2008. 9. 1. 전에 국적을 취득한 사람에 관하여는 종전 예규에 따른다.

부 칙 (2015.01.08 제451호)

이 예규는 2015년 2월 1일부터 시행한다.

부 칙 (2021.12.10 제576호)

이 예규는 2021년 12월 15일부터 시행한다.

부 칙 (2023.02.27 제621호)

이 예규는 2023년 3월 2일부터 시행한다.

[예규 16] 한국인과 외국인 사이의 국제혼인 사무처리지침

한국인과 외국인 사이의 국제혼인 사무처리지침

제정 2007.12.10 가족관계등록예규 제161호
개정 2009.07.17 가족관계등록예규 제306호
개정 2015.01.08 가족관계등록예규 제452호

한국인과 외국인 사이에 혼인한 경우의 혼인신고 및 이에 관련된 가족관계등록사무는 아래와 같이 처리한다.

1. 한국에서 혼인신고를 하는 경우
   가. 외국인의 혼인성립요건 구비증명서
      (1) 외국인의 혼인성립요건 구비증명서는 「대법원 가족관계등록예규」제33호에 따른다. 다만, 미국인이 군인인 경우의 혼인능력 증명은 미국법에 의하여 공증인 직무를 행할 수 있도록 지명된 미군장교(법무관)가 발행한 것으로 확인된 당사자 서약에 대한 증명서를 첨부할 수 있다.
      (2) 중국인은 미혼임을 증명하는 서면으로서 중국의 권한 있는 기관이 발급한 증명서에 중국외교부 또는 각 성, 자치구 및 직할시 외사판공실의 인증(확인)을 받아야 한다(주중 한국 공관의 영사확인은 불필요).
      (3) 중국인이 중국의 혼인법에서 정한 혼인적령에 이르지 아니한 경우에도 「민법」 제807조에서 규정한 연령에 이른 때에는 혼인적령에 미달하였다는 것을 이유로 하여 그 혼인신고의 수리를 거부할 수 없으며, 혼인당사자인 중국인이 만18세 이상인 경우에는 그 부모 등의 혼인동의서의 첨부를 요구할 수 없다.
   나. 혼인신고의 절차 및 기록방법
      (1) 한국인이 남자인 경우
         외국인인 처의 위 1.가.의 증명서면을 첨부하여 「가족관계의 등록 등에 관한 법률」 제71조에 따라 혼인신고를 하면, 이를 수리한 시(구)·읍·면의 장은 처가 혼인신고에 의하여 한국의 국적을 취득하는 것이 아니므로 남편의 가족관계등록부 일반등록사항란에 혼인사유만을 기록하였다가 나중에 귀화통보가 있을 때에 처의 가족관계등록부를 작성한다.
      (2) 한국인이 여자인 경우
         외국인인 남편의 위 1. "가"의 증명서면을 첨부하여 「가족관계의 등록 등에 관한 법률」 제71조에 따른 혼인신고를 하면 처의 가족관계등록부 일반등록사항란에 혼인사유를 기록하고, 후에 처가 외국 국적을 취득하여 한국 국적을 상실하면 국적상실신고 등에 의하여 처의 가족관계등록부를 폐쇄한다.
      (3) 국제적 혼인신고를 수리한 때에는 외국인의 본국에는 혼인신고서를 송부하지 아니한다.

2. 외국에서 혼인한 경우
   가. 첨부서면
      (1) 혼인을 한 외국방식에 의하여 혼인이 성립되었음을 증명하는 서면(혼인 거행지국의 권한 있는 기관이 발행한 혼인증서등본 및 그에 대한 번역문)
      (2) 중국인과 혼인한 경우는 중국방식에 의하여 혼인이 성립되었음을 증명하는 서

면에 중국외교부 또는 각 성, 자치구 및 직할시 외사판공실의 인증(확인)을 받은 서면(주중 한국 공관의 영사 확인은 불필요)
나. 혼인신고의 절차 및 기록방법
 (1) 한국인이 남자인 경우
  위 2.가.의 서면을 첨부하여 그 지역을 관할하는 한국 재외공관의 장에게 제출하거나, 혼인을 한 외국 지역이 한국 재외공관의 관할에 속하지 아니한 때에는 한국 남편 등록기준지의 시(구)·읍·면의 장에게 혼인증서의 등본을 발송하여야 하며, 이를 접수한 시(구)·읍·면의 장은 처가 혼인신고에 의하여 한국의 국적을 취득하는 것이 아니므로 남편의 가족관계등록부 일반등록사항란에 혼인사유만을 기록하였다가 나중에 귀화통보가 있을 때에 처의 가족관계등록부를 작성한다.
 (2) 한국인이 여자인 경우
  위 2.가.의 서면을 접수한 처의 등록기준지 시(구)·읍·면의 장은 처의 가족관계등록부 일반등록사항란에 혼인사유를 기록하고, 후에 처가 외국 국적을 취득하여 한국 국적을 상실하면 국적상실신고 등에 의하여 처의 가족관계등록부를 폐쇄한다.
다. 가족관계등록부정리상 유의사항
 (1) 재외국민과 외국인 사이에 혼인이 성립된 경우, 혼인증서등본상의 한국인 당사자 성명과 가족관계등록부상 성명이 일치하지 아니하더라도 동일인임이 확인되면 이를 수리한다.
 (2) 혼인증서등본상 혼인의 실질적 요건에 흠결이 있더라도 그 흠결이 혼인의 무효사유에 해당하지 않는 경우에는 이를 수리한다.
 (3) 혼인증서등본에 사소한 흠결이 있더라도 이를 수리하여야 하며, 혼인증서등본상 외국인 당사자의 성명과 신고서상에 기재된 성명이 서로 다를 때에는 혼인증서등본에 의하여 가족관계등록부 기록을 한다.

3. 외교관계가 없는 외국 국민과의 혼인
우리나라와 외교관계가 없는 외국 국민과의 혼인도, 외교관계가 있는 국민과 혼인한 경우에 준하여 처리한다.

4. 신고서류에 의문이 있는 경우
혼인신고 서류에 의문이 있는 경우에는 감독법원에 의견을 구하여 처리하고, 특히 중국인의 서류의 진위여부에 의문이 있을 때는 서류의 사본을 첨부하여 외교부 영사과나 주중 대한민국 대사관에 그 서류가 진정하게 작성되었는지 여부를 조회하여 처리

5. 등록사항별증명서의 기재례는 가족관계등록실무자료집(기재편) 참조

부　칙

이 예규는 2008년 1월 1일부터 시행한다.

부　칙 (2009.07.17. 제306호)

이 예규는 2009년 7월 20일부터 시행한다.

부　칙 (2015.01.08 제452호)

이 예규는 2015년 2월 1일부터 시행한다.

(2) 1998년 6월 14일 전에 혼인한 경우 – 혼인으로 인한 국적취득

　개정국적법 시행 전인 1998. 6. 14. 전에 한국인 남자와 혼인한 외국인 여자는 혼인에 의하여 자동으로 대한민국 국적을 취득한다. 다만, 외국인으로서 대한민국의 국적을 취득한 자가 6개월이 경과하여도 그 외국의 국적을 상실하지 아니한 때에는 대한민국 국적을 상실하므로(구 국적법 제12조 제7호, 개정 국적법 제10조 제1항), 혼인신고 후 6개월 내에 외국 국적을 포기하지 않았다면 자동으로 대한민국 국적을 상실한다. 이러한 경우에는, 혼인신고 접수와 동시에 외국인 처의 국적상실신고서를 제출하게 하여, 외국인 처의 등록부를 작성함과 동시에 국적상실사유를 기록하여 등록부를 폐쇄한다.

☞ **국적법** [시행 2022. 10. 1.] [법률 제18978호, 2022. 9. 15., 일부개정]
제10조 (국적 취득자의 외국 국적 포기 의무) ① 대한민국 국적을 취득한 외국인으로서 외국 국적을 가지고 있는 자는 대한민국 국적을 취득한 날부터 1년 내에 그 외국 국적

을 포기하여야 한다. <개정 2010. 5. 4.>

마. 외국인 또는 가족관계등록부 부존재자 등과 혼인신고 후의 등록부 존재신고

외국인, 가족관계등록부 부존재자 또는 불명자 등과 혼인신고 후 그 배우자가 우리나라 국적을 취득하거나 등록부에 기록되어 있음이 판명된 때 또는 기록할 수 있게 된 때에는 신고인 또는 사건본인은 그 사실을 안 날로부터 1개월 이내에 신고사건을 표시하여 혼인신고를 수리한 등록관서에 그 사실을 신고하여야 한다(가족관계등록법 제22조, 예규 제163호). 이를 가족관계등록부 존재신고라고 한다.

> ☞ **가족관계의 등록 등에 관한 법률** [시행 2024. 7. 19.] [대법원규칙 제3140호, 2024. 3. 28., 일부개정]
> **제22조 (증명서의 교부청구의 필요이유 제시)** ① 법 제14조제1항제1호와 제3호에 따라 등록사항별 증명서의 교부를 청구하는 경우, 각 대상자 마다 등록사항별 증명서가 필요한 이유를 구체적으로 밝혀야 하며, 한번에 30통 이상을 청구할 때에는 교부청구 기관 또는 단체의 소재지를 관할하는 시·읍·면에 하여야 한다.
> ② 법 제14조제1항제4호에 해당하는 경우에는 제19조제3항제4호의 요건을 갖추는 것 이외에 각각의 등록사항별 증명서가 필요한 이유를 별도로 밝혀야 한다.
> ③ 본인·배우자·직계혈족 이외의 사람이 등록사항별 증명서 중 가족관계증명서를 교부받고자 하는 경우에는 가족관계증명서가 필요한 이유를 별도로 밝혀야 한다.
> [제목개정 2021. 12. 31.]

등록부 존재신고가 있는 경우, 등록관은 특종신고서류[6]편철장에 편철된 혼인신고서를 확인하여, 등록부 존재신고 당사자의 등록부에 혼인사유와 존재신고사유를 기록하고, 배우자 등록부에 그 추가사유를 기록하여 서로 연결한다. 이때 특종신고서류 편철장에 종전의 혼인신고서가 편철되어 있지 않더라도, 배우자의 등록부에 혼인사유가 기록되어 있다면 등록부 존재신고를 수리하고 혼인사유가 기록된 혼인관계증명서를 혼인신고서에 갈음하여 처리하여야 한다(예규 제153호). 2009. 7. 20.부터 한국인

---

[6] 신고서류가 접수·수리되었으나 등록부에 등록되어 있는지가 분명하지 않은 사람 또는 등록되어 있지 않거나 등록할 수 없는 사람의 신고이기 때문에, 아직 등록부에 기록을 할 수 없는 신고서나 기록을 요하지 않는 신고서류 등을 말한다(예규 제464호 제15조).

과 외국인 사이의 혼인신고는 신고서류의 등본을 별도로 특종신고서류편철장에 편철하여 보존하지 않으므로(예규 제303호 제2조), 혼인사유가 기록된 혼인관계증명서를 확인하여 처리한다.

혼인신고서와 판명된 등록부 사이에 배우자의 성명, 생년월일 및 동인의 부모 성명이 상이하여 다른 사람으로 볼 수 있는 때에는, 먼저 그 등록부에 기록된 배우자의 성명 등을 정정하는 등록부 정정허가를 받아 정정한 후, 등록부 존재신고와 추후 보완신고를 하여야 한다(예규 제147호).

[예규 17] 가족관계등록이 되어 있지 않은 처가 가족관계등록부 존재신고를 한 때에 종전의 혼인신고서가 보존되어 있지 아니한 경우의 처리

가족관계등록이 되어 있지 않은 처가 가족관계등록부 존재신고를 한 때에 종전의 혼인신고서가 보존되어 있지 아니한 경우의 처리

제정 2007.12.10 가족관계등록예규 제153호

가족관계등록이 되어 있지 않은 처가 혼인한 후 가족관계등록을 하여 가족관계등록부 존재신고를 했으나 가족관계등록담당자의 부주의로 종전의 혼인신고서가 특종신고서류편철장에 편철되어 있지 않은 경우, 남편의 가족관계등록부에 혼인사유가 기록되어 있다면 가족관계등록부 존재신고서를 접수하고 혼인사유가 기록된 남편의 혼인관계증명서를 혼인신고서를 갈음하여 처리하여야 한다.

부 칙

이 예규는 2008년 1월 1일부터 시행한다.

[예규 18] 한국인과 외국인 사이의 가족관계등록 신고서류의 처리절차 예규

한국인과 외국인 사이의 가족관계등록 신고서류의 처리절차 예규

제정 2009.07.17 가족관계등록예규 제303호

제2조 (신고서류의 관리) 한국인과 외국인 사이의 가족관계등록신고 중 혼인, 입양, 인지 신고는 한국인의 가족관계등록부에 기록한 후 신고서류의 원본을 감독법원에 송부하고, 그 등본을 별도로 「특종신고서류편철장」에 편철하여 보존하지 아니한다. 다만, 외국인 사이의 신고서류 원본은 「특종신고서류편철장」에 보존한다.

부 칙

이 예규는 2009년 7월 20일부터 시행한다.

6. 외국인 배우자에 관한 기록의 정정

가. 출생연월일, 국적, 외국인등록번호, 성별 등의 기록이 누락된 경우

이해관계인은 해당 등록부의 등록기준지와 무관하게 전국 시(구)·읍·면의 장 또는 재외국민 가족관계등록사무소의 등록관에게 직권기록을 신청할 수 있고, 시(구)·읍·면의 장 또는 재외국민 가족관계등록사무소의 등록관은 간이직권절차에 의하여 기록한다(예규 제618호 제7조, 예규 제624호).

[예규 19] 기록대상자가 외국인인 경우의 기록방법에 관한 예규

기록대상자가 외국인인 경우의 기록방법에 관한 예규

제정 2009.09.18 가족관계등록예규 제314호
개정 2009.09.18 가족관계등록예규 제397호
개정 2022.09.27 가족관계등록예규 제606호
개정 2022.12.23 가족관계등록예규 제618호

제7조 (간이직권기록) ① 가족관계등록부에 기록된 외국인인 가족에 관한 기록사항 중 출생연월일, 외국인등록번호, 국적 또는 성별이 기록되지 않은 경우 이해관계인은 해당 등록부의 등록기준지와 무관하게 전국 시(구)·읍·면의 장에게 별지 양식 신청서를 작성하여 직권기록을 신청할 수 있고, 시(구)·읍·면의 장은 간이직권절차에 의하여 기록한다.
② 외국인등록번호의 기록을 위한 소명자료는 외국인등록증으로 한다.
③ 가족관계등록부에 기록된 출생연월일이 외국인등록번호와 일치하지 않는 경우에 외국인등록번호를 기록하기 위하여는 법 제18조 또는 제104조에 따라 출생연월일의 정정절차를 먼저 거쳐야 한다.

부　칙 (2022.12.23. 제618호)

이 예규는 즉시 시행한다.

[예규 20] 재외국민 가족관계등록사무소의 업무 및 가족관계등록관의 등록사무 처리에 관한 지침

재외국민 가족관계등록사무소의 업무 및 가족관계등록관의 등록사무 처리에 관한 지침

제정 2015.06.10 가족관계등록예규 제461호
개정 2016.02.17 가족관계등록예규 제485호

개정 2016.11.25 가족관계등록예규 제498호
개정 2016.11.25 가족관계등록예규 제501호
개정 2016.11.25 가족관계등록예규 제505호
개정 2017.12.20 가족관계등록예규 제514호
개정 2018.06.15 가족관계등록예규 제522호
전부개정 2018.09.12 가족관계등록예규 제527호
개정 2022.03.21 가족관계등록예규 제586호
개정 2022.11.21 가족관계등록예규 제607호
개정 2023.10.31 가족관계등록예규 제624호

제1장 총 칙

제1조 (목적) 이 예규는 「가족관계의 등록 등에 관한 법률」(이하 "법"이라 한다)제4조의2 및 「가족관계의 등록 등에 관한 규칙」(이하 "규칙"이라 한다) 제11장의 규정에 따라 재외국민 가족관계등록사무소의 업무 및 가족관계등록관의 등록사무 처리와 관련하여 필요한 사항을 정하는 것을 목적으로 한다.

제2조 (가족관계등록관의 사무) ① 재외국민 가족관계등록사무소에 근무하는 가족관계등록관은 다음 각 호의 사무를 처리한다.
  1. 재외공관의 장이 외교부장관을 경유하여 재외국민 가족관계등록사무소에 송부한 가족관계등록사건
  2. 재외국민 가족관계등록사무소에 신고(신청, 증서의 등본 제출, 항해일지 등본 제출을 포함한다. 이하 같다)된 사건
  3. 「법원행정처와 외교부의 시스템 연계 방식을 이용한 재외공관의 등록사항별 증명서 교부 등에 관한 사무처리지침」에 따른 등록사항별 증명서 발급(제적 등·초본을 포함한다)
  4. 재외공관의 등록사무 처리에 대한 관리
  5. 재외국민 등록사무 처리와 관련한 연구·분석 및 상담·안내(가족관계등록예규 제·개정은 제외한다)
② 재외공관에 파견된 가족관계등록관은 다음 각 호의 사무를 처리한다.
  1. 해당 재외공관이 관할하는 재외국민에 대한 등록사무 중 해당 재외공관에 접수되는 사건 수 및 직무파견자의 인원 등을 고려하여 법원행정처 내규로 정한 사무
  2. 「전산정보처리조직에 의한 재외공관의 등록사항별 증명서 등 발급에 관한 사무처리지침」에 따른 등록사항별 증명서 발급(제적 등·초본을 포함한다)

제3조 (가족관계등록예규 준용) 가족관계등록관의 등록사무 처리와 관련하여 이 예규에 특별한 규정이 없는 사항에 대하여는 그 성질에 어긋나지 아니하는 범위 안에서 가족관계등록예규를 준용한다.

제2장 접수

제4조 (재외국민임을 소명하는 자료의 제출) ① 재외국민 가족관계등록사무소에 신고하는 경우에는 재외국민임을 소명하는 다음 각 호의 서류 중 하나를 제출하여야 한다.
1. 재외국민등록부 등본
2. 재외공관의 장이 확인·발급하는 외국 거주 또는 체류 사실 확인서류
3. 그 밖에 외국에서 거주하거나 체류하는 대한민국 국민임을 소명하는 자료(예: 거류국의 외국인등록 또는 거류자격을 증빙하는 자료 등)

② 다음 각 호의 경우에는 재외국민임을 소명하는 자료를 제출할 필요가 없다.
1. 재외공관에서 재외국민 가족관계등록사무소에 송부한 가족관계등록사건
2. 외국에서 발송한 것이 우편물에 의하여 확인되는 가족관계등록사건
3. 재외국민이 「전자문서를 이용한 신고에 관한 사무처리지침」에 따라 신고하는 사건

제5조 (첨부서류) 법정 첨부서류 외에 다른 자료(예: 재산증명, 재일거류민단의 보증서 등)를 첨부할 것을 요구하여서는 안 된다.

제6조 (재외공관의 전자적 송부) ① 신고서류(신고서, 신청서, 증서의 등본, 항해일지의 등본 또는 그 첨부서류 등을 말한다. 이하 같다)를 전자적으로 재외국민 가족관계등록사무소에 송부하고자 하는 신고인(신청인, 증서의 등본 제출인, 선장을 포함한다. 이하 같다) 등은 별지 제1호 양식의 전자적 송부신청서를 재외공관의 장에게 제출하여야 한다.
② 제1항에 따라 신고인 등이 전자적 송부신청서를 제출하는 경우 재외공관의 장은 각 1통의 신고서류를 제출하도록 한다.
③ 재외공관의 장은 제출된 신고서류를 이미지파일로 작성하고, 신고인 등으로부터 재외공관의 장이 작성한 이미지파일이 제출한 신고서류의 내용과 같다는 취지의 확인을 전자적 송부신청서에 받은 후 전자적 송부신청서도 이미지파일로 작성한다.
④ 재외공관의 장은 제3항에 따라 이미지파일로 작성한 전자적 송부신청서 및 신고서류를 송부업무담당자의 식별정보와 함께 전자적으로 재외국민 가족관계등록사무소에 송부한다.

제7조 (재송부 요청) ① 가족관계등록관은 다음 각 호의 어느 하나에 해당하는 경우에는 가족관계등록사건을 접수하지 아니하고 재송부를 요청한다.
1. 송부되어야 할 신고서류의 이미지파일이 누락된 때
2. 송부된 신고서류의 이미지파일 전부나 일부를 해독할 수 없는 때
3. 송부사항이 불충분하여 가족관계등록부를 작성할 수 없는 때

② 가족관계등록관은 다음 각 호의 어느 하나에 해당하는 경우에는 접수를 거부하고 전자적 송부신청서 및 신고서류의 이미지파일을 전자적으로 반송한다.
1. 재송부를 요청한 날부터 1개월이 지날 때까지 신고서류의 이미지파일이 재송부되지 않은 경우
2. 재송부된 신고서류의 이미지파일로 가족관계등록부를 작성할 수 없는 경우

제8조 (전자적 접수) 제6조제4항에 따라 전자적 송부신청서 및 신고서류의 이미지파일을 전자적으로 송부받은 경우에는 별지 제2호 양식의 접수인 및 별지 제3호 양식의 처리상황란을 전자적으로 표시한다. 이 경우 처리자의 날인은 생략한다.

제9조 (반송) ① 가족관계등록관이 가족관계등록부와 신고서류를 확인하여 본 결과, 그 신고서류가 불비하거나 그 내용에 무효사유가 있음이 명백한 때 또는 가족관계등록관이 처리할 수 없는 사건인 때에는 그 사유를 부전지 등에 명시하여 송부받은 신고서류와 함께 송부한 재외공관의 장에게 반송하고, 접수장의 비고란에 그 반송한 연월일을 기록한다. 이 경우 전자적으로 송부받은 전자적 송부신청서 및 신고서류의 이미지파일은 전자적으로 반송한다.
예시) ㄱ. 사망한 사람과 한 혼인신고가 수리되어 송부된 경우
ㄴ. 연장자를 양자로 하는 입양신고가 수리되어 송부된 경우
ㄷ. 동일한 사항에 대하여 후에 다시 수리된 신고서 등이 송부되어 온 경우
② 제1항에 따라 반송받은 재외공관의 장은 그 신고서류를 다시 심사하여 그 반송사유가 이유있다고 인정되는 때에는 그 수리처분을 불수리로 변경하고 그 뜻을 고지부에 기록한 뒤 신고인에게 통지하여야 하며, 그 신고서류를 불수리신고서류편철장에 편철하여 보존한다.
③ 제2항에 따라 전자적송부신청서 및 신고서류의 원본을 불수리신고서류편철장에 편철한 후에 전자적송부신청서 및 신고서류의 이미지파일은 삭제된다.

제3장 처리

제10조 (원본과의 동일성) 제6조제4항에 따라 송부받은 전자적송부신청서 및 신고서류의 이미지파일은 원래의 전자적 송부신청서 및 신고서류와 동일한 것으로 본다.

제11조 (가족관계등록부 기록) ① 신고서류에 아무런 흠결이 없는 것은 지체 없이 가족관계등록부에 기록하여야 한다.
② 재외국민의 신고서류에 사소한 내용 누락이나 착오가 있는 경우(규칙 제63조의 문자 기재방식의 위배, 도로명주소의 건물번호 또는 번지의 기재 누락이나 오기, 동의를 요하지 않는 사건에 대한 동의 등을 말한다)에도 가족관계등록부의 기록에 지장이 없는 한 이에 의한 기록을 하여야 한다.
③ 등록기준지의 행정구역이나 그 명칭이 이미 변경되었음에도 불구하고 신고서류에 종전의 행정구역이나 명칭을 기재한 경우에는 이를 바로 잡아 처리하여야 한다.
④ 가족관계등록관이 가족관계등록부와 신고서류를 확인하여 본 결과, 그 신고서류의 내용에 취소사유가 있음을 발견한 경우라 하더라도 그 신고는 취소되지 않는 한 유효한 것이므로 그 신고서류에 따라 가족관계등록부에 기록을 하여야 한다.
  예시) ㄱ. 중혼이 수리되어 송부되어 온 경우
        ㄴ. 미성년자가 양친이 되는 입양신고가 수리되어 송부된 경우 등
⑤ 무연고 호적·제적에 대한 가족관계등록사건이 가족관계등록관에게 접수된 경우, 가족관계등록관은 가족관계등록사건 본인의 등록기준지 시(구)·읍·면의 장에게 통지하여 「호적용지로 작성된 무연고 호적·제적 등의 전산화를 위한 개제 등에 관한 사무처리지침」에 따라 해당 가족관계등록사건에 대한 제적부 또는 가족관계등록부를 작성하도록 한 후, 해당 가족관계등록사건을 처리한다.
⑥ 재외국민 가족관계등록사무소에 근무하는 가족관계등록관이 「가족관계의 등록 등에 관한 법률」 제18조제2항 단서에 따라 정정하는 경우, 재외국민 가족관계등록사무소장의 결재를 받아 정정하고, 감독법원에 보고하여야 한다.

제12조 (등록사항별 증명서의 작성과 송부) 제2조제1항제1호 사건을 가족관계등록부에 기록한 경우에는 지체 없이 변동이 있는 등록사항별 증명서 1통을 작성하여 외교부장관을 경유하여 재외공관에 송부하여야 한다. 이 경우에는 그 등록사항별 증명서 등의 적당한 여백에 공관의 문서번호를 밝혀야 한다.

제13조 (과태료 부과 대상의 통지) ① 가족관계등록관은 가족관계등록사건을 처리함에 있어서 과태료 부과 대상이 있음을 안 경우에는 과태료 부과 대상자(신고의무자)의 등록기준지 시(구)·읍·면의 장에게 별지 제4호 양식에 의하여 과태료 부과 대상이 있

음을 통지한 후, 별지 제5호 양식의 과태료부과대상통지부에 기록하여야 한다.
② 제1항에 따라 과태료 부과 통지를 받은 시(구)·읍·면의 장은 과태료 부과에 관한 업무를 처리하여야 한다.

제4장 보존

제14조 (신고서류 송부) ① 재외공관에 파견된 가족관계등록관은 처리한 신고서류를 외교부장관을 경유하여 1개월마다 재외국민 가족관계등록사무소에 송부하여야 한다.
② 재외국민 가족관계등록사무소는 재외공관에서 송부받은 것과 재외공관에서 송부받은 것이 아닌 것을 구분하지 않고, 접수순서에 따라 1개월마다 편철하여 다음 달 말일까지 감독법원에 송부한다. 다만, 전자적 송부신청서 및 신고서류의 이미지파일은 감독법원에 전자적으로 송부한다.
③ 제2항 단서에 따라 전자적으로 송부한 경우에는 신고서류목록 비고란에 전자적으로 송부하였음을 기재한다.

제15조 (감독법원의 전자적 보존·열람) ① 전자적 송부신청서 및 신고서류의 이미지파일 조사과정에서 시정지시할 사항이 발견된 경우에는 "시정지시"를 전자적으로 표시한다.
② 조사를 마친 전자적 송부신청서 및 신고서류의 이미지파일은 전자적으로 보존한다.
③ 전자적으로 보존하고 있는 신고서류의 이미지파일에 대하여 법 제42조제4항에 따른 이해관계인의 열람 청구가 있으면 출력한 인증 없는 서면을 교부할 수 있다.
④ 제2항에 따라 보존하는 전자적 송부신청서 및 신고서류의 이미지파일은 제16조제2항에 따라 보존된 원본을 폐기할 때 삭제하는 방법으로 폐기한다.

제16조 (신고서류 원본의 보존) ① 재외공관의 장은 신고인 등으로부터 제출받은 전자적 송부신청서 및 신고서류의 원본을 가족관계등록신고서류편철장에 편철하여 매 분기(1월~3월, 4~6월, 7~9월, 10월~12월)로 보관하되, 그 기간이 지난 전자적 송부신청서 및 신고서류의 원본은 해당 분기가 종료되는 달의 다음 달 말까지 재외국민 가족관계등록사무소로 가족관계등록사건접수장을 합철하여 송부한다.
② 재외국민 가족관계등록사무소는 제1항에 따라 송부받은 전자적 송부신청서 및 신고서류의 원본을 다음 달 말까지 감독법원에 송부하고, 감독법원은 이를 가족관계등록신고서류편철부에 편철하여 보존한다.

부 칙

제1조 (시행일) 이 예규는 2015년 7월 1일부터 시행한다.
제2조 (다른 예규의 폐지) 재외공관의 장이 수리하여 등록기준지의 시(구)·읍·면으로 송부한 가족관계등록신고서 등에 대한 사무처리지침은 이 예규 시행과 동시에 폐지한다.

부 칙 (2016.02.17 제485호)

이 예규는 2016년 3월 1일부터 시행한다.

부 칙 (2016.11.25 제498호)

제1조 (시행일) 이 예규는 2016년 11월 30일부터 시행한다.
제2조 (다른 예규의 개정) 재외국민 가족관계등록사무소의 업무 및 가족관계등록관의 등록사무 처리에 관한 지침(가족관계등록예규 제485호) 일부를 다음과 같이 개정한다.
  제20조 중 "일부사항증명서의 작성 및 등록부의 정정방법에 관한 업무처리지침"을 "일반증명서의 작성 및 등록부의 정정방법에 관한 업무처리지침"으로 한다.

부 칙 (2016.11.25 제501호)

제1조 (시행일) 이 예규는 2016년 11월 30일부터 시행한다.
제2조 (다른 예규의 개정) 재외국민 가족관계등록사무소의 업무 및 가족관계등록관의 등록사무 처리에 관한 지침(가족관계등록예규 제485호) 일부를 다음과 같이 개정한다.
  제20조 중 "출생신고서에 첨부할 출생증명서에 관한 처리지침"을 "출생신고서에 첨부할 출생증명서 등에 관한 처리지침"으로 한다.

부 칙 (2016.11.25 제505호)

제1조 (시행일) 이 예규는 2016년 11월 30일부터 시행한다.
제2조 (다른 예규의 개정) 재외국민 가족관계등록사무소의 업무 및 가족관계등록관의 등록사무 처리에 관한 지침(가족관계등록예규 제485호) 일부를 다음과 같이 개정한다.
  제20조 중 "사망의 사실을 증명할 만한 서면"을 "사망신고서에 첨부할 사망의 사실을 증명할 만한 서면에 관한 처리지침"으로 한다.

부 칙 (2017.12.20 제514호)

이 예규는 2017년 12월 29일부터 시행한다.

부 칙 (2018.06.15 제522호)

이 예규는 2018년 6월 18일부터 시행한다.

부 칙 (2018.09.12 제527호)

제1조 (시행일) 이 예규는 2018년 9월 14일부터 시행한다.
제2조 (다른 예규의 폐지) 재외국민의 가족관계등록신고 등에 관한 사무처리지침은 이 예규 시행과 동시에 폐지한다.

부 칙 (2022.03.21 제586호)

이 예규는 2022년 4월 1일부터 시행한다.

부 칙 (2022.11.21 제607호)

이 예규는 즉시 시행한다.

부 칙 (2023.10.31 제624호)

이 예규는 2024년 1월 1일부터 시행한다.

나. 혼인으로 인한 배우자의 성(姓)변경

(1) 본국법에 따라 변경된 외국인 배우자의 성으로 혼인신고 한 경우

외국인과 혼인한 일본인은 가정재판소의 허가가 없더라도 혼인일로부터 6개월 이내에 일본 호적관서에 그 취지를 신고함으로써 배우자의 성으로 변경할 수 있다(일본 호적법 제107조 제2항). 한국인과 일본인이 일본 방식에 의하여 혼인한 후 혼인증서 등본을 제출하면서 혼인신고서에 일본인 배우자의 성을 일본 호적법 제107조 제2항에 따라 변경된 한국인 배우자의 성으로 기재하는 경우가 있다.

> ☞ 일본 호적법 [평성 26년(2014년) 6월 13일 법률 제69호]
> 제107조 (성의 변경) ② 외국인과 혼인을 한 자가 그 성을 배우자가 칭하고 있는 성으로 변경하고자 하는 때에는 그 자는 그 혼인일부터 6월 이내에 한하여 가정재판소의 허가를 얻지 아니하고 그 취지를 신고할 수 있다.

혼인에 따른 배우자의 성 변경은 혼인의 일반적 효력에 관한 문제이므로, 국제사법 제64조에 따라 부부의 동일한 본국법, 부부의 동일한 상거소지법, 부부와 가장 밀접한 관련이 있는 곳의 법의 순서로 준거법이 결정된다.

따라서 혼인신고 시 혼인의 일반적 효력의 준거법이 일본법임을 소명하는 자료와 일본 호적법 제107조 제2항에 따라 일본인 배우자의 성이 변경되었다는 사실을 확인할 수 있는 일본 호적등본 등 소명자료를 첨부한 경우에는, 변경된 성으로 등록부에 기록한다(선례 제200910-2호, 구 호적선례 제200308-1호).

> ☞ 국제사법 [시행 2022. 7. 5.] [법률 제18670호, 2022. 1. 4., 전부개정]
> 제64조 (혼인의 일반적 효력) 혼인의 일반적 효력은 다음 각 호의 법의 순위에 따른다.
>   1. 부부의 동일한 본국법
>   2. 부부의 동일한 일상거소지법
>   3. 부부와 가장 밀접한 관련이 있는 곳의 법

[선례 6] 태국인 갑녀가 한국인 올남과 태국에서 태국방식으로 혼인을 하고 자녀를 출산한 후에 태국에서 태국법령의 절차에 따라 개명을 한 상태에서 올남이 혼인증서등본에 의한 혼인신고와 출생한 자녀에 대한 출생신고를 한 경우, 혼인신고서 및 출생신고서에 기재된 갑녀의 성명(성은 올남의 성을 따르고 이름은 개명한 이름)과 혼인증서등본에 기재된 갑녀의 성명(혼인 및 개명 전의 성과 이름)이 서로 다를 때 가족관계등록부에 기록할 갑녀의 성명

제정 2009. 10. 6. [가족관계등록선례 제200910-2호, 시행]

가. 한국인과 외국인이 외국에서 외국방식에 따라 혼인을 하고 그 증서등본에 의하여 혼인신고를 하는 경우 혼인증서등본에 기재된 외국인 당사자의 성명과 혼인신고서에 기재된 외국인 당사자의 성명이 상이할 때에는 혼인증서등본에 의하여 가족관계등록부 기록을 하여야 하는바, 이때 국제혼인에 있어서 "일방 배우자의 성(성)이 변경되는가의 문제"는 혼인의 신분적 효력에 관한 것으로서 「국제사법」 제37조에 의하여 지정되는 혼인의 일반적 효력의 준거법에 따르게 되므로 사안에서 혼인신고서 및 출생신고서에 갑녀가 을남의 성(성)을 따르는 것으로 기재하여 신고하였다면 「국제사법」 제37조에 의하여 지정되는 준거법이 태국법이라는 점 및 태국법상 혼인에 의하여 처(처)가 부(부)의 성(성)을 따르게 된다는 점을 각 소명하는 자료(예컨대, 준거법이 부부의 동일한 상거소지법이라면 부부의 동일한 상거소지가 태국이라는 점 및 혼인 당시 태국의 Names Act)를 첨부하도록 하여 갑녀의 성을 을남의 성으로 변경하여 기록하여야 할 것이나, 태국인 갑녀가 태국에서 태국법령의 절차에 따라 개명을 한 것은 「가족관계의 등록 등에 관한 법률」이 적용될 외국적 요소가 있는 신분행위가 아니므로 태국인 갑녀가 「가족관계의 등록 등에 관한 법률」에 따라 우리나라의 등록관서에 개명신고를 할 수 없고 따라서 갑녀의 개명한 이름을 을남 및 자녀의 가족관계등록부에 기록할 수도 없으므로 결국 갑녀의 성명은 위의 소명자료가 첨부된 경우를 전제로 하여 을남의 성과 혼인증서등본에 기재된 이름으로 기록하여야 할 것이다.

나. 한편, 「가족관계의 등록 등에 관한 법률」 제104조가 규정하는 등록부정정절차는 등록부에 기록될 당시부터 존재하는 잘못을 시정하기 위한 절차이므로 사안과 같이 갑녀가 을남과의 혼인 및 자녀 출산 후에 태국에서 개명을 하여 신분사항이 후발적으로 불일치하게 된 경우는 등록부 정정사유가 될 수 없음이 원칙이나, 국민 개개인의 신분관계를 빠짐없이 진정한 신분관계에 부합하도록 등록부에 기록하여 이를 공시·공증하여야 한다는 가족관계등록제도의 이념에 비추어 볼 때, 등록부에 기록된 신분사항의 후발적 불일치가 있으나 통상의 신고에 의한 기록절차에 의하여 이를 등록부에 반영할 수 없는 예외적인 경우에는 등록부 정정사유 중 "등록부의 기록이 법률상 허가될 수 없는 것"에 등록부 기록 후 사정변경에 의하여 법률상 허가될 수 없음이 명백하게 된 경우도 포함되는 것으로 보아 「가족관계의 등록 등에 관한 법률」 제104조의 절차에 따라 을남 및 자녀의 가족관계등록부에 기록된 갑녀의 이름(혼인증서등본상의 이름)을 개명한 이름으로 정정하는 것이 가능할 것이다. 다만, 이러한 가족관계등록부정정허가 여부는 재판에 관한 사항으로 구체적인 사건에서 관할 재판부가 신청서와 소명자료를 바탕으로 판단할 사항이다.
(2009. 10. 6. 가족관계등록과-3433 질의회답)

참조조문 : 가족관계의 등록 등에 관한 법률 제104조, 국제사법 제37조
참조규칙 : 가족관계의 등록 등에 관한 규칙 제54조
참조예규 : 가족관계등록예규 제306호
참조선례 : 구 호적선례 200308-1, 200504-2, 가족관계등록선례 200903-1

[선례 7] 한국인 남자와 일본인 여자가 일본국 방식에 의하여 혼인을 하여 그 혼인계와 일본법에 따라 일본인 여자의 성이 한국인 남자의 성으로 변경되었다는 내용의 수리증명서를 첨부하여 혼인신고를 하였을 경우 이를 수리하여 호적기재를 하여야 하는지

제정 2003. 8. 6. [호적선례 제200308-1호, 시행]

한국인 남자와 일본인 여자가 일본국 방식에 의하여 혼인을 하여 그 혼인계와 일본법에 따라 일본인 여자의 성이 한국인 남자의 성으로 변경되었다는 내용의 수리증명서를 첨부하여 한국인 호적관서에 혼인신고를 하여 왔을 경우 이를 수리하여 혼인사유를 호적에 기재하여야 한다. 다만, "혼인을 하면 성(姓)이 변경되는가"의 문제는 혼인의 신분적효력에 관한 것인바, 우리 나라 국제사법 제37조에 의하면 혼인의 일반적효력은 부부의 동일한 본국법, 부부의 동일한 상거소지법, 부부와 가장 밀접한 관련이 있는 곳의 법의 순위에 의하게 되어 있고 이 사안의 경우는 부부의 동일한 상거소지법을 따라야 할 것이므로 일본법에 의하여 외국인 배우자의 성(姓)은 혼인과 더불어 변경된 성(姓)을 기재하여야 할 것이다. 또한 혼인으로 인하여 성(姓)이 변경되는 것은 일본방식의 혼인에 따르는 "부속문제"에 불과하기 때문에 국제사법 제10조에 의하여 배척될 것도 아니라고 할 것이다. (2003. 8. 6. 호적 3202-312 외교통상부장관 대 법원행정처장 질의회답)
참조예규 : 제435호

---

(2) 혼인신고 후 일본법에 따라 변경된 성으로 정정할 수 있는지 여부

국제사법 제37조에 따라 혼인의 일반적 효력의 준거법이 한국법인 경우에는 변경된 성으로 등록부를 정정할 수 없다. 그러나 준거법이 일본법인 경우에는 감독법원의 허가를 받아 정정할 수 있다. 다만, 준거법이 일본법임을 소명하는 자료와 일본법에 따라 성이 변경되었음을 소명하는 자료를 첨부하여야 한다(구 호적선례 제200504-2호).

[선례 8] 한국인 갑남과 일본인 올녀가 미국 방식에 의하여 혼인을 하고 그 증서등본에 의한 혼인신고를 하여 갑남의 한국 호적에 일본인 올녀와의 혼인사유가 기재된 후, 일본법에 따라 일본인 올녀의 성(姓)이 한국인 갑남의 성(姓)으로 변경된 취지가 기재된 올녀의 일본 호적등본을 제출한 경우, 갑남의 본적지 호적관장자가 감독법원의 허가를 얻어 직권정정의 방식에 의하여 갑남의 신분사항란에 기재된 혼인사유 중 일본인 올녀의 혼인 전의 성(姓)을 남편인 갑남의 성(姓)으로 정정할 수 있는지 여부

제정 2005. 4. 22. [호적선례 제200504-2호, 시행]

1. 섭외적 사법관계에서 "혼인에 의한 배우자의 성(姓)변경 문제는 혼인의 신분적 효력에 관한 것이므로 국제사법 제37조에 의하여 지정되는 혼인의 일반적 효력의 준거법에 따라 결정된다. 즉 한국인 갑남과 일본인 을녀가 혼인한 경우, ① 국제사법 제37조에 따른 준거법이 일본법인 경우에는, 일본법에 따라 일본인 을녀의 성(姓)이 한국인 갑남의 성(姓)으로 변경된 취지가 기재된 을녀의 일본 호적등본을 제출하였다면, 갑남의 본적지 호적관장자는 감독법원의 허가를 얻어 직권정정의 방식에 의하여 갑남의 신분사항란에 기재된 혼인사유 중 일본인 을녀의 혼인 전의 성(姓)을 남편인 갑남의 성(姓)으로 정정할 수 있을 것이나, ② 국제사법 제37조에 따른 준거법이 한국법인 경우에는, 비록 같은 호적등본을 제출하였더라도, 갑남의 신분사항란에 기재된 혼인사유 중 일본인 을녀의 혼인 전의 성(姓)을 남편인 갑남의 성(姓)으로 정정할 수는 없다고 할 것이다.
2. 따라서 당사자가 혼인의 일반적 효력의 준거법이 일본법임을 주장하며 갑남의 신분사항란에 기재된 혼인사유 중 일본인 을녀의 혼인 전의 성(姓)을 남편인 갑남의 성(姓)으로 정정할 것을 신청하는 경우에는, 국제사법 제37조에 의하여 지정된 혼인의 일반적 효력의 준거법이 일본법임을 소명하는 자료를 첨부하여야 할 것이다. (2005. 4. 22 호적과-210 서울남부지방법원장 대 법원행정처장 질의회답)

참조조문 : 국제사법 제10조, 제37조
참조선례 : 2003. 8. 6. 호적 3202-312 질의회답
참조문헌 : 금 연/박정기/금인유, 국제사법(법문사, 2002.), 186~187쪽, 324쪽; 신창선, 국제사법(전면개정판, 도서출판 학우, 2002.), 234~236쪽, 387쪽; 석광현, 2001년 개정 국제사법 해설(제2판, 지산, 2003.), 316쪽

다. 외국인 배우자의 개명

한쪽 배우자에 대하여 사망, 실종선고·부재선고 및 그 취소, 국적취득과 그 상실, 성명의 정정 또는 개명 등의 신고가 있는 때에는 다른 배우자의 등록부에도 그 취지를 기록하여야 한다(가족관계등록규칙 제54조).

그러나 외국인 배우자가 본국법에 의하여 개명한 것은, 혼인에 의한 성의 변경과 달리 외국적 요소가 있는 신분행위에 해당하지 않는다. 따라서 우리나라 등록관서에 개명신고를 할 수는 없다. 또한 이러한 경우는 등록부에 기록된 신분사항의 후발적 불일치에 불과하여 등록부 정정사유에도 해당하지 않는 것이 원칙이다.

그러나 국민 개개인의 진정한 신분관계를 공시·공증하여야 한다는 가족관계등록제도의 이념에 비추어 볼 때, 예외적으로 가족관계등록법 제104조 제1항의 "등록부의

기록이 법률상 허가될 수 없는 것"에 해당하는 것으로 보아 한국인 배우자의 등록기준지를 관할하는 가정법원의 허가를 받아 등록부의 정정을 신청할 수 있을 것이다. 이때 등록부 정정허가는 재판에 관한 사항으로서 구체적인 사건에서 관할 재판부가 신청서와 소명자료를 바탕으로 정정허가 여부를 판단하게 된다(선례 제200910-2호)

> ☞ 가족관계의 등록 등에 관한 규칙 [시행 2024. 7. 19.] [대법원규칙 제3140호, 2024. 3. 28., 일부개정]
> 제54조 (배우자의 가족관계등록사항 등의 변동사유) 한쪽 배우자에 대하여 다음의 신고가 있는 때에는 다른 배우자의 등록부에도 그 취지를 기록하여야 한다.
>   1. 사망, 실종선고·부재선고 및 그 취소
>   2. 국적취득과 그 상실
>   3. 성명의 정정 또는 개명

> ☞ 가족관계의 등록 등에 관한 법률 [시행 2024. 7. 19.] [법률 제19547호, 2023. 7. 18., 일부개정]
> 제104조 (위법한 가족관계 등록기록의 정정) ① 등록부의 기록이 법률상 허가될 수 없는 것 또는 그 기재에 착오나 누락이 있다고 인정한 때에는 이해관계인은 사건 본인의 등록기준지를 관할하는 가정법원의 허가를 받아 등록부의 정정을 신청할 수 있다. <개정 2013. 7. 30.>

[선례 9] 태국인 갑녀가 한국인 올남과 태국에서 태국방식으로 혼인을 하고 자녀를 출산한 후에 태국에서 태국법령의 절차에 따라 개명을 한 상태에서 올남이 혼인증서등본에 의한 혼인신고와 출생한 자녀에 대한 출생신고를 한 경우, 혼인신고서 및 출생신고서에 기재된 갑녀의 성명(성은 올남의 성을 따르고 이름은 개명한 이름)과 혼인증서등본에 기재된 갑녀의 성명(혼인 및 개명 전의 성과 이름)이 서로 다를 때 가족관계등록부에 기록할 갑녀의 성명

제정 2009. 10. 6. [가족관계등록선례 제200910-2호, 시행]

가. 한국인과 외국인이 외국에서 외국방식에 따라 혼인을 하고 그 증서등본에 의하여 혼인신고를 하는 경우 혼인증서등본에 기재된 외국인 당사자의 성명과 혼인신고서에 기재된 외국인 당사자의 성명이 상이할 때에는 혼인증서등본에 의하여 가족관계등록부 기록을 하여야 하는바, 이때 국제혼인에 있어서 "일방 배우

자의 성(성)이 변경되는가의 문제"는 혼인의 신분적 효력에 관한 것으로서 「국제사법」 제37조에 의하여 지정되는 혼인의 일반적 효력의 준거법에 따르게 되므로 사안에서 혼인신고서 및 출생신고서에 갑녀가 올남의 성(성)을 따르는 것으로 기재하여 신고하였다면 「국제사법」 제37조에 의하여 지정되는 준거법이 태국법이라는 점 및 태국법상 혼인에 의하여 처(처)가 부(부)의 성(성)을 따르게 된다는 점을 각 소명하는 자료(예컨대, 준거법이 부부의 동일한 상거소지법이라면 부부의 동일한 상거소지가 태국이라는 점 및 혼인 당시 태국의 Names Act)를 첨부하도록 하여 갑녀의 성을 올남의 성으로 변경하여 기록하여야 할 것이나, 태국인 갑녀가 태국에서 태국법령의 절차에 따라 개명을 한 것은 「가족관계의 등록 등에 관한 법률」이 적용될 외국적 요소가 있는 신분행위가 아니므로 태국인 갑녀가 「가족관계의 등록 등에 관한 법률」에 따라 우리나라의 등록관서에 개명신고를 할 수 없고 따라서 갑녀의 개명한 이름을 올남 및 자녀의 가족관계등록부에 기록할 수도 없으므로 결국 갑녀의 성명은 위의 소명자료가 첨부된 경우를 전제로 하여 올남의 성과 혼인증서등본에 기재된 이름으로 기록하여야 할 것이다.

나. 한편, 「가족관계의 등록 등에 관한 법률」 제104조가 규정하는 등록부정정절차는 등록부에 기록될 당시부터 존재하는 잘못을 시정하기 위한 절차이므로 사안과 같이 갑녀가 올남과의 혼인 및 자녀 출산 후에 태국에서 개명을 하여 신분사항이 후발적으로 불일치하게 된 경우는 등록부 정정사유가 될 수 없음이 원칙이나, 국민 개개인의 신분관계를 빠짐없이 진정한 신분관계에 부합하도록 등록부에 기록하여 이를 공시·공증하여야 한다는 가족관계등록제도의 이념에 비추어 볼 때, 등록부에 기록된 신분사항의 후발적 불일치가 있으나 통상의 신고에 의한 기록절차에 의하여 이를 등록부에 반영할 수 없는 예외적인 경우에는 등록부 정정사유 중 "등록부의 기록이 법률상 허가될 수 없는 것"에 등록부 기록 후 사정변경에 의하여 법률상 허가될 수 없음이 명백하게 된 경우도 포함되는 것으로 보아 「가족관계의 등록 등에 관한 법률」 제104조의 절차에 따라 올남 및 자녀의 가족관계등록부에 기록된 갑녀의 이름(혼인증서등본상의 이름)을 개명한 이름으로 정정하는 것이 가능할 것이다. 다만, 이러한 가족관계등록부정정허가 여부는 재판에 관한 사항으로 구체적인 사건에서 관할 재판부가 신청서와 소명자료를 바탕으로 판단할 사항이다.
(2009. 10. 6. 가족관계등록과-3433 질의회답)
참조조문 : 가족관계의 등록 등에 관한 법률 제104조, 국제사법 제37조
참조규칙 : 가족관계의 등록 등에 관한 규칙 제54조
참조예규 : 가족관계등록예규 제306호
참조선례 : 구 호적선례 200308-1, 200504-2, 가족관계등록선례 200903-1

라. 외국인 배우자가 외국에서 외국인 양친과 파양하여 성이 변경된 경우

이 경우도 우리 법이 적용될 외국적 요소가 있는 신분행위가 아니고, 등록부에 기록된 신분사항의 후발적 불일치에 불과하다. 다만, 이때에도 법 제104조 제1항의 "능

록부의 기록이 법률상 허가될 수 없는 것"에 해당하는 것으로 보아 등록부정정허가를 받아 등록부의 정정을 신청할 수 있을 것이다. 등록부정정허가 여부는 구체적인 사건에서 관할 재판부가 신청서와 소명자료를 바탕으로 판단하게 된다(선례 제200903-1호).

[선례 10] 태국인 갑녀가 한국인 을남과 태국에서 태국방식으로 혼인을 하고 자녀를 출산한 후에 태국에서 태국법령의 절차에 따라 개명을 한 상태에서 을남이 혼인증서등본에 의한 혼인신고와 출생한 자녀에 대한 출생신고를 한 경우, 혼인신고서 및 출생신고서에 기재된 갑녀의 성명(성은 을남의 성을 따르고 이름은 개명한 이름)과 혼인증서등본에 기재된 갑녀의 성명(혼인 및 개명 전의 성과 이름)이 서로 다를 때 가족관계등록부에 기록할 갑녀의 성명

제정 2009. 10. 6. [가족관계등록선례 제200910-2호, 시행]

가. 한국인과 외국인이 외국에서 외국방식에 따라 혼인을 하고 그 증서등본에 의하여 혼인신고를 하는 경우 혼인증서등본에 기재된 외국인 당사자의 성명과 혼인신고서에 기재된 외국인 당사자의 성명이 상이할 때에는 혼인증서등본에 의하여 가족관계등록부 기록을 하여야 하는바, 이때 국제혼인에 있어서 "일방 배우자의 성(성)이 변경되는가의 문제"는 혼인의 신분적 효력에 관한 것으로서 「국제사법」 제37조에 의하여 지정되는 혼인의 일반적 효력의 준거법에 따르게 되므로 사안에서 혼인신고서 및 출생신고서에 갑녀가 을남의 성(성)을 따르는 것으로 기재하여 신고하였다면 「국제사법」 제37조에 의하여 지정되는 준거법이 태국법이라는 점 및 태국법상 혼인에 의하여 처(처)가 부(부)의 성(성)을 따르게 된다는 점을 각 소명하는 자료(예컨대, 준거법이 부부의 동일한 상거소지법이라면 부부의 동일한 상거소지가 태국이라는 점 및 혼인 당시 태국의 Names Act)를 첨부하도록 하여 갑녀의 성을 을남의 성으로 변경하여 기록하여야 할 것이나, 태국인 갑녀가 태국에서 태국법령의 절차에 따라 개명을 한 것은 「가족관계의 등록 등에 관한 법률」이 적용될 외국적 요소가 있는 신분행위가 아니므로 태국인 갑녀가 「가족관계의 등록 등에 관한 법률」에 따라 우리나라의 등록관서에 개명신고를 할 수 없고 따라서 갑녀의 개명한 이름을 을남 및 자녀의 가족관계등록부에 기록할 수도 없으므로 결국 갑녀의 성명은 위의 소명자료가 첨부된 경우를 전제로 하여 을남의 성과 혼인증서등본에 기재된 이름으로 기록하여야 할 것이다.

나. 한편, 「가족관계의 등록 등에 관한 법률」 제104조가 규정하는 등록부정정절차는 등록부에 기록될 당시부터 존재하는 잘못을 시정하기 위한 절차이므로 사안과 같이 갑녀가 을남과의 혼인 및 자녀 출산 후에 태국에서 개명을 하여 신분사항이 후발적으로 불일치하게 된 경우는 등록부 정정사유가 될 수 없음이 원칙이나, 국민 개개인의 신분관계를 빠짐없이 진정한 신분관계에 부합하도록 등록부에 기록하여 이를 공시·공증하여야 한다는 가족관계등록제도의 이념에 비추어 볼 때, 등록부에 기록된 신분사항의 후발적 불일

치가 있으나 통상의 신고에 의한 기록절차에 의하여 이를 등록부에 반영할 수 없는 예외적인 경우에는 등록부 정정사유 중 "등록부의 기록이 법률상 허가될 수 없는 것"에 등록부 기록 후 사정변경에 의하여 법률상 허가될 수 없음이 명백하게 된 경우도 포함되는 것으로 보아「가족관계의 등록 등에 관한 법률」제104조의 절차에 따라 을남 및 자녀의 가족관계등록부에 기록된 갑녀의 이름(혼인증서등본상의 이름)을 개명한 이름으로 정정하는 것이 가능할 것이다. 다만, 이러한 가족관계등록부정정허가 여부는 재판에 관한 사항으로 구체적인 사건에서 관할 재판부가 신청서와 소명자료를 바탕으로 판단할 사항이다. (2009. 10. 6. 가족관계등록과-3433 질의회답)

참조조문 : 가족관계의 등록 등에 관한 법률 제104조, 국제사법 제37조
참조규칙 : 가족관계의 등록 등에 관한 규칙 제54조
참조예규 : 가족관계등록예규 제306호
참조선례 : 구 호적선례 200308-1, 200504-2, 가족관계등록선례 200903-1

마. 외국인 배우자의 국적 변경

외국인 배우자의 국적이 등록부에 기록된 후 귀화 등으로 그 외국인 배우자의 국적이 변경되는 경우가 있다.

구 호적선례는 국적변경신고에 의하여 한국인 배우자의 호적에 기재된 외국인 배우자의 국적변경사유를 기재할 수 있다고 보았다(구 호적선례 제200212-13호). 그러나 국적변경신고는 현 가족관계등록 제도 하에 존재하지 않는 신고이므로, 국적변경신고에 의하여 외국인 배우자의 국적변경사유를 기록할 수는 없다.

따라서 외국인 배우자의 개명의 경우와 마찬가지로 법 제104조 제1항에 따른 등록부 정정허가를 받아 등록부 정정신청을 하여야 할 것이다.

[선례 11] 한국인과 외국인이 혼인하면 한국인 배우자의 호적상 신분사항란에는 외국인 배우자의 국적이 기재되는데, 그 외국인 배우자가 혼인 당시의 국적을 상실하고 다른 나라의 국적을 취득한 경우, 별도의 국적변경신고가 필요한지 여부

제정 2002. 12. 31. [호적선례 제200212-13호, 시행]

한국인과 외국인이 혼인하여 한국인 배우자의 호적상 신분사항란에 외국인 배우자의 국적이 기재되었는데, 그 후 외국인 배우자가 혼인 당시의 국적을 상실하고 다른 나라의 국적을 취득하였다면 외국인 배우자는 국적변경에 관한 충분한 소명자료를 첨부하여 국적변경을 신청할 수 있으며, 이를 수리한 호적관서에서는 이 국적변

경신고서를 특종신고서류편철장에 편철해 놓고 한국인 배우자 호적의 신분사항란에는 외국인 배우자의 국적이 변경된 사유를 기재하게 될 것이다. (2002. 12. 31. 법정 3202-486)
참조조문 : 규칙 제59조

바. 특례법에 의한 등록부 정정절차의 간소화

가족관계등록법 제104조와 제105조에 따라 가정법원의 허가를 받아야 하는 등록부 정정사항이라 하더라도, 등록부 기록의 착오 또는 누락이 명백히 판명될 수 있는 경미한 사항인 경우에는 재외공관의 장의 조사확인서를 첨부하여 재외국민 가족관계등록사무소의 등록관에게 특례법에 따른 정정신청을 할 수 있다(특례법 제5조 제1항 단서, 예규 제480호 제10조 제1항). 이 경우에는 가정법원의 허가를 받지 않아도 된다.

☞ 가족관계의 등록 등에 관한 법률 [시행 2024. 7. 19.] [법률 제19547호, 2023. 7. 18., 일부개정]

제104조 (위법한 가족관계 등록기록의 정정) ① 등록부의 기록이 법률상 허가될 수 없는 것 또는 그 기재에 착오나 누락이 있다고 인정한 때에는 이해관계인은 사건 본인의 등록기준지를 관할하는 가정법원의 허가를 받아 등록부의 정정을 신청할 수 있다. <개정 2013. 7. 30.>

② 제1항의 경우에 가정법원의 심리에 관하여는 제96조제6항을 준용한다. <신설 2013. 7. 30.>

제105조 (무효인 행위의 가족관계등록기록의 정정) ① 신고로 인하여 효력이 발생하는 행위에 관하여 등록부에 기록하였으나 그 행위가 무효임이 명백한 때에는 신고인 또는 신고사건의 본인은 사건 본인의 등록기준지를 관할하는 가정법원의 허가를 받아 등록부의 정정을 신청할 수 있다. <개정 2013. 7. 30.>

② 제1항의 경우에 가정법원의 심리에 관하여는 제96조제6항을 준용한다. <신설 2013. 7. 30.>

[예규 21] 재외국민의 가족관계등록창설, 가족관계등록부정정 및 가족관계등록부정리에관한특례법」에 의한 가족관계등록사무 처리지침

재외국민의 가족관계등록창설, 가족관계등록부정정 및 가족관계등록부정리에관한특례법」에 의한 가족관계등록사무 처리지침

제정 2007.12.10 가족관계등록예규 제273호
개정 2015.01.08 가족관계등록예규 제454호
개정 2015.06.10 가족관계등록예규 제480호

제10조 (가족관계등록부정정신청) ① 가족관계등록부정정신청은 가족관계등록부기록의 착오 또는 누락이 명백히 판명될 수 있는 경미한 사항인 경우에 한한다(예: 성별 "남"이 "여"로, 부모의 성명이 조부의 성명으로 착오 기록된 경우 또는 본이나 혼인해소사유 기타 당연히 기록되어야 할 신분사유의 기록이 누락된 경우 등).

부 칙 (2015.06.10 제480호)

이 예규는 2015년 7월 1일부터 시행한다.

제2장 국제이혼

제1절 국제이혼사건

1. 이혼의 실질적 성립요건

한국에서 한국과 외국인 사이에 이루어지는 이혼, 한국에서 외국인 사이에 이루어지는 이혼, 외국에서 한국인과 외국인 사이에 이루어지는 이혼, 외국에서 한국인 사이에 이루어지는 이혼 등과 같이 외국적 요소가 있는 이혼사건

이혼의 실질적 성립요건의 준거법은 혼인의 일반적 효력에 관한 준거법을 따른다(국제사법 제66조 본문). 따라서 부부의 동일한 본국법, 부부의 동일한 상거소지법, 부부와 가장 밀접한 관련이 있는 곳의 법의 순서로 준거법이 결정된다(국제사법 제64조). 다만, 부부 중 일방이 대한민국에 상거소가 있는 대한민국 국민인 경우에는 이혼은 대한민국 법에 의한다(국제사법 제66조 단서).

> ☞ 국제사법 [시행 2022. 7. 5.] [법률 제18670호, 2022. 1. 4., 전부개정]
> 제64조 (혼인의 일반적 효력) 혼인의 일반적 효력은 다음 각 호의 법의 순위에 따른다.
>   1. 부부의 동일한 본국법
>   2. 부부의 동일한 일상거소지법
>   3. 부부와 가장 밀접한 관련이 있는 곳의 법
>
> 제66조 (이혼) 이혼에 관하여는 제64조를 준용한다. 다만, 부부 중 한쪽이 대한민국에 일상거소가 있는 대한민국 국민인 경우 이혼은 대한민국 법에 따른다.

이혼의 실질적 성립요건의 준거법은 이혼의 허용여부, 이혼의 방법 등 이혼에 관한 모든 문제에 적용된다. 이혼의 준거법이 협의이혼을 인정하지 않는 경우에는 우리나라에서도 협의이혼은 불가능하다. 우리나라(민법 제834조)와 일본(제763조)은 모두 당사자의 협의에 의한 이혼을 인정하고 있다.

> ☞ 민법 [시행 2024. 5. 17.] [법률 제19409호, 2023. 5. 16., 타법개정]

> 제834조 (협의상 이혼) 부부는 협의에 의하여 이혼할 수 있다.

가. 이혼의 형식적 성립요건(방식)

 국제사법은 이혼의 방식에 관하여 특별한 규정을 두고 있지 않으므로, 법률행위의 방식에 관한 일반원칙이 적용된다. 즉, 이혼의 방식은 이혼의 실질적 성립요건의 준거법이 정한 방식에 의할 수도 있고(국제사법 제31조 제1항), 행위지법이 정한 방식에 의할 수도 있다(국제사법 제31조 제2항).

> ☞ 국제사법 [시행 2022. 7. 5.] [법률 제18670호, 2022. 1. 4., 전부개정]
> 제31조 (법률행위의 방식) ① 법률행위의 방식은 그 행위의 준거법에 따른다.
> ② 행위지법에 따라 한 법률행위의 방식은 제1항에도 불구하고 유효하다.

제2절 협의이혼

1. 서론

 '이혼'은 유효한혼인을 쌍방 배우자의 생존 중에 장래에 향하여 해소하는 것을 목적으로 하는 것이다.
 우리 민법상 이혼에는 협의이혼과 재판상이혼이 있지만 이혼의 절대 다수를 차지하고 있는 것은 협의이혼이다.

> ☞ 민법 [시행 2024. 5. 17.] [법률 제19409호, 2023. 5. 16., 타법개정]
> 제840조 (재판상 이혼원인) 부부의 일방은 다음 각호의 사유가 있는 경우에는 가정법원에 이혼을 청구할 수 있다. <개정 1990. 1. 13.>
>   1. 배우자에 부정한 행위가 있었을 때
>   6. 기타 혼인을 계속하기 어려운 중대한 사유가 있을 때

2. 협의이혼

> ☞ 민법 [시행 2024. 5. 17.] [법률 제19409호, 2023. 5. 16., 타법개정]

제834조 (협의상 이혼) 부부는 협의에 의하여 이혼할 수 있다.

제836조 (이혼의 성립과 신고방식) ① 협의상 이혼은 가정법원의 확인을 받아 「가족관계의 등록 등에 관한 법률」의 정한 바에 의하여 신고함으로써 그 효력이 생긴다. <개정 1977. 12. 31., 2007. 5. 17.>
② 전항의 신고는 당사자 쌍방과 성년자인 증인 2인의 연서한 서면으로 하여야 한다.

제836조의2 (이혼의 절차) ① 협의상 이혼을 하려는 자는 가정법원이 제공하는 이혼에 관한 안내를 받아야 하고, 가정법원은 필요한 경우 당사자에게 상담에 관하여 전문적인 지식과 경험을 갖춘 전문상담인의 상담을 받을 것을 권고할 수 있다.
② 가정법원에 이혼의사의 확인을 신청한 당사자는 제1항의 안내를 받은 날부터 다음 각 호의 기간이 지난 후에 이혼의사의 확인을 받을 수 있다.
　1. 양육하여야 할 자(포태 중인 자를 포함한다. 이하 이 조에서 같다)가 있는 경우에는 3개월
　2. 제1호에 해당하지 아니하는 경우에는 1개월
③ 가정법원은 폭력으로 인하여 당사자 일방에게 참을 수 없는 고통이 예상되는 등 이혼을 하여야 할 급박한 사정이 있는 경우에는 제2항의 기간을 단축 또는 면제할 수 있다.
④ 양육하여야 할 자가 있는 경우 당사자는 제837조에 따른 자(子)의 양육과 제909조제4항에 따른 자(子)의 친권자결정에 관한 협의서 또는 제837조 및 제909조제4항에 따른 가정법원의 심판정본을 제출하여야 한다.
⑤ 가정법원은 당사자가 협의한 양육비부담에 관한 내용을 확인하는 양육비부담조서를 작성하여야 한다. 이 경우 양육비부담조서의 효력에 대하여는 「가사소송법」 제41조를 준용한다. <신설 2009. 5. 8.>
[본조신설 2007. 12. 21.]

가. 의의

협의이혼확인절차에서는, 이혼원인의 존부는 심사의 대상이 되지 않으므로, 파탄 여부에 관계없이 이혼할 의사만 있으면 된다.

따라서, 그 후 신고를 하지 않아 결국 재판상 이혼을 하게 되더라도, 협의이혼의사의 확인이 있었다는 것만으로는 재판상 이혼사유가 될 수 없고, 민법 제840조 제6호의 중대한 사유로 추정될 수도 없다.

> ☞ 민법 [시행 2024. 5. 17.] [법률 제19409호, 2023. 5. 16., 타법개정]
> 제840조 (재판상 이혼원인) 부부의 일방은 다음 각호의 사유가 있는 경우에는 가정법원에 이혼을 청구할 수 있다. <개정 1990. 1. 13.>
>   6. 기타 혼인을 계속하기 어려운 중대한 사유가 있을 때

3. 협의이혼절차

가. 협의이혼에 관한 인내 제도

민법 제836조의2 제1항에 따르면, 협의상 이혼을 하려는 자는 가정법원이 제공하는 이혼에 관한 안내를 받아야 한다. 협의이혼의사의 확인을 신청한 부부는 위 이혼에 관한 안내를 받을 의무가 있고, 안내를 받은 날부터 숙려기간이 된다.

협의이혼 안내는 직접 안내를 원칙으로 하되 법원 사정에 따라 1일 1, 2회 정도 집단 안내 방식으로 하고 있으며 재외국민 또는 수감자 등 예외적인 경우에 한하여 서면 안내로 갈음하고 있다.

주로 이혼절차에 관한 기본적 사항(이혼 절차, 숙려기간의 취지, 숙려기간 단축 또는 면제 제도, 협의서 또는 심판정본의 의무적 제출 등) 및 이혼의 법적 효과(이혼과 친권·양육권, 면접교섭권, 위자료, 재산분할) 등을 안내하고 있다.

> ☞ 민법 [시행 2024. 5. 17.] [법률 제19409호, 2023. 5. 16., 타법개정]
> 제836조의2 (이혼의 절차) ① 협의상 이혼을 하려는 자는 가정법원이 제공하는 이혼에 관한 안내를 받아야 하고, 가정법원은 필요한 경우 당사자에게 상담에 관하여 전문적인 지식과 경험을 갖춘 전문상담인의 상담을 받을 것을 권고할 수 있다.

나. 이혼숙려기간 제도

이혼의사의 확인을 신청한 당사자는 협의이혼에 관한 안내를 받은 날부터 양육하여야 할 자(포태 중인 자를 포함함)가 있는 경우는 3개월, 양육하여야 할 자가 없는 경우는 1개월이 지난 후에 이혼의사의 확인을 받을 수 있다(민법 제836조의2 제2항). 다만, 가정법원은 폭력으로 인하여 당사자 일방에게 참을 수 없는 고통이 예상되는 등 이혼을 하여야 할 급박한 사정이 있는 경우에는 위 숙려기간을 단축 또는 면제할

수 있다(민법 제836조의2 제3항).

> ☞ 민법 [시행 2024. 5. 17.] [법률 제19409호, 2023. 5. 16., 타법개정]
> 제836조의2 (이혼의 절차) ③ 가정법원은 폭력으로 인하여 당사자 일방에게 참을 수 없는 고통이 예상되는 등 이혼을 하여야 할 급박한 사정이 있는 경우에는 제2항의 기간을 단축 또는 면제할 수 있다.

다. 자의 양육과 친권자 결정

자의 양육과 친권자 결정에 관한 협의서 또는 심판정본 제출 의무화
양육하여야 할 미성년자녀가 있는 당사자는 협의이혼의사확인신청서 제출 시 민법 제837조에 따른 자의 양육과 민법 제909조 제4항에 따른 자의 친권자 결정에 관한 협의서 또는 가정법원의 심판정본을 제출하여야 한다(민법 제836조의2 제4항)

> ☞ 민법 [시행 2024. 5. 17.] [법률 제19409호, 2023. 5. 16., 타법개정]
> 제837조 (이혼과 자의 양육책임) ① 당사자는 그 자의 양육에 관한 사항을 협의에 의하여 정한다. <개정 1990. 1. 13.>
> ② 제1항의 협의는 다음의 사항을 포함하여야 한다. <개정 2007. 12. 21.>
>   1. 양육자의 결정
>   2. 양육비용의 부담
>   3. 면접교섭권의 행사 여부 및 그 방법
> ③ 제1항에 따른 협의가 자(子)의 복리에 반하는 경우에는 가정법원은 보정을 명하거나 직권으로 그 자(子)의 의사(意思)·나이와 부모의 재산상황, 그 밖의 사정을 참작하여 양육에 필요한 사항을 정한다. <개정 2007. 12. 21., 2022. 12. 27.>
> ④ 양육에 관한 사항의 협의가 이루어지지 아니하거나 협의할 수 없는 때에는 가정법원은 직권으로 또는 당사자의 청구에 따라 이에 관하여 결정한다. 이 경우 가정법원은 제3항의 사정을 참작하여야 한다. <신설 2007. 12. 21.>
> ⑤ 가정법원은 자(子)의 복리를 위하여 필요하다고 인정하는 경우에는 부·모·자(子) 및 검사의 청구 또는 직권으로 자(子)의 양육에 관한 사항을 변경하거나 다른 적당한 처분을 할 수 있다. <신설 2007. 12. 21.>
> ⑥ 제3항부터 제5항까지의 규정은 양육에 관한 사항 외에는 부모의 권리의무에 변경을 가져오지 아니한다. <신설 2007. 12. 21.>

> 제909조 (친권자) ① 부모는 미성년자인 자의 친권자가 된다. 양자의 경우에는 양부모
> (養父母)가 친권자가 된다. <개정 2005. 3. 31.>

라. 양육비 부담조서 등의 교부

협의이혼 담당 판사는 부부 사이에 미성년인 자녀가 있는지 여부와 미성년인 자녀가 있는 경우 그 자녀의 양육권 친권자결정에 관한 협의서 또는 가정법원의 심판정본 및 확정증명서를 확인한다. 특히 미성년인 자녀가 있어 그 자녀의 양육과 친권자결정에 관한 협의서를 제출한 경우 그 협의서의 '확인'란 및 양육비부담조서에 각 날인한다.

마. 한국인 사이의 협의이혼

(1) 내용적 요건

협의이혼을 하려면 다음의 요건을 갖추어야 합니다(「민법」 제834조).
부부간에 이혼의사가 합치되어야 합니다.
이혼의사는 이혼신고서 작성 시는 물론 신고서가 수리되는 때에도 존재해야 합니다(대법원 1993. 6. 11. 선고 93므171 판결).
이혼의사의 합치에는 의사능력이 필요하므로, 피성년후견인의 경우 부모 또는 성년후견인의 동의를 얻어야 합니다(「민법」 제835조 및 제808조제2항).

(2) 절차적 요건

이혼안내절차와 숙려기간(「민법」 제834조)
협의이혼을 하려면 가정법원이 제공하는 이혼에 관한 안내를 받아야 하고, 가정법원으로부터 필요한 경우 전문적인 지식과 경험을 갖춘 전문상담원의 상담을 받을 것을 권고 받을 수 있습니다(「민법」 제836조의2제1항).
양육할 자녀가 있는 경우에는 3개월, 그렇지 않은 경우에는 1개월의 이혼숙려기간이 지나야 이혼의사의 확인을 받을 수 있으며(「민법」 제836조의2제2항), 자녀의 양육

및 친권자의 지정에 대한 합의 또는 그에 갈음하는 가정법원의 심판을 받아야 합니다(「민법」 제836조의2제4항).

※ 다만, 폭력으로 인해 당사자 일방에게 참을 수 없는 고통이 예상되는 등 이혼을 해야 할 급박한 사정이 있는 경우에 가정법원은 위 기간을 단축 또는 면제할 수 있습니다(「민법」 제836조의2제3항).

(3) 이혼신고

협의이혼은 가정법원의 확인을 받아 「가족관계의 등록 등에 관한 법률」에 따라 신고해야만 이혼의 효력이 발생합니다(「민법」 제836조제1항).

바. 이혼에 따른 법률효과

(1) 재산분할 청구

부부가 이혼하면 혼인 중 공동으로 형성한 재산을 나누게 됩니다. 이 때 재산의 명의에 상관없이 상대방에게 부부 공유재산에 대해 분할을 청구할 수 있습니다(「민법」 제839조의2 및 제830조제2항). 부부가 공동으로 형성한 재산에는 부부가 협력해서 취득한 부동산, 부부공동생활을 위해 저축한 예금, 부부공동생활을 위해 구입한 가재도구 등이 해당될 것입니다.

재산분할의 비율은 부부가 합의해서 정할 수 있으며, 합의가 이루어지지 않으면 법원이 재산형성에 대한 기여도, 혼인파탄의 원인과 책임정도, 혼인기간 및 생활정도, 학력·직업·연령 등 신분사항, 자녀 양육관계, 위자료 등의 사항을 고려해서 산정하게 됩니다(대법원 1998. 2. 13. 선고 97므1486 판결, 대법원 1993. 5. 25. 선고 92므501 판결 등).

(2) 위자료 청구

부부가 이혼하는 경우 부부 중 일방은 혼인파탄에 책임이 있는 배우자에 대해 손해배상을 청구할 수 있습니다. 손해에는 재산상 손해와 정신상 손해가 모두 포함됩니다(「민법」 제806조 및 「민법」 제843조).

※ 판례는 혼인파탄의 책임성에 대해 혼인파탄의 원인이 된 사실에 기초해서 평가할 일이며 혼인관계가 완전히 파탄된 뒤에 있었던 일을 가지고 따질 것은 아니라고 보고 있습니다(대법원 2004. 2. 27. 선고 2003므1890 판결).

특히, 정신적 고통에 대한 손해배상, 즉 위자료의 액수를 산정하는 경우에는 혼인파탄의 원인과 책임정도, 재산상태, 혼인기간 및 생활정도, 학력·직업·연령 등 신분사항, 자녀 양육관계 등의 사항을 고려해서 정하게 되며(대법원 1981. 10 13. 선고 80므100 판결), 혼인파탄의 원인이 부부 모두에게 있는 경우에는 부부 쌍방이 받은 정신적 고통의 정도, 즉 불법행위책임의 비율에 따라 위자료 액수가 정해집니다(대법원 1994. 4. 26. 선고 93므1273 판결).

사. 자녀 친권 및 양육

(1) 친권자의 지정

　(가) 협의이혼하는 경우

① 협의이혼을 하는 경우 부부가 합의해서 친권자를 지정해야 하고, 합의할 수 없거나 합의가 이루어지지 않는 경우에는 가정법원이 직권으로 또는 당사자의 청구에 따라 친권자를 지정합니다[「민법」 제909조제4항 및 「가사소송법」 제2조제1항제2호나목 5)].
② 친권자가 지정된 후에도 자녀의 복리를 위해 필요한 경우에는 자녀의 4촌 이내의 친족의 청구에 따라 가정법원이 친권자를 변경할 수 있습니다[「민법」 제909조제6항 및 「가사소송법」 제2조제1항제2호나목 5)].

　(나) 재판상 이혼하는 경우

① 재판상 이혼을 하는 경우 가정법원은 직권으로 친권자를 정합니다(「민법」 제909조제5항).
② 친권자가 지정된 후에도 자녀의 복리를 위해 필요한 경우에는 자녀의 4촌 이내의 친족의 청구에 따라 가정법원이 친권자를 변경할 수 있습니다[「민법」 제909조

제6항 및 「가사소송법」 제2조제1항제2호나목 5)].

(2) 양육자의 지정

(가) 양육에 관한 사항의 결정

이혼을 하는 경우 부부가 합의해서 다음과 같은 자녀의 양육에 관한 사항을 결정해야 하고, 합의할 수 없거나 합의가 이루어지지 않는 경우에는 가정법원이 직권으로 또는 당사자의 청구에 따라 양육에 관한 사항을 결정합니다(「민법」 제837조제1항, 제2항 및 제4항).
 1. 양육자의 결정
 2. 양육비용의 부담
 3. 면접교섭권의 행사 여부 및 그 방법

(나) 양육에 관한 사항의 변경

양육에 관한 사항이 결정된 후에도 자녀의 복지를 위해 필요한 경우에는 직권 또는 부(父), 모(母), 자녀 및 검사의 청구에 따라 가정법원이 양육에 관한 사항을 변경할 수 있습니다(「민법」 제837조제5항).

(다) 양육권 없는 부모의 지위

이혼으로 양육에 관한 사항이 정해진다고 해서 부모와 자녀 사이의 권리의무에 변화가 있는 것은 아닙니다(「민법」 제837조제6항). 즉, 부모와 자녀 사이에 혈족관계(「민법」 제768조)가 지속되며, 미성년자인 자녀의 혼인에 대한 동의권(「민법」 제808조제1항), 부양의무(「민법」 제974조제1호), 상속권(「민법」 제1000조제1항) 등도 그대로 존속합니다.

아. 가정법원의 확인 없는 협의이혼 가부

협의이혼 시 요구되는 가정법원의 협의이혼의사확인을, 이혼의 방식에 관한 문제로 볼 것인지 이혼의 실질적 성립요건에 관한 문제로 볼 것인지에 대하여 견해의 대립이 있었다. 종전 실무는 이를 이혼의 방식의 문제로 보아, 외국에 거주하는 한국인 부부는 우리나라 가정법원의 협의이혼의사확인 없이도 그 거주지법이 정한 방식에 따라 협의이혼이 가능한 것으로 보았다.

그러나 2004년 9월 20일부터 시행된 구 호적예규 제668호[7]는 가정법원의 협의이혼의사확인을 이혼의 실질적 성립요건에 관한 문제로 규정하였고, 현행 예규 제551호도 동일하게 규정하고 있다. 따라서 2004년 9월 20일 협의이혼을 하고자 하는 한국인 부부는 반드시 우리나라 가정법원의 확인을 받아야 한다.

일본에 거주하는 한국인 부부도 우리나라 가정법원의 확인을 받아야 협의이혼을 할 수 있으며, 일본의 가정재판소나 일본 공증인은 재일 한국인 부부의 협의이혼의사를 확인하는 대행기관이 될수 없다(구 호적예규 제5-123호). 다만, 한국인 부부가 일본에서 일본 방식에 의한 협의이혼신고를 하여 수리된 경우에는, 2004. 9. 19.까지 일본 호적관서에 수리된 경우에 한하여, 그 이혼증서의 등본을 제출한 경우 이를 수리하여야 한다(예규 제613호 제24조).

[예규 22] 협의이혼의 의사확인사무 및 가족관계등록사무 처리지침

협의이혼의 의사확인사무 및 가족관계등록사무 처리지침

제정 2007.12.10 가족관계등록예규 제168호
전부개정 2008.06.11 가족관계등록예규 제276호
개정 2009.04.09 가족관계등록예규 제295호

---

[7] "재일동포 남녀가 행위지(일본국) 방식에 의하여 협의이혼신고를 일본 당국에 하고 그 수리증명서를 받아(작성) 그 중 1인(남편)이 귀국하여 혼자서 그 협의이혼 수리증명서(증서)를 직접 본적지에 제출(신고)하였다면, 이는 수리할 것이며 처의 본적지에는 첨부서류(수리증명)의 등본을 첨부(대법원호적예규 제13호 참조)하여 송부할 것이다"라고, 규정하였던 호적예규(제정 1976. 4. 21. 호적예규 제322호, 개정 1991. 7. 9. 호적예규 제467호)는 호적예규 제668호(제정 2004. 3. 17. 시행 2004. 9. 20.)에 의하여 폐지되었다. 다만 호적예규 제668호는 부칙에 경과규정을 두어 "이 예규 시행일 전(2004. 9. 19.)까지 일본 호적관시에서 수리된 협의이혼에 관하여 그 수리증명서를 첨부한 호적신고는 이 예규 시행일 후라도 이를 수리하여야 한다."고 규정하였다.

개정 2009.07.20 가족관계등록예규 제313호
개정 2011.11.10 가족관계등록예규 제341호
개정 2014.05.16 가족관계등록예규 제395호
개정 2015.01.08 가족관계등록예규 제453호
개정 2015.07.06 가족관계등록예규 제481호
개정 2016.12.27 가족관계등록예규 제507호
개정 2018.06.22 가족관계등록예규 제525호
개정 2020.03.25 가족관계등록예규 제551호
개정 2022.12.23 가족관계등록예규 제613호

제1조 (확인기일의 지정) ① 협의이혼의사확인신청사건의 담당자인 법원서기관, 법원사무관, 법원주사, 법원주사보(다음부터 "법원사무관 등"이라 한다)는 매달 20일경 담당판사 또는 사법보좌관으로부터 그 다음 달 실시할 협의이혼의사확인의 기일을 협의이혼의사확인기일지정부(별지 제1호 서식)에 미리 지정받아야 한다.

② 확인기일은 「민법」제836조의2제2항 각 호의 기간이 지난 후로 지정하되, 이혼에 관한 안내를 받은 날이 미성년인 자녀가 성년 도달 전 1개월 이내에 해당하는 경우 1개월이 지난 후로 확인기일을 지정하고, 성년 도달 전 1개월 후부터 3개월 이내 사이에 해당하는 경우 성년에 달한 날 이후로 확인기일을 지정한다.

③ 삭제 (2018.6.22 제525호)

제2조 (신청서의 제출) ① 협의이혼을 하려는 부부는 각자의 등록기준지 또는 주소지 관할 가정법원에 함께 출석하여 협의이혼의사확인신청서(별지 제2호 서식 또는 별지 제2-2호 서식)를 제출하여야 한다. 다만, 부부 중 일방이 재외국민이거나 수감자로서 출석하기 어려운 경우에는 다른 일방이 출석하여 제출할 수 있다.

② 제1항의 신청서에는 남편의 가족관계증명서와 혼인관계증명서 각 1통, 처의 가족관계증명서와 혼인관계증명서 각 1통을 첨부하여야 한다. 주소지 관할 가정법원에 신청서를 제출하는 경우에는 그 관할을 증명할 수 있는 주민등록표등본 1통도 첨부하여야 한다.

③ 미성년인 자녀(포태 중인 자를 포함하되, 이혼에 관한 안내를 받은 날부터 「민법」제836조의2제2항 또는 제3항에서 정한 기간 이내에 성년에 도달하는 자녀는 제외한다. 다음부터 이 예규에서 같다)가 있는 부부는 미성년인 자녀의 양육과 친권자결정에 관한 협의서(별지 제3호 서식) 1통과 그 사본 2통 또는 심판정본 및 확정증명서 각 3통을 제출하여야 한다. 부부가 함께 출석하여 신청을 하고 이혼에 관한 안내를 받은 경우 협의서는 확인기일 1개월 전까지 제출할 수 있고, 심판정본

및 확정증명서는 확인기일까지 제출할 수 있다.
④ 제1항 단서의 경우 그 신청서에 재외국민 또는 수감자인 당사자에 대한 관할 재외공관 또는 교도소(구치소)의 명칭과 소재지를 기재하고, 제2항 및 제3항의 첨부서면 외에 재외국민등록부등본이나 수용증명서 등 그에 관한 소명자료 1통을 첨부하여야 하며, 송달료 2회분 상당액(촉탁서, 재외국민 또는 수감자인 당사자에 대한 확인서등본 또는 불확인통지서 송달용)을 예납하여야 한다.
⑤ 신청인이 송달료를 예납한 경우에는 법원사무관 등은 그 출납현황을 사건기록표지의 비고란에 기재하여야 한다.

제3조 (신청서의 접수) 협의이혼의사확인신청서는 협의이혼의사확인신청사건부(별지 제5호 서식)에 접수하여야 한다. 다만, 위 사건부를 전산으로 대체할 경우에는 그 사건부의 작성과 비치는 하지 않을 수 있다.

제4조 (이혼에 관한 안내) ① 법원사무관 등 또는 가사조사관은 협의이혼안내서(별지 제6호 서식) 및 이혼신고서를 신청당사자 쌍방에게 교부한 후 이혼절차, 이혼의 결과(재산분할, 친권, 양육권, 양육비, 면접교섭권 등), 이혼이 자녀에게 미치는 영향 등을 안내하여야 한다. 법원사무관 등 또는 가사조사관은 이혼하려는 부부에게 상담위원의 상담을 받을 것을 권고할 수 있고, 미성년인 자가 있는 경우에는 양육과 친권자결정에 관하여 상담위원의 상담을 받도록 권고하여야 한다.
② 양육 및 친권자결정에 관한 협의가 원활하지 않아 협의서를 확인기일 1개월 전까지 제출할 수 없을 것이 예상되는 경우에는 지체없이 가정법원에 심판을 청구할 것을 안내하여야 한다.

제5조 (기일의 고지 등) ① 당사자 쌍방이 출석하여 신청서를 제출하는 때에는 법원사무관 등은 이혼에 관한 안내를 받은 부부에 한하여 신청당사자에게 협의이혼의사확인기일지정부에 예정된 기일 중에서 제1조제2항에 따라 지정된 이혼의사확인기일 2개를 일괄하여 고지하여 준 후 신청서의 "확인기일"란에 제1회 및 제2회 기일을 기재하여야 한다.
② 제2조제1항 단서의 경우에는 신청서를 접수하고 출석한 신청당사자에게 이혼에 관한 안내를 하여야 한다. 이 경우 이혼의사확인기일은 고지하지 아니한다.
③ 담당 법원사무관 등은 미리 교부한 협의이혼안내서(별지 제6호 서식) 끝에 이혼의사확인기일을 기재하고 날인한 후 신청당사자 쌍방에게 교부하여야 한다.
④ 확인기일, 보정명령, 불확인결과를 전화, 팩시밀리 등을 이용하여 간이한 방법으로 통지할 경우에는 신청서의 적당한 여백에 다음과 같이 고무인을 찍은 후 그 통지

사실을 기재하여야 한다.
⑤ 협의서를 확인기일 1개월 전까지 제출하지 않은 경우 담당 판사는 협의서에 대한 검토 및 보정 등을 위하여 확인기일을 연기할 수 있다.

```
┌──────┬─────────┬──────┬─────┬──────┬─────┬──────┐
│ 통지 │         │ 통지 │  ·  │ 통지 │○○○│ 통지 │법원주사
│ 내용 │         │ 일시 │  :  │ 받은 │전화:│  자  │○○○ ㊞
│      │         │      │     │ 사람 │팩스:│      │
└──────┴─────────┴──────┴─────┴──────┴─────┴──────┘
↕ 1.5cm
←─────────────── 15cm ───────────────→
```

제6조 (이혼숙려기간의 단축·면제) ① 가정 폭력으로 인하여 당사자 일방에게 참을 수 없는 고통이 예상되는 등 신속히 이혼을 하여야 할 급박한 사정이 있는 경우 이혼의사확인까지 필요한 기간의 단축 또는 면제사유를 소명하여 사유서(별지 제8호 서식)를 제출할 수 있다.

② 제1항에 따라 사유서를 제출할 때에는 법원사무관 등 또는 가사조사관은 상담위원의 상담을 통하여 사유서를 제출하도록 권고하고, 담당 판사는 상담위원의 의견을 참고하여 이혼의사확인기일을 지정할 수 있다. 상담받은 날부터 7일(상담을 받은 경우) 또는 사유서를 제출한 날부터 7일(상담을 받지 아니한 경우) 이내에 새로운 확인기일의 지정 통지가 없으면 최초에 지정된 확인기일이 유지된다.

③ 제2항에 따라 이혼의사확인기일을 다시 정한 경우에는 신청서의 확인기일란에 삭선을 긋고 제5조제4항에서 정한 방법으로 기일을 통지한다.

제7조 (신청에 관한 민원안내) ① 당사자 일방만이 출석하여 협의이혼의사확인신청서를 제출할 수 없는 경우임에도 출석한 당사자가 그 신청서를 작성하려는 경우 법원사무관 등은 신청서의 작성방법을 안내하여야 한다. 당사자 일방이 신청서의 접수를 요구하는 때에는 정식 접수시 시간 절약과 민원인 편의를 위하여 신청서를 검토하여 주고, 신청서에 보완할 사항이 없을 때에는 당사자 쌍방이 출석하여 그 신청서를 제출하고 이혼에 관한 안내를 받을 수 있도록 신청서를 반려한다.

② 전화로 문의하는 경우에는 협의이혼의사확인신청에 필요한 서류 외에 당사자 쌍방이 출석하여 신청을 하여야 하고 이혼에 관한 안내를 받은 날부터 「민법」 제836조의2제2항 또는 제3항에서 정한 기간이 지난 후에 이혼의사를 확인받을 수 있다는 사실을 알려주도록 한다.

③ 협의이혼의사확인신청사건의 담당 법원사무관 등은 그 신청서 접수창구에 협의이혼안내서(별지 제6호 서식) 및 이혼신고서를 비치하고, 필요로 하는 민원인에게 교부한다.

제8조 (확인기일의 준비) ① 법원사무관 등은 기일에 진행할 각 사건별로 진술조서, 확인서(별지 제9호 서식) 1통 및 그 등본 2통, 협의서를 제출한 경우 협의서 1통 및 그 등본 2통, 양육비부담조서 1통 및 그 정본 2통을 미리 준비한다.
② 확인서등본은 법원사무관 등의 직인으로 작성하여야 하며, 그 확인서등본 왼쪽 중간 여백에 다음과 같은 문구를 새긴 고무인을 찍는다.

4.5 cm	확인일시 년 월 일 이 확인서등본은 교부 또는 송달 받은 날부터 3개월이 지나면 효력이 상실되니, 신고의사가 있으면 쌍방이 서명 또는 날인하여 작성한 이혼신고서에 첨부하여 위 기간 내에 시(구)·읍·면사무소 또는 재외공관에 신고하여야 합니다.
	——— 7.5cm ———

③ 협의서등본은 당사자가 제출한 협의서사본의 말미에 사건번호, 「등본입니다」라는 인증 문구와 인증 연월일을 기재하고 법원사무관 등이 기명날인하여 작성한다.

제9조 (조서의 작성) ① 당사자 쌍방이 출석하여 진술을 한 경우에는 반드시 진술조서(별지 제10호 서식)를 작성하여야 한다. 그 조서에는 이혼당사자 확인, 협의이혼의사의 존부 확인, 당사자 사이에 미성년인 자녀가 있는지 여부와 그 자녀에 대한 양육과 친권자결정에 관한 협의서 또는 가정법원이 심판전본 및 확정증명서의 제출여부, 판사의 보정명령요지와 보정여부, 기일지정 등을 각각 기재한다. 서면으로 보정을 명한 경우 그 사본의 첨부로 보정명령요지 기재를 갈음할 수 있다.
② 당사자 일방 또는 쌍방이 불출석한 경우에도 그 불출석 사실을 기재한 기일조서(별지 제11호 서식)를 작성하여야 한다.
③ 담당 판사가 미성년인 자녀에 관한 양육비부담의 협의를 확인한 후 이혼의사확인서를 작성하면 법원사무관 등은 그에 따라 협의이혼신고 다음날부터 미성년인 자녀가 각 성년에 이르기 전날까지의 기간에 해당하는 양육비에 한하여 양육비부담조서(별지 제19호 서식)를 작성하여야 한다.

제10조 (확인서등본 등의 교부) ① 부부 사이에 미성년인 자녀가 있는 경우, 담당 판사는 신분증을 대조하여 당사자 쌍방의 출석을 확인하고 이혼의사 및 미성년인 자녀의 양육과 친권자결정에 관한 협의서 또는 가정법원의 심판정본 및 확정증명서를 확인하면 즉시 확인서, 법원사무관 등이 작성한 진술조서, 기록표지 왼쪽아래의 "확인"란에 각 날인하고, 자녀의 양육과 친권자결정에 관한 협의서를 제출한 경우 그 협의서의 "

확인"란 및 양육비부담조서에 각 날인한다. 법원사무관 등은 지체없이 당사자 쌍방에게 확인서등본에 협의서등본 및 양육비부담조서정본 또는 가정법원의 심판정본 및 확정증명서를 첨부하여 각 1통을 교부하고, 신청서의 "확인서등본 및 양육비부담조서정본 교부"란에 당사자의 수령인을 받아야 한다.

② 부부 사이에 미성년인 자녀가 없는 경우, 담당 판사 또는 사법보좌관은 신분증을 대조하여 당사자 쌍방의 출석을 확인하고 이혼의사를 확인하면 즉시 확인서, 법원사무관 등이 작성한 진술조서, 기록표지 왼쪽 아래의 "확인"란에 각 날인한다. 법원사무관 등은 지체없이 당사자 쌍방에게 확인서등본 각 1통을 교부하고, 신청서의 "확인서등본 교부"란에 당사자의 수령인을 받아야 한다.

③ 확인서등본을 교부할 때에 법원사무관 등은 당사자에게, 신고의사가 있으면 3개월 이내에 등록기준지, 주소지 또는 현재지 시(구)·읍·면 사무소에 이혼신고를 하여야 함을 알려주어야 한다.

제11조 (이혼의사를 확인할 수 없는 경우) ① 당사자 쌍방이 출석하였으나 이혼의사가 없음을 진술한 경우 담당 판사 또는 사법보좌관은 법원사무관 등이 작성한 진술조서와 기록표지의 왼쪽아래 "불확인"란에 각 날인한다.

② 당사자 일방 또는 쌍방이 이혼의사확인기일에 2회에 걸쳐 불출석한 경우에는 담당 판사 또는 사법보좌관은 법원사무관 등이 작성한 기일조서에 날인하고 법원사무관 등은 취하간주로 사건을 종결처리한다.

③ 이혼의사확인신청서를 접수한 날부터 3개월이 경과하도록 당사자 일방 또는 쌍방이 이혼에 관한 안내를 받지 아니한 경우에는 법원사무관 등은 취하간주로 사건을 종결처리한다.

제12조 (협의서 등 미제출) ① 미성년인 자녀가 있는 경우 그 자녀의 양육과 친권자결정에 관한 협의서 또는 가정법원의 심판정본 및 확정증명서를 제출하지 아니한 때에는 담당 판사는 차회 기일까지 제출할 것을 명하고 이에 불응하는 경우 법원사무관 등이 그 사유를 기재하여 작성한 진술조서 또는 기일조서와 기록표지의 왼쪽아래 "불확인"란에 각 날인한다.

② 미성년인 자녀의 양육과 친권자결정에 관한 가정법원의 심판절차가 계속중임을 확인한 때에는 그 심판정본 및 확정증명서를 제출할 수 있는 기회를 준다. 가정법원의 심판종료 후 지정한 확인기일까지 협의서 또는 가정법원의 심판정본 및 확정증명서를 제출하지 아니하면 담당 판사는 법원사무관 등이 그 사유를 기재하여 작성한 진술조서 또는 기일조서와 기록표지의 왼쪽아래 "불확인"란에 각 날인한다.

제13조 (협의가 자녀의 복리에 반하는 경우) ① 자녀의 양육과 친권자결정에 관한 협의가 자녀의 복리에 반하는 경우에는 담당 판사는 그 자녀의 의사·연령과 부모의 재산상황, 그 밖의 사정을 참작하여 보정을 명할 수 있다. 당사자가 보정에 응하지 않는 경우 담당 판사는 법원사무관 등이 작성한 진술조서와 기록표지의 왼쪽아래 "불확인"란에 각 날인한다.

② 보정명령에 따라 재협의한 경우 협의서를 재작성하여 제출하게 하고, 법원사무관 등은 기존의 협의서를 폐기한다.

제14조 (협의이혼의사확인의 촉탁) ① 제2조제1항 단서에 따른 신청서가 접수되면, 다음 각 호에 따라 처리한다.
  1. 부부 사이에 미성년인 자녀가 있는 경우, 담당 판사는 재외국민 또는 수감자인 당사자에 대한 관할 재외공관 또는 교도소(구치소)의 장에게 별지 제12호 서식에 의하여 이혼의사 유무 및 미성년인 자녀의 양육과 친권자결정에 관한 협의서 작성 또는 가정법원의 심판 존재 여부 확인을 촉탁하여야 한다.
  2. 부부 사이에 미성년인 자녀가 없는 경우, 담당 판사 또는 사법보좌관은 재외국민 또는 수감자인 당사자에 대한 관할 재외공관 또는 교도소(구치소)의 장에게 별지 제12-2호 서식에 의하여 이혼의사 유무의 확인을 촉탁하여야 한다.

② 제1항의 촉탁서에는 협의이혼안내서, 미성년인 자녀가 있는 경우 양육 및 친권자결정에 대한 협의서 또는 가정법원의 심판정본 및 확정증명서의 사본, 이혼의사확인회보서(별지 제13호 서식) 각 1통을 첨부한다. 재외공관장에게 촉탁하는 때에는 외교부 영사과에 관할 재외공관의 정확한 명칭과 소재지를 확인한 다음 외교부를 거치지 않고 바로 관할 재외공관장에게 송부한다.

③ 협의서에 대한 보정에 불응하는 경우에는 촉탁을 실시하지 아니하고, 담당 판사는 기록표지의 왼쪽아래 "불확인"란에 날인한다.

제15조 (회보서에 의한 이혼의사확인) ① 제14조의 촉탁결과 재외국민 또는 수감자인 당사자에게 이혼의사 등(이혼의사의 유무 및 부부 사이에 미성년인 자녀가 있는지 여부와 미성년인 자녀가 있는 경우 그 자녀에 대한 양육과 친권자결정에 관한 협의서 또는 가정법원의 심판정본 및 확정증명서를 말한다. 다음부터 이 예규에서 같다)이 있다는 취지의 이혼의사확인회보서가 송부되어 온 경우에는 재외국민 또는 수감자인 당사자가 이혼에 관한 안내를 받은 날부터 「민법」제836조의2제2항 또는 제3항에서 정한 기간이 지난 후로 신청당사자에게 2개의 확인기일을 지정·통지하여 그 이혼의사 등을 확인한다.

② 이혼의사확인서를 작성한 때에는 그 등본 1통을 미성년인 자녀가 있는 경우 협의서

등본, 양육비부담조서정본 및 그 영수증양식(별지 제17호 서식) 또는 가정법원의 심판정본 및 확정증명서 각 1통과 함께 즉시 재외공관장 또는 교도소(구치소)장에게 송부한다. 신청당사자의 이혼의사 등을 확인할 수 없는 경우에는 불확인된 것으로 처리하고 불확인통지서(별지 제14호 서식)를 재외공관장 또는 교도소(구치소)장에게 송부한다.

③ 제14조의 촉탁결과 재외국민 또는 수감자인 당사자의 이혼의사 등이 확인되지 아니한 회보서가 송부되어 오거나 촉탁 후 상당한 기간(재외공관장에 대한 촉탁인 경우에 송달일부터 6개월, 교도소(구치소)의 장에 대한 촉탁인 경우에 송달일부터 1개월 이상)이 지나도록 회보서가 송부되어 오지 않은 경우에는 신청당사자를 법원에 출석시킬 필요 없이 바로 이혼의사가 불확인된 것으로 처리하며, 신청당사자에게 그 처리결과를 통지하여야 한다.

④ 교도소(구치소)에서 당사자에게 양육비부담조서정본을 교부한 때에는 그 영수증(별지 제17호 서식)등본 1통을 지체없이 관할 가정법원으로 송부하여야 한다.

제16조 (재외국민의 협의이혼의사확인신청) 「재외국민등록법」제3조에 따라 등록된 대한민국 국민만이 「가족관계의 등록 등에 관한 규칙」(다음부터 "규칙"이라 한다)제75조에 따라 그 거주지 관할 재외공관의 장(그 지역을 관할하는 재외공관이 없는 때에는 인접지역 관할 재외공관의 장)에게 협의이혼의사확인을 신청할 수 있다.

제17조 (재외공관장의 업무) ① 재외공관장이 당사자 쌍방이나 일방으로부터 협의이혼의사확인 신청을 받은 때에는 당사자 쌍방(규칙 제75조제1항의 경우) 또는 일방(규칙 제75조제2항, 제3항의 경우)을 출석시켜 이혼에 관한 안내를 서면(별지 제7호 서식)으로 한 후 규칙 제75조제4항에 따라 이혼의사의 유무와 미성년인 자녀가 있는지 여부 및 미성년인 자녀가 있는 경우 그 자녀에 대한 양육과 친권자결정에 관한 협의서 1통과 그 사본 2통 또는 가정법원의 심판정본 및 확정증명서 각 3통을 제출받아 확인하고 그 요지를 기재한 진술요지서(별지 제15호 서식, 다음부터 "진술요지서"라 한다)를 작성한다.

② 재외공관장은 진술요지서와 협의서 또는 심판정본 및 확정증명서의 내용이 일치하는지 확인한 후, 진술요지서를 신청서에 첨부하여 직인으로 간인한 후 신청서 및 첨부서류를 서울가정법원으로 송부한다.

③ 재외공관에서 교부 또는 송달한 확인서등본에 대한 송달증명서는 해당 재외공관장이 별지 제16호 서식에 의하여 이를 발급한다.

④ 재외공관에서 당사자에게 확인서등본 및 양육비부담조서 정본을 교부한 때에는 영수증(별지 제17호 서식)에 의하여 송달관계를 명확히 한 후, 양육비부담조서정본의

영수증등본 1통을 지체없이 관할 가정법원으로 송부하여야 한다.

제18조 (서울가정법원의 업무) ① 재외공관장으로부터 협의이혼의사확인신청서와 당사자 쌍방에 대한 진술요지서 및 첨부서류를 송부받은 경우, 서울가정법원은 진술요지서 및 첨부서류에 의하여 신청당사자의 이혼의사 등을 확인한다.
② 당사자 일방만이 재외국민인 경우에 그가 제출한 협의이혼의사확인신청서와 진술요지서 및 첨부서류를 재외공관장으로부터 송부받은 경우, 서울가정법원은 국내에 거주하는 당사자를 출석하게 하여 이혼에 관한 안내를 실시한 후에 이혼의사 등을 확인한다.
③ 협의이혼당사자 쌍방이 서로 다른 나라에 거주하여 일방이 그 거주지의 재외공관에 협의이혼의사확인신청서를 제출하여 그 재외공관장으로부터 협의이혼의사확인신청서와 진술요지서 및 첨부서류를 송부받은 경우, 서울가정법원은 제14조 규정을 준용하여 다른 일방 거주지의 재외공관장에게 협의이혼의사확인의 촉탁을 하여 회보서를 받는다. 서울가정법원은 그 회보서의 기재와 신청당사자에 대한 진술요지서 및 첨부서류에 의하여 이혼의사 등을 확인한다.
④ 서울가정법원은 신청서나 첨부서류가 미비한 경우 또는 협의서가 자녀의 복리에 반하는 경우 보정을 명하여 이에 불응하는 경우 재외공관으로 반송한다.
⑤ 서울가정법원은 위 제1항부터 제3항까지의 절차에 의하여 이혼의사를 확인할 때에는 당사자 쌍방 모두 안내를 받은 날부터 「민법」 제836조의2제2항 또는 제3항에서 정한 기간이 지난 후 확인하여야 한다.
⑥ 제1항부터 제3항까지의 절차에 의하여 이혼의사 등을 확인한 때 서울가정법원은 확인서를 작성하고, 확인서등본(규칙 제75조제1항의 경우에는 2통)을 미성년인 자녀가 있는 경우 협의서등본, 양육비부담조서정본 및 그 영수증 양식 또는 심판정본 및 확정증명서와 함께 즉시 당사자 거주지 재외공관의 장에게 송부하되 규칙 제75조제2항의 경우 국내 거주 당사자에게도 교부한다. 이혼의사 등을 확인할 수 없는 경우에는 불확인된 것으로 처리하고 신청당사자 거주지 재외공관의 장에게 불확인통지서를 송부한다.
⑦ 확인서등본이나 불확인통지서를 재외공관에 송부할 때에는 외교부 영사과에 관할 재외공관의 정확한 소재지를 확인한 다음 외교부를 거치지 아니하고 바로 관할 재외공관장에게 송부한다.
⑧ 규칙 제75조제2항의 경우 서울가정법원은 국내에 거주하는 당사자가 주민등록표등(초)본을 제출하여 신청하면 그 주소지 관할 가정법원으로 사건을 이송할 수 있다.

제19조 (협의이혼의사확인서등본 등의 분실) ① 협의이혼의사확인서등본을 분실한 경우

당사자 쌍방은 언제든지 관할 가정법원에 다시 협의이혼의사확인신청을 할 수 있다.
② 협의이혼의사확인서등본을 분실한 경우 법원으로부터 협의이혼의사확인서등본을 교부 또는 송달받은 날부터 3개월 이내라면, 당사자는 그 확인 법원으로부터 확인서등본 및 협의서등본을 재교부받은 후 이혼신고서를 다시 작성하여 시(구)·읍·면에 이혼신고를 할 수 있다. 이해관계인은 협의서에 대하여 기록을 보관하고 있는 법원에 보존기간 내에 등본 발급을 청구할 수 있다.
③ 법원사무관 등은 재교부하는 확인서등본의 첫 장 상단 여백에는 "재교부"라는 고무인(가로 1㎝, 세로 2.5㎝)을 찍은 후 그 옆에 법원사무관 등의 사인(사인)을 찍어야 한다.

제20조 (신청사건의 보존 등) ① 협의이혼의사확인 신청사건기록은 사건완결일부터 3개월간 보존하다가 양육비부담조서를 작성한 사건과 그렇지 않은 사건으로 구분하여 기록 전부를 보존담당부서로 인계한다.
② 송달증명서는 당사자의 신청이 있는 때에 한하여 발급한다.

제20조의2 (집행문의 부여) 양육비부담조서정본의 집행문은 당사자가 제출한 혼인관계증명서에 기록된 협의이혼의사확인 사건번호와 양육비부담조서정본에 기재된 사건번호가 일치하는 경우 담당 판사 또는 사법보좌관의 명령에 따라 부여한다.

제21조 (협의이혼의 신고장소 등) 이혼의사확인신청의 관할 법원이 당사자의 등록기준지로 되어 있더라도 이혼신고는 주소지 또는 현재지에서도 할 수 있으며, 당사자 일방만이 이혼신고서를 제출한 경우에도 신고서에 확인서등본이 첨부되어 있으면 수리하여야 한다.

제22조 (협의이혼신고서의 접수방법) 협의이혼신고서는 가족관계등록사건접수장에 접수하되, 접수장과 이혼신고서에 접수연월일과 접수시각(예: 2008. 12. 10. 14:25)을 분명히 기록하여야 한다.

제23조 (협의이혼신고의 수리) ① 시(구)·읍·면의 장은 협의이혼신고접수시 가정법원의 확인서등본 첨부 여부와 그 확인서의 유효기간 경과 여부를 면밀히 조사하여야 하고 신고서가 가정법원의 확인일부터 3개월이 경과한 후 제출된 경우에는 일단 접수후 송달증명서를 제출하도록 통지를 하고, 추후보완된 송달증명서상의 송달일자로 보아 이혼신고가 확인서등본의 교부 또는 송달일부터 3개월 이내이면 이를 수리하여야 하나 그 기간을 경과하였거나 추후보완기간 내에 송달증명서를 제출하지 않는 경우에는 불

수리하여야 한다.
② 법원으로부터 재교부받은 확인서등본에 의하여 이혼신고를 할 때에는 확인서등본의 유효기간내에 이혼신고서를 제출한 것인지 확인하여야 한다.
③ 이혼하는 부부에게 미성년인 자녀(포태 중인 자 제외)가 있는 경우에는 시(구)·읍·면의 장은 친권자지정 신고를 함께 수리하여야 한다. 시(구)·읍·면의 장은 이 경우 이혼신고서와 가정법원의 확인서등본과 친권자결정에 관한 협의서등본 또는 가정법원의 심판정본 및 확정증명서의 일치여부를 확인하여야 한다.
④ 포태 중인 자에 대한 친권자지정 신고는 이혼신고 시 수리하지 않고, 포태 중인 자의 출생신고 시 수리한다. 이 경우 친권자결정에 관한 협의서등본 또는 가정법원의 심판정본 및 확정증명서를 확인하여야 한다. 포태 중인 자의 친권자지정 신고기간은 출생 시부터 기산한다.
⑤ 협의이혼신고서가 적법하게 심사되어 수리된 후에는 당사자 일방이 이혼의사가 없다고 그 신고서의 반환을 요청하여도 이를 반환해서는 안 된다.
⑥ 재외공관장이 「가족관계의 등록 등에 관한 법률」 제34조, 제74조, 제75조에 따라 협의이혼신고서를 적법한 것으로 심사하여 수리한 경우라면, 그 후 당사자 일방이 이혼의사가 없다고 그 신고서의 반환을 요청하여도 수리된 이혼신고서는 「가족관계의 등록 등에 관한 법률」 제36조에 따른 송부절차를 취하여야 한다.

제24조 (이혼증서등본에 의한 신고) 한국인 부부가 일본국에서 일본방식에 의한 협의이혼신고를 하여 수리된 협의이혼에 관하여는 일본국 호적관서에서 2004. 9. 19.까지 수리된 경우에 한하여 그 이혼증서등본을 제출한 경우 이를 수리하여야 한다.

제25조 (협의이혼의사철회서면의 접수) ① 법원으로부터 협의이혼의사확인을 받은 후 그에 의하여 이혼신고전에 협의이혼의사철회의 의사표시를 하고자 할 때에는 철회서면(별지 제18호 서식)에 협의이혼의사의 확인법원 및 확인연월일을 기재한 후 협의이혼의사확인서등본을 첨부하여, 협의이혼의사철회표시를 하려는 사람의 등록기준지, 주소지 또는 현재지 시(구)·읍·면의 장에게 제출하여야 한다.
② 협의이혼의사철회서면은 가족관계등록문서건명부에 접수하되, 가족관계등록문서건명부와 그 철회서면에 접수연월일과 접수시각(예: 2008. 12. 10. 14:25)을 분명하게 기록하여야 한다.
③ 접수한 협의이혼의사철회서면은 협의이혼의사철회서편철장에 편철한 후 비치하여야 한다.

제26조 (협의이혼의사철회의 효과) ① 협의이혼의사철회서면이 접수된 후 협의이혼신고

서가 제출된 경우에는 그 이혼신고서를 수리해서는 안 된다.
② 가족관계등록공무원의 위 불수리처분에 대하여 불복이 있는 사람은 「가족관계의 등록 등에 관한 법률」제109조에 따라 관할 가정법원에 불복신청을 할 수 있다.
③ 협의이혼의사를 철회한 경우에는 이혼의사확인의 효력이 소멸되므로 그 철회의사를 철회하더라도 이혼신고를 수리할 수 없다.

제27조 (협의이혼의사철회에 따른 업무절차) ① 당사자 일방은 "갑" 시(구)·읍·면사무소에 협의이혼의사철회서면을 제출하고, 다른 일방은 "을" 시(구)·읍·면사무소에 이혼신고를 한 경우 협의이혼의사철회서를 접수한 "갑" 시(구)·읍·면사무소는 전산정보처리조직을 통하여 동일한 당사자에 대한 이혼신고서가 접수되었는지 여부를 확인하여 이혼신고서가 먼저 접수되어 수리된 경우에는 이혼의사철회의 의사표시를 한 당사자 일방에게 그 뜻을 통지한다.
② 다른 일방의 이혼신고서를 접수한 "을" 시(구)·읍·면사무소는 신고서의 심사에 앞서 전산정보처리조직을 통하여 동일한 당사자에 대한 이혼의사 철회서면이 접수되었는지 유무를 전국단위로 검색하여 그 접수사실을 발견하였을 때에는 어느 것이 먼저 접수되었는지 여부를 접수연월일과 접수시각까지 세밀히 검토한다.
③ "갑" 시(구)·읍·면사무소에서 수리한 이혼의사철회서면이 먼저 접수된 것으로 판명된 경우 "을" 시(구)·읍·면사무소는 이혼신고서가 접수된 가족관계등록사건접수장 비고란에 "이혼의사 철회(예: 2008. 12. 10. 14:25 접수)"라고 기록한 후 이혼신고서와 이혼의사철회서의 접수사실이 기록된 가족관계등록문서건명부의 해당목록을 인쇄하여 함께 불수리신고서류편철장에 편철하여 보존하고 이혼신고인에게 「가족관계등록사무의 문서 양식에 관한 예규」 별지 제21호 서식에 의하여 신고불수리 통지를 한다.
④ "을" 시(구)·읍·면사무소에서 접수한 이혼신고가 먼저 접수된 것으로 판명된 경우 "을" 시(구)·읍·면사무소는 이혼신고에 의하여 가족관계등록부를 정리한 후 즉시 그 취지를 전화로 "갑" 시(구)·읍·면사무소의 가족관계등록사무담임자에게 통지하며 "갑" 시(구)·읍·면사무소의 가족관계등록사무담임자는 제1항에 따라 처리한다.
⑤ 이혼신고서와 이혼의사철회서면의 접수시각이 같은 경우에는 이혼의사철회서면이 먼저 접수된 것으로 처리한다.

부 칙

제1조 (시행일) 이 예규는 2008. 6. 22.부터 시행한다.
제2조 (폐지예규) 대법원 가족관계등록예규 제168호 「협의이혼의 의사확인사무 및 가족

관계등록사무 처리지침」을 폐지한다.

부　칙 (2009.04.09. 제295호)

제1조 (시행일) 이 예규는 2009. 4. 14.부터 시행한다.
제2조 (경과조치) 제11조제3항의 개정 규정은 이 예규 시행 당시에 법원에 계속 중인 협의이혼의사확인신청사건에 적용한다.

부　칙 (2009.07.20. 제313호)

제1조 (시행일) 이 예규는 2009년 8월 9일부터 시행한다.
제2조 (경과조치) 이 예규는 예규 시행 당시에 법원에 계속중인 협의이혼의사확인신청사건에도 적용한다.

부　칙 (2011.11.10. 제341호)

이 예규는 2011년 11월 10일부터 시행한다.

부　칙 (2014.05.16. 제395호)

이 예규는 2014년 6월 1일부터 시행한다.

부　칙 (2015.01.08 제453호)

이 예규는 2015년 2월 1일부터 시행한다.

부　칙 (2015.07.06 제481호)

이 예규는 2015년 8월 1일부터 시행한다.

부　칙 (2016.12.27 제507호)

제1조 (시행일) 이 예규는 즉시 시행한다.
제2조 (경과조치) 이 예규는 이 예규 시행 당시 법원에 계속 중인 사건에도 적용한다.

부　칙 (2018.06.22 제525호)

제1조 (시행일) 이 예규는 2018년 7월 1일부터 시행한다.
제2조 (적용례) 이 예규는 이 예규 시행 후 최초로 확인 신청하는 사건부터 적용한다.

부　칙 (2020.03.25 제551호)

이 예규는 2020년 4월 10일부터 시행한다.

부　칙 (2022.12.23 제613호)

이 예규는 즉시 시행한다.

[선례 12] 재일 한국인 부부가 일본에서 협의이혼을 하고자 하는 경우에 일본 가정재판소가 당사자의 협의이혼의사를 확인하는 대행기관이 될 수 있는지 여부 및 재일 한국인 부부가 일본에서 협의이혼을 하고자 하는 경우에 일본 공증인이 선서인증의 방법에 의하여 당사자의 협의이혼의사를 확인하는 대행기관이 될 수 있는지 여부

제정 2005. 2. 3. [호적선례 제5-123호, 시행]

가. 재일 한국인 부부가 일본에서 협의이혼을 하고자 하는 경우에는 부부의 동일한 본국법인 대한민국 법률이 적용되므로(국제사법 제39조, 제37조), 대한민국 법률이 정하는 절차에 의하여야 한다. 따라서 협의상 이혼을 하고자 하는 자는 본적지 또는 주소지를 관할하는 가정법원의 확인을 받아 신고하여야 하며, 다만 국내에 거주하지 아니하는 경우에는 서울가정법원의 관할로 하는바(호적법 제79조의2), 당사자 쌍방이 재외국민인 경우 그 거주지를 관할하는 재외공관의 장에게 협의이혼의사의 확인을 신청할 수 있고, 그 재외공관의 장은 이혼의사의 존부 및 친권행사자 지정의 요지를 기재한 진술요지서를 작성하여 이를 신청서에 첨부하여 서울가정법원에 송부하여야 한다(호적법시행규칙 제88조, 제88조의2).
나. 그러므로 일본가정재판소는 재일 한국인 부부의 협의이혼의사를 확인하는 대행기관이 될 수 없으며, 일본 공증인도 선서인증의 방법에 의하여 재일 한국인 부부의 협의이혼의사를 확인하는 대행기관이 될 수 없다. (2005. 2. 3. 호적 3202 - 39)

참조조문 : 국제사법 제37조, 제39조, 법 제79조의2, 규칙 제88조, 제88조의2
참조예규 : 332호, 668호

(1) 이혼의 방식

협의이혼을 하고자 하는 부부는 가정법원의 이혼의사확인을 받고, 그 확인서 등본을 교부 또는 송달받은 날로부터 3개월 이내에 그 등본을 첨부하여 이혼신고를 하여야 한다(가족관계등록법 제75조 제2항). 위 기간이 경과한 때에는 가정법원의 확인은 효력을 상실하며(가족관계등록법 제75조 제3항), 이후 협의이혼을 위해서는 새로이 가정법원의 확인을 받아야 한다.

협의이혼의사확인은 등록기준지 또는 주소지 관할 가정법원에서 받아야 하나, 국내에 거주하지 않는 경우에는 서울가정법원의 관할로 한다(가족관계등록법 제75조 제1항). 따라서 외국에 거주하는 한국인 부부가 협의이혼을 하고자 하는 경우에는 서울가정법원의 확인을 받아야 한다. 다만, 부부 양쪽이 재외국민등록법 제3조에 따라 등록된 대한민국 국민인 경우 거주지 관할 재외공관의 장(그 지역을 관할하는 재외공관이 없는 때에는 인접지역 관할 재외공관의 장)에게 협의이혼의사확인을 신청할 수 있다(가족관계등록규칙 제75조, 예규 제613호 제16조).

가정법원의 확인서가 첨부된 협의이혼신고서는 부부 중 한쪽이 제출할 수 있다(가족관계등록규칙 제79조).

☞ **가족관계의 등록 등에 관한 법률** [시행 2024. 7. 19.] [법률 제19547호, 2023. 7. 18., 일부개정]
제75조 (협의상 이혼의 확인) ① 협의상 이혼을 하고자 하는 사람은 등록기준지 또는 주소지를 관할하는 가정법원의 확인을 받아 신고하여야 한다. 다만, 국내에 거주하지 아니하는 경우에 그 확인은 서울가정법원의 관할로 한다.
② 제1항의 신고는 협의상 이혼을 하고자 하는 사람이 가정법원으로부터 확인서등본을 교부 또는 송달받은 날부터 3개월 이내에 그 등본을 첨부하여 행하여야 한다.
③ 제2항의 기간이 경과한 때에는 그 가정법원의 확인은 효력을 상실한다.
④ 가정법원의 확인 절차와 신고에 관하여 필요한 사항은 대법원규칙으로 정한다.

☞ **가족관계의 등록 등에 관한 규칙** [시행 2024. 7. 19.] [대법원규칙 제3140호, 2024. 3. 28., 일부개정]
제75조 (재외국민의 이혼의사 확인신청의 특례) ① 부부 양쪽이 재외국민인 경우에는 두 사람이 함께 그 거주지를 관할하는 재외공관의 장에게 이혼의사확인신청을 할 수 있다. 다만, 그 지역을 관할하는 재외공관이 없는 때에는 인접하는 지역을 관할하는 재

외공관의 장에게 이를 할 수 있다. <개정 2008. 6. 5.>
② 부부 중 한쪽이 재외국민인 경우에 재외국민인 당사자는 그 거주지를 관할하는 재외공관의 장에게 협의이혼의사확인신청을 할 수 있다. 다만, 그 거주지를 관할하는 재외공관이 없는 경우에는 제1항 단서를 준용한다.
③ 제2항은 부부 양쪽이 모두 재외국민으로서 서로 다른 국가에 거주하고 있는 경우에 준용한다.
④ 제1항부터 제3항까지의 신청을 받은 재외공관의 장은 당사자(제1항의 경우에는 부부 양쪽이고, 제2항과 제3항의 경우에는 신청서를 제출한 당사자이다. 다음부터 "신청당사자"라 한다)에게 이혼에 관한 안내 서면을 교부한 후, 이혼의사의 유무와 미성년인 자녀가 있는지 여부 및 미성년인 자녀가 있는 경우에 그 자녀에 대한 양육과 친권자결정에 관한 협의서 1통 또는 가정법원의 심판정본 및 확정증명서 3통을 제출받아 확인하고 그 요지를 기재한 서면(다음부터 "진술요지서"라 한다)을 작성하여 기명날인한 후 신청서에 첨부하여 지체 없이 서울가정법원에 송부하여야 한다. <개정 2008. 6. 5.> [제목개정 2009. 6. 26.]

제79조 (이혼신고서의 제출) 가정법원의 확인서가 첨부된 협의이혼신고서는 부부 중 한쪽이 제출할 수 있다.

[예규 23] 협의이혼의 의사확인사무 및 가족관계등록사무 처리지침

협의이혼의 의사확인사무 및 가족관계등록사무 처리지침

개정 2020.03.25 가족관계등록예규 제551호
개정 2022.12.23 가족관계등록예규 제613호

제16조 (재외국민의 협의이혼의사확인신청) 「재외국민등록법」 제3조에 따라 등록된 대한민국 국민만이 「가족관계의 등록 등에 관한 규칙」(다음부터 "규칙"이라 한다)제75조에 따라 그 거주지 관할 재외공관의 장(그 지역을 관할하는 재외공관이 없는 때에는 인접지역 관할 재외공관의 장)에게 협의이혼의사확인을 신청할 수 있다.

부   칙 (2022.12.23 제613호)

제2장 국제이혼

이 예규는 즉시 시행한다.

(2) 등록관의 심사

협의이혼신고가 접수된 경우 등록관은 가정법원의 확인서 등본 첨부 여부와 그 확인서의 유효기간 경과 여부를 면밀하게 조사하여야 한다. 신고서가 가정법원의 확인일부터 3개월이 경과한 후 제출된 경우에도 일단 접수 후 송달증명서를 제출하도록 통지한다. 추후보완 된 송달증명서상의 송달일자로 보아 이혼신고가 확인서 등본의 교부 또는 송달일부터 3개월 이내이면 이혼신고를 수리하여야 하나, 그 기간을 경과하였거나 추후보완기간 내에 송달증명서를 제출하지 않는 경우에는 불수리하여야 한다(예규 제551호 제23조 제1항).

이혼하는 부부에게 미성년 자녀가 있는 경우에는 친권자지정 신고를 함께 수리하여야 한다(예규 제613호 제23조 제3항).

[예규 24] 협의이혼의 의사확인사무 및 가족관계등록사무 처리지침

협의이혼의 의사확인사무 및 가족관계등록사무 처리지침

개정 2020.03.25 가족관계등록예규 제551호
개정 2022.12.23 가족관계등록예규 제613호

제23조 (협의이혼신고의 수리) ① 시(구)·읍·면의 장은 협의이혼신고접수시 가정법원의 확인서등본 첨부 여부와 그 확인서의 유효기간 경과 여부를 면밀히 조사하여야 하고 신고서가 가정법원의 확인일부터 3개월이 경과한 후 제출된 경우에는 일단 접수후 송달증명서를 제출하도록 통지를 하고, 추후보완된 송달증명서상의 송달일자로 보아 이혼신고가 확인서등본의 교부 또는 송달일부터 3개월 이내이면 이를 수리하여야 하나 그 기간을 경과하였거나 추후보완기간 내에 송달증명서를 제출하지 않는 경우에는 불수리하여야 한다.
③ 이혼하는 부부에게 미성년인 자녀(포태 중인 자 제외)가 있는 경우에는 시(구)·읍·면의 장은 친권자지정 신고를 함께 수리하여야 한다. 시(구)·읍·면의 장은 이 경우

> 이혼신고서와 가정법원의 확인서등본과 친권자결정에 관한 협의서등본 또는 가정법원의 심판정본 및 확정증명서의 일치여부를 확인하여야 한다.
>
> 부 칙 (2022.12.23 제613호)
>
> 이 예규는 즉시 시행한다.

(3) 한국인과 외국인 사이의 협의이혼

부부의 본국법이 동일하지 않으므로, 이혼의 실질적 성립요건의 준거법은 부부의 동일한 상거소지법, 부부와 가장 밀접한 관련이 있는 곳의 법의 순서로 결정된다. 이혼의 준거법이 협의이혼을 인정하는 경우에는 협의이혼이 가능하다.

외국방식에 의하여 협의이혼이 성립한 경우 3개월 이내에 그 증서등본을 제출하여야 한다. 이때의 이혼신고는 보고적 신고이며, 외국 방식에 의하여 이혼이 성립한 날 이혼의 효력이 발생한다.

(4) 이혼의 성립시기

우리나라에서 창설적 협의이혼신고를 하는 경우에는 신고가 수리된 때 신고서의 접수일자에 소급하여 이혼의 효력이 발생한다.

외국방식에 의하여 협의이혼을 하고 그 증서등본을 제출하는 경우에는, 우리나라에 증서등본을 제출한 때가 아니라, 외국 방식에 의하여 이혼이 성립한 때가 이혼성립일이 된다.

자. 재판관할권

(1) 국제재판관할권

국제재판관할이란 국제소송에 있어서의 재판관할권을 의미하는 것으로 외국적 요소가 있는 사법상의 법률문제를 해결하기 위한 소송에서 어느 나라 법원이 당해 사건에 관하여 재판관할권을 갖느냐 하는 문제가 된다.

국제재판관할의 경우 국내 토지관할의 경우와는 달리 소송의 이송제도도 없기 때문에 특정국의 법원이 당해 사건에 관하여 타국법원에 국제재판관할 권이 존재한다고 판단해도 타국법원에 이송하지 못하고 소송을 각하할 수 밖에 없음. 또 판결의 실효성의 측면에서도 법정지 선택과 관련한 국제재판관 할은 중요한 의미를 갖게된다.

국제재판관할권은 소 제기시 당해 국제사건에 관하여 우리나라 법원이 재판권을 행사할 수 있는가의 문제인 직접재판관할권과 외국판결의 승인·집행의 요건으로서 판결국에 국제적 재판관할권이 있는가의 문제인 간접재 판관할권으로 구분할 수 있음. 즉 전자는 어떤 국제사건을 접수, 처리함에 있어서 자국의 법원이 그 사건을 심리판단할 권한이 있는가의 관점이고, 이 에 대비하여 후자는 외국판결의 국내에서의 승인, 집행의 문제가 된다.

(2) 우리나라의 재판관할권

- 부부 쌍방 또는 일방이 외국인인 경우에 문제됨.
- 관련 법령 : 국제가사사건에 관하여 직접적으로 국제재판관할을 정하 는 기준에 관한 명문의 규정은 없음. 다만 일반적인 국제재판관할을 정한 것으로 국제사법이 있고 가사소송법에 일부 참고할 만한 규정이 있을 뿐임.

• 국제사법 2조 1항 법원은 당사자 또는 분쟁이 된 사안이 대한민국과 실질적 관련이 있는 경우에 국제재판관할권을 가진다. 이 경우 법원은 실질 적 관련의 유무를 판단함에 있어 국제재판관할 배분의 이념에 부합하는 합리적인 원칙에 따라야 한다. 2항 법원은 국내법의 관할 규정을 참작하여 국 제재판관할권의 유무를 판단하되, 제1항의 규정의 취지에 비추어 국제재판관 할의 특수성을 충분히 고려하여야 한다.
• 가사소송법 13조 2항 당사자 또는 관계인의 주소. 거소 또는 최후주 •소에 의하여 관할이 정하여지는 경우에 그 주소. 거소 또는 최후주소가 국 내에 없거나 이를 알 수 없을 때에는 대법원소재지의 가정법원의 관할로 한다.

- 원칙 : 국제사법 2조 1항의 국제재판관할 규정은 다른 반대규정이 없으므로 기본적으로 국제가사사건(이혼사건 포함)의 경우에도 적용, 실질적 관련성을 판단하는 구체적인 자료로서 국적, 주소, 상거소 등이 있다.

- 실무 : 피고 주소지주의
- 예외 : 다음의 경우에는 피고가 한국에 주소가 없어도 원고가 한국에 주소를 갖고 있는 때에는 한국에 관할권이 있다고 봄.
  (1) 피고가 행방불명 기타 이에 준하는 사정이 있는 경우
  (2) 피고가 응소한 경우
- 외국인간의 이혼 청구사건에 대한 재판청구권의 행사는, 상대방인 피고가 행방불명 기타 이에 준하는 사정이 있거나 상대방이 적극적으로 응소하여 그 이익이 부당하게 침해될 우려가 없다고 보여져, 그들에 대한 재판의 거부가 오히려 외국인에 대한 법의 보호를 거부하는 셈이 되어 정의에 반한다고 인정되는 예외적인 경우를 제외하고는, 상대방인 피고의 주소가 우리나라에 있는 것을 요건으로 한다(대법원 1975. 7. 22. 74므22).
- 따라서, 한국에 거주하는 외국인간의 이혼소송은 한국법원에서 가능하다.

차. 외국법원의 재판관할권

민사소송법 217조 1호는 외국법원의 이혼판결에도 적용된다.

국제이혼사건에서 이혼판결을 한 외국법원에 재판관할권이 있다고 하기 위하여는, 그 이혼청구의 상대방이 행방불명 기타 이에 준하는 사정이 있거나 상대방이 적극적으로 응소하여 그 이익이 부당하게 침해될 우려가 없다고 보여지는 예외적인 경우를 제외하고는, 상대방인 피고의 주소가 그 나라에 있을 것을 요건으로 한다(대법원 1988. 4. 12, 85므71).

카. 준거법 : 본국법

- 국제사법 37조 준용 : 1. 부부의 동일한 본국법, 2. 부부의 동일한 상거소지법, 3. 부부와 가장 밀접한 관련이 있는 곳의 법에 의한다.
- 국제사법 39조 : 다만, 부부 중 일방이 대한민국에 상거소가 있는 대한민국 국민인 경우에는 이혼은 대한민국 법에 의한다.
- 따라서, 한국에 거주하는 한국인과 외국인은 국내법에 따라 협의이혼이 가능함.

타. 외국법원의 이혼판결의 효력

- 민사소송법 217조에서 정한 조건을 구비하는 한 우리나라에서도 그 효력이 있음.
- 다만, 유책배우자의 이혼청구를 받아들인 외국법원의 판결은 민사소송 법 217조 3호의 공서양속에 위배될 여지가 있음.

파. 국제적 중복제소

- 외국법원에 소송이 계속되어 있는 경우에는 그 외국에서 장래 선고될 판결이 우리나라에서 승인요건을 구비하였다고 보여지는 경우에는 국 내에서 동일한 소송을 제기할 수 없음.

[서식 1] 이혼 및 재산분할 등

서울가정법원
제 ○ 부
판 결

사 건	2008드합8751(본소) 이혼 및 재산분할 등
	2009드합7359(반소) 이혼 및 재산분할 등
원고(반소피고)	김○○ (660112-1)
	주소 서울 구로구
	등록기준지 서울 마포구
	소송대리인 변호사
피고(반소원고)	유○○ (661125-2)
	주소 서울 서초구
	등록기준지 서울 마포구
	소송대리인 법무법인 태한 담당변호사
사 건 본 인	1. 김○○ (911125-2)
	2. 김○○ (951221-1)
	사건본인들 주소 및 등록기준지 피고(반소원고)와 같음

변 론 종 결　　2010. 6. 9.
판 결 선 고　　2010. 7. 21.

주　문

1. 원고(반소피고)와 피고(반소원고)는 이혼한다.
2. 원고(반소피고)는 피고(반소원고)에게 위자료로 30,000,000원 및 이에 대하여 2009. 7. 18.부터 2010. 7. 21.까지는 연 5%, 그 다음날부터 다 갚는 날까지는 연 20%의 각 비율로 계산한 돈을 지급하라.
3. 피고(반소원고)의 나머지 반소 위자료 청구를 기각한다.
4. 원고(반소피고)는 피고(반소원고)에게 재산분할로 1,350,000,000원 및 이에 대하여 이 사건 판결 확정일 다음날부터 다 갚는 날까지 연 5%의 비율로 계산한 돈을 지급하라.
5. 원고(반소피고)의 본소 재산분할 청구를 기각한다.
6. 사건본인의 친권자 및 양육자로 피고(반소원고)를 지정한다.
7. 원고(반소피고)는 피고(반소원고)에게,
   가. 사건본인들의 과거 양육비로 40,000,000원을 지급하고,
   나. 사건본인들의 장래 양육비로 2010. 6. 10.부터 2011. 11. 24.까지는 월 4,000,000원, 2011. 11. 25.부터 2015. 12. 20.까지는 월 2,000,000원을 매 월 27일에 지급하라.
8. 가. 원고(반소피고)는 매월 둘째, 넷째 토요일 10:00부터 그 다음날 20:00까지 사건본인들을 면접교섭할 수 있고, 여름 및 겨울방학 동안 각 7일을 사건 본인들과 지낼 수 있다.
   나. 원고(반소피고)의 면접교섭은 사건본인들의 정서적 안정과 복지를 최우선적인 목적으로 하여 실시되어야 한다.
   다. 피고(반소원고)는 원고(반소피고)의 사건본인들에 대한 면접교섭권 행사에 적극 협조하여야 하고, 이를 방해하여서는 아니된다.
9. 소송비용은 본소와 반소를 합하여 그 3/5은 원고(반소피고)가, 나머지는 피고(반소원고)가 각 부담한다.
10. 제2, 7항은 가집행할 수 있다.

청구취지

생　략

이 유

1. 본소 및 반소 각 이혼 청구와 반소 위자료 청구에 대한 판단
   가. 인정사실
   (1) 혼인 및 자녀: 1991. 2. 22. 혼인신고. 슬하에 사건본인들.
   (2) 혼인생활 및 파탄경위
   (가) 원. 피고는 1985년경 처음 만나 교제하다가 1986년경 함께 건국대학교 충주캠퍼스로 진학하면서 피고의 대학 생활을 위하여 피고 부모가 마련해준 아파트에서 동거생활을 시작하였다.
   (나) 원. 피고는 1988년경 함께 일본으로 유학을 갔다가 1991년 귀국하여 결혼식을 올린 후 피고 부모의 집에서 혼인생활을 시작하였고, 1992년경 피고 부모로부터 임차보증금 3,000,000원을 지원받아 분가하였다.
   (다) 원고는 혼인 초 피고 모친으로부터 30,000,000원을 지원받아 소음방지용 귀마개 수입사업을 시작하였으나 1년 만에 실패하는 등 여러 차례 피고 부모로부터 자금을 지급받아 사업을 운영하였으나 사업이 잘되지 않았다.
   (라) 원·피고는 1995년경 일본인 '사와'로부터 가방 무역업을 배우기 시작하여 1996년경 중국 상해에 가방공장을 세우고 상해로 이주하여 사업을 운영하였다. 피고는 1998년경부터 중국 상해 빠백반 백화점 등에서 의류매장을 운영하다가 2000. 8.경 한국으로부터 의류를 수입·판매하는 '쎄시'라는 회사를 설립하여 운영하기도 하였다.
   (마) 원·피고는 2004년경부터 중국 상해에서 부동산 투자를 시작하였고, 중국 부동산 가격의 폭등으로 많은 수익을 올렸다.
   (바) 피고는 2006년경 사건본인들의 교육 문제로 사건본인들과 함께 미국 로스앤젤리스로 이주하였다.
   (사) 원고는 피고가 운영하던 백화점 매장의 직원인 정순방, 유흥업소 종사원인 주연 등과 부정한 관계를 맺어왔는데, 2007. 4.경위와 같이 부정한 관계를 맺어온 사실이 피고에게 발각되었다. 이후 원고의 여자문제를 둘러싸고 원·피고 사이에 분쟁이 계속되었고, 결국 원·피고는 2007. 6. 22. 이혼에 합의하고, 협의이혼공정증서를 작성하였다.
   (아) 이후 원·피고 사이에 재산분할에 대한 이견이 발생하여 협의이혼이 실제로 이루어지지 못했고, 원고는 2007. 8.경부터 피고에게 생활비, 자녀양육비 등을 지급하지 않고 있다.
   (3) 별거기간: 피고가 사건본인들과 함께 미국으로 떠난 2006년부터 현재까

지 약 4년 동안

[인정증거 : 갑 제1 내지 6, 15, 18호증(각 가지번호 포함, 이하 같다), 을 제2, 3, 5 내지 8, 18호증의 각 기재, 증인 김영렬, 김정동의 각 증언, 가사조사관의 조사보고서, 변론 전체의 취지]

나. 본소 및 반소 각 이혼 청구에 대한 판단

민법 제840조 제6호의 사유로 원고의 본소 및 피고의 반소 각 이혼 청구 인용 [판단근거: 위 인정사실, 원고와 피고가 이 사건 본소 및 반소를 통하여 서로 이혼을 원하고 있는 점, 원고와 피고가 이미 이혼하기로 합의하고 협의이혼 공정증서를 작성하기도 한 점, 원고와 피고의 별거기간이 4년 이상 되는 점 등 여러 사정을 참작하여 원고와 피고의 혼인관계 파탄을 인정]

다. 반소 위자료 청구에 대한 판단

(1) 파탄의 근본적이고 주된 책임은 원고에게 있음

[판단근거: 위 인정사실, 원고가 정순방, 주연 등과 부정한 관계를 맺어 왔고, 이러한 원고의 부정한 관계가 피고에게 발각된 것이 원·피고 사이의 혼인관계 파탄의 직접적인 원인이 된 점, 원고가 별거 이후에도 애정과 신뢰에 기반하여 피고와의 관계를 회복하려는 노력을 충분히 보였다고는 할 수 없는 점 등 참작]

(2) 위자료 액수: 30,000,000원 및 이에 대한 지연손해금

[판단근거 : 원고와 피고의 혼인지속기간, 혼인파탄의 원인 및 책임의 정도, 원고와 피고의 나이 및 경제력 등 참작]

(3) 따라서, 원고는 피고에게 위자료로 30,000,000원 및 이에 대하여 피고가 구 하는 바에 따라 이 사건 반소장 부본 송달 다음날인 2009. 7. 18.부터 원고가 이 사건 이행의무의 존부나 범위에 관하여 항쟁함이 상당하다고 인정되는 이 사건 판결 선고일인 2010. 7. 21.까지는 민법이 정한 연 5%, 그 다음날부터 다 갚는 날까지는 소송촉진 등에 관한 특례법이 정한 연 20%의 각 비율로 계산한 지연손해금을 지급할 의무가 있다.

2. 본소 및 반소 각 재산분할 청구에 대한 판단

가. 재산형성 경위

(1) 원·피고는 1986년경 함께 건국대학교 충주캠퍼스로 진학하면서 피고 부모가 마련해준 아파트에서 동거생활을 시작하였고, 학비, 생활비 등도 피고 모친으로 부터 여러 차례 도움받았다. 원·피고는 1988년부터 1991년까지 일본에서 유학생활 을 하였는데, 학비, 생활비 등 유학경비 중 많은 부분을 피고 모친으로부터 지원받았다.
(2) 원·피고는 1991년 귀국하여 결혼식을 올린 후 피고 부모의 집에서 혼인생 활을 시작하였고, 1992년경 피고 부모로부터 임차보증금 3,000,000원을 지원받아 분가하였다.
(3) 원고는 혼인 초 피고 모친으로부터 30,000,000원을 지원받아 소음방지용 귀마개 수입사업을 시작하였으나 1년 만에 실패하는 등 여러 차례 피고 부모로부터 자금을 지급받아 사업을 운영하였으나 사업이 잘되지 않았다.
(4) 원·피고는 1996년경 중국 상해에 가방공장을 세우고 상해로 이주하여 사 업을 운영하였다. 피고는 1998년경부터 중국 상해 빠빠반 백화점 등에서 의류매장 을 운영하다가 2000. 8. 경 한국으로부터 의류를 수입·판매하는 '쎄시'라는 회사를 설립하여 운영하기도 하였다. 피고는 일주일마다 한국에 들어와 동대문시장, 남대문 시장 등지에서 의류를 구입한 다음 이를 중국 의류매장에 가져가 판매하는 방식으로 회사를 운영하였다.
(5) 원고의 사업은 2003년경부터 어려워졌고, 원·피고는 2004년경부터 그동안 사업을 통해 모은 자금을 기초로 부동산 투자를 시작하였다. 원·피고는 중국 상해 에서 신축아파트 여러 채를 싼 가격에 일괄 분양받아 인테리어 공사를 한 다음 이 를 실수요자에게 판매하면서 시세차익을 남기는 방식으로 부동산 투자업을 운영하 였고, 피고는 직접 인테리어 공사를 관장하기도 하였다. 원·피고는 중국 부동산 가 격 급등의 영향으로 부동산 투자를 통해 상당히 많은 수익을 올렸고, 이로써 별지 분할재산명세표 기재 각 재산을 형성하게 되었다.

나. 분할대상 재산 및 가액(원 미만 버림)
(1) 분할대상 재산: 별지 분할재산명세표 기재 각 재산
(2) 분할대상 재산의 가액
① 원고의 순재산 : 4,170,301,042원

② 피고의 순재산 : 1,455,851,600원

③ 원·피고의 순재산 합계: 5,626,152,642원

[위 가, 나에 대한 인정증거 : 갑 제4 내지 10, 12, 17 내지 20, 22 내지 31호증, 을 제1, 2, 5 내지 12, 14 내지 18, 20, 21, 23호증의 각 기재 및 영상, 중인 김영렬, 김정동의 각 증언, 이 법원의 잠실롯데캐슬골드아파트 관리사무소에 대한 사실조회결과, 가사조사관의 조사보고서, 변론 전체의 취지]

다. 당사자들의 주장 및 판단이

  (1) 원고의 재산에 대한 주장 및 판단 - 이하 생략

  (2) 피고의 재산에 대한 주장 및 판단 - 이하 생략

라. 재산분할의 비율과 방법

  (1) 재산분할 비율 : 원고 50%, 피고 50%

  [판단근거 : 앞에서 본 사실, 원·피고의 동거 및 혼인기간이 20년 이상 된 점, 원·피고가 보유하는 재산은 모두 혼인기간 중 형성된 것인 점, 동거기간 중의 학비, 생활비를 비롯하여 혼인 초기의 생활비, 사업자금 등을 피고 부모로부터 도움받아 마련한 점, 중국으로 이주하여 원·피고가 각자 사업체를 운영한 점, 원고의 주도로 부동산 투자업을 운영하였으나, 피고도 인테리어 공사를 직접 하는 등 부동산 투자업을 함께 운영하였으며, 피고가 그동안 사업을 통해 모은 자금이 부동산 투자의 기초가 된 점, 피고가 가사와 육아를 주로 담당해 온 점 등 여러 사정 참작]

  (2) 재산분할의 방법: 현금으로 지급

  (3) 원고가 피고에게 지급하여야 하는 재산분할금: 1,350,000,000원

  [계산식]

    ① 원·피고의 순재산 중 재산분할비율에 따른 원고의 몫 원·피고의 순재산 합계 5,626,152,642원 × 50% = 2,813,076,321 원

    ② 위 ①항의 금액에서 피고의 순재산을 공제한 금액 2,813,076,321원 - 1,455,851,600원 = 1,357,224,721원

    ③ 원고가 피고에게 지급할 재산분할금 위 ②항의 금액을 약간 하회하는 1,350,000,000원

마. 따라서, 원고는 피고에게 재산분할로 1,350,000,000원 및 이에 대하여 이 사건 판결 확정일 다음날부터 다 갚는 날까지 민법이 정한 연 5%의 비율로

계산한 지연 손해금을 지급할 의무가 있고, 이와 달리 피고가 원고에게 재산분할금을 지급할 의무가 있음을 전제로 하는 원고의 본소 재산분할 청구는 이유 없다.

3. 반소 친권자·양육자 지정 청구 및 양육비 청구, 본소 면접교섭 청구에 대한 판단
   가. 친권자 및 양육자: 피고
   [판단근거: 피고는 사건본인들에 대한 친권자 및 양육자로 자신이 지정되기를 희망하고 있고, 이에 대해 원고가 별다른 이의를 제기하지 않은 채 면접교섭 청구를 하고 있는 점, 사건본인들의 의사, 사건본인들의 나이, 사건본인들의 과거 및 현재의 양육 상황 등 여러 사정 참작]
   나. 양육비
   (1) 과거 양육비: 피고가 구하는 바에 따라 이 사건 반소장 부본 송달 다음날인 2009. 7. 18.부터 이 사건 변론 종결일인 2010. 6. 9.까지 약 11개월간의 양육비로 40,000,000원을 지급
   (2) 장래 양육비: 이 사건 변론 종결 다음날인 2010. 6. 10.부터 사건본인들이 성년이 되기 전날까지 각 사건본인별로 월 2,000,000원을 매월 27일에 지급
   [판단근거: 사건본인들이 미국에 유학하고 있어 향후 상당한 교육비가 지출될 것으로 보이는 점, 사건본인들의 양육비로 미화 12,000달러를 매월 27일에 지급하는 내용으로 이혼협의를 한 점, 원·피고의 경제적 능력 등 여러 사정 참작]
   다. 면접교섭
   사건본인들의 친권자 및 양육자로 피고가 지정된 이상 비양육자인 원고는 사건본인들을 면접교섭할 권리가 있다고 할 것인바, 앞서 본 인정사실과 이 사건에 나타난 사건본인들의 나이, 성별, 생활환경, 현재 상황 등을 종합하여 보면, 주문 제8항 기재와 같이 면접교섭의 횟수, 시간, 방법을 정하는 것이 사건본인들의 정서적 안정과 복지를 위하여 합당하다고 할 것이고, 원고의 면접교섭은 사건본인들의 정서적 안정과 복지를 최우선적인 목적으로 하여 이루어져야 할 것이며, 피고는 원고의 면접교섭권 행사에 적극 협조하여야 하고, 이를 방해하여서는 아니된다.

4. 결론

그렇다면, 본소 및 반소 각 이혼 청구와 위 인정범위 내의 반소 위자료 청구는 이유 있어 각 인용하고, 반소 나머지 위자료 청구는 이유 없어 기각하며, 반소 재산 분할 청구, 친권자·양육자 지정 청구, 양육비 청구, 본소 면접교섭 청구에 대하여는 각 위와 같이 정하고, 본소 재산분할 청구는 이유 없어 기각한다.

재판장 판사 박○○ _____

판사 박○○ _____

판사 임○○ _____

분할재산명세표

소유자 등		순번	재산의 표시	재산의 가액 (단위 : 원)	증거	당사자 주장 등 참조
원고	적극재산	1	중국 상해시 금수강남 35-402	660,492,000	갑7-4, 19-3 을1-1	3,600,000위안 + 183.47원
		2	중국 상해시 천역화원 58-1002	1,600,000,000	변론 전체의 취지	2.다.(1)(가) 참조
		3	중국 상해시 명도성 2기 1-1901 중 1/2 지분	778,594,391	갑12, 을1-2	2.다.(1)(나) 참조 8,487,430위안 × 183.47원 ÷ 2
		4	중국 상해시 명도성 15-1901 중 1/2 지분	529,426,536	갑12, 을1-3	2.다.(1)(나) 참조 5,771,260위안 × 183.47 ÷ 2
		5	중국 상해시 금수강남 35-302 중 1/2 지분	386,548,356	갑12, 을1-4	2.다.(10)(나) 참조 4,213,750 위안 × 183.47원 ÷ 2
		6	중국 상해시 련양년화 11-2403	698,700,000	갑7-5, 22-2 변론 전체의 취지	
		7	에쿠스 리무진 승용차	22,000,000	을23, 변론 전체의 취지	
		8	상해 한융상포유한공사 납입자본금	250,600,000	을2, 15, 17	2.다.(1)(다) 참조 200,000달러 × 1,253원
		9	상해사산골프회원권 처분대금	279,608,280	갑4, 32	2.다.(1)(라) 참조 1,524,000위안 × 183.47원
		10	상해 탕신골프회원권	220,164,000	갑12, 을21-1,2	2.다.(1)(마) 참조 1,200,000위안 × 183.47
		11	서울송파구 신천동7-18 롯데캐슬골드 101동 3008호 임차보증금	50,000,000	을9, 사실조회결과	2.다.(1)(바) 참조
			소계	5,476,133,563		
	소극재산	1	원고의 적극재산 순번1 기재부동산 담보대출금	113,226,092	을1-1	90,364 달러 × 1,253원

		2	원고의 적극재산 순번2 기재부동산 담보대출금	910,000,000	변론 전체의 취지	
		3	원고의 적극재산 순번5 기재부동산 담보대출금	71,161,629	을1-4	113,586달러 × 1,253원 ÷2
		4	원고의 적극재산 순번6 기재부동산 담보대출금	211,444,800	변론 전체의 취지	
			소계	1,305,832,521		
	원고의 순재산(적극재산-소극재산)			4,170,301,042		
피고	적극 재산	1	중국 상해시 명도성 1-1601 처분대금	843,962,000	갑7-1, 19-1, 27, 을16	(6,950,000위안 - 2,350,000위안) × 183.47원
		2	중국 상해시 명도성 15-1902	858,639,600	갑4, 7-3, 22-1, 갑28, 31-1~3, 을10, 18	2.다.(2)(가) 참조 4,680,000위안 × 183.47운
			소계	1,702,601,600		
	소극 재산	피고의 적극재산 순번2 기재 부동산 담보대출금		246,750,000	변론 전체의 취지	
	원고의 순재산(적극재산-소극재산)			1,455,851,600		
원·피고의 순재산 합계				5,626,152,642		

제3절 재판상 이혼

1. 의의 및 성질

가. 의의

재판상 이혼은 법이 정한 이혼원인이 있는데도 당사자 사이에 이혼의 합의가 이루어지지 않는 경우에 판결에 의하여 이혼의 효과를 발생시키는 것을 의미하는 바, 민법 제840조는 재판상 이혼원인으로 아래의 6가지를 들고 있다.

> ① 배우자에 부정한 행위가 있었을 때, ② 배우자가 악의로 다른 한쪽을 유기한 때, ③ 배우자 또는 그 직계존속으로부터 심히 부당한 대우를 받았을 때, ④ 자기의 직계존속이 배우자로부터 심히 부당한 대우를 받았을 때, ⑤ 배우자의 생사가 3년 이상 분명하지 아니한 때, ⑥ 그 밖에 혼인을 계속하기 어려운 중대한 사유가 있을 때

> ☞ 민법 [시행 2024. 5. 17.] [법률 제19409호, 2023. 5. 16., 타법개정]
> 제840조 (재판상 이혼원인) 부부의 일방은 다음 각호의 사유가 있는 경우에는 가정법원에 이혼을 청구할 수 있다. <개정 1990. 1. 13.>
>   1. 배우자에 부정한 행위가 있었을 때
>   2. 배우자가 악의로 다른 일방을 유기한 때
>   3. 배우자 또는 그 직계존속으로부터 심히 부당한 대우를 받았을 때
>   4. 자기의 직계존속이 배우자로부터 심히 부당한 대우를 받았을 때
>   5. 배우자의 생사가 3년 이상 분명하지 아니한 때
>   6. 기타 혼인을 계속하기 어려운 중대한 사유가 있을 때

나. 성질

재판상 이혼은 소로써만 청구할 수 있고, 그 청구인용판결의 확정에 의하여 당사자 사이의 혼인이 해소되는 효과가 발생되는 형성의 소이다.

다. 유책주의와 파탄주의

(1) 유책주의

   (가) 공통적 특징

① 부정행위, 유기, 학대 등 유책이혼원인이 구체적으로 열거된다.
② 유책배우자의 이혼청구는 부정된다.
③ 무책배우자는 유책배우자를 상대로 손해배상을 청구 할 수 있다.

(2) 파탄주의

   (가) 공통적 특징

① 무책이혼원인("혼인공동체가 심각하게 파탄되어 회복의 가망성이 없을 때")을 추상적으로 규정
② 유책배우자의 이혼청구도 허용
③ 유책배우자에 대한 손해배상청구를 원칙적으로 인정하지 않음

2. 정당한 당사자

재판상 이혼은 부부만이 당사자적격을 가지는바, 즉 부부 중 한쪽이 원고가 되어 다른 쪽을 상대방으로 청구하는 것이다.

3. 이혼사유

가. 부정한 행위(민 제840조 제1호)

배우자의 부정한 행위라 함은 "간통을 포함하되 그보다 넓은 개념으로서 간통까지는 이르지 아니하고 부부의 정조의무에 충실하지 아니한 일체의 부정한 행위"를 의미

☞ 민법 [시행 2024. 5. 17.] [법률 제19409호, 2023. 5. 16., 타법개정]
제840조 (재판상 이혼원인) 부부의 일방은 다음 각호의 사유가 있는 경우에는 가정법원에 이혼을 청구할 수 있다. <개정 1990. 1. 13.>
1. 배우자에 부정한 행위가 있었을 때

[판례 1] 이혼,위자료 (대법원 1987. 5. 26. 선고 87므5,87므6 판결)

【판시사항】
가. 민법 제840조 제1호에서 재판상 이혼사유로 규정한 "배우자의 부정한 행위"의 의미
나. 유책배우자에 대한 위자료수액의 산정방법

【판결요지】
가. 민법 제840조 제1호에서 재판상 이혼사유로 규정한 "배우자의 부정한 행위"라 함은 간통을 포함하는 보다 넓은 개념으로서 간통에 까지는 이르지 아니하나 부부의 정조의무에 충실하지 않는 일체의 부정한 행위가 이에 포함되며, 부정한 행위인지의 여부는 구체적 사안에 따라 그 정도와 상황을 참작하여 이를 평가하여야 한다.
나. 유책배우자에 대한 위자료수액을 산정함에 있어서는 유책행위에 이르게 된 경위와 정도, 혼인관계, 파탄의 원인과 책임, 배우자의 연령과 재산상태 등 변론에 나타나는 모든 사정을 참작하여 법원이 직권으로 정하는 것이다.

나. 악의의 유기(민 제840조 제2호)

부부는 동거, 부양, 협조하여야 할 기본적 의무를 부담하는데(민 제826조 제1항), 악의의 유기란 배우자가 정당한 이유 없이 위 의무를 포기하고 다른 한쪽을 버린 경우를 의미한다.

☞ 민법 [시행 2024. 5. 17.] [법률 제19409호, 2023. 5. 16., 타법개정]
제826조 (부부간의 의무) ① 부부는 동거하며 서로 부양하고 협조하여야 한다. 그러나 정당한 이유로 일시적으로 동거하지 아니하는 경우에는 서로 인용하여야 한다.

[판례 2] 이혼및위자료등 (대법원 1998. 4. 10. 선고 96므1434 판결)

【판시사항】

[1] 민법 제840조 제2호 소정의 '배우자가 악의로 다른 일방을 유기한 때'의 의미
[2] 악의의 유기로 인한 이혼청구권의 제척기간
[3] 부부 중 일방이 부동산을 취득·유지함에 있어 상대방의 가사노동 등이 직·간접으로 기여한 경우, 그 부동산이 재산분할의 대상이 되는지 여부(적극)
[4] 제3자 명의의 재산과 재산분할 대상
[5] 부첩관계와 손해배상

【판결요지】

[1] 민법 제840조 제2호 소정의 배우자가 악의로 다른 일방을 유기한 때라 함은 배우자가 정당한 이유 없이 서로 동거, 부양, 협조하여야 할 부부로서의 의무를 포기하고 다른 일방을 버린 경우를 뜻한다.
[2] 악의의 유기를 원인으로 하는 재판상 이혼청구권이 법률상 그 행사기간의 제한이 없는 형성권으로서 10년의 제척기간에 걸린다고 하더라도 피고가 부첩관계를 계속 유지함으로써 민법 제840조 제2호에 해당하는 배우자가 악의로 다른 일방을 유기하는 것이 이혼청구 당시까지 존속되고 있는 경우에는 기간 경과에 의하여 이혼청구권이 소멸할 여지는 없다.
[3] 부부 중 일방이 상속받은 재산이거나 이미 처분한 상속재산을 기초로 형성된 부동산이더라도 이를 취득하고 유지함에 있어 상대방의 가사노동 등이 직·간접으로 기여한 것이라면 재산분할의 대상이 된다.
[4] 제3자 명의의 재산이더라도 그것이 부부 중 일방에 의하여 명의신탁된 재산 또는 부부의 일방이 실질적으로 지배하고 있는 재산으로서 부부 쌍방의 협력에 의하여 형성된 것이거나 부부 쌍방의 협력에 의하여 형성된 유형, 무형의 자원에 기한 것이라면 그와 같은 사정도 참작하여야 한다는 의미에서 재산분할의 대상이 된다.
[5] 소위 첩계약(첩계약)은 본처(본처)의 동의 유무를 불문하고 선량한 풍속에 반하는 사항을 내용으로 하는 법률행위로서 무효일 뿐만 아니라 위법한 행위이므로, 부첩관계에 있는 부(부) 및 첩은 특별한 사정이 없는 한 그로 인하여 본처가 입은 정신상의 고통에 대하여 배상할 의무가 있고, 이러한 손해배상책임이 성립하기 위하여 반드시 부첩관계로 인하여 혼인관계가 파탄에 이를 필요까지는 없고, 한편 본처가 장래의 부첩관계에 대하여 동의하는 것은 그 자체가 선량한 풍속에 반하는 것으로서 무효라고 할 것이나, 기왕의 부첩관계에 대하여 용서한 때에는 그것이 손해배상청구권의 포기라고 해석되는 한 그대로의 법적 효력이 인정될 수 있다.

다. 배우자 또는 그 직계존속에 의한 심히 부당한 대우(민 제840조 제3호)

'배우자로부터 심히 부당한 대우를 받았을 때' 라고 함은 혼인 당사자의 한쪽이 배우자로부터 혼인관계의 지속을 강요하는 것이 가혹하다고 여겨질 정도의 폭행이나 학대 또는 중대한 모욕을 받았을 경우를 의미한다.

[판례 3] 혼인의 무효 (대법원 2004. 2. 27. 선고 2003므1890 판결)

【판시사항】

[1] 민법 제840조 제3호 소정의 이혼사유인 '배우자로부터 심히 부당한 대우를 받았을 때'의 의미
[2] 민법 제840조 제6호의 사유로 인한 혼인파탄에 있어 유책성의 판단 기준 시점
[3] 유책배우자의 이혼청구권이 인정되는 경우
[4] 유책배우자의 이혼청구를 허용한 사례

【판결요지】

[1] 민법 제840조 제3호 소정의 이혼사유인 배우자로부터 심히 부당한 대우를 받았을 때라 함은 혼인관계의 지속을 강요하는 것이 참으로 가혹하다고 여겨질 정도의 폭행이나 학대 또는 모욕을 받았을 경우를 말한다.
[2] 혼인파탄에 있어 유책성은 혼인파단의 원인이 된 사실에 기초하여 평가할 일이며 혼인관계가 완전히 파탄된 뒤에 있은 일을 가지고 따질 것은 아니다.
[3] 혼인생활의 파탄에 대하여 주된 책임이 있는 배우자는 그 파탄을 사유로 하여 이혼을 청구할 수 없는 것이나, 다만 그 상대방도 혼인생활을 계속할 의사가 없음이 객관적으로 명백함에도 오기나 보복적 감정에서 이혼에 응하지 않고 있을 뿐이라는 등 특별한 사정이 있는 경우에는, 예외적으로 유책배우자에게도 이혼청구권이 인정된다.
[4] 유책배우자의 이혼청구를 허용한 사례.

라. 자기의 직계존속이 배우자로부터 심히 부당한 대우를 받았을 때(민 제840조 제4호)

'자기의 직계존속이 배우자로부터 심히 부당한 대우를 받았을 때' 라고 함은 혼인 당사자 한쪽의 직계존속이 상대방 배우자로부터 혼인관계의 지속을 강요하는 것이 가혹하다고 여겨질 정도의 폭행이나 학대 또는 중대한 모욕을 받았을 경우를 말한다.

> ☞ 민법 [시행 2024. 5. 17.] [법률 제19409호, 2023. 5. 16., 타법개정]
> 제840조 (재판상 이혼원인) 부부의 일방은 다음 각호의 사유가 있는 경우에는 가정법원에 이혼을 청구할 수 있다. <개정 1990. 1. 13.>
>   4. 자기의 직계존속이 배우자로부터 심히 부당한 대우를 받았을 때

마. 배우자의 생사가 3년 이상 분명하지 아니한 때(민 제840조 제5호)

배우자의 생사가 3년 이상 분명하지 아니한 때는 이미 혼인을 파탄된 것으로 봄이 상당하므로, 상대방 배우자는 이혼을 청구할 수 있다.

> ☞ 민법 [시행 2024. 5. 17.] [법률 제19409호, 2023. 5. 16., 타법개정]
> 제840조 (재판상 이혼원인) 부부의 일방은 다음 각호의 사유가 있는 경우에는 가정법원에 이혼을 청구할 수 있다. <개정 1990. 1. 13.>
>   5. 배우자의 생사가 3년 이상 분명하지 아니한 때

바. 혼인을 계속하기 어려운 중대한 사유가 있을 때(민 제840조 제6호)

'혼인을 계속하기 어려운 중대한 사유가 있을 때'라 함은 부부간의 애정과 신뢰가 바탕이 되어야 할 혼인의 본질에 상응하는 부부공동생활관계가 회복할 수 없을 정도로 파탄되고 그 혼인생활의 계속을 강제하는 것이 한쪽 배우자에게 참을 수 없는 고통이 되는 경우를 의미한다.

> ☞ 민법 [시행 2024. 5. 17.] [법률 제19409호, 2023. 5. 16., 타법개정]
> 제840조 (재판상 이혼원인) 부부의 일방은 다음 각호의 사유가 있는 경우에는 가정법원에 이혼을 청구할 수 있다. <개정 1990. 1. 13.>
>   6. 기타 혼인을 계속하기 어려운 중대한 사유가 있을 때

4. 유책배우자의 이혼청구

혼인생활의 파탄에 대하여 주된 책임이 있는 배우자는 원칙적으로 그 파탄을 사유로 하여 이혼을 청구할 수 있다.

다만 상대방도 그 파탄 이후 혼인을 계속할 의사가 없음이 객관적으로 명백함에도 오기나 보복적 감정에서 이혼에 응하지 아니하고 있을 뿐이라는 등의 특별한 사정이 있는 경우에만 보기 어렵다고 하여 이혼청구를 배척해서는 안된다.

[판례 4] 이혼 〈유책배우자 이혼청구 사건〉 (대법원 2015. 9. 15. 선고 2013므568 전원합의체 판결)

【판시사항】

민법 제840조 제6호 이혼사유에 관하여 유책배우자의 이혼청구를 허용할 것인지 여부(원칙적 소극) / 예외적으로 유책배우자의 이혼청구를 허용할 수 있는 경우 및 판단 기준

【판결요지】

[다수의견] (가) 이혼에 관하여 파탄주의를 채택하고 있는 여러 나라의 이혼법제는 우리나라와 달리 재판상 이혼만을 인정하고 있을 뿐 협의상 이혼을 인정하지 아니하고 있다. 우리나라에서는 유책배우자라 하더라도 상대방 배우자와 협의를 통하여 이혼을 할 수 있는 길이 열려 있다. 이는 유책배우자라도 진솔한 마음과 충분한 보상으로 상대방을 설득함으로써 이혼할 수 있는 방도가 있음을 뜻하므로, 유책배우자의 행복추구권을 위하여 재판상 이혼원인에 있어서까지 파탄주의를 도입하여야 할 필연적인 이유가 있는 것은 아니다.

우리나라에는 파탄주의의 한계나 기준, 그리고 이혼 후 상대방에 대한 부양적 책임 등에 관해 아무런 법률 조항을 두고 있지 아니하다. 따라서 유책배우자의 상대방을 보호할 입법적인 조치가 마련되어 있지 아니한 현 단계에서 파탄주의를 취하여 유책배우자의 이혼청구를 널리 인정하는 경우 유책배우자의 행복을 위해 상대방이 일방적으로 희생되는 결과가 될 위험이 크다.

유책배우자의 이혼청구를 허용하지 아니하고 있는 데에는 중혼관계에 처하게 된 법률상 배우자의 축출이혼을 방지하려는 의도도 있는데, 여러 나라에서 간통죄를 폐지하는 대신 중혼에 대한 처벌규정을 두고 있는 것에 비추어 보면 이에 대한 아무런 대책 없이 파탄주의를 도입한다면 법률이 금지하는 중혼을 결과적으로 인정하게 될 위험이 있다.

가족과 혼인생활에 관한 우리 사회의 가치관이 크게 변화하였고 여성의 사회 진출이 대폭 증가하였더라도 우리 사회가 취업, 임금, 자녀양육 등 사회경제의 모든 영역에서 양성평등이 실현되었다고 보기에는 아직 미흡한 것이 현실이다. 그리고 우리나라에서 이혼율이 급증하고 이혼에 대한 국민의 인식이 크게 변화한 것이 사실이더라도 이는 역설적으로 혼인과 가정생활에 대한 보호의 필요성이 그만큼 커졌다는 방증이고, 유책배우자의 이혼청구로 인하여 극심한 정신적 고통을 받거나 생계유지가 곤란한 경우가 엄연히 존재

하는 현실을 외면해서도 아니 될 것이다.

(나) 이상의 논의를 종합하여 볼 때, 민법 제840조 제6호 이혼사유에 관하여 유책배우자의 이혼청구를 원칙적으로 허용하지 아니하는 종래의 대법원판례를 변경하는 것이 옳다는 주장은 아직은 받아들이기 어렵다.

유책배우자의 이혼청구를 허용하지 아니하는 것은 혼인제도가 요구하는 도덕성에 배치되고 신의성실의 원칙에 반하는 결과를 방지하려는 데 있으므로, 혼인제도가 추구하는 이상과 신의성실의 원칙에 비추어 보더라도 책임이 반드시 이혼청구를 배척해야 할 정도로 남아 있지 아니한 경우에는 그러한 배우자의 이혼청구는 혼인과 가족제도를 형해화할 우려가 없고 사회의 도덕관·윤리관에도 반하지 아니하므로 허용될 수 있다.

그리하여 상대방 배우자도 혼인을 계속할 의사가 없어 일방의 의사에 따른 이혼 내지 축출이혼의 염려가 없는 경우는 물론, 나아가 이혼을 청구하는 배우자의 유책성을 상쇄할 정도로 상대방 배우자 및 자녀에 대한 보호와 배려가 이루어진 경우, 세월의 경과에 따라 혼인파탄 당시 현저하였던 유책배우자의 유책성과 상대방 배우자가 받은 정신적 고통이 점차 약화되어 쌍방의 책임의 경중을 엄밀히 따지는 것이 더 이상 무의미할 정도가 된 경우 등과 같이 혼인생활의 파탄에 대한 유책성이 이혼청구를 배척해야 할 정도로 남아 있지 아니한 특별한 사정이 있는 경우에는 예외적으로 유책배우자의 이혼청구를 허용할 수 있다.

유책배우자의 이혼청구를 예외적으로 허용할 수 있는지 판단할 때에는, 유책배우자 책임의 태양·정도, 상대방 배우자의 혼인계속의사 및 유책배우자에 대한 감정, 당사자의 연령, 혼인생활의 기간과 혼인 후의 구체적인 생활관계, 별거기간, 부부간의 별거 후에 형성된 생활관계, 혼인생활의 파탄 후 여러 사정의 변경 여부, 이혼이 인정될 경우의 상대방 배우자의 정신적·사회적·경제적 상태와 생활보장의 정도, 미성년 자녀의 양육·교육·복지의 상황, 그 밖의 혼인관계의 여러 사정을 두루 고려하여야 한다.

[대법관 민일영, 대법관 김용덕, 대법관 고영한, 대법관 김창석, 대법관 김신, 대법관 김소영의 반대의견] (가) 이혼에 대한 사회 일반의 인식, 사회·경제적 환경의 변화와 아울러 이혼 법제 및 실무의 변화 등을 함께 종합하여 볼 때, 유책배우자의 이혼청구라는 이유만으로 민법 제840조 제6호 이혼사유에 의한 재판상 이혼청구를 제한하여야 할 필요는 상당히 감소하였다.

상대방 배우자의 혼인계속의사는 부부공동생활관계가 파탄되고 객관적으로 회복할 수 없을 정도에 이르렀는지 등을 판단할 때에 참작하여야 하는 중요한 요소라 할 수 있다. 그렇지만 그러한 의사를 참작하였음에도 부부공동생활관계가 객관적으로 회복할 수 없을 정도로 파탄되었다고 인정되는 경우에, 다시 상대방 배우자의 주관적인 의사만을 가지고 형식에 불과한 혼인관계를 해소하는 이혼청구가 불허되어야 한다고 단정하는 것은 불합리하며, 협의가 이루어지지 아니할 때의 혼인해소 절차를 규정한 재판상 이혼제도의 취지에도 부합하지 아니한다.

간통죄는 과거의 간통행위 자체에 대한 형사적인 제재인 반면 혼인파탄에 따른 이혼은 혼인의 실체가 소멸함에 따른 장래의 혼인 법률관계의 해소로서 제도의 목적과 법적 효과가 다르므로, 간통을 한 유책배우자에 대한 형사적 제재가 없어졌다고 하더라도, 민사상의 불법행위에 해당하는 간통행위로 인한 손해배상책임을 강화하는 것은 별론으로 하고, 혼인의 실체가 소멸한 법률관계를 달리 처우하여야 할 필요는 없다.

(나) 위와 같은 여러 사정들을 종합하여 보면, 혼인관계가 파탄되었음에도 유책배우자가 이혼을 청구하고 상대방이 이를 거부한다는 사정만으로 일률적으로 이혼청구를 배척하는 것은 더 이상 이혼을 둘러싼 갈등 해소에 적절하고 합리적인 해결 방안이라고 보기 어렵다.

부부공동생활관계가 회복할 수 없을 정도로 파탄된 경우에는 원칙적으로 제6호 이혼사유에 해당하지만, 이혼으로 인하여 파탄에 책임 없는 상대방 배우자가 정신적·사회적·경제적으로 심히 가혹한 상태에 놓이는 경우, 부모의 이혼이 자녀의 양육·교육·복지를 심각하게 해치는 경우, 혼인기간 중에 고의로 장기간 부양의무 및 양육의무를 저버린 경우, 이혼에 대비하여 책임재산을 은닉하는 등 재산분할, 위자료의 이행을 의도적으로 회피하여 상대방 배우자를 곤궁에 빠뜨리는 경우 등과 같이, 유책배우자의 이혼청구를 인용한다면 상대방 배우자나 자녀의 이익을 심각하게 해치는 결과를 가져와 정의·공평의 관념에 현저히 반하는 객관적인 사정이 있는 경우에는 헌법이 보장하는 혼인과 가족제도를 형해화할 우려가 있으므로, 그와 같은 객관적인 사정이 부존재하는 경우에 한하여 제6호 이혼사유가 있다고 해석하는 것이 혼인을 제도적으로 보장한 헌법 정신에 부합한다.

그리고 혼인파탄에 책임이 없는 배우자에 대하여 재판상 이혼을 허용할 경우에도, 혼인관계 파탄으로 입은 정신적 고통에 대한 위자료의 액수를 정할 때에 주된 책임이 있는 배우자의 유책성을 충분히 반영함으로써 혼인 해소에 대한 책임을 지우고 상대방 배우자에게 실질적인 손해 배상이 이루어질 수 있도록 하며, 재산분할의 비율·액수를 정할 때에도 혼인 중에 이룩한 재산관계의 청산뿐 아니라 부양적 요소를 충분히 반영하여 상대방 배우자가 이혼 후에도 혼인 중에 못지않은 생활을 보장받을 수 있도록 함으로써, 이혼청구 배우자의 귀책사유와 상대방 배우자를 위한 보호 및 배려 사이에 균형과 조화를 도모하여야 한다.

[판례 5] 이혼 (대법원 2010. 6. 24. 선고 2010므1256 판결)

【판시사항】

법률상 부부인 갑과 을이 별거하면서 갑이 병과 사실혼관계를 형성하였고, 그 후 갑과 을의 별거상태가 약 46년간 지속되어 혼인의 실체가 완전히 해소되고 각자 독립적인 생활관계가 고착화되기에 이르자 갑이 을을 상대로 이혼을 청구한 사안에서, 갑과 을의 혼인에는 민법 제840조 제6호에 정한 '혼인을 계속하기 어려운 중대한 사유가 있을 때'라는 이혼원인이 존재한다고 한 사례

【판결요지】

법률상 부부인 갑과 을이 별거하면서 갑이 병과 사실혼관계를 형성하였고, 그 후 갑과 을의 별거상태가 약 46년간 지속되어 혼인의 실체가 완전히 해소되고 각자 독립적인 생활관계가 고착화되기에 이르자 갑이 을을 상대로 이혼을 청구한 사안에서, 갑과 을의 혼인은 혼인의 본질에 상응하는 부부공동생활 관계가 회복할 수 없을 정도로 파탄되었고, 그 혼인생활의 계속을 강제하는 것이 일방 배우자에게 참을 수 없는 고통이 될 것이며, 혼인제도가 추구하는 목적과 민법의 지도이념인 신의성실의 원칙에 비추어 보더라도 혼인관계의 파탄에 대한 갑의 유책성이 반드시 갑의 이혼청구를 배척하지 않으면 아니 될 정도로 여전히 남아 있다고 단정할 수 없으므로, 갑과 을의 혼인에는 민법 제840조 제6호에 정한 '혼인을 계속하기 어려운 중대한 사유가 있을 때'라는 이혼원인이 존재한다고 한 사례.

[판례 6] 이혼 (대법원 2009. 12. 24. 선고 2009므2130 판결)

【판시사항】

[1] 민법 제840조 제6호에 정한 '혼인을 계속하기 어려운 중대한 사유가 있을 때'의 의미와 그 판단 기준
[2] 혼인의 실체가 완전히 해소된 상태에서 이혼청구를 하고 있는 '유책배우자'의 유책성이 혼인제도가 추구하는 목적과 민법의 지도이념인 신의성실의 원칙에 비추어 이혼청구를 배척할 정도로 중하지 아니하여, 민법 제840조 제6호의 이혼원인이 존재한다고 한 사례

【판결요지】

[1] 민법 제840조 제6호 소정의 이혼원인인 '혼인을 계속하기 어려운 중대한 사유가 있을 때'라 함은 혼인의 본질에 상응하는 부부공동생활 관계가 회복할 수 없을 정도로 파탄되고, 그 혼인생활의 계속을 강제하는 것이 일방 배우자에게 참을 수 없는 고통이 되는 경우를 말하고, 이를 판단함에 있어서는 혼인계속의사의 유무, 파탄의 원인에 관한 당사자의 책임 유무, 혼인생활의 기간, 자녀의 유무, 당사자의 연령, 이혼 후의 생활보장, 기타 혼인관계의 제반 사정을 두루 고려하여야 한다.
[2] 갑과 을 사이의 11년이 넘는 장기간의 별거, 갑과 병 사이의 사실혼관계 형성 및 자의 출산 등 제반사정을 고려하여 갑과 을의 혼인은 혼인의 본질에 상응하는 부부공

동생활 관계가 회복할 수 없을 정도로 파탄되었고, 그 혼인생활의 계속을 강제하는 것이 일방 배우자에게 참을 수 없는 고통이 된다고 하여, 비록 '유책배우자'의 이혼청구라 하더라도 갑과 을의 혼인에는 민법 제840조 제6호의 '혼인을 계속하기 어려운 중대한 사유가 있을 때'라는 이혼원인이 존재한다고 한 사례.

[판례 7] 이혼및친권자지정 (대법원 1994. 5. 27. 선고 94므130 판결)

【판시사항】
혼인의 파탄에 관한 쌍방의 책임 유무와 경중을 가리지 아니하고 피고에게 귀책사유가 없다는 이유설시만으로 이혼청구를 기각할 수 있는지 여부

【판결요지】
혼인관계가 파탄에 이르렀음이 인정되는 경우에는 원고의 책임이 피고의 책임보다 더 무겁다고 인정되지 아니하는 한 원고의 이혼청구는 인용되어야 하는 것이므로, 원심이 원고와 피고의 각 책임의 유무 및 경중을 가려보지도 아니한 채 피고에게 책임 있는 사유로 인하여 혼인관계가 돌이킬 수 없는 파탄에 이르렀다고 보기 어렵다고 판시하여 원고의 이혼청구를 배척하고 만 것은 민법 제840조 제6호의 적용에 관한 법리를 오해하였거나 이유를 제대로 명시하지 아니한 위법이 있다.

5. 관할

가. 토지관할

재판상 이혼청구의 소의 토지관할은 부부생활의 실태에 따라 다른바, 그 관할은 전속관할이다(가사소송법 제22조).

☞ **가사소송법** [시행 2023. 10. 19.] [법률 제19354호, 2023. 4. 18., 타법개정]
제22조 (관할) 혼인의 무효나 취소, 이혼의 무효나 취소 및 재판상 이혼의 소는 다음 각 호의 구분에 따른 가정법원의 전속관할로 한다.
1. 부부가 같은 가정법원의 관할 구역 내에 보통재판적이 있을 때에는 그 가정법원
2. 부부가 마지막으로 같은 주소지를 가졌던 가정법원의 관할 구역 내에 부부 중 어느 한쪽의 보통재판직이 있을 때에는 그 가정법원
3. 제1호와 제2호에 해당되지 아니하는 경우로서 부부 중 어느 한쪽이 다른 한쪽

을 상대로 하는 경우에는 상대방의 보통재판적이 있는 곳의 가정법원, 부부 모두를 상대로 하는 경우에는 부부 중 어느 한쪽의 보통재판적이 있는 곳의 가정법원
4. 부부 중 어느 한쪽이 사망한 경우에는 생존한 다른 한쪽의 보통재판적이 있는 곳의 가정법원
5. 부부가 모두 사망한 경우에는 부부 중 어느 한쪽의 마지막 주소지의 가정법원
[전문개정 2010. 3. 31.]

나. 사물관할

가정법원 단독판사의 사물관할에 속한다(사물관할규칙 제3조).

☞ 민사 및 가사소송의 사물관할에 관한 규칙 [시행 2023. 3. 1.] [대법원규칙 제3088호, 2023. 1. 31., 일부개정]

제3조 (가정법원 및 그 지원 합의부의 심판범위) 가정법원 및 가정법원지원의 합의부는 「가사소송법」 제2조제1항, 제2항의 사건 중 다음 사건을 제1심으로 심판한다. <신설 1990. 12. 31., 1991. 8. 3., 1997. 12. 31., 2002. 6. 28., 2015. 7. 28., 2016. 2. 19., 2016. 11. 1., 2023. 1. 31.>

1. 소송목적의 값이 5억원을 초과하는 다류 가사소송사건.다만, 단독판사가 심판할 것으로 합의부가 결정한 사건을 제외한다.
2. 「가사소송법」 제2조제1항제2호 나목 9), 10) 사건 및 4) 사건 중 청구목적의 값이 5억원을 초과하는 사건. 다만, 단독판사가 심판할 것으로 합의부가 결정한 사건을 제외한다.

2의2. 다류 가사소송사건과 「가사소송법」 제2조제1항제2호 나목 4) 사건을 병합한 사건으로서 그 소송목적의 값과 청구목적의 값을 더한 금액이 5억원을 초과하는 사건. 다만, 단독판사가 심판할 것으로 합의부가 결정한 사건을 제외한다.

3. 제1호부터 제2호의2까지 본문에 해당하지 아니하는 사건으로서 합의부가 심판할 것으로 합의부가 결정한 사건.

[제2조제2항에서 이동 <2001. 2. 10.>]

다. 제척기간

(1) 민법 제840조 제1호의 경우

부정행위를 원인으로 한 이혼청구권은 다른 한쪽이 사전동의나 사후용서를 한 때 또는 그 사유를 안 날로부터 6월, 그 사유가 있는 날로부터 2년 안에 행사하지 않으면 소멸(민 제841조)

> ☞ 민법 [시행 2024. 5. 17.] [법률 제19409호, 2023. 5. 16., 타법개정]
> 제840조 (재판상 이혼원인) 부부의 일방은 다음 각호의 사유가 있는 경우에는 가정법원에 이혼을 청구할 수 있다. <개정 1990. 1. 13.>
>   1. 배우자에 부정한 행위가 있었을 때
>
> 제841조 (부정으로 인한 이혼청구권의 소멸) 전조제1호의 사유는 다른 일방이 사전동의나 사후 용서를 한 때 또는 이를 안 날로부터 6월, 그 사유있은 날로부터 2년을 경과한 때에는 이혼을 청구하지 못한다.

(2) 민법 제840조 제6호의 경우

민법 제840조 제6호 사유를 원인으로 한 이혼청구권은 그 사유를 안 날부터 6월, 그 사유가 있는 날부터 2년 안에 행사하지 아니하면 소멸하지만(민 제842조), 혼인을 계속하기 어려운 중대한 사유가 이혼소송 제기 시까지 계속되고 있는 경우 제척기간은 적용 여지 없다.

> ☞ 민법 [시행 2024. 5. 17.] [법률 제19409호, 2023. 5. 16., 타법개정]
> 제840조 (재판상 이혼원인) 부부의 일방은 다음 각호의 사유가 있는 경우에는 가정법원에 이혼을 청구할 수 있다. <개정 1990. 1. 13.>
>   6. 기타 혼인을 계속하기 어려운 중대한 사유가 있을 때

(3) 그 밖의 이혼원인의 경우

민법 제840조 제2호 내지 제5호의 각 사유에 대하여는 제척기간의 규정이 없으나,

이혼청구권은 행사기간을 정하지 않은 형성권이므로 특별한 존속기간의 정함이 없는 한 10년의 제척기간에 걸린다.

> ☞ **민법** [시행 2024. 5. 17.] [법률 제19409호, 2023. 5. 16., 타법개정]
> 제840조 (재판상 이혼원인) 부부의 일방은 다음 각호의 사유가 있는 경우에는 가정법원에 이혼을 청구할 수 있다. <개정 1990. 1. 13.>
>   2. 배우자가 악의로 다른 일방을 유기한 때
>   5. 배우자의 생사가 3년 이상 분명하지 아니한 때

라. 북한이탈주민 이혼사건

개정된 북한이탈주민법 19조의2(이혼의 특례)에 의하면, 같은 법 19조에 따라 가족관계등록 을 창설한 사람 중 북한에 배우자를 둔 사람은 그 배우자가 남한지역에 거주하는지 여부가 불명확한 경우 그 배우자를 상대로 서울가정법원에 이혼을 청구할 수 있다.

법원은 그 배우자에 대해 민사소송법 195조에 따른 공시송달 가능(1항, 2항, 4항) 이혼을 청구하려는 사람은 그 배우자가 보호대상자(같은 법 2조 2호)에 해당하지 아니함을 증명 하는 통일부장관의 서면을 첨부하여야 하고, 그 배우자에 대한 첫 공시송달은 실시한 날로 부터 2개월이 지나야 효력이 발생한다.

다만, 같은 당사자에게 첫 공시송달후에 하는 공시송달은 실시한 다음날부터 효력이 발생한다(북한이탈주민법 19조의2 3항, 4항)

북한이탈주민이 북한에 배우자를 두고서 탈북한 경우 북한에서의 혼인생활 경위나 탈북한 경위, 북한으로 돌아가지 못한 경위, 부부가 함께 탈북하였다가 제3국에서 헤어지게 된 경우는 헤어지게 된 경위 등 혼인관계가 파탄에 이르게 된 경우에 관해 심리해야 한다.

청구이유에 대하여 기록해야 한다.

> ☞ **북한이탈주민의 보호 및 정착지원에 관한 법률** [시행 2024. 8. 7.] [법률 제20185호, 2024. 2. 6., 일부개정]
> 제19조의2 (이혼의 특례) ① 제19조에 따라 가족관계 등록을 창설한 사람 중 북한에 배우자를 둔 사람은 그 배우자가 남한에 거주하는지 불명확한 경우 이혼을 청구할 수 있다.

② 제19조에 따라 가족관계 등록을 창설한 사람의 가족관계등록부에 배우자로 기록된 사람은 재판상 이혼의 당사자가 될 수 있다.
③ 제1항에 따라 이혼을 청구하려는 사람은 배우자가 보호대상자에 해당하지 아니함을 증명하는 통일부장관의 서면을 첨부하여 서울가정법원에 재판상 이혼청구를 하여야 한다.
④ 서울가정법원이 제2항에 따른 재판상 이혼의 당사자에게 송달을 할 때에는 「민사소송법」 제195조에 따른 공시송달(公示送達)로 할 수 있다. 이 경우 첫 공시송달은 실시한 날부터 2개월이 지나야 효력이 생긴다. 다만, 같은 당사자에게 첫 공시송달 후에 하는 공시송달은 실시한 다음 날부터 효력이 생긴다.
⑤ 제4항의 기간은 줄일 수 없다. [전문개정 2010. 3. 26.]

☞ 민사소송법 [시행 2025. 7. 12.] [법률 제19516호, 2023. 7. 11., 일부개정]
제195조 (공시송달의 방법) 공시송달은 법원사무관등이 송달할 서류를 보관하고 그 사유를 법원게시판에 게시하거나, 그 밖에 대법원규칙이 정하는 방법에 따라서 하여야 한다.

6. 사건 유형별 준거법

가. 이혼사건의 준거법

국제사법은 혼인의 일반적 효력은, ① 부부의 동일한 본국법, ② 부부의 동일한 상거소지법, ③ 부부와 가장 밀접한 관련이 있는 곳의 법의 순위에 의한다고 규정(국제사법 제64조)

☞ 국제사법 [시행 2022. 7. 5.] [법률 제18670호, 2022. 1. 4., 전부개정]
제64조 (혼인의 일반적 효력) 혼인의 일반적 효력은 다음 각 호의 법의 순위에 따른다.
   1. 부부의 동일한 본국법
   2. 부부의 동일한 일상거소지법
   3. 부부와 가장 밀접한 관련이 있는 곳의 법

이혼의 준거법에 관하여 혼인의 효력에 관한 준거법을 지정한 제64조의 규정을 준용하되, 부부중 한쪽이 대한민국에 상거소가 있는 대한민국 국민인 경우는 대한민국 법에 의하도록 규정(국제사법 제66조)

> ☞ 국제사법 [시행 2022. 7. 5.] [법률 제18670호, 2022. 1. 4., 전부개정]
> 제66조 (이혼) 이혼에 관하여는 제64조를 준용한다. 다만, 부부 중 한쪽이 대한민국에 일상거소가 있는 대한민국 국민인 경우 이혼은 대한민국 법에 따른다.

따라서 이 경우 원고와 피고가 대한민국에서 혼인생활을 했다면 대한민국을 국제사법 제37조 제3호의 부부와 가장 밀접한 관련이 있는 곳으로 볼 수 있을 것이다.

'가장 밀접한 관련이 있는 곳'에 대하여 가족관계등록예규 제590호는 다음과 같이 규정하고 있다.

> 가장 밀접한 관련이 있는 곳의 법을 국제신분행위의 준거법으로 하고자 하는 경우, 해당 장소가 신분행위당사자와 가장 밀접한 관련이 있는 곳인지는 구체적 상황에 있어서 당사자의 체류기간, 체류목적, 가족관계, 근무관계 등 관련 요소를 종합적으로 고려하여 판단할 것이며, 그 판단이 어려울 때는 감독법원에 질의하고 그 회답을 얻어 처리한다.

[예규 25] 신분관계를 형성하는 국제신분행위를 함에 있어 신분행위의 성립요건 구비여부의 증명절차에 관한 사무처리지침

신분관계를 형성하는 국제신분행위를 함에 있어 신분행위의 성립요건 구비여부의 증명절차에 관한 사무처리지침

제정 2007.12.10 가족관계등록예규 제33호
개정 2015.01.08 가족관계등록예규 제427호
개정 2022.06.08 가족관계등록예규 제590호

신분관계를 형성하는 국제신분행위를 함에 있어 신분행위의 성립요건구비여부의 증명절차에 관하여는 따로 다른 예규에서 정하고 있는 사항을 제외하고 이 지침에 따라 처리하여야 한다.

1. 한국인과 외국인 사이 또는 한국인 사이에 외국에서 그 나라 방식에 의하여 신분관계를 형성하는 신분행위를 하는 경우 한국인의 해당 신분행위성립요건구비증명서의 발급
   가. 사건본인인 한국인은 해당 신분행위의 성립요건구비증명서의 발급을 별지 제1호 서식에 의하여 등록기준지 시(구)·읍·면의 장에게 청구하거나 등록사항별 증명서를 첨부하여 등록기준지를 관할하는 지방법원장(지원장) 또는 거주지 관할 재

외공관의 장(대사, 영사, 공사)에게 청구할 수 있다.
   나. 위 "가"의 청구를 받은 시(구)·읍·면의 장, 지방법원장 또는 재외공관의 영사 등은 등록사항별 증명서에 의하여 사건본인의 해당 신분행위에 대한 성립요건 구비여부를 심사한 후 법률적 장애가 없다고 판단되는 경우에는 별지 제2호 또는 제3호 서식에 의한 증명서를 발급한다.
   다. 위 "가"의 청구서는 열람 및 증명청구접수부에 접수하고 "나"의 증명서를 발급한 경우에는 그 사본 1부와 함께 가족관계등록민원청구서편철장에 편철한다.

2. 한국인과 외국인 사이 또는 외국인 사이에 한국에서 한국법의 방식에 따라 신분관계를 형성하는 신분행위를 하는 경우 외국인의 해당 신분행위의 성립요건 구비여부의 증명
   가. 사건본인인 외국인이 해당 신분행위의 준거법과 그 신분행위당사자와의 관련을 증명하는 서면(별표 참조) 및 그 준거법 소속국의 권한 있는 기관(해당 국가의 관공서, 재외공관)이 발급한 해당 신분행위의 성립요건을 구비하고 있다는 증명서를 가족관계등록신고서에 첨부하면, 시(구)·읍·면의 장은 그 요건을 구비한 것으로 보고 그 신고서를 수리하여야 한다. 이때 그 신분행위의 준거법이 한국법이면 위 신분행위의 성립요건구비증명서는 첨부할 필요가 없다.
   나. 외국인이 그 준거법상 "가"의 증명서제도가 존재하지 않기 때문에 그러한 증명서를 신고서에 첨부할 수 없는 경우에는 준거법 소속국의 한국주재 재외공관의 영사 등의 앞에서 사건본인이 선서한 선서서(해당 신분행위를 함에 있어 준거법상 어떠한 법률적 장애도 없다는 뜻을 구체적으로 명시하여 선서하고 재외공관의 영사 등이 그것을 증명 또는 서명한 서면)를 제출하여 위 "가"의 증명서를 갈음할 수 있다.
   다. 외국인이 위 "가"의 증명서나 "나"의 선서서를 첨부할 수 없는 경우(예를 들면 외교관계가 없는 국가의 국민인 경우)에는, 그러한 서면 등을 얻을 수 없다는 뜻과 준거법에 의한 해당 신분행위의 실질적 성립요건을 구비하고 있다는 뜻을 기재한 서면을 공증 받아 제출함과 동시에 준거법 소속국의 권한 있는 기관으로부터 발급받은 신분관계를 증명하는 서면(예: 출생증명서, 여권사본 등) 또는 외국인등록증명서(외국인등록부에 기재되어 있는 신분관계 사항을 함께 적는다)를 첨부하도록 하여, 그러한 자료에 의하여 준거법상 당해 신분행위의 성립요건 구비여부를 심사한 후 그 수리여부를 결정한다.
   라. 위 "다"의 공증서면은 준거법상 해당 신분행위의 요건을 모두 구비하고 있음을 요건별로 구체적으로 기재한 것이어야 하며, 단순히 「이 신분행위를 함에 있어 준거법상의 모든 요건을 구비하고 있음」과 같이 형식적이고 추상적으로 기재한

것만으로는 충분하지 아니하다.

3. 상거소의 인정

상거소란 사실상 생활의 중심지로 일정기간 지속된 장소를 말하는바, 상거소지법을 국제신분행위의 준거법으로 하고자 하는 경우에는 다음의 기준에 의하여 상거소인지를 판단할 수 있다.

가. 우리나라에서의 상거소 인정

(1) 사건본인이 한국인인 경우

사건본인의 주소가 국내에 있는 경우에는 외국에 상거소가 있는 것으로 판명되지 않는 한 우리나라에 상거소가 있는 것으로 볼 것이다. 또한 사건본인이 국외로 전출하여 그 주민등록이 말소된 경우에도 출국일로부터 1년 이내라면 우리나라에 상거소가 있는 것으로 볼 것이며, 출국일로부터 1년 이상 5년 이내라면 3.의 나. (1)의 단서에 따라 상거소가 인정되는 경우를 제외하고는 우리나라에 상거소가 있는 것으로 볼 수 있다.

(2) 사건본인이 외국인인 경우

사건본인이 우리나라에서 체류한 기간 및 「출입국관리법」 제10조의 체류자격(「출입국관리법시행령」 별표 참조)에 따라 다음과 같이 처리하며, 그 체류기간 및 체류자격은 외국인등록증 및 여권 등을 자료로 판단할 것이다.

(가) 다음은 우리나라에 상거소가 있는 것으로 처리한다.

① 우리나라에서 출생한 외국인으로서 출국한 적이 없는 사람

② 체류자격이 "거주"인 외국인으로서 1년 이상 계속하여 체류하고 있는 사람

③ 「출입국관리법」 제31조의 외국인등록을 한 외국인(장기체류자), 그 배우자 및 미성년인 자녀로서 5년 이상 계속하여 체류하고 있는 사람 (단, ②의 요건 해당자는 제외한다)

(나) 다음은 우리나라에 상거소가 없는 것으로 처리한다.

① 주한 외교사절, 주한 미군, 단기체류자 등 「출입국관리법」 제31조 단서의 외국인등록이 면제된 사람

② 불법입국자 및 불법체류자

나. 외국에서의 상거소 인정

(1) 사건본인이 한국인인 경우

사건본인이 해당 국가에서 적법하게 5년 이상 계속하여 체류하고 있는 경우에는 그 국가에 상거소가 있는 것으로 볼 것이다. 다만, 사건본인이 ① 복수국적자인 경우에 우리나라 이외의 국적국, ② 영주자격을 가지는 국가, ③ 배

우자 또는 미성년인 양자로서 체류하고 있는 경우에는 그 외국인 배우자 또는 양친의 국적국에서 1년 이상 계속하여 체류하면 그 체류국가에 상거소가 있다고 할 것이다.

(2) 사건본인이 외국인인 경우

사건본인의 국적국에서의 상거소 인정에 관하여는 3.의 가. (1)에 준하여 처리하고, 국적국 이외의 국가에서의 상거소 인정에 관하여는 3.의 가. (2)에 준하여 처리할 것이다.

4. 가장 밀접한 관련이 있는 곳의 인정

가장 밀접한 관련이 있는 곳의 법을 국제신분행위의 준거법으로 하고자 하는 경우, 해당 장소가 신분행위당사자와 가장 밀접한 관련이 있는 곳인지는 구체적 상황에 있어서 당사자의 체류기간, 체류목적, 가족관계, 근무관계 등 관련 요소를 종합적으로 고려하여 판단할 것이며, 그 판단이 어려울 때에는 감독법원에 질의하고 그 회답을 받아 처리한다.

부 칙

이 예규는 2008년 1월 1일부터 시행한다.

부 칙 (2015.01.08 제427호)

이 예규는 2015년 2월 1일부터 시행한다.

부 칙 (2022.06.08 제590호)

이 예규는 2022년 7월 5일부터 시행한다.

이혼의 준거법의 적용범위는 원칙적으로 이혼에 따른 모든 문제에 적용되는 것으로서, 이혼의 허용 여부, 이혼의 방법(재판상 이혼, 협의성 이혼), 이혼의 원인, 이혼의 효과 등이 이에 해당되고 준거법이 우리나라의 공서양속에 반하지 않으면 그 적용에 문제가 없다.

그 밖에 이혼에 부수하여 발생하는 각종 신분상 또는 재산상의 효과로 위자료, 재산분할, 친권자. 양육자 지정, 부부 사이의 부양의무의 존속 등이 문제될 수 있다.

이혼에 따른 위자료청구권에 대하여는 이혼의 준거법에 의한다는 설과 불법행위의 준거법에 의한다는 설이 대립하나, 이혼의 준거법에 따라야 한다는 견해가 우세하다.

이혼에 따른 친권자 및 양육자 지정의 준거법은 이혼의 준거법이 아닌 친자간의 법률관계를 규정한 국제사법 72조의 규정에 따른다는 것이 다수의 견해이다.

국제사법 72조는 "친자간의 법률관계는 부모와 자의 본국법이 모두 동일한 경우는 그 법에 의하고, 그 외의 경우는 자의 상거소지법에 의한다."고 규정하고 있는바, 부모와 자의 본국법이 동일하지 않은 사안에서 자의 상거소지가 대한민국에 있는 경우는 민법이 준거법 이혼에 따른 재산분할 역시 실무에서는 이혼의 준거법을 적용하여 처리하고 있다.

국제사법 73조 2항은 "대한민국에서 이혼이 이루어지거나 승인된 경우에 이혼한 당사자 간의 부양의무는 그 이혼에 관하여 적용된 법에 의한다."고 하여 일반적인 부양의무에 관한 46조 1항을 명시적으로 배제하고 있다.

> ☞ **국제사법** [시행 2022. 7. 5.] [법률 제18670호, 2022. 1. 4., 전부개정]
> **제72조 (부모·자녀 간의 법률관계)** 부모·자녀 간의 법률관계는 부모와 자녀의 본국법이 모두 동일한 경우에는 그 법에 따르고, 그 외의 경우에는 자녀의 일상거소지법에 따른다.
>
> **제73조 (부양)** ① 부양의 의무는 부양권리자의 일상거소지법에 따른다. 다만, 그 법에 따르면 부양권리자가 부양의무자로부터 부양을 받을 수 없을 때에는 당사자의 공통 본국법에 따른다.
> ② 대한민국에서 이혼이 이루어지거나 승인된 경우에 이혼한 당사자 간의 부양의무는 제1항에도 불구하고 그 이혼에 관하여 적용된 법에 따른다.
> ③ 방계혈족 간 또는 인척 간의 부양의무와 관련하여 부양의무자는 부양권리자의 청구에 대하여 당사자의 공통 본국법에 따라 부양의무가 없다는 주장을 할 수 있으며, 그러한 법이 없을 때에는 부양의무자의 일상거소지법에 따라 부양의무가 없다는 주장을 할 수 있다.
> ④ 부양권리자와 부양의무자가 모두 대한민국 국민이고, 부양의무자가 대한민국에 일상거소가 있는 경우에는 대한민국 법에 따른다.

나. 혼인무효사건의 준거법

국제사법 63조 1항은 "혼인의 성립요건은 각 당사자에 관하여 그 본국법에 의한

다."고 규정

> ☞ **국제사법** [시행 2022. 7. 5.] [법률 제18670호, 2022. 1. 4., 전부개정]
> **제63조 (혼인의 성립)** ① 혼인의 성립요건은 각 당사자에 관하여 그 본국법에 따른다.
>   ② 혼인의 방식은 혼인을 한 곳의 법 또는 당사자 중 한쪽의 본국법에 따른다. 다만, 대한민국에서 혼인을 하는 경우에 당사자 중 한쪽이 대한민국 국민인 때에는 대한민국 법에 따른다.

국제혼인무효사건은 양쪽의 혼인의사가 없거나, 피고인 외국인 한쪽의 혼인의사가 없음을 이유로 하는 것이 대부분인데, 혼인의사의 존부에 대해서는 종래 이를 당사자 한쪽에 대하여만 문제가 되는 일면적 요건으로 해석하였고, 실무도 같은 입장을 취하고 있음 그런데 최근에는 한국인과 외국인 사이의 혼인에 관하여 혼인의사의 결여를 이유로 혼인 무효를 주장하는 사안에서 외국인에 대한 준거법을 적용할 필요 없이 한국인에 대한 준거법인 민법 815조 1호의 규정을 적용하는 실무례도 있다.

> ☞ **민법** [시행 2024. 5. 17.] [법률 제19409호, 2023. 5. 16., 타법개정]
> **제815조 (혼인의 무효)** 혼인은 다음 각 호의 어느 하나의 경우에는 무효로 한다. <개정 2005. 3. 31.>
>   1. 당사자간에 혼인의 합의가 없는 때
>   2. 혼인이 제809조제1항의 규정을 위반한 때
>   3. 당사자간에 직계인척관계(直系姻戚關係)가 있거나 있었던 때
>   4. 당사자간에 양부모계의 직계혈족관계가 있었던 때
> [헌법불합치, 2018헌바115, 2022.10.27, 민법(2005. 3. 31. 법률 제7427호로 개정된 것) 제815조 제2호는 헌법에 합치되지 아니한다. 위 법률조항은 2024. 12. 31.을 시한으로 개정될 때까지 계속 적용된다.]

다. 혼인취소사건의 준거법

국제혼인취소사건은 주로 한국인인 원고가 외국인인 피고의 기망으로 혼인신고를 하였다는 것을 이유로 하는 것인바, 이러한 혼인의사 흠은 혼인의 실질적 성립요건과 관련된 것으로서 일면적 요건 흠결의 경우이므로 흠결된 당사자의 본국법인 한국 민법이 적용된다.

7. 이혼확정판결 효력

 재판상 (이혼은 확정판결) 또는 이와 (동일한 효력)이 인정되는 재판에 의한 이혼을 말한다. 우리나라 법원의 이혼 확정판결과 동일한 효력이 인정되는 재판에는 조정, 확정된 조정을 갈음하는 결정, 재판상 화해, 확정된 화해권고결정 등이 있다(가사소송법 제59조, 민사소송법 제220조, 제231조).

☞ **가사소송법** [시행 2023. 10. 19.] [법률 제19354호, 2023. 4. 18., 타법개정]

제59조 (조정의 성립) ① 조정은 당사자 사이에 합의된 사항을 조서에 적음으로써 성립한다.

② 조정이나 확정된 조정을 갈음하는 결정은 재판상 화해와 동일한 효력이 있다. 다만, 당사자가 임의로 처분할 수 없는 사항에 대하여는 그러하지 아니하다. [전문개정 2010. 3. 31.]

☞ **민사소송법** [시행 2025. 7. 12.] [법률 제19516호, 2023. 7. 11., 일부개정]

제220조 (화해, 청구의 포기·인낙조서의 효력) 화해, 청구의 포기·인낙을 변론조서·변론준비기일조서에 적은 때에는 그 조서는 확정판결과 같은 효력을 가진다.

제231조 (화해권고결정의 효력) 화해권고결정은 다음 각호 가운데 어느 하나에 해당하면 재판상 화해와 같은 효력을 가진다.
  1. 제226조제1항의 기간 이내에 이의신청이 없는 때
  2. 이의신청에 대한 각하결정이 확정된 때
  3. 당사자가 이의신청을 취하하거나 이의신청권을 포기한 때

가. 우리나라 판결에 의한 이혼

 이혼판결이 확정된 경우 소를 제기한 사람은 재판의 확정일부터 1개월 이내에 재판서 등본 및 확정증명서를 첨부하여 그 취지를 신고하여야 한다(가족관계등록법 제78조, 제58조) 이혼소송의 상대방도 신고할 수 있으나 법정기간을 도과한 후 신고한 경우 신고를 게을리 한 사람은 어디까지나 소 제기자이며(예규 제309호), 소의 상대방에게 과태료가 부과되는 것은 아니다.

☞ 가족관계의 등록 등에 관한 법률 [시행 2024. 7. 19.] [법률 제19547호, 2023. 7. 18., 일부개정]

제58조 (재판에 의한 인지) ① 인지의 재판이 확정된 경우에 소를 제기한 사람은 재판의 확정일부터 1개월 이내에 재판서의 등본 및 확정증명서를 첨부하여 그 취지를 신고하여야 한다.

② 제1항의 신고서에는 재판확정일을 기재하여야 한다.

③ 제1항의 경우에는 그 소의 상대방도 재판서의 등본 및 확정증명서를 첨부하여 인지의 재판이 확정된 취지를 신고할 수 있다. 이 경우 제2항을 준용한다.

제78조 (준용규정) 제58조는 이혼의 재판이 확정된 경우에 준용한다.

[예규 26] 확정판결(조정)에 의한 신고 등

확정판결(조정)에 의한 신고 등

제정 2008.01.01 가족관계등록예규 제84호
개정 2009.07.17 가족관계등록예규 제309호

1. 「가족관계의 등록 등에 관한 법률」 제58조(같은 조가 준용되는 경우를 포함한다)의 재판에는 「가사소송법」에 따른조정의 성립(조정조서 작성의 경우)도 포함되며 조정성립일부터 1개월 경과시 조정조서 송달증명을 첨부하게 한다.
2. 소 제기자가 법정기간을 도과한 후 상대방이 신고한 경우의 신고를 게을리 한 사람은 어디까지나 소 제기자이다.
3. 「가사소송규칙」 제7조의 판결·심판(조정을 포함한다)이 확정(성립)되면, 법원은 지체없이 등록기준지시(구)·읍·면의장에게 빠짐없이 통지(그 통지서에 가급적 재판서 등본을 첨부한다)를 하여야 한다.
4. 가족관계등록공무원은 전항의 통지를 받고 법정기간 내에 소 제기자 또는 상대방의 신고가 없으면 지체 없이 「가족관계의 등록 등에 관한 법률」제38조와 같은 법 제18조에 따라 직권정정(정리)을 하여야 한다.

부 칙

이 예규는 2008년 1월 1일부터 시행한다.

나. 외국 판결에 의한 이혼

외국법원의 이혼판결은 민사소송법 제217조가 정하는 승인요건을 구비하는 한 우리나라에서도 효력이 있으며, 외국판결에 의한 이혼신고도 한국판결에 의한 이혼신고와 동일한 절차에 따른다. 즉 집행판결을 필요로 하지 않는다(예규 제419호).

외국판결에 의한 이혼신고를 한 경우, 신고서에 첨부된 판결의 정본 또는 등본에 의하여 해당 외국판결이 민사소송법 제217조의 외국판결 승인요건을 구비하고 있는지 여부를 심사하여 그 수리여부를 결정하여야 한다.

승인요건 구비여부가 명백하지 않거나, 외국판결의 확정여부가 불분명한 경우, 송달의 적법여부가 불분명한 경우, 외국법원의 판결절차가 진행될 당시 피고가 해당 외국에 거주하지 않은 경우, 그 밖에 외국판결의 효력이 의심스러운 경우에는 반드시 관계서류 전부를 첨부하여 감독법원에 질의하고 그 회답을 받아 처리하여야 한다. 그러나 위 경우에도, 외국판결 상의 피고인 대한민국 국민이 해당 외국판결에 의한 이혼신고에 동의하거나 스스로 이혼신고를 한 경우, 외국법원의 이혼판결에 대하여 집행판결을 받은 경우에는 감독법원에 질의하지 않고 수리할 수 있다(예규 제419호).

☞ **민사소송법** [시행 2021. 1. 1.] [법률 제17689호, 2020. 12. 22., 타법개정]
제217조 (외국재판의 승인) ① 외국법원의 확정판결 또는 이와 동일한 효력이 인정되는 재판(이하 "확정재판등"이라 한다)은 다음 각호의 요건을 모두 갖추어야 승인된다. <개정 2014. 5. 20.>
  1. 대한민국의 법령 또는 조약에 따른 국제재판관할의 원칙상 그 외국법원의 국제재판관할권이 인정될 것
  2. 패소한 피고가 소장 또는 이에 준하는 서면 및 기일통지서나 명령을 적법한 방식에 따라 방어에 필요한 시간여유를 두고 송달받았거나(공시송달이나 이와 비슷한 송달에 의한 경우를 제외한다) 송달받지 아니하였더라도 소송에 응하였을 것
  3. 그 확정재판등의 내용 및 소송절차에 비추어 그 확정재판등의 승인이 대한민국의 선량한 풍속이나 그 밖의 사회질서에 어긋나지 아니할 것

4. 상호보증이 있거나 대한민국과 그 외국법원이 속하는 국가에 있어 확정재판등의 승인요건이 현저히 균형을 상실하지 아니하고 중요한 점에서 실질적으로 차이가 없을 것
② 법원은 제1항의 요건이 충족되었는지에 관하여 직권으로 조사하여야 한다. <신설 2014. 5. 20.> [제목개정 2014. 5. 20.]

[예규 27] 외국법원의 이혼판결에 의한 가족관계등록사무 처리지침

외국법원의 이혼판결에 의한 가족관계등록사무 처리지침

제정 2007.12.10 가족관계등록예규 제173호
개정 2015.01.08 가족관계등록예규 제419호

1. 외국법원의 이혼판결은 「민사소송법」 제217조가 정하는 조건을 구비하는 한 우리나라에서도 그 효력이 있다.
2. 제1항의 외국판결에 의한 이혼신고는 우리나라 판결에 의한 이혼신고와 마찬가지로 「가족관계의 등록 등에 관한 법률」 제78조, 제58조에 따른 절차를 따르되 그 신고에는 그 판결의 정본 또는 등본과 판결 확정증명서, 패소한 피고가 소장 또는 이에 준하는 서면 및 기일통지서나 명령을 적법한 방식에 따라 방어에 필요한 시간여유를 두고 송달 받았거나(공시송달이나 이와 비슷한 송달에 의한 경우를 제외한다) 송달받지 아니하였더라도 소송에 응한 서면(판결의 정본 또는 등본에 의하여 이점이 명백하지 아니한 경우에 한한다) 및 위 각 서류의 번역문을 첨부하여야 한다. 다만, 외국(예: 호주)법원의 정본 또는 등본과 그 확정증명서를 갈음하여 이혼증명서를 발급한 경우에는 그 증명서를 첨부할 수 있다.
3. 제2항에 따른 이혼신고가 제출된 경우 가족관계등록공무원은 이혼신고에 첨부된 판결의 정본 또는 등본에 의하여 해당 외국판결이 「민사소송법」 제217조가 정하는 각 조건을 구비하고 있는지의 여부를 심사하여 그 수리여부를 결정하여야 할 것인 바, 그 조건의 구비여부가 명백하지 아니하거나 다음 각 호에 해당하는 경우에는 반드시 관계서류 전부를 첨부하여 감독법원에 질의하고 그 회답을 받아 처리하여야 한다.
  가. 외국판결의 확정여부가 불분명한 경우.
  나. 송달의 적법여부가 불분명한 경우.
  나. 외국법원의 판결절차가 진행될 당시 피고가 해당 외국에 거주하지 않은 경우.

라. 그 밖에 외국판결의 효력이 의심스러운 경우.
4. 다음의 경우에는 제3호에도 불구하고 감독법원에 질의를 요하지 아니한다.
　가. 외국판결상의 피고인 대한민국 국민이 해당 외국판결에 의한 이혼신고에 동의하거나 스스로 이혼신고를 한 경우.
　나. 외국법원의 이혼판결에 대하여 「민사집행법」 제26조 및 제27조에 따른 집행판결을 받은 경우.

부　칙

이 예규는 2008년 1월 1일부터 시행한다.

부　칙 (2015.01.08 제419호)

제1조 (시행일) 이 예규는 2015년 2월 1일부터 시행한다.
제2조 (다른 예규의 폐지) 가족관계등록예규 제174호는 이 예규 시행과 동시에 폐지한다.

다. 이혼의 성립시기

재판상 이혼은 우리나라 판결에 의한 것이든 외국법원의 판결에 의한 것이든 해당 판결이 확정된 때 효력이 발생한다. 즉 이혼신고를 한 때가 아니라, 이혼소송의 인용판결이 확정된 때 이혼이 성립하며, 재판상 이혼신고는 보고적 신고에 해당한다.

우리나라 법원의 가사조정이나 확정된 조정을 갈음하는 결정, 재판상 화해, 확정된 화해권고결정은 모두 확정판결과 동일한 효력이 있으며(가사소송법 제59조, 민사소송법 제220조, 제231조), 조정 또는 화해성립일이나 조정을 갈음하는 결정 또는 화해권고결정 확정일에 이혼이 성립한다.

☞ **가사소송법** [시행 2023. 10. 19.] [법률 제19354호, 2023. 4. 18., 타법개정]
제59조 (조정의 성립) ① 조정은 당사자 사이에 합의된 사항을 조서에 적음으로써 성립한다.
　② 조정이나 확정된 조정을 갈음하는 결정은 재판상 화해와 동일한 효력이 있다. 다

만, 당사자가 임의로 처분할 수 없는 사항에 대하여는 그러하지 아니하다. [전문개정 2010. 3. 31.]

☞ 민사소송법 [시행 2025. 7. 12.] [법률 제19516호, 2023. 7. 11., 일부개정]
제220조 (화해, 청구의 포기·인낙조서의 효력) 화해, 청구의 포기·인낙을 변론조서·변론준비기일조서에 적은 때에는 그 조서는 확정판결과 같은 효력을 가진다.

제231조 (화해권고결정의 효력) 화해권고결정은 다음 각호 가운데 어느 하나에 해당하면 재판상 화해와 같은 효력을 가진다.
  1. 제226조제1항의 기간 이내에 이의신청이 없는 때
  2. 이의신청에 대한 각하결정이 확정된 때
  3. 당사자가 이의신청을 취하하거나 이의신청권을 포기한 때

라. 이혼신고서의 기재와 첨부서류 등

(1) 신고인

우리나라 방식으로 협의이혼을 하는 경우, 당사자 일방만이 이혼신고서를 제출한 경우에도 신고서에 가정법원의 확인서 등본이 첨부되어 있으면 수리하여야 한다(예규 제613호 제21조).

외국 방식에 의하여 이혼이 성립한 경우, 그 이혼증서 등본은 이혼당사자 1명이 제출할 수 있다(예규 제486호)

판결에 의하여 이혼이 성립한 경우에는 소 제기자는 신고의무자로서, 상대방은 신고적격자로서 신고할 수 있다(가족관계등록법 제78조, 제58조 제1항, 제3항). 외국판결에 의하여 이혼이 성립한 경우에도 동일하다(예규 제419호).

☞ 가족관계의 등록 등에 관한 법률 [시행 2024. 7. 19.] [법률 제19547호, 2023. 7. 18., 일부개정]
제58조 (재판에 의한 인지) ① 인지의 재판이 확정된 경우에 소를 제기한 사람은 재판의 확정일부터 1개월 이내에 재판서의 등본 및 확정증명서를 첨부하여 그 취지를 신고하여야 한다.

③ 제1항의 경우에는 그 소의 상대방도 재판서의 등본 및 확정증명서를 첨부하여 인지의 재판이 확정된 취지를 신고할 수 있다. 이 경우 제2항을 준용한다.

제78조 (준용규정) 제58조는 이혼의 재판이 확정된 경우에 준용한다.

[예규 28] 협의이혼의 의사확인사무 및 가족관계등록사무 처리지침

협의이혼의 의사확인사무 및 가족관계등록사무 처리지침

개정 2020.03.25 가족관계등록예규 제551호
개정 2022.12.23 가족관계등록예규 제613호

제21조 (협의이혼의 신고장소 등) 이혼의사확인신청의 관할 법원이 당사자의 등록기준지로 되어 있더라도 이혼신고는 주소지 또는 현재지에서도 할 수 있으며, 당사자 일방만이 이혼신고서를 제출한 경우에도 신고서에 확인서등본이 첨부되어 있으면 수리하여야 한다.

부　　칙 (2022.12.23 제613호)

이 예규는 즉시 시행한다.

[예규 29] 외국에 거주하고 있는 한국인의 가족관계등록신고절차 등에 관한 사무처리지침

외국에 거주하고 있는 한국인의 가족관계등록신고절차 등에 관한 사무처리지침

제정 2007.12.10 가족관계등록예규 제30호
개정 2015.06.10 가족관계등록예규 제466호
개정 2016.02.17 가족관계등록예규 제486호

1. 가족관계등록신고의 의무 및 신고 가부
   가. 외국에 거주하고 있는 한국인은 한국에 거주하고 있는 사람과 동일하게 보고적 신고사항에 대하여「가족관계의 등록 등에 관한 법률」에 따른 가족관계등록신고의 의무를 진다.
   나. 보고적 신고대상인 신분변동사실에 대하여 거주지 나라의 법에 따라 그 나라 관공서 등에 가족관계등록신고를 한 경우에도 동일한 신고사항에 대한「가족관계의 등록 등에 관한 법률」상의 신고의무가 면제되는 것은 아니다.
   다. 신고의무가 있는 보고적 신고사항에는 출생, 사망과 같은 고유의 보고적 신고와 재판상 인지신고, 재판상 이혼신고, 외국의 방식에 의한 신고사건에 대한 증서를 작성한 경우 등과 같은 전래의 보고적 신고가 모두 포함된다.
   라. 등록기준지변경과 같은 절차적 창설적 신고사항과 혼인, 입양과 인지 등과 같은 실체적 창설적 신고사항 중 국제사법상 그 방식의 준거법이 한국법인 경우에는 「가족관계의 등록 등에 관한 법률」이 정한 절차에 따라 그 신고를 할 수 있다.

2. 외국에 있는 한국인의 가족관계등록신고절차
   가. 신고장소
      (1) 외국에 거주하고 있는 한국인은 거주하고 있는 지역에 재외공관이 설치되어 있는 경우에도 신고사건의 본인 등록기준지 시(구)·읍·면의 장 또는 「가족관계의 등록 등에 관한 법률」제4조의2의 재외국민 가족관계등록사무소 가족관계등록관(이하'가족관계등록관'이라 한다.)에게 직접 우편의 방법으로 제출하거나, 귀국하여 등록기준지 또는 현재지 시(구)·읍·면 또는 재외국민 가족관계등록사무소에 제출하는 방법으로 가족관계등록신고(보고적, 창설적 신고를 포함한다)를 할 수 있다.
      (2) 외국에 거주하고 있는 한국인은 그 지역을 관할하는 재외공관의 장 또는 재외공관에서 근무하는 가족관계등록관에게 가족관계등록신고를 할 수 있으나, 다른 지역을 관할하는 재외공관의 장 또는 재외공관에서 근무하는 가족관계등록관에게 가족관계등록신고를 할 수는 없다.
   나. 증서의 등본 제출방식에 의한 가족관계등록부의 기록절차
      (1) 증서의 등본 제출방식에 의하여 가족관계등록부에 기록을 할 수 있는 경우는 외국에 거주하고 있는 한국인이 그 거주지 나라 방식에 의하여 실체적인 창설적 신분행위(혼인, 입양, 인지, 이혼과 파양 등)를 하여 신분행위가 성립된 경우에만 가능하다.
      (2) 외국에 거주하고 있는 한국인 사이 또는 한국인과 외국인 사이에 그 거주지

나라의 방식에 의하여 신분행위를 할 수 있는 것은 국제사법상 그 신분행위 방식의 준거법으로 행위지법을 적용할 수 있는 경우를 말한다.
  - (3) 증서의 방식은 나라에 따라 상이하고 다양하나 관공서 등 일정한 권한을 가진 사람이 그 신분행위가 성립된 사실을 증명한 서면이면 그 명칭에도 불구하고 인정된다.
  - (4) 증서의 등본은 신분행위 당사자 1명이 그 지역을 관할하는 재외공관의 장이나 사건본인인 한국인의 등록기준지 시(구)·읍·면의 장 또는 가족관계등록관에게 우편의 방법을 이용하거나 직접 제출할 수 있다.
 다. 외국에 거주하는 한국인이 거주지 방식으로 그 관공서 등에 신분변동사항에 관한 보고적 신고를 한 경우의 가족관계등록신고절차
  - (1) 거주지 나라의 법이 정한 방식에 따라 그 나라 관공서 등에 한 신분변동사항에 대한 보고적 신고는 「가족관계의 등록 등에 관한 법률」에 따른 유효한 가족관계등록신고로 볼 수 없으므로, 따로 가족관계등록신고를 하여야 한다.
  - (2) 외국에 거주하고 있는 한국인이 신분변동사항에 대하여 거주지 나라 방식에 따라 보고적 신고를 한 후 그 "수리증명서" 등을 교부 받은 경우에도, 위 "나" 항의 증서의 등본 제출방식에 의한 가족관계등록부의 기록은 할 수 없다.
  - (3) 외국에 거주하고 있는 한국인이 출생, 사망 등과 같은 보고적 신고(고유의 의미)를 하는 경우에는, 가족관계등록신고서에 첨부하여야 할 출생증명서나 사망증명서 등을 갈음하여 그 거주지 나라의 방식에 의해 신고한 사실을 증명하는 서면(예: 수리증명서 등)을 첨부할 수 있다.
  - (4) 외국에 거주하고 있는 한국인이 외국 법원의 확정판결을 받아 재판상 이혼신고, 재판상 인지신고와 같은 보고적 신고(전래적 의미)를 하는 경우, 거주지 나라 방식에 의해 신고한 사실을 증명하는 서면으로는 가족관계등록신고서에 첨부하여야 할 확정판결과 집행판결을 갈음할 수 없다.

부　칙

이 예규는 2008년 1월 1일부터 시행한다.

부　칙 (2015.06.10 제466호)

이 예규는 2015년 7월 1일부터 시행한다.

부　칙 (2016.02.17 제486호)

이 예규는 2016년 3월 1일부터 시행한다.

[예규 30] 외국법원의 이혼판결에 의한 가족관계등록사무 처리지침

외국법원의 이혼판결에 의한 가족관계등록사무 처리지침

제정 2007.12.10 가족관계등록예규 제173호
개정 2015.01.08 가족관계등록예규 제419호

1. 외국법원의 이혼판결은 「민사소송법」 제217조가 정하는 조건을 구비하는 한 우리나라에서도 그 효력이 있다.
2. 제1항의 외국판결에 의한 이혼신고는 우리나라 판결에 의한 이혼신고와 마찬가지로 「가족관계의 등록 등에 관한 법률」 제78조, 제58조에 따른 절차를 따르되 그 신고에는 그 판결의 정본 또는 등본과 판결 확정증명서, 패소한 피고가 소장 또는 이에 준하는 서면 및 기일통지서나 명령을 적법한 방식에 따라 방어에 필요한 시간여유를 두고 송달 받았거나(공시송달이나 이와 비슷한 송달에 의한 경우를 제외한다) 송달받지 아니하였더라도 소송에 응한 서면(판결의 정본 또는 등본에 의하여 이점이 명백하지 아니한 경우에 한한다) 및 위 각 서류의 번역문을 첨부하여야 한다. 다만, 외국(예: 호주)법원의 정본 또는 등본과 그 확정증명서를 갈음하여 이혼증명서를 발급한 경우에는 그 증명서를 첨부할 수 있다.
3. 제2항에 따른 이혼신고가 제출된 경우 가족관계등록공무원은 이혼신고에 첨부된 판결의 정본 또는 등본에 의하여 해당 외국판결이 「민사소송법」 제217조가 정하는 각 조건을 구비하고 있는지의 여부를 심사하여 그 수리여부를 결정하여야 할 것인 바, 그 조건의 구비여부가 명백하지 아니하거나 다음 각 호에 해당하는 경우에는 반드시 관계서류 전부를 첨부하여 감독법원에 질의하고 그 회답을 받아 처리하여야 한다.
   가. 외국판결의 확정여부가 불분명한 경우.
   나. 송달의 적법여부가 불분명한 경우.
   다. 외국법원의 판결절차가 진행될 당시 피고가 해당 외국에 거주하지 않은 경우.
   라. 그 밖에 외국판결의 효력이 의심스러운 경우.
4. 다음의 경우에는 제3호에도 불구하고 감독법원에 질의를 요하시 아니한다.

가. 외국판결상의 피고인 대한민국 국민이 해당 외국판결에 의한 이혼신고에 동의하거나 스스로 이혼신고를 한 경우.

나. 외국법원의 이혼판결에 대하여 「민사집행법」 제26조 및 제27조에 따른 집행판결을 받은 경우.

부　칙

이 예규는 2008년 1월 1일부터 시행한다.

부　칙 (2015.01.08 제419호)

제1조 (시행일) 이 예규는 2015년 2월 1일부터 시행한다.
제2조 (다른 예규의 폐지) 가족관계등록예규 제174호는 이 예규 시행과 동시에 폐지한다.

(2) 이혼신고서의 기재사항

일반적인 신고서의 기재사항(가족관계등록법 제25조 제1항) 외에, 이혼신고서에는 당사자의 성명·본·출생연월일·주민등록번호 및 등록기준지를 기재하고, 당사자가 외국인인 때에는 성명·국적 및 외국인등록번호를 기재한다. 또한 당사자의 부모와 양부모의 성명·등록기준지 및 주민등록번호, 민법 제909조 제4항 또는 제5항에 따라 친권자가 정하여진 때에는 그 내용을 기재하여야 한다(가족관계등록법 제74조).

협의이혼신고는 신고함으로써 효력이 생기는 창설적 신고로, 당사자 쌍방과 성년자인 증인 2인의 연서한 서면으로 하여야 한다(민법 제836조 제2항). 그러나 협의이혼신고서에 가정법원의 확인서 등본이 첨부된 경우, 증인 2인의 연서가 있는 것으로 간주한다(가족관계등록법 제76조).

판결에 의한 이혼의 경우 판결법원명과 재판확정일을 기재하여야 한다(가족관계등록법 제78조, 제58조 제2항).

☞ **가족관계의 등록 등에 관한 법률** [시행 2024. 7. 19.] [법률 제19547호, 2023. 7. 18., 일부개정]

제25조 (신고서 기재사항) ① 신고서에는 다음 사항을 기재하고 신고인이 서명하거나 기명날인하여야 한다.
1. 신고사건
2. 신고연월일
3. 신고인의 출생연월일·주민등록번호·등록기준지 및 주소
4. 신고인과 신고사건의 본인이 다른 때에는 신고사건의 본인의 등록기준지·주소·성명·출생연월일 및 주민등록번호와 신고인의 자격

제58조 (재판에 의한 인지) ② 제1항의 신고서에는 재판확정일을 기재하여야 한다.

제74조 (이혼신고의 기재사항) 이혼의 신고서에는 다음 사항을 기재하여야 한다. <개정 2010. 5. 4.>
1. 당사자의 성명·본·출생연월일·주민등록번호 및 등록기준지(당사자가 외국인인 때에는 그 성명·국적 및 외국인등록번호)
2. 당사자의 부모와 양부모의 성명·등록기준지 및 주민등록번호
3. 「민법」 제909조제4항 또는 제5항에 따라 친권자가 정하여진 때에는 그 내용

제76조 (간주규정) 협의이혼신고서에 가정법원의 이혼의사확인서등본을 첨부한 경우에는 「민법」 제836조제2항에서 정한 증인 2인의 연서가 있는 것으로 본다.

제78조 (준용규정) 제58조는 이혼의 재판이 확정된 경우에 준용한다.

☞ 민법 [시행 2024. 5. 17.] [법률 제19409호, 2023. 5. 16., 타법개정]

제836조 (이혼의 성립과 신고방식) ② 전항의 신고는 당사자 쌍방과 성년자인 증인 2인의 연서한 서면으로 하여야 한다.

제909조 (친권자) ④ 혼인외의 자가 인지된 경우와 부모가 이혼하는 경우에는 부모의 협의로 친권자를 정하여야 하고, 협의할 수 없거나 협의가 이루어지지 아니하는 경우에는 가정법원은 직권으로 또는 당사자의 청구에 따라 친권자를 지정하여야 한다. 다만, 부모의 협의가 자(子)의 복리에 반하는 경우에는 가정법원은 보정을 명하거나 직권으로 친권자를 정한다. <개정 2005. 3. 31., 2007. 12. 21.>

(3) 첨부서류

(가) 협의이혼의 경우

한국인 부부 사이의 협의이혼신고서에는 가정법원의 확인서 등본을 첨부하여야 한다. 미성년 자녀가 있는 경우에는 친권자 지정 협의서 등본(또는 심판정본 및 확정증명서)도 첨부하여야 한다. 한국인과 외국인 사이에 외국 방식으로 협의이혼이 성립한 경우에는 그 이혼증서 등본과 번역문을 제출하고, 친권자 지정에 관한 소명자료가 있는 경우에는 그 자료도 첨부하여야 한다.

창설적 신고는 원칙적으로 불출석한 당사자의 신분증명서를 제시하거나 인감증명서를 첨부하여야 하지만, 가정법원의 확인서 등본이 첨부된 협의이혼신고서는 부부 중 한쪽이 제출할 수 있으므로(가족관계등록규칙 제79조), 이 경우 불출석한 당사자의 신분증명서의 제시나 인감증명서의 첨부를 요구해서는 안 된다(예규 제600호).

> ☞ 가족관계의 등록 등에 관한 규칙 [시행 2024. 7. 19.] [대법원규칙 제3140호, 2024. 3. 28., 일부개정]
> 제79조 (이혼신고서의 제출) 가정법원의 확인서가 첨부된 협의이혼신고서는 부부 중 한쪽이 제출할 수 있다.

[예규 31] 가족관계등록신고사건 접수시 신고인 등 확인방법

가족관계등록신고사건 접수시 신고인 등 확인방법

제정 2007.12.10 가족관계등록예규 제23호
개정 2012.05.25 가족관계등록예규 제351호
개정 2013.06.07 가족관계등록예규 제363호
개정 2015.01.08 가족관계등록예규 제443호
개정 2018.04.30 가족관계등록예규 제516호
개정 2022.07.20 가족관계등록예규 제600호

1. 목적

제2장 국제이혼 137

이 예규는 가족관계등록신고의 진정성을 확보하기 위한 「가족관계의 등록 등에 관한 법률」 제23조 제2항 및 「가족관계의 등록 등에 관한 규칙」 제32조, 같은 규칙 제40조에 따라 가족관계등록신고서를 접수하는 사건본인, 신고인, 제출인 등의 신분확인의 구체적인 방법을 정함을 목적으로 한다.

2. 보고적 신고의 경우
　가. 신고인 또는 제출인이 출석하는 경우
　　시(구)·읍·면·동 및 재외공관의 장은 신고서(신청서를 포함한다. 이하 같다)를 접수하는 신고인 또는 제출인{신고인의 사자(使者)로서 신고서를 제출하는 사람을 말한다. 이하 같다}의 주민등록증·운전면허증·여권·국제운전면허증·외국 국가기관 명의의 신분증·외국인등록증·국내거소신고증·주민등록번호 및 주소가 기재된 장애인등록증 등(이하 "신분증명서"라 한다)으로 그 신분을 확인한다. 다만, 출생·사망신고서를 제출인이 접수하는 경우에는 신고인의 신분증명서 사본을 첨부하게 하여 신고인의 신분도 확인하여야 한다.
　나. 신고인이 우편으로 신고서를 제출한 경우
　　시(구)·읍·면·동 및 재외공관의 장은 신고서에 첨부된 신고인의 신분증명서 사본으로 그 신분을 확인한다.
　다. 신고인이 성년후견인인 경우
　　위 가. 나. 에도 불구하고 신고인이 성년후견인인 경우에는 성년후견인의 자격을 소명하는 서면도 함께 첨부하여야 한다.

3. 창설적 신고의 경우
　가. 출석하여 신고하는 경우
　　(1) 사건본인들 양쪽이 출석하는 경우
　　　시(구)·읍·면 및 재외공관의 장은 출석한 사건본인들의 신분증명서를 제시받아 신분을 확인하여야 한다.
　　(2) 사건본인들 중 한쪽이 출석하는 경우
　　　시(구)·읍·면 및 재외공관의 장은 출석한 사건본인의 신분증명서를 제시받아 신분을 확인하여야 하며, 불출석한 본인에 대하여는 다음과 같이 불출석 본인의 신분증명서를 제시받거나 신고서에 첨부된 인감증명서 또는 신고서의 서명에 대한 공증서{외국인의 경우 신고서의 서명에 대하여 본국 관공서(주한 본국 대사관이나 영사관을 포함한다)나 거주국 공증인(대한민국 공증인도 포함한다)의 공증을 받으면 되고, 공증서가 외국어로 되어 있는 경우에는 "번역문"을 첨부하여야 한다. 이하 "서명공증서"라 한다}에 의하여 그 신분을 확인하여야 한다. 다만, 사실혼관계존재확인의 확정판결에 의한 혼인신고와 협의이혼의 신고에 대하여는 본인들 중 한쪽이 불출석하였더라도 신분확인을 위하여 신분증명서의 제시 등을 요구해서는 안 된다.

(가) 불출석 본인의 신분증명서가 제시된 경우

시(구)·읍·면 및 재외공관의 장은 불출석한 사건본인의 신분증명서를 제시받아 신분을 확인하여야 한다. 이때 신분을 확인한 후 신고서류의 뒤에 불출석한 본인의 신분증명서를 사본하여 첨부하도록 한다. 다만, 제시한 신분증명서가 이동통신단말장치에 암호화된 형태로 설치되는 등 사본화가 적합하지 않은 경우에는 「가족관계등록사무의 문서 양식에 관한 예규」 별지 제47호 서식의 신분확인서를 첨부하도록 한다.

(나) 불출석 본인의 인감증명서가 첨부된 경우

시(구)·읍·면 및 재외공관의 장은 신고서에 불출석한 본인의 인감도장이 날인되어 있고, 인감증명서가 첨부되어 있는 때에는 이에 의하여 불출석한 사건본인의 신분을 확인한다. 이때 신고서에 날인된 인영이 인감증명서의 인영과 동일한지도 확인하여야 한다.

(다) 불출석 본인의 서명공증서가 첨부된 경우

시(구)·읍·면 및 재외공관의 장은 신고서에 불출석한 사건본인이 서명을 하였고, 서명공증서가 첨부되어 있는 때에는 이에 의하여 불출석한 사건본인의 신분을 확인한다.

(3) 사건본인들은 불출석하고, 제출인이 출석한 경우

시(구)·읍·면 및 재외공관의 장은 출석한 제출인의 신분증명서를 제시받아 신분을 확인하여야 하며, 불출석한 본인들에 대하여는 다음과 같이 불출석 본인들의 신분증명서를 제시받거나 신고서에 첨부된 인감증명서 또는 서명공증서에 의하여 그 신분을 확인하여야 한다.

(가) 불출석 본인의 신분증명서가 제시된 경우

시(구)·읍·면 및 재외공관의 장은 불출석한 사건본인의 신분증명서를 제시받아 신분을 확인하여야 한다. 이때 신분을 확인한 후 신고서류의 뒤에 불출석한 본인의 신분증명서를 사본하여 첨부하도록 한다. 다만, 제시한 신분증명서가 이동통신단말장치에 암호화된 형태로 설치되는 등 사본화가 적합하지 않은 경우에는 「가족관계등록사무의 문서 양식에 관한 예규」 별지 제47호 서식의 신분확인서를 첨부하도록 한다.

(나) 불출석 본인의 인감증명서가 첨부된 경우

시(구)·읍·면 및 재외공관의 장은 신고서에 불출석한 본인의 인감도장이 날인되어 있고, 인감증명서가 첨부되어 있는 때에는 이에 의하여 불출석한 사건본인의 신분을 확인한다. 이때 신고서에 날인된 인영이 인감증명서의 인영과 동일한지도 확인하여야 한다.
            (다) 불출석 본인의 서명공증서가 첨부된 경우
                시(구)·읍·면 및 재외공관의 장은 신고서에 불출석한 사건본인이 서명을 하였고, 서명공증서가 첨부되어 있는 때에는 이에 의하여 불출석한 사건본인의 신분을 확인한다.
        나. 우편으로 신고서를 제출한 경우
            (가) 신고서에 날인한 경우
                시(구)·읍·면 및 재외공관의 장은 신고서에 사건본인의 인감도장이 날인되어 있고, 인감증명서가 첨부되어 있는 때에는 이에 의하여 날인한 사건본인의 신분을 확인한다. 이때 신고서에 날인된 인영이 인감증명서의 인영과 동일한지도 확인하여야 한다.
            (나) 신고서에 서명한 경우
                시(구)·읍·면 및 재외공관의 장은 신고서에 사건본인이 서명을 하였고 서명공증서가 첨부되어 있는 때에는 이에 의하여 서명한 사건본인의 신분을 확인한다.
        다. 양자가 13세 미만인 입양의 경우
            양자가 13세 미만인 입양에 있어서는 법 제62조 제1항의 법정대리인의 출석 또는 신분증명서의 제시가 있거나 인감증명서의 첨부가 있으면 신고사건본인의 신분증명서의 제시 또는 인감증명서의 첨부가 있는 것으로 보아 위 "가", "나"에 의하여 처리한다.

4. 신고인 등의 신분확인이 안된 경우
    시(구)·읍·면·동 및 재외공관의 장은 위 "2", "3"에 의하여 가족관계등록신고서를 접수하는 사건본인, 신고인, 제출인 등의 신분확인이 안되거나 동일성이 확인되지 않은 경우에는 등록신고사건을 불수리하여야 한다. 필요한 신분증명서가 제시되지 않거나 신분증명서 사본 또는 인감증명서, 서명공증서가 첨부되지 않은 경우에도 불수리하여야 한다.

5. 신고사건별 신고인 등 확인방법 대비표
    시(구)·읍·면·동 및 재외공관의 장이 가족관계등록신고서를 접수할 때의 신고사건별 신고인 등 신분확인방법에 관한 대비표는 별지와 같다.

부   칙

이 예규는 2008년 1월 1일부터 시행한다.

　　　부　칙 (2012.05.25 제351호)

이 예규는 2012년 5월 30일부터 시행한다.

　　　부　칙 (2013.06.07 제363호)

제1조 (시행일) 이 예규는 2013년 7월 1일부터 시행한다.
제2조 (금치산자 등에 관한 경과조치) 이 예규 시행 당시 이미 금치산 또는 한정치산의 선고를 받은 사람에 대하여는 「민법」에 따라 성년후견, 한정후견, 특정후견이 개시되거나 임의후견감독인이 선임되거나 법률 제10429호 민법 부칙 제1조에 따른 시행일부터 5년이 경과할 때까지는 종전의 규정을 적용한다.

　　　부　칙 (2015.01.08 제443호)

이 예규는 2015년 2월 1일부터 시행한다.

　　　부　칙 (2018.04.30 제516호)

이 예규는 2018년 5월 8일부터 시행한다.

　　　부　칙 (2022.07.20 제600호)

이 예규는 2022년 7월 22일부터 시행한다.

(나) 재판상 이혼의 경우

우리나라 법원의 판결, 조정을 갈음하는 결정, 화해권고결정에 따라 이혼신고를 하는 경우에는 재판서 등본과 확정증명서를 제출하여야 한다. 그러나 조정이나 재판상 화해에 따른 이혼신고의 경우에는 확정증명서를 제출할 필요가 없다.

외국판결에 의하여 이혼이 성립된 경우에도, ① 판결의 정본 또는 등본과 확정증명서를 제출하고, ② 패소한 피고가 소장 또는 이에 준하는 서면 및 기일통지서나 명령을 적법한 방식에 따라 방어에 필요한 시간여유를 두고 송달 받았거나(공시송달이나 이와 비슷한 송달에 의한 경우를 제외한다) 송달받지 아니하였더라도 소송에 응한 서면(판결의 정본 또는 등본에 의하여 이점이 명백하지 아니한 경우에 한한다) 및 ③ 위 각 서류의 번역문을 첨부하여야 한다(예규 제419호).

증서등본의 제출 방식에 의하여 등록부에 기록을 할 수 있는 경우는 외국에 거주하는 한국인이 그 거주지 나라 방식에 의하여 실체적인 창설적 신분행위를 하여 신분행위가 성립된 경우에 한하므로, 외국법원의 판결에 기하여 그 외국 관공서에 이혼신고를 하여 발급받은 이혼증서등본으로는, 재판서 등본과 확정증명서를 갈음할 수 없다(예규 제486호). 그러나 이혼판결을 한 당해 외국법원에서 판결의 정본 또는 등본과 그 확정증명서를 갈음하여 이혼증명서를 발급한 경우에는 그 증명서를 첨부할 수 있다(예규 제419호).

[예규 32] 외국법원의 이혼판결에 의한 가족관계등록사무 처리지침

외국법원의 이혼판결에 의한 가족관계등록사무 처리지침

제정 2007.12.10 가족관계등록예규 제173호
개정 2015.01.08 가족관계등록예규 제419호

1. 외국법원의 이혼판결은 「민사소송법」 제217조가 정하는 조건을 구비하는 한 우리나라에서도 그 효력이 있다.
2. 제1항의 외국판결에 의한 이혼신고는 우리나라 판결에 의한 이혼신고와 마찬가지로 「가족관계의 등록 등에 관한 법률」 제78조, 제58조에 따른 절차를 따르되 그 신고에는 그 판결의 정본 또는 등본과 판결 확정증명서, 패소한 피고가 소장 또는 이에 준하는 서면 및 기일통지서나 명령을 적법한 방식에 따라 방어에 필요한 시간여유를 두고 송달 받았거나(공시송달이나 이와 비슷한 송달에 의한 경우를 제외한다) 송달받지 아니하였더라도 소송에 응한 서면(판결의 정본 또는 등본에 의하여 이점이 명백하지 아니한 경우에 한한다) 및 위 각 서류의 번역문을 첨부하여야 한다. 다만, 외국(예: 호주)법원의 정본 또는 등본과 그 확정증명서를 갈음하여 이혼증명서를 발급한 경우에

는 그 증명서를 첨부할 수 있다.
3. 제2항에 따른 이혼신고가 제출된 경우 가족관계등록공무원은 이혼신고에 첨부된 판결의 정본 또는 등본에 의하여 해당 외국판결이 「민사소송법」 제217조가 정하는 각 조건을 구비하고 있는지의 여부를 심사하여 그 수리여부를 결정하여야 할 것인 바, 그 조건의 구비여부가 명백하지 아니하거나 다음 각 호에 해당하는 경우에는 반드시 관계서류 전부를 첨부하여 감독법원에 질의하고 그 회답을 받아 처리하여야 한다.
   가. 외국판결의 확정여부가 불분명한 경우.
   나. 송달의 적법여부가 불분명한 경우.
   다. 외국법원의 판결절차가 진행될 당시 피고가 해당 외국에 거주하지 않은 경우.
   라. 그 밖에 외국판결의 효력이 의심스러운 경우.
4. 다음의 경우에는 제3호에도 불구하고 감독법원에 질의를 요하지 아니한다.
   가. 외국판결상의 피고인 대한민국 국민이 해당 외국판결에 의한 이혼신고에 동의하거나 스스로 이혼신고를 한 경우.
   나. 외국법원의 이혼판결에 대하여 「민사집행법」 제26조 및 제27조에 따른 집행판결을 받은 경우.

부 칙

이 예규는 2008년 1월 1일부터 시행한다.

부 칙 (2015.01.08 제419호)

제1조 (시행일) 이 예규는 2015년 2월 1일부터 시행한다.
제2조 (다른 예규의 폐지) 가족관계등록예규 제174호는 이 예규 시행과 동시에 폐지한다.

[예규 33] 외국에 거주하고 있는 한국인의 가족관계등록신고절차 등에 관한 사무처리지침

외국에 거주하고 있는 한국인의 가족관계등록신고절차 등에 관한 사무처리지침

제정 2007.12.10 가족관계등록예규 제30호
개정 2015.06.10 가족관계등록예규 제466호
개정 2016.02.17 가족관계등록예규 제486호

1. 가족관계등록신고의 의무 및 신고 가부
   가. 외국에 거주하고 있는 한국인은 한국에 거주하고 있는 사람과 동일하게 보고적 신고사항에 대하여「가족관계의 등록 등에 관한 법률」에 따른 가족관계등록신고의 의무를 진다.
   나. 보고적 신고대상인 신분변동사실에 대하여 거주지 나라의 법에 따라 그 나라 관공서 등에 가족관계등록신고를 한 경우에도 동일한 신고사항에 대한「가족관계의 등록 등에 관한 법률」상의 신고의무가 면제되는 것은 아니다.
   다. 신고의무가 있는 보고적 신고사항에는 출생, 사망과 같은 고유의 보고적 신고와 재판상 인지신고, 재판상 이혼신고, 외국의 방식에 의한 신고사건에 대한 증서를 작성한 경우 등과 같은 전래의 보고적 신고가 모두 포함된다.
   라. 등록기준지변경과 같은 절차적 창설적 신고사항과 혼인, 입양과 인지 등과 같은 실체적 창설적 신고사항 중 국제사법상 그 방식의 준거법이 한국법인 경우에는「가족관계의 등록 등에 관한 법률」이 정한 절차에 따라 그 신고를 할 수 있다.

2. 외국에 있는 한국인의 가족관계등록신고절차
   가. 신고장소
      (1) 외국에 거주하고 있는 한국인은 거주하고 있는 지역에 재외공관이 설치되어 있는 경우에도 신고사건의 본인 등록기준지 시(구)·읍·면의 장 또는 「가족관계의 등록 등에 관한 법률」제4조의2의 재외국민 가족관계등록사무소 가족관계등록관(이하'가족관계등록관'이라 한다.)에게 직접 우편의 방법으로 제출하거나, 귀국하여 등록기준지 또는 현재지 시(구)·읍·면 또는 재외국민 가족관계등록사무소에 제출하는 방법으로 가족관계등록신고(보고적, 창설적 신고를 포함한다)를 할 수 있다.
      (2) 외국에 거주하고 있는 한국인은 그 지역을 관할하는 재외공관의 장 또는 재외

공관에서 근무하는 가족관계등록관에게 가족관계등록신고를 할 수 있으나, 다른 지역을 관할하는 재외공관의 장 또는 재외공관에서 근무하는 가족관계등록관에게 가족관계등록신고를 할 수는 없다.

나. 증서의 등본 제출방식에 의한 가족관계등록부의 기록절차
  (1) 증서의 등본 제출방식에 의하여 가족관계등록부에 기록을 할 수 있는 경우는 외국에 거주하고 있는 한국인이 그 거주지 나라 방식에 의하여 실체적인 창설적 신분행위(혼인, 입양, 인지, 이혼과 파양 등)를 하여 신분행위가 성립된 경우에만 가능하다.
  (2) 외국에 거주하고 있는 한국인 사이 또는 한국인과 외국인 사이에 그 거주지 나라의 방식에 의하여 신분행위를 할 수 있는 것은 국제사법상 그 신분행위 방식의 준거법으로 행위지법을 적용할 수 있는 경우를 말한다.
  (3) 증서의 방식은 나라에 따라 상이하고 다양하나 관공서 등 일정한 권한을 가진 사람이 그 신분행위가 성립된 사실을 증명한 서면이면 그 명칭에도 불구하고 인정된다.
  (4) 증서의 등본은 신분행위 당사자 1명이 그 지역을 관할하는 재외공관의 장이나 사건본인인 한국인의 등록기준지 시(구)·읍·면의 장 또는 가족관계등록관에게 우편의 방법을 이용하거나 직접 제출할 수 있다.

다. 외국에 거주하는 한국인이 거주지 방식으로 그 관공서 등에 신분변동사항에 관한 보고적 신고를 한 경우의 가족관계등록신고절차
  (1) 거주지 나라의 법이 정한 방식에 따라 그 나라 관공서 등에 한 신분변동사항에 대한 보고적 신고는 「가족관계의 등록 등에 관한 법률」에 따른 유효한 가족관계등록신고로 볼 수 없으므로, 따로 가족관계등록신고를 하여야 한다.
  (2) 외국에 거주하고 있는 한국인이 신분변동사항에 대하여 거주지 나라 방식에 따라 보고적 신고를 한 후 그 "수리증명서" 등을 교부 받은 경우에도, 위 "나"항의 증서의 등본 제출방식에 의한 가족관계등록부의 기록은 할 수 없다.
  (3) 외국에 거주하고 있는 한국인이 출생, 사망 등과 같은 보고적 신고(고유의 의미)를 하는 경우에는, 가족관계등록신고서에 첨부하여야 할 출생증명서나 사망증명서 등을 갈음하여 그 거주지 나라의 방식에 의해 신고한 사실을 증명하는 서면(예: 수리증명서 등)을 첨부할 수 있다.
  (4) 외국에 거주하고 있는 한국인이 외국 법원의 확정판결을 받아 재판상 이혼신고, 재판상 인지신고와 같은 보고적 신고(전래적 의미)를 하는 경우, 거주지 나라 방식에 의해 신고한 사실을 증명하는 서면으로는 가족관계등록신고서에 첨부하여야 할 확정판결과 집행판결을 갈음할 수 없다.

부　칙

이 예규는 2008년 1월 1일부터 시행한다.

부　칙 (2015.06.10 제466호)

이 예규는 2015년 7월 1일부터 시행한다.

부　칙 (2016.02.17 제486호)

이 예규는 2016년 3월 1일부터 시행한다.

마. 등록부의 기록

(1) 배우자에 관한 기록

이혼신고가 수리된 경우, 남편과 처의 등록부 특정등록사항란에서 배우자의 특정등록사항란을 말소하고, 일반등록사항란에 이혼사유를 기록한다.
우리나라 방식으로 협의이혼을 한 경우에는 협의이혼사건번호와 협의이혼신고일을, 외국 방식으로 협의이혼을 한 경우에는 외국에서의 협의이혼일을 기록한다. 재판상 이혼의 경우, 판결에 의한 이혼은 판결확정일과 판결법원을, 재판상 화해 또는 조정을 한 경우에는 화해 또는 조정성립일과 화해 또는 조정법원을, 화해권고결정 또는 조정을 갈음하는 결정의 경우에는 각 결정 확정일과 결정법원을 기록한다.

(2) 미성년 자녀에 대한 친권 기록

　　(가) 협의이혼의 경우

부모가 이혼하는 경우에는 부모의 협의로 미성년 잔에 대한 친권자를 정하여야 하고, 협의할 수 없거나 협의가 이루어지지 아니하는 경우에는 가정법원은 직권 또는 당사자의 청구에 따라 친권자를 지정하여야 한다(민법 제909조 제4항).

> ☞ 민법 [시행 2024. 5. 17.] [법률 제19409호, 2023. 5. 16., 타법개정]
> 제909조 (친권자) ④ 혼인외의 자가 인지된 경우와 부모가 이혼하는 경우에는 부모의 협의로 친권자를 정하여야 하고, 협의할 수 없거나 협의가 이루어지지 아니하는 경우에는 가정법원은 직권으로 또는 당사자의 청구에 따라 친권자를 지정하여야 한다. 다만, 부모의 협의가 자(子)의 복리에 반하는 경우에는 가정법원은 보정을 명하거나 직권으로 친권자를 정한다. <개정 2005. 3. 31., 2007. 12. 21.>

친권자 지정신고는 이혼당사자 쌍방 또는 일방이 이혼신고와 함께 또는 독립적으로 할 수 있으나, 양자는 별개의 신고이다.

친권자 지정신고는, 협의서 등본 또는 심판정본 및 확정증명서를 첨부하여, 협의로 친권자를 정한 때 또는 재판의 확정일부터 1개월 이내에 하여야 하며(가족관계등록법 제79조 제1항, 제2항 제1호, 제58조), 신고기간은 협의이혼신고가 수리된 때부터 기산한다(예규 제374호 제3조 제2항).

> ☞ 가족관계의 등록 등에 관한 법률 [시행 2024. 7. 19.] [법률 제19547호, 2023. 7. 18., 일부개정]
> 제79조 (친권자 지정 및 변경 신고 등) ① 부모가 「민법」 제909조제4항에 따라 친권자를 정한 때에는 1개월 이내에 그 사실을 신고하여야 한다. 부모 중 일방이 신고하는 경우에는 그 사실을 증명하는 서면을 첨부하여야 한다.
> ② 다음 각 호의 재판이 확정된 경우에는 그 재판을 청구한 사람이나 그 재판으로 친권자 또는 그 임무를 대행할 사람으로 정하여진 사람이 그 내용을 신고하여야 한다. 이 경우 신고기간, 신고서의 첨부서류 등에 관하여는 제58조를 준용한다. <개정 2013. 7. 30., 2014. 10. 15.>
>   1. 「민법」 제909조제4항부터 제6항까지의 규정에 따라 친권자를 정하거나 변경하는 재판
>
> 제58조 (재판에 의한 인지) ① 인지의 재판이 확정된 경우에 소를 제기한 사람은 재판의 확정일부터 1개월 이내에 재판서의 등본 및 확정증명서를 첨부하여 그 취지를 신고하여야 한다.
>   ② 제1항의 신고서에는 재판확정일을 기재하여야 한다.

③ 제1항의 경우에는 그 소의 상대방도 재판서의 등본 및 확정증명서를 첨부하여 인지의 재판이 확정된 취지를 신고할 수 있다. 이 경우 제2항을 준용한다.

[예규 34] 친권자의 지정 또는 변경에 관한 가족관계등록사무 처리지침

친권자의 지정 또는 변경에 관한 가족관계등록사무 처리지침

제정 2007.12.10 가족관계등록예규 제177호
개정 2008.06.18 가족관계등록예규 제286호
개정 2013.06.07 가족관계등록예규 제374호

제3조 (협의이혼의 경우와 친권자 지정신고) ② 제1항의 경우에 친권자 지정신고의 신고기간은 협의이혼신고가 수리된 때로부터 기산한다

부 칙 (2007.12.10 제177호)

이 예규는 2008년 1월 1일부터 시행한다.

부 칙 (2013.06.07 제374호)

이 예규는 2013년 7월 1일부터 시행한다.

이혼신고와 친권자 지정신고가 함께 제출된 경우에는 이혼신고서와 가정법원의 확인서 등본, 친권자결정에 관한 협의서 등본 또는 가정법원의 심판정본 및 확정증명서의 일치여부를 확인한 후 친권자 지정신고를 함께 수리하여야 하고(예규 제613호 제23조 제3항). 이혼신고가 수리되기 전에는 친권자 지정신고를 수리할 수 없다(예규 제374호 제3조 제1항). 협의이혼신고와 친권자 지정신고는 모두 창설적 신고이고, 협의이혼에 따른 친권자 지정은 이혼을 전제로 한 것이기 때문이다(예규 제374호 제1조 제1항 참조).

[예규 35] 협의이혼의 의사확인사무 및 가족관계등록사무 처리지침

협의이혼의 의사확인사무 및 가족관계등록사무 처리지침

개정 2020.03.25 가족관계등록예규 제551호
개정 2022.12.23 가족관계등록예규 제613호

제23조 (협의이혼신고의 수리) ③ 이혼하는 부부에게 미성년인 자녀(포태 중인 자 제외)가 있는 경우에는 시(구)·읍·면의 장은 친권자지정 신고를 함께 수리하여야 한다. 시(구)·읍·면의 장은 이 경우 이혼신고서와 가정법원의 확인서등본과 친권자결정에 관한 협의서등본 또는 가정법원의 심판정본 및 확정증명서의 일치여부를 확인하여야 한다.

부　칙 (2022.12.23 제613호)

이 예규는 즉시 시행한다.

[예규 36] 친권자의 지정 또는 변경에 관한 가족관계등록사무 처리지침

친권자의 지정 또는 변경에 관한 가족관계등록사무 처리지침

제정 2007.12.10 가족관계등록예규 제177호
개정 2008.06.18 가족관계등록예규 제286호
개정 2013.06.07 가족관계등록예규 제374호

제1조 (친권자 지정신고를 할 수 있는 경우) ① 친권자 지정(변경을 포함한다)의 신고는 다음 각 호의 어느 하나에 해당하는 경우에 할 수 있다.
　1. 미성년자의 부모가 이혼한 때
　2. 미성년자의 부모 혼인이 취소된 때
　3. 미성년자를 인지한 때
　4. 부모의 혼인이 무효인 경우에 그 사이의 출생자에 대하여 부(부)가 출생신고를

함으로써 인지의 효력이 생긴 때
5. 「민법」 제909조의2 (같은 법 제927조의2제1항에 따라 준용되는 경우를 포함한다), 제927조의2제2항 및 제931조제2항에 따라 친권자를 지정하는 재판이 확정된 때

제3조 (협의이혼의 경우와 친권자 지정신고) ① 미성년자의 부모가 이혼하기로 협의하면서 친권자 지정에 관한 협의를 한 경우에도 이혼신고가 수리되기 전에는 친권자 지정신고를 수리할 수 없다.

부 칙 (2007.12.10 제177호)

이 예규는 2008년 1월 1일부터 시행한다.

부 칙 (2013.06.07 제374호)

이 예규는 2013년 7월 1일부터 시행한다.

이혼신고서에 친권자 지정에 관한 사항이 기재될 때에는 이혼신고와 친권자 지정신고를 별개의 사건으로 처리하며, 미성년자가 여러 명인 때에는 미성년자별로 별건으로 처리한다(예규 제374호 제3조 제3항, 제2조).

[예규 37] 친권자의 지정 또는 변경에 관한 가족관계등록사무 처리지침

친권자의 지정 또는 변경에 관한 가족관계등록사무 처리지침

제정 2007.12.10 가족관계등록예규 제177호
개정 2008.06.18 가족관계등록예규 제286호
개정 2013.06.07 가족관계등록예규 제374호

제2조 (미성년자가 여러 명인 경우의 처리) 하나의 신고서로 여러 명에 대한 친권자 지정신고를 하는 경우에는 미성년자별로 건수를 계산한다.

제3조 (협의이혼의 경우와 친권자 지정신고) ③ 이혼신고서에 친권자 지정에 관한 사항이 기재된 때에는 이혼신고와 친권자 지정신고를 별개의 사건으로 처리한다. 이 경우에 미성년자가 여러 명인 때에는 제2조의 규정을 준용한다.

부　칙 (2013.06.07 제374호)

이 예규는 2013년 7월 1일부터 시행한다.

이혼신고와 친권자 지정신고는 별개의 신고이므로, 한국인과 일본인이 일본 방식에 따라 협의이혼을 하여 일본인의 호적에 협의이혼과 자녀의 친권자 지정에 관한 사항이 기재된 후, 증서등본의 제출에 의한 이혼신고를 하면서 친권자 지정신고를 하지 않은 경우에는, 일본 호적등본 등 이혼신고서에 첨부된 서면의 내용만을 근거로 하여 자녀의 등록부에 친권에 관한 사항을 직권으로 기록할 수는 없다(선례 제200608-4호).

[선례 13] 한국인 처 갑녀와 일본인 남편 을남이 일본국에서 일본국방식으로 협의이혼을 하면서 그 혼인중의 출생자인 병의 친권자를 갑녀로 지정하여, 을남의 일본국 호적에 위 이혼 및 친권자지정에 관한 사항이 기재되도록 한 후에 갑녀가 한국에서 병에 대한 출생신고를 하여 자신의 호적에 병을 입적한 다음, 시(구)·읍·면의 장에게 일본국 발행의 병에 대한 친권자지정사항이 기재되어 있는 을남의 호적등본과 그 한국어 번역문을 첨부한 이혼신고서(이혼신고서상 친권자지정란을 기재하지 아니하였음)를 제출하여 시(구)·읍·면의 장이 이를 수리한 경우, 시(구)·읍·면의 장이 갑녀가 이혼신고서를 제출할 당시에 첨부하였던 을남의 호적등본과 그 한국어 번역문상 '병의 친권자가 갑녀로 지정되어 있음'을 근거로 병의 신분사항란에 친권자지정에 관한 사항을 직권으로 기재할 수 있는지의 여부(소극)

제정 2006. 8. 8. [호적선례 제200608-4호, 시행]

1. 부모가 이혼할 때, 협의로 자(자)의 친권자를 지정하였다면(민법 제909조 제4항), 1개월 이내에 그 사실을 신고하여야 하는바, 이혼당사자 쌍방 또는 일방이 자(자)의 친권자를 지정한 사실을 증명하는 서면을

첨부하여 이혼신고와 함께, 또는 이혼신고와는 독립적으로 친권자지정신고를 할 수 있으며, 이혼당사자 중 일방이 자(자)에 대한 친권자지정신고를 하는 경우에는 그 사실을 증명하는 서면을 첨부하여야 한다(호적법 제82조 제1항 참조).
2. 따라서 한국인 처(妻) 갑녀와 일본인 부(夫) 을남이 협의로 자(子)인 병의 친권자를 갑녀로 정하고 일본국에서 일본국방식으로 이혼을 한 후, 갑녀가 한국에서 이혼신고를 하면서 병에 대한 친권자지정신고를 하지 아니한 경우, 갑녀는 을남과 일본에서 이혼할 당시, 협의에 의하여 병의 친권자를 갑녀로 지정하였음을 증명하는 서면(예 : 일본국에서 발행한 것으로서 병의 친권자에 관한 사항이 기재되어 있는 을남의 호적등본과 그 한국어 번역문)을 첨부하여 새로이 친권자지정신고를 하여야 하고, 이를 접수한 시(구)·읍·면의 장은 갑녀의 호적에 입적된 병의 신분사항란에 친권에 관한 사항을 기재하여야 하므로, 갑녀가 이혼신고서에 첨부한 서면의 내용만을 근거로 하여 시(구)·읍·면의 장이 병의 신분사항란에 친권에 관한 사항을 직권으로 기재할 수는 없다. (2006. 8. 8. 호적과-2697 질의회답)

참조조문 : 민법 제909조, 호적법 제82조
참조예규 : 호적예규 제699호

친권자 지정에 관한 사항은 해당 미성년자의 등록부에만 기록하며, 일반등록사항란에 친권자의 성명 및 출생연월일도 기록한다(규칙 제53조, 예규 제374호 제8조 제2항).

[예규 38] 친권자의 지정 또는 변경에 관한 가족관계등록사무 처리지침

친권자의 지정 또는 변경에 관한 가족관계등록사무 처리지침

제정 2007.12.10 가족관계등록예규 제177호
개정 2008.06.18 가족관계등록예규 제286호
개정 2013.06.07 가족관계등록예규 제374호

제8조 (친권자 지정에 관한 가족관계등록부 기록) ② 제1항의 경우에 친권자의 성명 및 출생연월일도 기록한다.
등록사항별증명서 기재례는 가족관계등록실무자료집(기재편) 참조

부   칙 (2013.06.07 제374호)

이 예규는 2013년 7월 1일부터 시행한다.

(나) 재판상 이혼의 경우

재판상 이혼의 경우 가정법원은 직권으로 친권자를 정하며(민법 제909조 제5항), 그 재판을 청구한 사람이나 그 재판에 의하여 친권자로 지정된 사람이 신고의무를 부담한다(가족관계등록법 제79조 제2항 제1호, 제58조, 예규 제374호 제4조 제2항).

> ☞ **민법** [시행 2024. 5. 17.] [법률 제19409호, 2023. 5. 16., 타법개정]
> 제909조 (친권자) ⑤ 가정법원은 혼인의 취소, 재판상 이혼 또는 인지청구의 소의 경우에는 직권으로 친권자를 정한다. <개정 2005. 3. 31.>

> ☞ **가족관계의 등록 등에 관한 법률** [시행 2024. 7. 19.] [법률 제19547호, 2023. 7. 18., 일부개정]
> 제79조 (친권자 지정 및 변경 신고 등) ② 다음 각 호의 재판이 확정된 경우에는 그 재판을 청구한 사람이나 그 재판으로 친권자 또는 그 임무를 대행할 사람으로 정하여진 사람이 그 내용을 신고하여야 한다. 이 경우 신고기간, 신고서의 첨부서류 등에 관하여는 제58조를 준용한다. <개정 2013. 7. 30., 2014. 10. 15.>
>   1. 「민법」 제909조제4항부터 제6항까지의 규정에 따라 친권자를 정하거나 변경하는 재판
>
> 제58조 (재판에 의한 인지) ① 인지의 재판이 확정된 경우에 소를 제기한 사람은 재판의 확정일부터 1개월 이내에 재판서의 등본 및 확정증명서를 첨부하여 그 취지를 신고하여야 한다.
>   ② 제1항의 신고서에는 재판확정일을 기재하여야 한다.
>   ③ 제1항의 경우에는 그 소의 상대방도 재판서의 등본 및 확정증명서를 첨부하여 인지의 재판이 확정된 취지를 신고할 수 있다. 이 경우 제2항을 준용한다.

[예규 39] 친권자의 지정 또는 변경에 관한 가족관계등록사무 처리지침

친권자의 지정 또는 변경에 관한 가족관계등록사무 처리지침

제정 2007.12.10 가족관계등록예규 제177호

개정 2008.06.18 가족관계등록예규 제286호
개정 2013.06.07 가족관계등록예규 제374호

제4조 (재판상이혼의 경우와 친권자 지정신고) ② 제1항의 경우에는 그 판결상의 원고와 친권자로 지정된 사람이 친권자 지정신고의 의무를 부담하고, 신고의무기간은 판결확정일로부터 기산한다.

부 칙 (2013.06.07 제374호)

이 예규는 2013년 7월 1일부터 시행한다.

친권자 지정신고는, 재판서 등본 및 확정증명서를 첨부하여, 재판이 확정된 때부터 1개월 이내에 하여야 하며(가족관계등록법 제79조 제2항 제1호, 제58조), 신고기간은 판결확정일로부터 기산한다(예규 제374호 제4조 제2항).

☞ 가족관계의 등록 등에 관한 법률 [시행 2024. 7. 19.] [법률 제19547호, 2023. 7. 18., 일부개정]

제79조 (친권자 지정 및 변경 신고 등) ② 다음 각 호의 재판이 확정된 경우에는 그 재판을 청구한 사람이나 그 재판으로 친권자 또는 그 임무를 대행할 사람으로 정하여진 사람이 그 내용을 신고하여야 한다. 이 경우 신고기간, 신고서의 첨부서류 등에 관하여는 제58조를 준용한다. <개정 2013. 7. 30., 2014. 10. 15.>
  1. 「민법」 제909조제4항부터 제6항까지의 규정에 따라 친권자를 정하거나 변경하는 재판

제58조 (재판에 의한 인지) ① 인지의 재판이 확정된 경우에 소를 제기한 사람은 재판의 확정일부터 1개월 이내에 재판서의 등본 및 확정증명서를 첨부하여 그 취지를 신고하여야 한다.
  ② 제1항의 신고서에는 재판확정일을 기재하여야 한다.
  ③ 제1항의 경우에는 그 소의 상대방도 재판서의 등본 및 확정증명서를 첨부하여 인지의 재판이 확정된 취지를 신고할 수 있다. 이 경우 제2항을 준용한다.

부모의 이혼을 인용함과 동시에 친권자를 지정한 판결이 확정된 때에는, 이혼신고가 수리되기 전에도 친권자 지정신고를 할 수 있다(예규 제374호 제4조 제1항). 판결

에 의한 이혼신고 및 친권자 지정신고는 협의에 의한 경우와 달리, 판결의 확정으로 효력이 발생하는 보고적 신고이기 때문이다.

그 밖의 친권자 지정신고 사건의 처리와 기록은 협의이혼에 따른 친권자 지정신고의 경우와 동일하다(예규 제374호 제4조 제3항, 제3조 제3항, 제8조).

[예규 40] 친권자의 지정 또는 변경에 관한 가족관계등록사무 처리지침

친권자의 지정 또는 변경에 관한 가족관계등록사무 처리지침

제정 2007.12.10 가족관계등록예규 제177호
개정 2008.06.18 가족관계등록예규 제286호
개정 2013.06.07 가족관계등록예규 제374호

제3조 (협의이혼의 경우와 친권자 지정신고) ③ 이혼신고서에 친권자 지정에 관한 사항이 기재된 때에는 이혼신고와 친권자 지정신고를 별개의 사건으로 처리한다. 이 경우에 미성년자가 여러 명인 때에는 제2조의 규정을 준용한다.

제4조 (재판상이혼의 경우와 친권자 지정신고) ① 부모의 이혼을 인용함과 동시에 친권자를 지정한 판결이 확정된 때에는 이혼신고가 수리되기 전에도 친권자 지정신고를 할 수 있다.
③ 제3조제3항의 규정은 재판상이혼신고의 경우에 이를 준용한다.

제8조 (친권자 지정에 관한 가족관계등록부 기록) ① 친권자 지정에 관한 사항은 해당 미성년자의 가족관계등록부에만 기록한다.
② 제1항의 경우에 친권자의 성명 및 출생연월일도 기록한다.
등록사항별증명서 기재례는 가족관계등록실무자료집(기재편) 참조

부 칙 (2013.06.07 제374호)

이 예규는 2013년 7월 1일부터 시행한다.

[서식 1] 소장 (외국인과 이혼)

소 장
(외국인과 이혼)

인지액
20,000원
송달료
156,000원
(15회분×당사자 수)

원 고 :　　　　　　(☎　　　　　)
　　　주민등록번호 :
　　　주소 :
　　　송달장소 :
　　　등록기준지 :

피 고 :　　　　　　　　(영문성명　　　　)
　　　생년월일 :
　　　주소 :
　　　국적 :

사건본인(미성년자녀) :
　　　주민등록번호 :
　　　주소 :
　　　등록기준지 :

청 구 취 지

☐ 원고와 피고는 이혼한다.
☐ 사건본인의 친권자 및 양육자로 (원고, 피고)를 지정한다.
☐ 피고는 원고에게 위자료로 금　　만 원 및 이에 대한 이 사건 소장부본 송달 다음날부터 다 갚는 날까지 연 12%의 비율로 계산한 돈을 지급하라.
☐ 피고는 원고에게 재산분할로 금　　만 원 및 이에 대한 이 판결 확정일 다음날부터 다 갚는 날까지 연 5%의 비율로 계산한 돈을 지급하라.
☐ 피고는 원고에게 양육비로 이 사건 소장부본 송달 다음날부터 사건본인이 성년이 되기 전날까지 금　　만 원을 매월　　일 지급하라.
☐ 기타 (　　　　　　　　　　　)
라는 판결을 구합니다.

청 구 원 인

(청구사유를 구체적으로 기재, 별지 기재 가능)
- 피고의 부정행위, 생사불명, 무단가출, 부당한 대우, 미입국 등 이혼에 이르게 된 사유, 친권자 및 양육자지정에 관하여 구체적인 쌍방의 가정환경 등 -

첨 부 서 류

1. 기본증명서(상세)(원고, 사건본인)
1. 혼인관계증명서(원고) 1통
1. 가족관계증명서(상세)(원고, 사건본인) 각 1통
1. 주민등록표등(초)본(원고) 1통
1. 혼인신고서(국적공증서, 미혼공증서 포함) 사본 1부
1. 소장을 번역·공증한 원본 및 사본(법원의 보정명령 후 제출) 각 1부

20 . . .

원고 (날인 또는 서명)

서울가정법원 귀중

☞ 유의사항
1. 혼인신고서는 2007. 12. 31.까지 혼인신고한 경우 본적지(등록기준지) 관할법원 2008. 1. 1. 이후 혼인신고한 경우 신고지(처리관서) 관할법원에서 복사할 수 있습니다.
2. 소장에는 인지액 20,000원(위자료, 재산분할청구 시 민사소송 등 인지법에 계산한 금액의 1/2) 상당의 금액을 현금이나 신용카드·직불카드 등으로 납부한 내역을 기재한 영수필 확인서를 첨부하여야 합니다.
3. 송달료는 156,000원(15회분×당사자 수)을 송달료취급은행에 납부하고 납부서를 첨부하여야 합니다.
4. ☎란에는 연락 가능한 (휴대)전화번호를 기재하시기 바랍니다.

㈜ 이혼소송 (내국인과 외국인 간 재판상 이혼)
 1. 사건명 : 이혼 (외국인)
 2. 첨부서류
  가. 기본증명서(상세)(내국인) 1통
  나. 혼인관계증명서(내국인) 1통

　　　　다. 가족관계증명서(상세)(내국인)　1통
　　　　라. 주민등록표등(초)본(내국인)　1통
　　　　마. 미성년자녀가 있는 경우 자녀 각자의 기본증명서(상세) 및
　　　　　　가족관계증명서(상세), 주민등록표 등본　각1통
　　　　바. 혼인신고서 사본(외국인의 국적공증서, 미혼공증서 등 포함)　1통
　　　　사. 소장의 번역·공증　1부
　　3. 신청서 : 소장 1부 + 부본 상대방 수
　　4. 인지액 : 20,000원, 또는 위자료·재산 분할은 민사소송등 인지법에 따른 금액의 1/2
　　5. 송달료 : 156,000원 (15회분* 당사자 수)

8. 조정신청 (쌍방 외국인만)

가. 의의

쌍방이 외국인이며 미성년자녀가 없는 경우 당사자 양쪽 또는 일방이 서울가정법원에 접수하면서 조정신청을 하고 일주일 후에 쌍방이 조정기일에 출석하여 이혼을 성립시키는 제도(분쟁을 당사자의 타협과 양보하에 신속하게 경제적으로 해결하는 제도)

나. 관할

현재 외국인의 매주조정은 서울가정법원 관할만 실시함

다. 조정신청 및 조정기일 안내

(1) 외국인 당사자 쌍방 모두 출석하여 조정신청서를 접수하는 경우 조정기일, 시간, 장소 안내
(2) 외국인 당사자 일방만이 출석하여 조정신청서를 접수한 경우 조정기일, 시간, 장소를 통지하며, 불출석한 당사자가 해당 조정기일에 출석할 수 있도록 안내
(3) (위 가, 나항의 경우)
　　어느 당사자의 불출석 등으로 조정이 성립되지 아니한 경우 조정재판부에서 별도의 조정기일을 지정하여 당사자들에게 고지할 예정이라고 안내

라. 일정 및 장소

(1) 쌍방 외국인 간의 이혼조정 시에만 인정되며 의사확인 시간은 다음주 월요일 16:00임(월요일 오전 09:00 접수 - 금요일 오후 18:00 접수완료 시에는 다음주 월요일 16:00입니다)
(2) 서울가정법원 305호 조정실로 출석(당사자 쌍방 신분증 지참)

마. 조정조서 송달

매주조정 1주일 후 등기우편으로 송달

[서식 2] 이혼(매주조정) 신청서 - (쌍방 외국인)

이혼(매주조정) 신청서 - (쌍방 외국인)

인지액
5,000원
송달료 31,200원
(3회분×당사자 수)

신청인 : (한글)   (영문이름)
       외국인등록번호(또는 생년월일) :
       외국인등록상의 주소 :
       국   적 :
       한국송달장소 :
       전화번호 :

피신청인 : (한글)   (영문이름)
       외국인등록번호(또는 생년월일) :
       외국인등록증상의 주소 :
       국   적 :
       한국송달장소 :
       전화번호 :

신 청 취 지

☐ 신청인과 피신청인은 이혼한다.
☐ 기타 : (당사자 사이에는 현재 미성년자녀가 없음)

신 청 원 인

(신청사유를 간략히 기재, 별지 기재 가능)

첨 부 서 류

1. 여권 또는 외국인등록증 사본(쌍방 외국인)   각 1통
1. 결혼증명서 사본 및 번역문   각 1통

20 .   .   .

신 청 인   (날인 또는 서명)
피신청인   (날인 또는 서명)

서울 가정법원 귀중

> ☞ 유의사항
> 1. 청구서에는 5,000원의 인지액을 붙여야 합니다.
> 2. 송달료는 31,200원(3회분×당사자 수)을 송달료 취급은행에 납부하고 납부서를 첨부하여야 합니다.
> 3. 쌍방 외국인 간의 이혼조정 시에만 인정되며 의사확인 시간은 다음주 월요일 16:00입니다(월요일 오전 09:00 접수 - 금요일 오후 18:00 접수완료 시에는 다음주 월요일 16:00입니다)
> 4. 지정된 조정기일에 쌍방은 신분증을 지참하여 서울가정법원 305호 조정실로 출석하여야 합니다.
> 5. 송달장소는 한국에서 우편물 받을 주소를 말합니다(국외 송달은 하지 않음)

㈜ 1. 사건명 : 이혼(조정)
   2. 첨부서류
      가. 쌍방 외국인인 경우 - 결혼증명서 사본 및 번역본(혼인신고일 기재 확인) 1부
      나. 여권 또는 외국인등록증 사본 1부
   3. 신청서 : 신청서 1부+부본 1부
   4. 인지액 : 5,000원
   5. 송달료 : 31,200원 (3회분*당사자 수)

[서식 3] 소장(이혼)

소 장
(이 혼)

원 고 성명: ☎
        주민등록번호
        주 　 　 소8)
        송 달 장 소9)
        등 록 기 준 지10)

피 고 성명: ☎
        주민등록번호
        주 　 　 소
        송 달 장 소
        등 록 기 준 지
        ☐ 별지 당사자표시서에 기재 있음11)

청 구 취 지

1. 원고와 피고는 이혼한다.
2. 소송비용은 피고가 부담한다.

청 구 원 인

---

8) 주민등록상 주소를 기재하시기 바랍니다.
9) 우편물을 받는 곳이 주소와 다를 경우에 기재하시기 바랍니다.
10) 등록기준지는 가족관계증명서 및 혼인관계증명서 맨 앞장 위에 기재되어 있으므로 이를 참고하여 기재하시고, 외국인일 경우에는 국적을 기재하시면 됩니다.
11) 피고의 수가 많은 경우 별지로 당사자표시서를 작성한 후 첨부하시면 됩니다.

유의사항

1. 이혼소송은 가사소송법 제50조 제2항에 따라 재판을 받기 전에 조정절차를 거치는 것이 원칙이고, 많은 사건이 조정절차에서 원만하게 합의되어 조기에 종결됩니다.
2. 서로의 감정을 상하게 하거나 갈등을 고조시켜 원만한 조정에 방해가 되지 않도록 조정기일 전에는 이 소장 외에 준비서면 등을 더 제출하는 것을 삼가주시기 바랍니다.
3. 구체적인 사정은 조정기일에 출석하여 진술할 수 있고, 만일 조정이 성립되지 않아 소송절차로 이행할 경우 준비서면을 제출하여 이 소장에 기재하지 못한 구체적인 청구원인을 주장하거나 추가로 증거를 제출할 수 있습니다.

청구하고자 하는 부분의 □안에 V표시를 하시고, _____부분은 필요한 경우 직접 기재하시기 바랍니다.

1. 원고와 피고는 _____년 __월 __일 혼인신고를 마쳤다.[12]
   원고와 피고는 (□ 동거 중/□ ____년 __월 __일부터 별거 중/□기타: _____)이다.

2. 이혼
   가. 원고는 아래와 같은 재판상 이혼원인이 있어 이 사건 이혼 청구를 하였다(중복 체크 가능, 민법 제840조 참조).
      □ 피고가 부정한 행위를 하였음(제1호)
      □ 피고가 악의로 원고를 유기하였음(제2호)
      □ 원고가 피고 또는 그 부모로부터 부당한 대우를 받았음(제3호)
      □ 원고의 부모가 피고로부터 부당한 대우를 받았음(제4호)
      □ 피고의 생사가 3년 이상 불분명함(제5호)
      □ 기타 혼인을 계속하기 어려운 중대한 사유가 있음(제6호)

   ☞ 아래 나.항은 이혼에 관하여 상대방과 합의를 기대/예상하는 경우에는 기재하지 않아도 됩니다.
   나. 이혼의 계기가 된 결정적인 사정 3~4개는 다음과 같다.
      □ 배우자 아닌 자와 동거/출산   □ 배우자 아닌 자와 성관계

---
[12] 혼인관계증명서에 기재된 혼인신고일 또는 혼인증서제출일을 기재하시면 됩니다.

☐ 기타 부정행위
☐ 장기간 별거 ☐ 가출 ☐ 잦은 외박
☐ 폭행 ☐ 욕설/폭언 ☐ 무시/모욕
☐ 시가/처가와의 갈등 ☐ 시가/처가에 대한 지나친 의존
☐ 마약/약물 중독 ☐ 알코올 중독 ☐ 도박 ☐ 게임 중독
☐ 정당한 이유 없는 과도한 채무 부담
☐ 정당한 이유 없는 생활비 미지급 ☐ 사치/낭비
☐ 기타 경제적 무책임
☐ 가정에 대한 무관심 ☐ 애정 상실 ☐ 대화 단절
☐ 극복할 수 없는 성격 차이
☐ 원치 않는 성관계 요구 ☐ 성관계 거부
☐ 회복하기 어려운 성적 문제
☐ 회복하기 어려운 정신질환 ☐ 배우자에 대한 지나친 의심
☐ 범죄/구속 ☐ 과도한 음주
☐ 전혼 자녀와의 갈등 ☐ 종교적인 갈등 ☐ 자녀 학대
☐ 이혼 강요 ☐ 국내 미입국 ☐ 해외 거주
☐ 기타(배우자 아닌 피고의 책임 있는 사유도 여기에 기재하시기 바랍니다):

_____
_____

첨 부 서 류

1. 원고의 기본증명서(상세), 혼인관계증명서,
   가족관계증명서(상세), 주민등록등본   각 1통
2. 피고의 기본증명서(상세), 혼인관계증명서,
   가족관계증명서(상세), 주민등록등본   각 1통
3. 원고 및 피고의 각 주소변동 사항이 모두 나타나
   있는 주민등록초본   각 1통
   (원, 피고 중 일방의 주소가 서울이 아닌 경우에만 제출하시면 됩니다)
4. 입증자료 (갑 제___호증 ~ 갑 제___호증)
   (입증자료는 "갑 제1호증", "갑 제2호증"과 같이 순시대로 번호를 기재하여 제출하시면 됩니다)

※ 소장에는 판결문, 진단서 등 객관적이고 명백한 증거만 첨부하여 제출하시고, 특히 증인진술서는 증거 제출을 삼가주시기 바랍니다. 기타 필요한 나머지 증거는 이후 소송절차에서 제출하시기 바랍니다.

201 . . .

원 고   인 / 서명

서울○○법원 귀중

■ **관할**
관할을 위반한 경우 이송 등의 절차로 소송이 지연될 수 있으니 유의하시기 바랍니다.
1. 부부가 서울가정법원의 관할구역(서울특별시) 내에 주소지가 있을 때
2. 부부의 최후 공통의 주소지가 서울이고 부부 중 일방의 주소가 계속하여 서울일 때
3. 피고의 주소가 외국에 있거나 이를 알 수 없을 때(주로 외국인의 경우) → 위의 3가지 경우에는 서울가정법원이 전속관할이 됩니다.
4. 위에 해당하지 아니하는 때에는 피고의 주소지 소재 (가정)법원이 관할법원입니다.

■ **인지액**
이혼 청구의 경우 수입인지 20,000원과 송달료를 각 납부하셔야 합니다(법원 내 신한은행에서 납부하고 영수증을 첨부하여야 함).

[서식 4] 답변서 (이혼)

답 변 서
(이 혼)

사건번호	20____드단(드합)_____		
원　　고			
피　　고		전화번호	

청구취지에 대한 답변

해당되는 부분 □안에 V표시를 하시고, _____ 부분은 필요한 경우 직접 기재하시기 바랍니다.

이혼 청구 → □ 인정함   □ 인정할 수 없음

청구원인에 대한 답변

유의사항
1. 이혼소송은 가사소송법 제50조 제2항에 따라 재판을 받기 전에 조정절차를 거치는 것이 원칙이고, 많은 사건이 조정절차에서 원만하게 합의되어 조기에 종결됩니다.
2. 서로의 감정을 상하게 하거나 갈등을 고조시켜 원만한 조정에 방해가 되지 않도록 조정기일 전에는 이 소장 외에 준비서면 등을 더 제출하는 것을 삼가주시기 바랍니다.
3. 구체적인 사정은 조정기일에 출석하여 진술할 수 있고, 만일 조정이 성립되지 않아 소송절차로 이행할 경우 준비서면을 제출하여 이 답변서에 기재하지 못한 구체적인 것을 주장하거나 추가로 증거를 제출할 수 있습니다.

해당되는 부분 □안에 V표시를 하시고, _____ 부분은 필요한 경우 직접 기재하시기 바랍니다.

1. 동거 여부 → □ 인정함 □ 인정할 수 없음   □ 일부 인정함
   인정할 수 없거나, 일부 인정할 경우, 피고의 주장을 기재하시기 바랍니다.
   _____
   _____
   ☞ 원고의 이혼 청구를 인정하는 경우 이 항에 답을 할 필요가 없습니다.

2. 이혼 청구
   □ 피고에게 책임 있는 사유를 인정할 수 없음
   □ 피고에게 책임 있는 사유를 일부 인정하지만, 그래도 혼인관계는 계속 유지될 수 있음 (인정하는 부분 : _____
   _____)
   □ 오히려 원고에게 책임 있는 사유가 더 크므로 원고의 이혼 청구는 기각되어야 함
   □ 기타 : _____
   _____

201 .   .   .

피 고   인 / 서명

○○가정법원 귀중

[서식 5] 조정신청서 (이혼, 위자료, 재산분할, 미성년자녀)

조정신청서
(이혼, 위자료, 재산분할, 미성년자녀)

신 청 인 성명: ☎
　　　　　주민등록번호
　　　　　주　　　소13)
　　　　　송 달 장 소14)
　　　　　등 록 기 준 지15)

피신청인 성명: ☎
　　　　　주민등록번호
　　　　　주　　　소
　　　　　송 달 장 소
　　　　　등 록 기 준 지
　　　　　□ 별지 당사자표시서에 기재 있음16)

사건본인(미성년자녀)17)
1. 성명: 주민등록번호:
　　주　　　소
　　등록기준지
2. 성명: 주민등록번호:
　　주　　　소
　　등록기준지
　　□ 별지 당사자표시서에 기재 있음

---

13) 주민등록상 주소를 기재하시기 바랍니다.
14) 우편물 받는 곳이 주소와 다를 경우 기재하시기 바랍니다.
15) 등록기준지는 가족관계증명서 및 혼인관계증명서 맨 앞장 위에 기재되어 있으므로 이를 참고하여 기재하시고, 외국인일 경우에는 국적을 기재하면 됩니다.
16) 피신청인이나 사건본인의 수가 많은 경우 별지로 당사자표시서를 작성한 후 첨부하시면 됩니다.
17) 신청인과 피신청인 사이에 미성년 자녀(만 19세가 되지 아니한 자)가 있는 경우에 기재하시기 바랍니다.

신 청 취 지

> 신청하고자 하는 부분의 □안에 V표시를 하시고, _____부분은 필요한 경우 직접 기재하시기 바랍니다.
> 피신청인이 여러 명인 경우, 배우자 이외의 피신청인에 대한 청구취지는 별지로 작성한 후 첨부하시면 됩니다.

1. □ 원만한 혼인관계조정을 희망하나, 협의되지 않을 경우 이혼을 원함.
   □ 이혼을 원함.
2. □ 피신청인은 신청인에게 위자료[18]로 _____원 및 이에 대하여 이 사건 신청서 부본 송달일 다음날부터 다 갚는 날까지 연 12%의 비율로 계산한 돈을 지급하라.
3. □ 피신청인은 신청인에게 재산분할[19]로 다음과 같이 이행하라.
   가. □ _____원 및 이에 대하여 이 조정 성립일 다음날부터 다 갚는 날까지 연 5%의 비율로 계산한 돈을 지급하라.
   나. □ 아래 기재 부동산(□전부 / □지분 _____)에 관하여 이 조정 성립일 재산분할을 원인으로 한 소유권이전등기절차를 이행하라.
   부동산의 표시[20]: _____
   _____
   다. □ 기타 : _____
   _____
4. □ 사건본인(들)에 대한 친권자 및 양육자로 (□신청인 / □피신청인)을 지정한다.
   (기타 : _____)
5. □ (□신청인 / □피신청인)은 (□신청인 / □피신청인)에게 사건본인(들)에 대한 양육비로 다음과 같이 지급하라.
   가. □ _____부터 사건본인(들)이 각 성년에 이르기 전날까지 매월 ____일에 사건본인 1인당 매월 _____원의 비율로 계산한 돈
   나. □ 기타 : _____

---

[18] 위자료를 청구할 경우, 뒤에 있는 '위자료 금액에 따른 수입인지금액표'를 참고하여 위자료 급액에 따른 인지를 매입하여 신청서에 붙여 주시기 바랍니다.
[19] 재산분할로 현금의 지급을 청구하는 경우에는 위 3의 가항에, 부동산 소유권의 이전을 청구하는 경우에는 나항에, 그 외의 재산, 예를 들어 지분, 주식, 특허권 등의 지적재산권, 동산 등의 명의이전 또는 인도를 청구하는 경우에는 다항에 각 기재하시고, 기재할 칸이 부족한 경우에는 별지(부동산목록 등)를 사용하시기 바랍니다. 다만, 부동산목록을 작성하실 경우에는 부동산등기부 등본의 부동산표시를 기재하셔야 합니다.
[20] 부동산의 소재 지번 등

6. ☐ (☐신청인 / ☐피신청인)은 다음과 같이 사건본인(들)을 면접교섭한다.

	일 사	시 간
☐	매월 _____째 주	____요일 ___시부터 ____요일 ___시까지
☐	매주	____요일 ___시부터 ____요일 ___시까지
☐	기타:	

7. 조정비용은 피신청인이 부담한다.

신 청 원 인

> **유의사항**
> 1. 피신청인과 이미 합의가 이루어진 부분은 기재하실 필요가 없습니다.
> 2. 서로의 감정을 상하게 하거나 갈등을 고조시켜 원만한 조정에 방해가 되지 않도록 조정기일 전에는 이 신청서 외에 준비서면 등을 더 제출하는 것을 삼가주시기 바랍니다.
> 3. 구체적인 사정은 조정기일에 출석하여 진술할 수 있고, 만일 조정이 성립되지 않아 소송절차로 이행할 경우 준비서면을 제출하여 이 신청서에 기재하지 못한 구체적인 청구원인을 주장하거나 추가로 증거를 제출할 수 있습니다.

1. 신청인과 피신청인은 _____년 __월 __일 혼인신고를 마쳤다.[21]
   신청인과 피신청인은 (☐ 동거 중/☐ ____년 __월 __일부터 별거 중 / ☐ 기타: _____)이다.

2. 이혼 및 위자료
   신청인은 아래와 같은 재판상 이혼원인이 있어 이 사건 신청을 하였다(중복 체크 가능, 민법 제840조 참조).
   ☐ 피신청인이 부정한 행위를 하였음(제1호)
   ☐ 피신청인이 악의로 신청인을 유기하였음(제2호)
   ☐ 신청인이 피신청인 또는 그 부모로부터 부당한 대우를 받았음(제3호)
   ☐ 신청인의 부모가 피신청인으로부터 부당한 대우를 받았음(제4호)
   ☐ 피신청인의 생사가 3년 이상 불분명함(제5호)

---

21) 혼인관계증명서에 기재된 혼인신고일 또는 혼인증서제출일을 기재하시면 됩니다.

☐ 기타 혼인을 계속하기 어려운 중대한 사유가 있음(제6호)

☞ 아래 3.항은 재산분할청구를 하는 경우에만 기재하시기 바랍니다.

3. 재산분할청구
   분할하고자 하는 현재 보유 중인 재산은 별지 "재산내역표"에 기재된 것과 같다.
   다음과 같은 사정(중복 체크 가능)을 고려하여 볼 때, 위 재산에 대한 신청인의 기여도는   %이다.
   ☐ 신청인의 소득활동/특별한 수익
   ☐ 신청인의 재산관리(가사담당 및 자녀양육 포함)
   ☐ 신청인의 혼전 재산/부모의 지원/상속
   ☐ 피신청인의 혼전 채무 변제
   ☐ 피신청인의 재산 감소 행위
   ☐ 기타 : _____
           _____

☞ 아래 4.~6.항은 미성년 자녀가 있는 경우에 기재하시기 바랍니다.

4. 친권자 및 양육자 지정에 관한 의견
   사건본인(들)에 대하여 신청취지에 기재된 것과 같은 친권자 및 양육자 지정이 필요한 이유는 다음과 같다(중복 체크 가능).
   ☐ 과거부터 현재까지 계속하여 양육하여 왔다.
   ☐ (현재는 양육하고 있지 않으나) 과거에 주된 양육자였다.
   ☐ 별거 이후 혼자 양육하고 있다.
   ☐ 사건본인(들)이 함께 살기를 희망한다.
   ☐ 양육환경(주거 환경, 보조 양육자, 경제적 안정성 등)이 보다 양호하다.
   ☐ 사건본인(들)과 보다 친밀한 관계이다.
   ☐ 기타 : _____
           _____

5. 양육비 산정에 관한 의견
   (현재 파악되지 않은 상대방의 직업, 수입 등은 기재하지 않아도 됩니다)
   가. 신청인의 직업은   , 수입은 월   원(☐ 세금 공제 전 / ☐ 세금 공제 후)이고, 피신청인의 직업은   ,
       수입은 월   원(☐ 세금 공제 전 / ☐ 세금 공제 후)이다.

나. (과거 양육비를 청구하는 경우) 과거 양육비 산정 기간은 _____부터
　　　　_____까지 __년 __개월이다.
　　다. 기타 양육비 산정에 고려할 사항 : _____
　　　　_____

6. 면접교섭에 관한 의견
　　희망 인도 장소 : 사건본인(들)을 _____에서 인도하고 인도받기를 희망한다.
　　면접교섭 시 참고사항 : _____
　　_____

첨 부 서 류

1. 신청인의 기본증명서, 혼인관계증명서,
   가족관계증명서, 주민등록등본   각 1통
2. 피신청인의 기본증명서, 혼인관계증명서,
   가족관계증명서, 주민등록등본   각 1통
3. 신청인 및 피신청인의 각 주소변동 사항이
   모두 나타나 있는 주민등록초본   각 1통
   (신청인, 피신청인 중 일방의 주소가 서울이 아닌 경우에만
   제출하시면 됩니다)
4. 사건본인(들)에 대한 (각) 기본증명서,
   가족관계증명서, 주민등록등본   각 1통
5. 소명자료 (소갑 제____호증 ~ 소갑 제____호증)
   (입증자료는 "소갑 제1호증", "소갑 제2호증"과 같이
   순서대로 번호를 기재하여 제출하시면 됩니다)

※ 신청서에는 판결문, 진단서 등 객관적이고 명백한 증거만 첨부하여 제출하시고, 특히
　증인진술서는 증거 제출을 삼가주시기 바랍니다. 기타 필요한 나머지 증거는 이후 소
　송절차에서 제출하시기 바랍니다.
※ 상대방의 재산내역 파악 등을 위해 필요한 경우, 별도로 금융거래정보 제출명령 등을
　신청하시기 바랍니다.

201 .   .   .

　　　　신청인　　　　　　　　인 / 서명

서울○○법원 귀중

재산내역표

※ 신청인과 피신청인의 현재 재산내역에 대해서 알고 있는 내용만 기재하시기 바랍니다. 다만, 자신의 주거래은행, 보험회사 등은 반드시 밝히시기 바랍니다. 상대방의 재산내역 중 알지 못하는 부분에 대하여는 별도의 증거신청을 통하여 재산내역을 확인하고 보완하시기 바랍니다.

소유자			재산의 표시	가액 또는 잔액(원)
신청인	재산	1		
		2		
		3		
		4		
		5		
	소 계			
	채무	1		
		2		
		3		
		4		
		5		
	소 계			
신청인의 순재산 (재산에서 채무를 공제 : A)				
피신청인	재산	1		
		2		
		3		
		4		
		5		
	소 계			
	채무	1		
		2		
		3		
		4		
		5		
	소 계			
피신청인의 순재산 (재산에서 채무를 공제 : B)				
신청인, 피신청인 순재산의 합계 (A+B)				

재산내역표 기재요령

> 현재 보유하고 있는 재산 및 부담하고 있는 채무만 기재하시기 바랍니다.

1. 재 산
   가. 부동산: '재산의 표시'란에 소재지번 등을 기재하고, '시가 또는 잔액'란에 원고가 알고 있는 현재 시가를 기재한 후, 부동산등기부 등본 및 시가 입증 자료(가급적 감정서, 인터넷 KB 부동산 시세, 공시지가 등 객관적 자료를 제출하고, 이러한 자료가 없을 경우 공인중개사의 확인서 등을 제출)를 첨부하시기 바랍니다.
   나. 예금 채권: '재산의 표시'란에 금융기관의 명칭, 계좌번호를 기재하고, '시가 또는 잔액'란에 현재 예금 잔액을 기재한 후, 예금통장사본, 계좌내역, 잔액조회서 등의 자료를 첨부하시기 바랍니다.
   다. 임대차보증금반환 채권: '재산의 표시'란에 부동산의 소재지번을 기재하고, '시가 또는 잔액'란에 임대차보증금 금액을 기재한 후, 임대차계약서 사본을 첨부하시기 바랍니다.
   라. 주식: '재산의 표시'란에 회사의 명칭, 주식의 수 등을 기재하고, '시가 또는 잔액'란에 현재 시가를 기재한 후 주식예탁통장 사본 및 시가 입증 자료를 첨부하시기 바랍니다.
   마. 특허권 등의 지적재산권: '재산의 표시'란에 다른 특허권 등과 구분이 가능한 정도로 권리를 표시하고, '시가 또는 잔액'란에 원고가 알고 있는 시가를 기재하시기 바랍니다.
   바. 동산: '재산의 표시'란에 동산의 종류 및 수량, 현재 있는 장소 등을 기재하고, '시가 또는 잔액'란에 원고가 알고 있는 시가를 기재하시기 바랍니다.
   사. 자동차: '재산의 표시'란에 차량번호와 모델명, 출고된 연도 등을 기재하고, '시가 또는 잔액'란에 원고가 알고 있는 현재 시가를 기재한 후, 자동차등록증 사본, 중고차 시세를 알 수 있는 자료를 첨부하시기 바랍니다.
   아. 보험: '재산의 표시'란에 보험회사, 보험의 종류 및 명칭 등을 기재하시고, '시가 또는 잔액'란에 현재 예상해약환급금을 기재한 후, 예상해약환급금확인서 등의 자료를 첨부하시기 바랍니다.

2. 채 무
   가. 사인 간 채무: '재산의 표시'란에 채권자 성명, 차용 일시 등을 기재하고, '시가 및

잔액'란에 현재 채무액을 기재한 후 차용증 사본 등을 첨부하시기 바랍니다.

나. 금융기관 채무: '재산의 표시'란에 대출 금융기관의 명칭, 대출일 등을 기재하고, '시가 및 잔액'란에 현재 남아 있는 대출액을 기재한 후, 대출확인서 등의 자료를 첨부하시기 바랍니다.

다. 임대차보증금반환 채무: '재산의 표시'란에 부동산의 소재지번을 기재하고, '시가 또는 잔액'란에 임대차보증금 금액을 기재한 후, 임대차계약서 사본을 첨부하시기 바랍니다.

[서식 6] 답변서 (조정용) (이혼, 위자료, 재산분할, 미성년자녀)

답 변 서 (조정용)
(이혼, 위자료, 재산분할, 미성년자녀)

사건번호	20___느_____	
신 청 인		
피신청인		전화번호

신청취지에 대한 답변

해당되는 부분 □안에 V표시를 하시고, _____ 부분은 필요한 경우 직접 기재하시기 바랍니다.

1. 이혼 신청 → □ 인정함   □ 인정할 수 없음
2. 위자료 신청 → □ 인정함   □ 인정할 수 없음   □ 일부 (원) 인정함
3. 재산분할 신청 → □ 인정함   □ 인정할 수 없음   □ 일부 인정함
   일부 인정할 경우, 인정하는 부분을 기재하시기 바랍니다.
   _____
   _____
4. 친권자 및 양육자 지정 신청 → □ 인정함   □ 인정할 수 없음[사건본인(들)에 대한 친권자 및 양육자로 □ 신청인/ □ 피신청인을 지정한다]
   (기타 : _____
   _____)
5. 양육비 신청 → □ 인정함 □ 인정할 수 없음 □ 일부 (월   원) 인정함
   (기타 : _____)
6. 면접교섭 신청 → □ 인정함   □ 다른 의견이 있음
   면접교섭에 관하여 신청인과 다른 의견이 있는 경우 기재하시기 바랍니다.

일 자	시 간
☐ 매월 _____째 주	_____요일 _____시부터 _____요일 _____시까지
☐ 매주	_____요일 _____시부터 _____요일 _____시까지
☐ 기타:	

신청원인에 대한 답변

유의사항
1. 피신청인과 이미 합의가 이루어진 부분은 기재하실 필요가 없습니다.
2. 서로의 감정을 상하게 하거나 갈등을 고조시켜 원만한 조정에 방해가 되지 않도록 조정기일 전에는 이 신청서 외에 준비서면 등을 더 제출하는 것을 삼가주시기 바랍니다.
3. 구체적인 사정은 조정기일에 출석하여 진술할 수 있고, 만일 조정이 성립되지 않아 소송절차로 이행할 경우 준비서면을 제출하여 이 신청서에 기재하지 못한 구체적인 것을 주장하거나 추가로 증거를 제출할 수 있습니다.

해당되는 부분 ☐안에 V표시를 하시고, _____ 부분은 필요한 경우 직접 기재하시기 바랍니다.

1. 동거 여부 → ☐ 인정함   ☐ 인정할 수 없음   ☐ 일부 인정함
   인정할 수 없거나, 일부 인정할 경우, 피고의 주장을 기재하시기 바랍니다.
   _____
   _____

☞ 신청인의 이혼 신청을 인정하는 경우 이 항에 답을 할 필요가 없습니다.
2. 이혼 신청
   ☐ 피신청인에게 책임 있는 사유를 인정할 수 없음
   ☐ 피신청인에게 책임 있는 사유를 일부 인정하지만, 그래도 혼인관계는 계속 유지될 수 있음
      (인정하는 부분 : _____)

☐ 오히려 신청인에게 책임 있는 사유가 더 크므로 신청인의 이혼 신청은 기각되어야 함
☐ 기타 : _____

☞ 신청인의 위자료 신청을 인정하는 경우 이 항에 답을 할 필요가 없습니다.

3. 위자료 신청

　가. 신청인의 위자료 신청을 인정하지 않는 이유 (위자료 신청을 인정할 수 없음에 체크한 경우)
　　☐ 피신청인에게 책임 있는 사유를 인정할 수 없음
　　☐ 이혼에 대한 신청인의 책임이 피신청인의 책임과 대등하거나 더 무거움

　나. 신청인의 위자료 신청을 일부만 인정하는 이유 (위자료 신청을 일부 인정함에 체크한 경우)
　　☐ 피신청인에게 책임 있는 사유가 과장되어 있음
　　　_____
　　☐ 신청인에게 책임 있는 사유도 있음
　　　_____
　　☐ 피신청인의 경제적 사정 등에 비추어 금액이 과다함
　　　_____
　　☐ 기타 :
　　　_____

☞ 신청인의 재산분할신청을 인정하는 경우 이 항에 답을 할 필요가 없습니다.

4. 재산분할신청

　가. 분할하고자 하는 현재 보유 중인 재산은 별지 "재산내역표"에 기재된 것과 같다.
　나. 다음과 같은 사정(중복 체크 가능)을 고려하여 볼 때, 위 재산에 대한 피신청인의 기여도는　　　%이다.
　　☐ 피신청인의 소득활동/특별한 수익
　　☐ 피신청인의 재산관리(가사담당 및 자녀양육 포함)
　　☐ 피신청인의 혼전 재산/부모의 지원/상속
　　☐ 신청인의 혼전 채무 변제
　　☐ 신청인의 재산 감소 행위
　　☐ 기타 : _____

☞ 신청인의 친권자 및 양육자 지정 신청을 인정하는 경우 이 항에 답을 할 필요가 없습

니다.
5. 친권자 및 양육자 지정에 관한 의견

　　사건본인(들)에 대하여 신청취지에 대한 답변에 기재된 것과 같은 친권자 및 양육자 지정이 필요한 이유는 다음과 같다(중복 체크 가능).

　　□ 과거부터 현재까지 계속하여 양육하여 왔다.
　　□ (현재는 양육하고 있지 않으나) 과거에 주된 양육자였다.
　　□ 별거 이후 혼자 양육하고 있다.
　　□ 사건본인(들)이 함께 살기를 희망한다.
　　□ 양육환경(주거 환경, 보조 양육자, 경제적 안정성 등)이 보다 양호하다.
　　□ 사건본인(들)과 보다 친밀한 관계이다.
　　□ 기타 : _____

☞ 신청인의 양육비 신청을 인정하는 경우 이 항에 답을 할 필요가 없습니다.

6. 양육비 산정에 관한 의견

　　가. 직업 및 수입에 관한 의견

　　　　(현재 파악되지 않은 상대방의 직업, 수입 등은 기재하지 않아도 됩니다)

　　　　신청인의 직업은　　　　　, 수입은 월　　　　원(□ 세금 공제 전 / □ 세금 공제 후)이고, 피신청인의 직업은　　　　　, 수입은 월　　　　원(□ 세금 공제 전 / □ 세금 공제 후)이다.

　　나. 기타 양육비 산정에 고려할 사항:

☞ 신청인의 면접교섭 신청을 인정하는 경우 이 항에 답을 할 필요가 없습니다.

7. 면접교섭 신청에 관한 의견

　　가. 면접교섭 일시에 관하여 신청인의 주장과 다르게 희망한 이유 :
　　　　_____
　　　　_____

　　나. 희망 인도 장소 : 사건본인을 _____에서 인도하고 인도받기를 희망한다.
　　　　_____
　　　　_____

　　다. 면접교섭 시 참고사항 :
　　　　_____
　　　　_____

201 . . .

피 신 청 인   인 / 서명

서울가정법원 귀중

재산내역표

※ 신청인과 피신청인의 현재 재산내역에 대해서 알고 있는 내용만 기재하시기 바랍니다. 다만, 자신의 주거래은행, 보험회사 등은 반드시 밝히시기 바랍니다. 상대방의 재산내역 중 알지 못하는 부분에 대하여는 별도의 증거신청을 통하여 재산내역을 확인하고 보완하시기 바랍니다.

소유자			재산의 표시	가액 또는 잔액(원)
신청인	재산	1		
		2		
		3		
		4		
		5		
	소 계			
	채무	1		
		2		
		3		
		4		
		5		
	소 계			
	신청인의 순재산 (재산에서 채무를 공제 : A)			
피신청인	재산	1		
		2		
		3		
		4		
		5		
	소 계			
	채무	1		
		2		
		3		
		4		
		5		
	소 계			
	피신청인의 순재산 (재산에서 채무를 공제 : B)			
신청인, 피신청인 순재산의 합계 (A+B)				

재산내역표 기재요령

현재 보유하고 있는 재산 및 부담하고 있는 채무만 기재하시기 바랍니다.

1. 재 산
   가. 부동산: '재산의 표시'란에 소재지번 등을 기재하고, '시가 또는 잔액'란에 원고가 알고 있는 현재 시가를 기재한 후, 부동산등기부 등본 및 시가 입증 자료(가급적 감정서, 인터넷 KB 부동산 시세, 공시지가 등 객관적 자료를 제출하고, 이러한 자료가 없을 경우 공인중개사의 확인서 등을 제출)를 첨부하시기 바랍니다.
   나. 예금 채권: '재산의 표시'란에 금융기관의 명칭, 계좌번호를 기재하고, '시가 또는 잔액'란에 현재 예금 잔액을 기재한 후, 예금통장사본, 계좌내역, 잔액조회서 등의 자료를 첨부하시기 바랍니다.
   다. 임대차보증금반환 채권: '재산의 표시'란에 부동산의 소재지번을 기재하고, '시가 또는 잔액'란에 임대차보증금 금액을 기재한 후, 임대차계약서 사본을 첨부하시기 바랍니다.
   라. 주식: '재산의 표시'란에 회사의 명칭, 주식의 수 등을 기재하고, '시가 또는 잔액'란에 현재 시가를 기재한 후 주식예탁통장 사본 및 시가 입증 자료를 첨부하시기 바랍니다.
   마. 특허권 등의 지적재산권: '재산의 표시'란에 다른 특허권 등과 구분이 가능한 정도로 권리를 표시하고, '시가 또는 잔액'란에 원고가 알고 있는 시가를 기재하시기 바랍니다.
   바. 동산: '재산의 표시'란에 동산의 종류 및 수량, 현재 있는 장소 등을 기재하고, '시가 또는 잔액'란에 원고가 알고 있는 시가를 기재하시기 바랍니다.
   사. 자동차: '재산의 표시'란에 차량번호와 모델명, 출고된 연도 등을 기재하고, '시가 또는 잔액'란에 원고가 알고 있는 현재 시가를 기재한 후, 자동차등록증 사본, 중고차 시세를 알 수 있는 자료를 첨부하시기 바랍니다.
   아. 보험: '재산의 표시'란에 보험회사, 보험의 종류 및 명칭 등을 기재하시고, '시가 또는 잔액'란에 현재 예상해약환급금을 기재한 후, 예상해약환급금확인서 등의 자료를 첨부하시기 바랍니다.

2. 채 무
   가. 사인 간 채무: '재산의 표시'란에 채권자 성명, 차용 일시 등을 기재하고, '시가 및

잔액'란에 현재 채무액을 기재한 후 차용증 사본 등을 첨부하시기 바랍니다.

나. 금융기관 채무: '재산의 표시'란에 대출 금융기관의 명칭, 대출일 등을 기재하고, '시가 및 잔액'란에 현재 남아 있는 대출액을 기재한 후, 대출확인서 등의 자료를 첨부하시기 바랍니다.

다. 임대차보증금반환 채무: '재산의 표시'란에 부동산의 소재지번을 기재하고, '시가 또는 잔액'란에 임대차보증금 금액을 기재한 후, 임대차계약서 사본을 첨부하시기 바랍니다.

[서식 7] 기초조사표(조정신청서용)

기초조사표(조정신청서용)

※ 이 표는 상대방에게 송달되지 않고, 조정 또는 심판 진행 시 조기 개입을 위한 참고자료이오니 해당란에 체크하시고, 아시는 범위 내에서 가능한 한 자세히 기재하여 주시기 바랍니다.

사건번호	이름	나이	성별	학력	직업

기본분류항목	완벽합의	협의 중	완전대립
■ 상대방과 이혼에 합의하였다			
■ 상대방과 위자료, 재산분할 등 금전문제에 대해 합의하였다			
■ 상대방과 자녀양육(친권 및 양육자 지정, 면접교섭, 양육비 등) 사항에 대해 합의하였다.			

I 기본정보
1. 신청한 내용에 대해, 이전에 조정이나 심판을 받은 적이 있습니까? 　□ 있다(법원명·사건번호: 　　　　　　　　　) 　□ 없다
2. 현재 본 사건 외에 상대방을 상대로 진행 중인 소송이 있습니까?(사전처분 포함) 　□ 있다(　　건, 법원명·사건번호: 　　　　　　　　　　　) 　□ 없다
3. 현재 상대방과 어떻게 지내고 있습니까? 　□ 함께 살고 있다　　　　　　　□ 함께 살지만 각방생활을 한다 　□ 함께 살지만 집에 가끔 들어온다　□ 별거 중이다
4. 현재 당신의 이혼의사는 어느 정도인가요?(이혼의사가 없으면 0, 확고하면 100) 　(　　%) ☞ 상대방의 이혼의사는 어느 정도라고 생각하십니까? (　　%)
5. 이 사건 신청 이전에 상대방과 대화나 협의를 한 적이 있습니까? 　□ 있다(그 결과는 　　　　　　　　　　　　　　) 　□ 없다(그 이유는 　　　　　　　　　　　　　　)

6. 상대방이 법원에서 폭력행사를 할 우려가 있습니까?
   □ 있다   □ 없다
      □ 상대방은 법원 직원 등이 있는 곳에서 (□ 폭력을 행사할 것이다
         □ 폭력을 행사하지 않을 것이다)라고 생각한다.
      □ 상대방은 (□ 흉기 등을 사용한 폭력 행사 □ 욕설, 협박 등 언어폭력
         □ 자해행위)의 위험성이 있다.
      □ 기타(   )

7. 상대방이 가정폭력을 행사한 적이 있습니까? 있다면, 해당란에 체크하세요.(복수응답 가능)
   □ 있다   □ 없다(☞ 9번 문항으로)
      □ 경미한 폭행[22]   □ 중한 폭행[23]   □ 심한 욕설이나 모욕
      □ 상대방의 폭행으로 상처를 입어 치료받은 적이 있다(년경)
      □ 가정폭력으로 경찰에 신고한 적이 있다(년경)
      □ 가정폭력으로 상대방이 형사 처벌이나 공적인 제재를
         받은 적이 있다(년경)

8. 상대방이 가정폭력을 행사한 적이 있다면, 그 대상은 누구였습니까?(복수응답 가능)
   □ 배우자
   □ 자녀
   □ 신청인의 부모 또는 형제
   □ 기타(   )
   □ 해당 없음

9. 상대방에게 다음과 같은 문제가 있습니까?
   □ 음주 및 주사   □ 알코올중독   □ 마약 복용
   □ 기타 약물남용 및 중독   □ 해당 없음

10. 앞으로 소송이 어떻게 진행되기를 원하십니까?(복수응답 가능)
    □ 상대방과 적극적인 조율이나 조정을 통해 사건을 조속히 해결하기를 바란다
    □ 다소 시간이 걸리더라도 재판을 통해 억울한 심정을 충분히 해소하기를 바란다
    □ 부부상담 및 치료를 통해 문제해결에 도움을 받기를 바란다
    □ 이혼과 관련된 자녀문제해결에 도움을 받기를 바란다
    □ 기타(   )

---

[22] 예컨대, 물건을 집어던지는 행위, 어깨나 목 등을 움켜잡는 행위, 손바닥으로 뺨이나 신체를 툭툭 때리는 행위 등

[23] 예컨대, 목을 조르는 행위, 칼이나 흉기 등으로 위협하거나 다치게 하는 행위, 도구나 몽둥이를 이용하여 때리는 행위, 사정없이 마구 때리는 행위 등

11. 신청인이 혼인을 계속하기 어렵다고 생각하는 주된 이유는 무엇입니까?(복수응답 가능)
　　□ 배우자 아닌 이성과 동거·출산　　□ 배우자 아닌 자와 성관계
　　□ 기타 부정행위　□ 장기간 별거　□ 가출　□ 잦은 외박　□ 폭행
　　□ 폭언/욕설　□ 무시/모욕　□ 시가/처가와의 갈등
　　□ 시가/처가에 대한 지나친 의존　□ 마약/약물 중독　□ 알코올 중독
　　□ 도박　□ 경제적 무책임　□ 정당한 이유 없는 과도한 채무부담
　　□ 정당한 이유 없는 생활비 미지급　□ 가정에 대한 무관심　□ 애정 상실
　　□ 대화단절　□ 배우자에 대한 지나친 의심　□ 극복할 수 없는 성격차이
　　□ 이혼 강요　□ 과다한 음주　□ 강제적 성관계 요구　□ 성관계 거부
　　□ 회복하기 어려운 성기능 장애　□ 회복하기 어려운 정신질환　□ 범죄/구속
　　□ 전혼자녀와 갈등　□ 자녀 학대　□ 국내 미입국　□ 해외 거주
　　□ 기타(　　　　　　　　　　　　　　　　　　　　　　　　　)

☞ 미성년 자녀가 없는 경우 Ⅲ. 재산사항으로 이동하여 주시기 바랍니다.

Ⅱ 양육사항
12. 친권 및 양육권에 대해 상대방과 합의하였습니까? 　　□ 합의하였다 　　□ 합의하지 못하였다(그 이유는　　　　　　　　　　　　　　)
13. 이혼조정신청으로 오기 전까지 누가 주로 자녀를 양육하였습니까? 　　□ 신청인　□ 상대방　□ 기타(　　　　　　　　　　　)
14. 그동안 자녀가 정기적으로 병원검진을 받거나 치료를 필요로 할 때 누가 주로 데리고 다녔습니까? 　　□ 신청인　□ 상대방　□ 기타(　　　　　　　　　　　)
15. 그동안 자녀의 학교생활이나 학습적인 부분을 누가 주로 도왔습니까? 　　(예: 체험활동, 학부모상담, 숙제, 시험 등) 　　□ 신청인　□ 상대방　□ 기타(　　　　　　　　　　　)
16. 현재 자녀가 누구와 함께 생활하고 있습니까? 　　□ 신청인　□ 상대방　□ 기타(　　　　　　　　　　　)

17. 현재 자녀와 함께 살고 있지 않다면, 자녀와의 면접교섭은 어떻게 하고 있습니까?
   □ 쌍방 협의하여 자유롭게 만나고 있다
   □ 정기적으로 월   회 만나고 있다
   □ 면접교섭을 하기로 약속했으나 (□상대방의 방해로 □자녀의 거부로) 지켜지지 않는다
   □ 면접교섭에 대해 협의한 사항이 없다(그 이유는   )
   □ 기타(   )

18. 자녀의 양육비가 지급되고 있습니까?
   □ 이혼조정신청 전과 다름없이 지급되고 있다(지급되는 양육비 평균
      금액: 월   원)
   □ 부정기적으로 지급되고 있다(지급되는 양육비 평균 금액: 월   원)
   □   년   월부터 전혀 지급되지 않고 있다
   □ 기타(   )

19. 신청인과 상대방의 주거상황에 대해 기재하여 주시기 바랍니다.
   ■ 신청인 □ 자택 □ 임대(보증금/월세   원) □ 본가 □ 기타(   )
   ■ 상대방 □ 자택 □ 임대(보증금/월세   원) □ 본가 □ 기타(   )

20. 공공기관이나 친족으로부터 도움을 받고 있습니까?
   ■ 신청인 □ 받고 있다 → □   로부터   를 지급·보조받고 있다
    □ 받고 있지 않다
   ■ 상대방 □ 받고 있다 → □   로부터   를 지급·보조받고 있다
    □ 받고 있지 않다

21. 현재 상대방이 양육하는 경우, 자녀에 대해 걱정되는 부분이 있습니까?
   □ 있다   □ 없다
     □ 자녀의 식사, 위생, 생활습관 등이 걱정된다
     □ 자녀의 학업 및 학습적인 부분이 걱정된다
     □ 자녀가 장시간 혼자 있는 것이 걱정된다
     □ 술이나 약물복용으로 자녀를 제대로 돌보지 않는 것이 걱정된다
     □ 자녀가 폭언 및 폭력에 노출되는 것이 걱정된다
     □ 기타(   )

22. 현재 신청인이 양육하는 경우, 상대방이 자녀를 강제로 데려갈 것이라는 우려가 있습니까?
   □ 있다   □ 없다
     □ 자녀와 단둘이 있을 경우 강제로 데려갈 우려가 있다(그 이유는   )
     □ 법원 직원 등이 있는 곳에서도 강제로 데려갈 우려가 있다
     □ 자녀를 강제로 데려가려고 시도한 적이 있다(년   월경)
     □ 기타 (   )

23. 현재 자녀가 부모의 이혼문제로 어려움을 겪고 있다고 생각하십니까?
　　□ 그렇다　　　□ 그렇지 않다
　　　　□ 말수가 적어짐　□ 대화기피　　□ 학교생활에 어려움　□ 학업성적 저하
　　　　□ 우울증상　　　□ 공격적 행동　□ 청소년비행　　　　□ 자살시도
　　　　□ 기타 (　　　　　　　)

☞ 위자료 및 재산에 관한 청구가 없는 경우 Ⅳ. 기타 항목으로 이동하여 주시기 바랍니다.

Ⅲ 재산사항
24. 위자료에 대한 의견 　□ 반드시 받아야 한다 　□ 다른 협의사항이 원만하게 합의된다면 청구하지 않을 생각이다 　□ 기타(　　　　　　　　　　　　　　　　　)
25. 상대방과 재산분할에 관한 합의가 이루어졌습니까? 　□ 합의하였다 　□ 합의하지 못하였다(그 이유는　　　　　　　　　　　)
26. 현재 생활비가 지급되고 있습니까? 　□ 정기적으로 지급되고 있다(지급되는 생활비 평균 금액: 월　　　원) 　□ 부정기적으로 지급되고 있다(지급되는 생활비 평균 금액: 월　　　원) 　□ 　　년　　월부터 지급되지 않고 있다 　□ 기타(　　　　　　　　　　　　　　　　　　　)

Ⅳ 기타
27. 현재 본 소송과 관련하여 긴박한 사정이나 위기상황이 있습니까? 　□ 있다(구체적으로　　　　　　　　　　　　　　) 　□ 없다
28. 가정문제의 해결을 위해 법원에서 어떤 도움을 받기를 원하십니까?(복수응답 가능) 　□ 보호나 원조 제공 → □ 원조제공 유관기관 연계 □ 쉼터 연계 □ 기타(　　) 　□ 사실조사 → □ 파탄원인 □ 양육환경 □ 재산형성과정 □ 기타(　　　) 　□ 자녀양육에 관한 안내(부모교육) 　□ 전문가와의 상담 → □ 부부상담 □ 자녀상담 □ 가족상담 □ 기타(　　) 　□ 심리치료(심리치료 대상자:　　　　　) 　□ 기타(　　　　　　　　　　　　　　　　　)

29. 재판 중 어떤 임시적 조치를 희망하십니까?
  □ 임시적 조치는 필요 없다
  □ 상대방의 접근금지 결정(이유:)
  □ 자녀와 면접교섭 권고 또는 결정
  □ 양육비 지급 권고 또는 결정
  □ 기타(   )

30. 상대방에게 우편물을 보내면 받아볼 수 있을 것으로 생각하십니까?
  □ 있다
  □ 없다(그 이유는   )

31. 마지막으로, 판사 및 조정위원에게 전달되기 원하는 사항이 있으면 기재하여 주시기 바랍니다.
  _____
  _____
  _____
  _____
  _____

◆ 미성년 자녀가 있는 경우 자녀양육안내[24]를 미리 받아야 절차가 신속하게 진행됩니다 ◆

---

[24] 재판상 이혼을 청구한 당사자 중에 미성년 자녀가 있는 부모들은 반드시 '자녀양육안내'를 받아야 합니다. 자녀양육안내는 소송 중에 있는 부모들에게 부모의 이혼과정과 지속적인 갈등이 자녀에게 미치는 영향을 알려주고, 가능하면 감정적인 대립을 자제하여 자녀 문제를 원만하게 해결할 수 있도록 돕는데 그 목적이 있습니다.

[서식 8] 기초조사표(조정신청서용 - 피신청인)

기초조사표(조정신청서용 - 피신청인)

※ 이 표는 상대방에게 송달되지 않고, 조정 또는 심판 진행 시 조기 개입을 위한 참고자료이오니 해당란에 체크하시고, 아시는 범위 내에서 가능한 한 자세히 기재하여 주시기 바랍니다.

사건번호	이름	나이	성별	학력	직업

기본분류항목	완벽합의	협의 중	완전대립
■ 상대방과 이혼에 합의하였다			
■ 상대방과 위자료, 재산분할 등 금전문제에 대해 합의하였다			
■ 상대방과 자녀양육(친권 및 양육자 지정, 면접교섭, 양육비 등) 사항에 대해 합의하였다.			

Ⅰ 기본정보
1. 신청인이 청구한 내용에 대해, 이전에 조정이나 심판을 받은 적이 있습니까? 　□ 있다(법원명·사건번호: 　　　　　　　　　　　　　) 　□ 없다
2. 현재 본 사건 외에 신청인을 상대로 진행 중인 소송이 있습니까?(사전처분 포함) 　□ 있다(　　건, 법원명·사건번호: 　　　　　　　　　　　) 　□ 없다
3. 신청인이 조정신청을 한 사실을 사전에 알고 있었습니까? 　□ 전혀 몰랐다 　□ 신청인이 이혼을 요구한 적이 있으나 조정신청을 한 것은 몰랐다 　□ 신청인이 말하여 알고 있었다 　□ 기타(　　　　　　　　　　　　　　　　　　　　　)
4. 신청인의 이 사건 신청에 대해 어떻게 생각하십니까? 　□ 신청인의 청구를 (□ 전부 □ 일부) 인정한다 　□ 신청인이 주장하는 이혼사유는 인정하지만, 이혼을 원치 않는다 　□ 이혼에는 동의하지만 □ 신청인이 주장하는 이혼사유를 인정할 수 없다 　□ 자녀양육(친권·양육권, 면접교섭, 양육비)에 대해 동의할 수 없다 　□ 금전적인 청구(위자료·재산분할)에 대해 동의할 수 없다 　□ 신청인이 주장하는 이혼사유를 인정할 수 없어 이혼에 동의하지 않는다

5. 현재 신청인과 어떻게 지내고 있습니까?
   □ 함께 살고 있다   □ 함께 살지만 각방생활을 한다
   □ 함께 살지만 집에 가끔 들어온다   □ 별거 중이다

6. 현재 피신청인의 이혼의사는 어느 정도입니까?(이혼의사가 없으면 0, 확고하면 100) (%)

7. 이 사건 신청 이전에 신청인과 대화나 협의를 한 적이 있습니까?
   □ 있다(그 결과는   )
   □ 없다(그 이유는   )

8. 신청인이 법원에서 폭력행사를 할 우려가 있습니까?
   □ 있다   □ 없다
      □ 신청인은 법원 직원 등이 있는 곳에서 (□ 폭력을 행사할 것이다 □ 폭력을 행사하지 않을 것이다)라고 생각한다.
      □ 신청인은 (□ 흉기 등을 사용한 폭력 행사 □ 욕설, 협박 등 언어폭력 □ 자해행위)의 위험성이 있다.
      □ 기타(   )

9. 신청인이 가정폭력을 행사한 적이 있습니까? 있다면, 해당란에 체크하세요.(복수응답 가능)
   □ 있다   □ 없다(☞ 11번 문항으로)
      □ 경미한 폭행[25] □ 중한 폭행[26] □ 심한 욕설이나 모욕
      □ 신청인의 폭행으로 상처를 입어 치료받은 적이 있다(년경)
      □ 가정폭력으로 경찰에 신고한 적이 있다(년경)
      □ 가정폭력으로 신청인이 형사 처벌이나 공적인 제재를
         받은 적이 있다(년경)

10. 신청인이 가정폭력을 행사한 적이 있다면, 그 대상은 누구였습니까?(복수응답 가능)
    □ 배우자
    □ 자녀
    □ 피신청인의 부모 또는 형제
    □ 기타(   )
    □ 해당 없음

---

[25] 예컨대, 물건을 집어던지는 행위, 어깨나 목 등을 움켜잡는 행위, 손바닥으로 뺨이나 신체를 툭툭 때리는 행위 등

[26] 예컨대, 목을 조르는 행위, 칼이나 흉기 등으로 위협하거나 다치게 하는 행위, 도구나 몽둥이를 이용하여 때리는 행위, 사정없이 마구 때리는 행위 등

11. 신청인에게 다음과 같은 문제가 있습니까?(복수응답 가능) 　□ 음주 및 주사　□ 알코올중독　□ 마약 복용　□ 기타 약물남용 및 중독 　□ 해당 없음
12. 앞으로 본 사건이 어떻게 진행되기를 원하십니까?(복수응답 가능) 　□ 신청인과 적극적인 조율이나 조정을 통해 사건을 조속히 해결하기를 바란다 　□ 다소 시간이 걸리더라도 재판을 통해 억울한 심정을 충분히 해소하기를 바란다 　□ 부부상담 및 치료를 통해 문제해결에 도움을 받기를 바란다 　□ 이혼과 관련된 자녀문제해결에 도움을 받기를 바란다 　□ 기타(　　　　　　　　　　　　　　　　　　　　　　　)

☞ 미성년 자녀가 없는 경우 Ⅲ. 재산사항으로 이동하여 주시기 바랍니다.

Ⅱ 양육사항
13. 친권 및 양육권에 대해 신청인과 합의하였습니까? 　□ 합의하였다 　□ 합의하지 못하였다(그 이유는　　　　　　　　　　　　　　　)
14. 이혼조정신청으로 오기 전까지 누가 주로 자녀를 양육하였습니까? 　□ 신청인　　□ 피신청인　　□ 기타(　　　　　　　　　　　)
15. 그동안 자녀가 정기적으로 병원검진을 받거나 치료를 필요로 할 때 누가 주로 데리고 다녔습니까? 　□ 신청인　　□ 피신청인　　□ 기타(　　　　　　　　　　　)
16. 그동안 자녀의 학교생활이나 학습적인 부분을 누가 주로 도왔습니까? 　(예: 체험활동, 학부모상담, 숙제, 시험 등) 　□ 신청인　　□ 피신청인　　□ 기타(　　　　　　　　　　　)
17. 현재 자녀가 누구와 함께 생활하고 있습니까? 　□ 신청인　　□ 피신청인　　□ 기타(　　　　　　　　　　　)
18. 현재 자녀와 함께 살고 있지 않다면, 자녀와의 면접교섭은 어떻게 하고 있습니까? 　□ 쌍방 협의하여 자유롭게 만나고 있다 　□ 정기적으로 월　　회 만나고 있다 　□ 면접교섭을 하기로 약속했으나 (□신청인의 방해로 □자녀의 거부로) 지켜지지 않는다 　□ 면접교섭에 대해 협의한 사항이 없다(그 이유는　　　　　　　　) 　□ 기타(　　　　　　　　　　　　　　　　　　　　　　　)

19. 자녀의 양육비가 지급되고 있습니까?
□ 이혼조정신청 전과 다름없이 지급되고 있다 　(지급되는 양육비 평균 금액: 월　　　원) □ 부정기적으로 지급되고 있다(지급되는 양육비 평균 금액: 월　　　원) □　　　년　　월부터 전혀 지급되지 않고 있다 □ 기타(　　　　　　　　　　　　　　　　　　　　　)

20. 신청인과 피신청인의 주거상황에 대해 기재하여 주시기 바랍니다.
■ 신청인　□ 자택　□ 임대(보증금　　　원/월세　　　원) 　□ 본가　□ 기타(　　　　) ■ 피신청인　□ 자택　□ 임대(보증금　　　원/월세　　　원) 　□ 본가　□ 기타(　　　　)

21. 공공기관이나 친족으로부터 도움을 받고 있습니까?
■ 신청인　□ 받고 있다 → □　　　　로부터　　　를 지급·보조받고 있다 　□ 받고 있지 않다 ■ 피신청인　□ 받고 있다 → □　　　　로부터　　　를 지급·보조받고 있다 　□ 받고 있지 않다

22. 현재 신청인이 양육하는 경우, 자녀에 대해 걱정되는 부분이 있습니까?
□ 있다(아래 해당 항목에 표시)　　　　□ 없다 　□ 자녀의 식사, 위생, 생활습관 등이 걱정된다 　□ 자녀의 학업 및 학습적인 부분이 걱정된다 　□ 자녀가 장시간 혼자 있는 것이 걱정된다 　□ 술이나 약물복용으로 자녀를 제대로 돌보지 않는 것이 걱정된다 　□ 자녀가 폭언 및 폭력에 노출되는 것이 걱정된다 　□ 기타(　　　　　　　　　　　　　　　　　　　　　)

23. 현재 피신청인이 양육하는 경우, 신청인이 자녀를 강제로 데려갈 것이라는 우려가 있습니까?
□ 있다(아래 해당 항목에 표시)　　　　□ 없다 　□ 자녀와 단둘이 있을 경우 강제로 데려갈 우려가 있다(그 이유는　　　) 　□ 법원 직원 등이 있는 곳에서도 강제로 데려갈 우려가 있다 　□ 자녀를 강제로 데려가려고 시도한 적이 있다(　　년　　월경) 　□ 기타 (　　　　　　　　　　　　　　　　　　　　　)

24. 현재 자녀가 부모의 이혼문제로 어려움을 겪고 있다고 생각하십니까?
□ 그렇다(아래 해당 항목에 표시)　　　　□ 그렇지 않다 　□ 말수가 적어짐　□ 대화기피　□ 학교생활에 어려움　□ 학업성적 저하 　□ 우울증상　□ 공격적 행동　□ 청소년비행　□ 자살시도　□ 가출 　□ 기타 (　　　　　　　　　　　　　　　　　　　　　)

☞ 위자료 및 재산에 관한 청구가 없는 경우 Ⅳ. 기타 항목으로 이동하여 주시기 바랍니다.

Ⅲ 재산사항
25. 신청인의 위자료 청구에 대한 의견 　□ 신청인이 청구한 금액의 (□ 전부 □ 일부)를 지급할 생각이다 　□ 오히려 피신청인이 위자료를 받아야 한다 　□ 다른 협의사항이 원만하게 합의된다면 청구하지 않을 생각이다 　□ 기타(　　　　　　　　　　　　　　　　　)
26. 신청인과 재산분할에 관한 합의가 이루어졌습니까? 　□ 합의하였다 　□ 합의하지 못하였다(그 이유는 　　　　　　　　　　)
27. 현재 생활비가 지급되고 있습니까? 　□ 정기적으로 지급되고 있다(지급되는 생활비 평균 금액: 월　　　원) 　□ 부정기적으로 지급되고 있다(지급되는 생활비 평균 금액: 월　　　원) 　□ 　　년　　월부터 지급되지 않고 있다 　□ 기타(　　　　　　　　　　　　　　　　　　　)

Ⅳ 기타
28. 현재 본 소송과 관련하여 긴박한 사정이나 위기상황이 있습니까? 　□ 있다(구체적으로　　　　　　　　　　　　　　　) 　□ 없다
29. 가정문제의 해결을 위해 법원에서 어떤 도움을 받기를 원하십니까?(복수응답 가능) 　□ 보호나 원조 제공 → □ 유관기관 연계 □ 쉼터 연계 □ 기타(　　　　　) 　□ 사실조사 → □ 파탄원인 □ 양육환경 □ 재산형성과정 □ 기타(　　　　) 　□ 자녀양육에 관한 안내(부모교육) 　□ 전문가와의 상담 → □ 부부상담 □ 자녀상담 □ 가족상담 □ 기타(　　　) 　□ 심리치료(심리치료 대상자:　　　　　) 　□ 기타(　　　　　　　　　　　　　　　　　　)
30. 심판 중 임시적 조치가 필요하다고 생각하십니까? 필요하다면, 어떤 부분입니까? 　□ 임시적 조치는 필요 없다 　□ 신청인의 접근금지 결정(이유:　　　　　　　　　) 　□ 자녀와 면접교섭 권고 또는 결정(이유:　　　　　　) 　□ 양육비 지급 권고 또는 결정(이유:　　　　　　　) 　□ 기타(　　　　　　　　　　　　　　　　　　)

31. 마지막으로, 판사 및 조정위원에게 전달되기 원하는 사항이 있으면 기재하여 주시기 바랍니다.
_____
_____
_____
_____
_____

◈ 미성년 자녀가 있는 경우 자녀양육안내[27]를 미리 받아야 절차가 신속하게 진행됩니다 ◈

---

[27] 재판상 이혼을 청구한 당사자 중에 미성년 자녀가 있는 부모들은 반드시 '자녀양육안내'를 받아야 합니다. 자녀양육안내는 소송 중에 있는 부모들에게 부모의 이혼과정과 지속적인 갈등이 자녀에게 미치는 영향을 알려주고, 가능하면 감정적인 대립을 자제하여 자녀 문제를 원만하게 해결할 수 있도록 돕는데 그 목적이 있습니다.

[서식 9] 미성년 자녀를 위한 자녀양육 안내문 (재판예규 제1400호 별지 제1호)

미성년 자녀를 위한 자녀양육 안내문

미성년 자녀가 있는 부부가 이혼을 하려고 할 경우 다음 사항에 관하여 협의를 하여야 하고(민법 제837조, 제843조, 제909조), 법원은 재판상 이혼 등 청구를 심리할 경우 그 청구가 인용될 경우를 대비하여 다음 사항에 관하여 협의하도록 권고하게 되어 있습니다(가사소송법 제25조). 따라서 미성년 자녀가 있는 당사자들은 법원의 권고에 따라 다음 사항에 관하여 협의하여야 합니다.

- **미성년 자녀의 친권자 및 양육자 지정**
- **양육비용의 부담**
- **면접교섭 행사 여부 및 그 방법**

이에 ○○가정법원은 미성년 자녀의 복리를 위하는 방향으로 위 협의를 진행할 수 있도록 관련된 주요 사항을 안내해 드리고, 또한 협의이혼 절차 및 이혼소송 중에 미성년 자녀가 정신적으로 상처받지 않고 건전하게 자랄 수 있도록 도움을 드리고자 미성년 자녀가 있는 당사자들을 위하여 '자녀양육안내' 자리를 마련하였습니다.

따라서 미성년 자녀가 있는 협의이혼 또는 이혼소송 중인 당사자들은 자녀양육안내에 반드시 참여하시기 바랍니다.

> ☞ 장 소 : ○○가정법원 제○○호 법정
> ☞ 시 간 : 2012. . ., 2012. . ., 2012. . . 각 오후 2시
>   (약 1시간 정도 진행)

※ 협의이혼의 경우 자녀양육안내는 안내문을 받은 날부터 3개월 내에 받으셔야 하고, 위 기간 내에 받지 않을 경우에는 협의이혼의사확인 신청이 취하되는 것으로 처리됩니다.
  (자녀양육안내를 받고 참석확인서를 제출하여야 확인기일이 지정됨을 유의하시기 바랍니다)
※ 재판상이혼의 경우 다음 변론기일 또는 가사조사기일 전까지 '1회만' 참석하시면 됩니다.
※ 자녀양육안내에 참석한 이후 가사조사관 등으로부터 확인을 받은 '자녀양육안내 참석확인서'를 ○○가정법원 종합민원실 또는 담당 재판부에 제출하시기 바랍니다.

문의사항 연락처 : ○○가정법원 ○○재판부 법원주사(보) ○○○ ☎ 02) 123 - ○○○○

○ ○ 가 정 법 원

제2장 국제이혼 197

[서식 10] 이혼(친권자 지정)신고서 (가족관계등록예규 제625호 양식 제11호)

이혼(친권자 지정)신고서 (년 월 일)	※ 신고서 작성 시 뒷면의 작성 방법을 참고하고, 선택항목에는 '영표(○)'로 표시하기 바랍니다.

구 분			남 편(부)		아 내(처)	
① 이 혼 신 고 당 사 인 자	성 명	한글	* (성) / (명)	㉑ 또는 서명	* (성) / (명)	㉑ 또는 서명
		한자	(성) / (명)		(성) / (명)	
	본(한자)		전화		본(한자)	전화
	*주민등록번호		—		—	
	출생연월일					
	*등록기준지					
	*주 소					
② 부 양 부 모 모	부(양부)성명					
	주민등록번호		—		—	
	모(양모)성명					
	주민등록번호		—		—	
③기 타 사 항						
④재판확정일자 ( )			년 월 일	법원명		법원

아래 친권자란은 협의이혼 시에는 법원의 협의이혼의사확인 후에 기재합니다.

⑤ 친 권 자 지 정	미성년인 자의 성명						
	주민등록번호		—			—	
	친권자	①부②모 ③부모	효력 발생일	년 월 일	①부②모③ 부모	효력 발생일	년 월 일
			원인	① 협의 ② 재판		원인	① 협의 ② 재판
	미성년인 자의 성명						
	주민등록번호		—			—	
	친권자	①부②모 ③부모	효력 발생일	년 월 일	①부②모③ 부모	효력 발생일	년 월 일
			원인	① 협의 ② 재판		원인	① 협의 ② 재판
⑥신고인 출석여부			① 남편(부)	② 아내(처)			
⑦제출인	성 명			주민등록번호		—	

※ 타인의 서명 또는 인장을 도용하여 허위의 신고서를 제출하거나, 허위신고를 하여 가족관계등록부에 실제와 다른 사실을 기록하게 하는 경우에는 **형법에 의하여 처벌**받을 수 있습니다. **눈표(*)로 표시한 자료**는 국가통계작성을 위해 통계청에서도 수집하고 있는 자료입니다.

※ 아래 사항은 「**통계법**」 제24조의2에 의하여 **통계청에서 실시하는 인구동향조사**입니다. 「통계법」 제32조 및 제33조에 의하여 성실응답의무가 있으며 개인의 비밀사항이 철저히 보호되므로 사실대로 기입하여 주시기 바랍니다.

※ 첨부서류 및 이혼당사자의 국적은 국가통계작성을 위해 통계청에서도 수집하고 있는 자료입니다.

인구동향조사

㉮ 실제 결혼 생활 시작일		년 월 일부터	㉰ 19세 미만 자녀 수		명
㉯ 실제 이혼 연월일		년 월 일부터			
㉱ 최종 졸업학교	남편 (부)	① 학력 없음 ② 초등학교 ③ 중학교 ④ 고등학교 ⑤ 대학(교) ⑥ 대학원 이상	아내 (처)	① 학력 없음 ② 초등학교 ③ 중학교 ④ 고등학교 ⑤ 대학(교) ⑥ 대학원 이상	
㉲ 직업	남편 (부)	① 관리직 ② 전문직 ③ 사무직 ④ 서비스직 ⑤ 판매직 ⑥ 농림어업 ⑦ 기능직 ⑧ 장치·기계 조작 및 조립 ⑨ 단순노무직 ⑩ 군인 ⑪ 학생·가사·무직	아내 (처)	① 관리직 ② 전문직 ③ 사무직 ④ 서비스직 ⑤ 판매직 ⑥ 농림어업 ⑦ 기능직 ⑧ 장치·기계 조작 및 조립 ⑨ 단순노무직 ⑩ 군인 ⑪ 학생·가사·무직	

작 성 방 법

※ 등록기준지 : 각 란의 해당자가 외국인인 경우에는 그 국적을 기재합니다.
※ 주민등록번호 : 각 란의 해당자가 외국인인 경우에는 외국인등록번호(국내거소신고번호 또는 출생연월일)를 기재합니다.
①란 : 협의이혼신고의 경우 반드시 당사자 쌍방이 서명(또는 기명날인) 하여야 하나, 재판상 이혼신고의 경우에는 일방이 서명(또는 기명날인)하여 신고할 수 있습니다.
②란 : 이혼당사자의 부모가 주민등록번호가 없는 경우에는 등록기준지(본적)를 기재합니다. 이혼당사자가 양자인 경 우 양부모의 인적사항을 기재하며, 이혼당사자의 부모가 외국인인 경우에는 주민등록번호란에 외국인등록번호(또는 출생연월일) 및 국적을 기재합니다.
③란 : 아래의 사항 및 가족관계등록부에 기록을 분명하게 하는 데 특히 필요한 사항을 기재합니다.
- 신고사건으로 인하여 신분의 변경이 있게 되는 사람이 있을 경우에 그 사람의 성명, 출생연월일, 등록기준지 및 신분변경의 사유
- 피성년후견인(2018. 6. 30.까지는 금치산자 포함)이 협의상 이혼을 하는 경우에는 동의자의 성명, 서명(또는 날인) 및 출생연월일
④란 : 이혼판결(화해, 조정)의 경우에만 기재하고, 협의이혼의 경우에는 기재하지 않습니다.
: 조정성립, 조정에 갈음하는 결정, 화해성립이나 화해권고결정에 따른 이혼신고의 경우에는 "재판확정일자"아래 의 ( )안에 "조정성립", "조정에 갈음하는 결정확정" 또는 "화해성립", "화해권고결정"이라고 기재하고, "연월 일"란에 그 성립(확정)일을 기재합니다.
⑤란 : 협의이혼의사확인 신청시에는 기재하지 아니하며, 법원의 이혼의사확인 후에 정하여진 친권자를 기재합니다.
지정효력발생일은 협의이혼의 경우 이혼신고일, 재판상이혼의 경우에는 재판 확정일을 기재합니다.
원인은 당사자의 협의에 의해 지정한 때에는 "①협의"에, 직권 또는 신청에 의해 법원이 결정한 때에는 "②재 판"에 '영표(○)'로 표시하고, 그 내용을 증명하는 서면을 첨부하여야 합니다.
자녀가 5명 이상인 경우 별지 기재 후 간인하여 첨부합니다. 임신 중인 자의 경우에는 출생신고 시 친권자 지정 신고를 합니다.

⑥란 : 출석한 신고인의 해당번호에 '영표(○)'로 표시합니다.
⑦란 : 제출인(신고인이 작성한 신고서를 신고인이 아닌 사람이 제출할 경우만 기재)의 성명 및 주민등록번호를 기재합니다.[접수담당공무원은 신분증과 대조]

※ 아래 사항은 「통계법」 제24조의2에 의하여 통계청에서 실시하는 인구동향조사입니다.

㉮란, ㉯란 : 가족관계등록부상 신고일이나 재판확정일과는 관계없이 실제로 결혼(동거)생활을 시작한 날과 사실상 이혼(별거)생활을 시작한 날을 기재합니다.

㉰란 : 교육부장관이 인정하는 모든 정규교육기관을 기준으로 기재하되 각급 학교의 재학 또는 중퇴자는 최종 졸업한 학교의 해당번호에 '영표(○)'로 표시 합니다. <예시> 대학교 3학년 재학(중퇴) → ④ 고등학교에 '영표(○)'로 표시

㉱란 : 이혼할 당시의 주된 직업을 기준으로 기재합니다.

---

① 관리자 : 정부, 기업, 단체 또는 그 내부 부서의 정책과 활동을 기획, 지휘 및 조정
   (공공 및 기업고위직 등)
② 전문가 및 관련종사자 : 전문지식을 활용한 기술적 업무(과학, 의료, 복지, 교육,
   종교, 법률, 금융, 예술, 스포츠 등)
③ 사무종사자 : 관리자, 전문가 및 관련 종사자를 보조하여 업무 추진(행정, 경영, 보험, 감사, 상담·안내·통계 등)
④ 서비스종사자 : 공공안전, 신변보호, 돌봄, 의료보조, 미용, 혼례 및 장례, 운송, 여가, 조리와 관련된 업무
⑤ 판매종사자 : 영업활동을 통해 상품이나 서비스판매(인터넷, 상점, 공공장소 등), 상품의 광고·홍보, 계산·정산 등
⑥ 농림·어업 숙련 종사자 : 작물의 재배·수확, 동물의 번식·사육, 산림의 경작·개발, 수생 동·식물 번식 및 양식 등
⑦ 기능원 및 관련 기능 종사자 : 광업, 제조업, 건설업에서 손과 수공구를 사용하여 기계 설치 및 정비, 제품 가공
⑧ 장치·기계 조작 및 조립 종사자 : 기계를 조작하여 제품 생산·조립, 산업용 기계·장비조작,
   운송장비의 운전 등
⑨ 단순노무 종사자 : 주로 간단한 수공구의 사용과 단순하고 일상적이며 육체적 노력이
   요구되는 업무
⑩ 군인 : 의무복무를 포함하여, 현재 군인신분을 유지하고 있는 경우
   (국방분야에 고용된 민간인과 예비군은 제외)
⑪ 학생·가사·무직 : 교육기관에 재학하며 학습에만 전념하거나, 전업주부이거나,
   특정한 직업이 없는 경우

첨부서류

1. 협의이혼 : 협의이혼의사확인서 등본 1부
2. 재판이혼 : 판결등본 및 확정증명서 각 1부(조정·화해 성립의 경우는 조서등본 및 송달증명서).
3. 외국법원의 이혼판결에 의한 재판상 이혼
   - 이혼판결의 정본 또는 등본과 판결확정증명서 각 1부.
   - 패소한 피고가 우리나라 국민인 경우에 그 피고가 공시송달에 의하지 아니하고 소송의 개시에 필요한 소환 또는 명령의 송달을 받았거나 또는 이를 받지 아니하고도 응소한 사실을 증명하는 서면 1부(판결에 의하여 이점이 명백하지 아니한 경우에 한한다).
   - 위 각 서류의 번역문 1부.
   ※ 아래 4항은 가족관계등록관서에서 전산으로 그 내용을 확인할 수 있는 경우 첨부를 생략합니다.
4. 이혼 당사자 각각의 가족관계등록부의 가족관계증명서, 혼인관계증명서 각 1통.
5. 사건본인이 외국인인 경우
   - 한국 방식에 의한 이혼 : 사건본인 쌍방이 외국인인 경우에는 국적을 증명하는 서면(여권 또는 외국인등록증)사본 첨부
   - 외국 방식에 의한 이혼 : 이혼증서 등본 및 국적을 증명하는 서면(여권 또는 외국인등록증) 사본 각 1부
6. 친권자지정과 관련한 소명자료
   - 협의에 의한 경우 친권자지정 협의서등본 1부.
   - 법원이 결정한 경우 심판서 정본 및 확정 증명서 1부.
7. 신분확인[가족관계등록예규 제516호에 의함]
   ① 재판상 이혼신고(증서등본에 의한 이혼신고 포함)
      - 신고인이 출석한 경우 : 신분증명서
      - 제출인이 출석한 경우 : 제출인의 신분증명서
      - 우편제출의 경우 : 신고인의 신분증명서 사본
      ※ 신고인이 성년후견인인 경우에는 7항의 ① 서류 외에 성년후견인의 자격을 증명하는 서면도 함께 첨부해야 합니다.
   ② 협의이혼신고
      - 신고인이 출석한 경우 : 신고인 일방의 신분증명서
      - 신고인 불출석, 제출인 출석의 경우 : 제출인의 신분증명서 및 신고인 일방의 신분증명서 또는 서명공증 또는 인감 증명서(신고인의 신분증명서 없이 신고서에 신고인이 서명한 경우 서명공증, 신고서에 인감 날인한 경우 인감증명)
      - 우편제출의 경우 : 신고인 일방의 서명공증 또는 인감증명서(신고서에 서명한 경우 서명공증, 인감을 날인한 경우는 인감증명서).

[서식 11] 협의이혼의사확인신청서 (가족관계등록예규 제613호 제2호 서식)

<h2>협의이혼의사확인신청서</h2>

당사자 부 ○○○ (주민등록번호: -   )
       등록기준지 :
       주   소 :
       전화번호(핸드폰/집전화):
    처 ○○○ (주민등록번호: -   )
       등록기준지:
       주   소 :
       전화번호(핸드폰/집전화):

신청의 취지

위 당사자 사이에는 진의에 따라 서로 이혼하기로 합의하였다.
위와 같이 이혼의사가 확인되었다.
라는 확인을 구함.

첨 부 서 류

1. 남편의 혼인관계증명서와 가족관계증명서   각 1통.
   처의 혼인관계증명서와 가족관계증명서   각 1통.
2. 미성년자가 있는 경우 양육 및 친권자결정에 관한
   협의서 1통과 사본 2통 또는 가정법원의 심판정본
   및 확정증명서   각 3통 (제출___, 미제출___)[28]
3. 주민등록표등본(주소지 관할법원에 신청하는 경우)   1통.
4. 진술요지서(재외공관에 접수한 경우)   1통. 끝.

년   월   일

---

[28] 해당하는 란에 ○ 표기할 것. 협의이혼 부부 양쪽이 이혼에 관한 안내를 받은 후에 협의서는 확인기일 1개월 전까지, 심판정본 및 확정증명서는 확인기일까지 제출할 수 있습니다.
※ 이혼에 관한 안내를 받지 아니한 경우에는 접수한 날부터 3개월이 경과하면 취하한 것으로 봅니다.

확인기일		담당자
1회	년 월 일 시	법원주사(보)
2회	년 월 일 시	○○○ ㊞

신청인 부 ○ ○ ○ ㊞
       처 ○ ○ ○ ㊞

확인서등본 및 양육비부담조서정본 교부	교부일
부 ○○○ ㊞ 처 ○○○ ㊞	

○○가정법원 귀중

[서식 12] 자의 양육과 친권자결정에 관한 협의서 (가족관계등록예규 제613호 제3호 서식)

자의 양육과 친권자결정에 관한 협의서

사 건   20   호협   협의이혼의사확인신청

당사자 부 성   명
           주민등록번호   -
       모 성   명
           주민등록번호   -

협 의 내 용

1. 친권자 및 양육자의 결정 (□에 ✓표시를 하거나 해당 사항을 기재하십시오).

자녀 이름	성별	생년월일(주민등록번호)	친권자	양육자
	□ 남 □ 여	년 월 일 (-)	□ 부 □ 모 □ 부모공동	□ 부 □ 모 □ 부모공동
	□ 남 □ 여	년 월 일 (-)	□ 부 □ 모 □ 부모공동	□ 부 □ 모 □ 부모공동
	□ 남 □ 여	년 월 일 (-)	□ 부 □ 모 □ 부모공동	□ 부 □ 모 □ 부모공동
	□ 남 □ 여	년 월 일 (-)	□ 부 □ 모 □ 부모공동	□ 부 □ 모 □ 부모공동

2. 양육비용의 부담 (□에 ✓표시를 하거나 해당 사항을 기재하십시오.)

지급인	☐ 부 ☐ 모	지급받는 사람	☐ 부 ☐ 모
지급방식	☐ 정기금	☐ 일시금	
지급액	이혼신고 다음날부터 자녀들이 각 성년에 이르기 전날까지 미성년자 1인당 매월 금 원 (한글병기: 원)	이혼신고 다음날부터 자녀들이 각 성년에 이르기 전날까지의 양육비에 관하여 금 원 (한글병기 : 원)	
지급일	매월 일	년 월 일	
기타			
지급받는 계좌	( ) 은행 예금주 : 계좌번호 :		

3. 면접교섭권의 행사 여부 및 그 방법 (☐에 ✓표시를 하거나 해당 사항을 기재하십시오.)

일 자	시 간	인도 장소	면접 장소	기타(면접교섭시 주의사항)
☐ 매월 _____째 주 _____요일	시 분부터 시 분까지			
☐ 매주 _____요일	시 분부터 시 분까지			
☐ 기타				

첨 부 서 류

1. 근로소득세 원천징수영수증, 사업자등록증 및 사업자소득금액 증명원 등 소득금액을 증명하기 위한 자료 - 부, 모별로 각 1통
2. 위 1항의 소명자료를 첨부할 수 없는 경우에는 부·모 소유 부동산등기부등본 또는 부·모 명의의 임대차계약서, 재산세 납세영수증(증명)
3. 위자료나 재산분할에 관한 합의서가 있는 경우 그 합의서 사본 1통
4. 자의 양육과 친권자결정에 관한 협의서 사본 2통

협의일자 :   년   월   일

부 :   (인/서명)   모 :   (인/서명)

○ ○ 가정(지방)법원		판사 확인인
사건번호		
확인일지	. . .	

[서식 13] 협의이혼의사확인신청사건부 (가족관계등록예규 제613호 제5호 서식)

협의이혼의사확인신청사건부

사 건 번 호			
접수연월일			
담 임			
당사자	부 성명, 등록기준지, 주소		
	처 성명, 등록기준지, 주소		
종국	연월일	년 월 일	년 월 일
	요 지		
보존	연도, 질, 호수	년 질 호	년 질 호
	종료연도	년	년
	폐기연월일 및 폐기인가(인)	년 월 일	년 월 일
비 고			

[서식 14] 협의이혼제도안내 (가족관계등록예규 제613호 제6호 서식)

협의이혼제도안내

1. 협의이혼이란
   ○ 부부가 자유로운 이혼합의에 의하여 혼인관계를 해소시키는 제도로, 먼저 관할 법원의 협의이혼의사확인을 받은 후 쌍방이 서명 또는 날인한 이혼신고서에 그 확인서등본을 첨부하여 시(구)·읍·면의 장에게 신고함으로써 이혼의 효력이 발생합니다.
   여기서 "시"라 함은 "구"가 설치되지 않은 시를 말합니다.

2. 협의이혼절차는
   가. 협의이혼의사확인의 신청
      ① 신청시 제출하여야 할 서류
         ㉮ 협의이혼의사확인신청서 1통
            - 부부가 함께 작성하며, 신청서 양식은 법원의 신청서 접수창구에 있습니다.
            - 기일의 고지는 전화 등으로 할 수 있으므로, 신청서에 전화연락처를 정확히 기재하여야 하며, 전화연락처 변경시에는 즉시 법원에 신고하여야 합니다.
         ㉯ 남편의 가족관계증명서와 혼인관계증명서 각 1통
            처의 가족관계증명서와 혼인관계증명서 각 1통
            - 시(구)·읍·면·동사무소에서 발급
         ㉰ 주민등록등본 1통
            - 주소지 관할 법원에 이혼의사확인신청을 하는 경우에만 첨부합니다.
         ㉱ 미성년인 자녀(임신 중인 자를 포함하되, 이혼에 관한 안내를 받은 날부터 3개월 또는 법원이 별도로 정한 기간 이내에 성년에 도달하는 자녀는 제외)가 있는 부부는 이혼에 관한 안내를 받은 후 그 자녀의 양육과 친권자결정에 관한 협의서 1통과 사본 2통 또는 가정법원의 심판정본 및 확정증명서 각 3통을 제출하되, 부부가 함께 출석하여 신청하고 이혼에 관한 안내를 받은 경우에는 협의서는 확인기일 1개월 전까지 제출할 수 있고 심판정본 및

확정증명서는 확인기일까지 제출할 수 있습니다. 자녀의 양육과 친권자결정에 관한 협의가 원활하게 이루어지지 않는 경우에는 신속하게 가정법원에 심판을 청구하여 심판정본 및 확정증명서를 제출하여야 합니다. 미제출 또는 제출지연 시 협의이혼확인이 지연되거나 불확인될 수 있습니다.

- 특히 이혼신고 다음날부터 미성년인 자녀가 성년에 이르기 전날까지의 기간에 해당하는 양육비에 관하여 협의서를 작성한 경우 양육비부담조서가 작성되어 별도의 재판없이 강제집행을 할 수 있으므로 양육비부담에 관하여 신중한 협의를 하여야 합니다.
- 미성년자녀가 입양된 경우에는 친생부모의 친권이 소멸되고 양부모가 친권자가 되므로, 친생부모는 자녀의 양육과 친권자결정에 관한 협의서에 입양된 자녀에 대하여는 양육

[서식 15] 협의이혼제도안내(재외국민용) (가족관계등록예규 제613호 제7호 서식)

협의이혼제도안내(재외국민용)

1. 협의이혼이란
   ○ 부부가 자유로운 이혼합의에 의하여 혼인관계를 해소시키는 제도로, 재외국민으로 등록된 국민이 재외공관장에게 협의이혼의사확인신청을 하여 서울가정법원으로부터 이혼의사확인을 받은 후 쌍방이 서명 또는 날인한 이혼신고서에 그 확인서등본을 첨부하여 재외공관장 등에게 신고함으로써 이혼의 효력이 발생합니다.

2. 협의이혼절차는
   가. 협의이혼의사확인의 신청
      ① 신청시 제출하여야 할 서류
         ㉮ 협의이혼의사확인신청서 1통
            - 부부가 함께 작성하며, 신청서 양식은 재외공관의 신청서 접수창구에 있습니다.
            - 신청서에 항시 연락가능한 전화연락처를 정확히 기재하여야 하며, 전화연락처 변경시에는 즉시 재외공관에 신고하여야 합니다.
         ㉯ 남편의 가족관계증명서와 혼인관계증명서 각 1통
            처의 가족관계증명서와 혼인관계증명서 각 1통
            - 시(구)·읍·면·동사무소에서 발급
         ㉰ 미성년인 자녀(임신 중인 자를 포함하되, 이혼에 관한 안내를 받은 날부터 3개월 또는 법원이 별도로 정한 기간 이내에 성년에 도달하는 자녀는 제외)가 있는 부부는 이혼에 관한 서면 안내를 받은 후 그 자녀의 양육과 친권자 결정에 관한 협의서 1통과 사본 2통 또는 가정법원의 심판정본 및 확정증명서 각 3통을 제출하여야 합니다. 미제출 또는 제출지연 시 협의이혼확인이 지연되거나 불확인될 수 있습니다.
            - 특히 이혼신고 다음날부터 미성년인 자녀가 성년에 이르기 전날까지의 기간에 해당하는 양육비에 관하여 협의서를 작성한 경우 양육비부담조서가 작성되어 별도의 재판없이 강제집행을 할 수 있으므로 양육비부담에 관하여 신중한 협의를 하여야 합니다.

- 미성년자녀가 입양된 경우에는 친생부모의 친권이 소멸되고 양부모가 친권자가 되므로, 친생부모는 자녀의 양육과 친권자결정에 관한 협의서에 입양된 자녀에 대하여는 양육과 친권자결정에 관한 사항을 기재하여서는 안 됩니다.
- 자녀양육안내에 관하여는 유튜브에 공개된 "이혼 우리아이를 어떻게 지키고 돌볼까요?{법원 이혼 부모교육(자녀양육안내)동영상}"(https://www.youtube.com/watch?v=GMzgrxYseVw)을 참조하여 주시기 바랍니다(유튜브에 "자녀양육안내"로 검색하시면 됩니다).

㈃ 이혼신고서
- 이혼신고서는 이혼의사확인신청할 때 제출하는 서류가 아니고 재외공관장 등에게 이혼

[서식 16] 이혼 숙려기간 면제(단축)사유서 (가족관계등록예규 제613호 제8호 서식)

이혼 숙려기간 면제(단축) 사유서

20   호협   협의이혼의사확인신청

당사자 :

주 소 :

위 사건에 관하여 20 . . . :   로 이혼의사 확인기일이 지정되었으나 다음과 같은 사유로 이혼의사 확인까지 필요한 기간을 면제(단축)하여 주시기 바랍니다.

다 음

사유 : 1. 가정 폭력으로 인하여 당사자 일방에게 참을 수 없는 고통이 예상됨( )
     2. 기타 이혼을 하여야 할 급박한 사정이 있는 경우(상세히 적을 것)

첨 부 서 류

1

20 . . .

위 당사자   (날인 또는 서명)
(연락처 :   )
(상대 배우자 연락처 :   )

○○지방법원 귀중

◇ 유의사항 ◇

※ 연락처란에는 언제든지 연락 가능한 전화번호나 휴대전화번호를 기재하고, 그 밖에 팩스번호, 이메일 주소 등이 있으면 함께 기재하기 바랍니다.
※ 사유서 제출 후 7일 이내에 확인기일의 재지정 연락이 없으면 최초에 지정한 확인기일이 유지되며, 이에 대하여는 이의를 제기할 수 없습니다.

[서식 17] 협의이혼의사확인신청서 (가족관계등록예규 제613호 제9호 서식)

○ ○ 법 원
확 인 서

20   호협   협의이혼의사확인신청

당사자 부 ○ ○ ○ (주민등록번호   -   )
            등록기준지
            주   소
        처 ○ ○ ○ (주민등록번호   -   )
            등록기준지
            주   소

위 당사자는 진의에 따라 서로 이혼하기로 합의하였음을 확인합니다.

                    년   월   일

            판사(사법보좌관)   ㊞

[서식 18] 진술조서 (가족관계등록예규 제613호 제10호 서식)

○ ○ 법 원
진 술 조 서

사　　　건　20　　　호협　　협의이혼의사확인신청

판　　　사　　　　　　　　　일 시:　　．　．　．　：
(사법보좌관)
법원 주사　　　　　　　　　장 소:　　호 협의이혼실
　　　　　　　　　　　　　　공개 여부: 비공개

당사자　부　　　　　　　　　　　　　　　　출석
　　　　처　　　　　　　　　　　　　　　　출석

판　사(사법보좌관)

당사자 쌍방으로부터 주민등록증 등을 제시받아 각 본인임을 확인

당사자 진술의 요지

1. 당사자 쌍방은 협의이혼의사가 틀림없이 있음(　).
2. 미성년인 자녀　　　에 대한 양육 및 친권자결정에 대한 협의서(　) 또는 심판정본 및 확정증명서 제출(　).
   미성년인 자녀　　　에 대한 양육 및 친권자결정에 대한 협의서(　) 또는 심판정본 및 확정증명서 제출(　).
3. 당사자　　　은(는) 이혼할 의사로 법원에 출석하였으나 현재는 이혼할 의사가 없음(　).
4. 기타

법원 주사 　　　　　(인)

판　　사 　　　　　(인)

(사법보좌관)
----
* "당사자 진술의 요지"란 작성방법:
① 1, 2, 3항은 (　)안에 ○, ×로 표시.
② 2항은 판사가 미성년인 자녀의 양육과 친권자결정에 관한 협의서 등을 확인하는 경우 해당 미성년자의 이름을 기재하고 (　)안에 ○, ×로 표시.
③ 4항 기타는 판사의 보정명령요지와 보정 여부, 기일지정 등을 기재.

[서식 19] 확인기일조서 (가족관계등록예규 제613호 제11호 서식)

○ ○ 법 원
확인 기일조서

제   회

사   건   20   호협   협의이혼의사확인신청

판   사   일 시: . . . :
(사법보좌관)
법원 주사   장 소: 호   협의이혼실

　　　　　　　　　　　　　　 공개 여부: 비공개

당사자 부   불출석
        처   불출석

　　　　　　　법원 주사　　　　　　　　(인)

　　　　　　　판   사　　　　　　　　　(인)

(사법보좌관)

----

* 작성방법: ① 당사자의 일방 또는 쌍방이 불출석한 경우로, 당사자의 출·불출석을 표시한다.
  ② 양육과 친권자결정에 관한 협의서 또는 가정법원의 심판정본 및 확정증명서를 미제출 시 예규 제12조에 따라 이를 기재한다.
  ③ 이미 당사자 쌍방에게 2회 확인기일까지 고지된 상태이므로 1회 확인기일조서인 경우에는 "고지된 다음기일"의 기재는 불필요하다.

[서식 20] 확인기일조서 (가족관계등록예규 제613호 제12호 서식)

○ ○ 법 원

촉 탁 서

장   귀하

20   호협   협의이혼의사확인신청

당사자 ○ ○ ○ (주민등록번호   -   )
       등록기준지
       주   소

배우자 ○ ○ ○ (주민등록번호   -   )
       등록기준지
       주   소

「가족관계의 등록 등에 관한 규칙」 제74조제2항에 따라 당사자 본인에게 배우자 ○○○와 이혼할 의사가 있는지와 당사자 사이에 미성년인 자녀(포태 중인 자 포함)가 있는지 유무 및 그 자녀의 양육과 친권자결정에 관한 협의서 작성 또는 가정법원의 심판 존재여부를 확인하여 주실 것을 촉탁하오니, 당사자를 직접 면담하여 본인인지 여부와 이혼의사의 존부 등을 확인하시고, 별첨 회보서 양식에 의하여 조속히 회보하여 주시기 바랍니다.

첨부서류 : 1. 협의이혼안내서 1통.
        2. 이혼의사확인회보서 양식   1통.
        3. 양육과 친권자결정에 관한 협의서
           또는 심판정본 및 확정증명서의 사본   1통. 끝.

년   월   일

판사   ㉑

[서식 21] 이혼의사확인회보서 (가족관계등록예규 제613호 제13호 서식)

이혼의사확인회보서

문서번호:
수　　신:　　　　○○가정법원
귀원 20　　호협　　　（　.　.　.　자)의 촉탁에 의하여 아래 당사자의 이혼 의사에 대한 확인결과를 다음과 같이 회보합니다.

당사자	성 명		배우자	성 명	
	주민등록번호			주민등록번호	
	등록기준지			등록기준지	
	주 소			주 소	

확　인　결　과	
이혼에 관한 안내를 받은 날	년　월　일
본인은 배우자 ○○○와 진심으로 이혼할 의사가 있습니다. 당　사　자　　　　　　　㊞	
미성년자(포태 중인 자 포함)의 존재 (　) 및 양육과 친권자결정에 관한 협의 확인 (　) 또는 가정법원의 심판 확인 (　) 당　사　자　　　　　　　㊞	
본인은 배우자 ○○○와 이혼할 의사가 없습니다 당　사　자　　　　　　　㊞	
위 당사자는 본직의 면전에서 자유로운 의사로 위와 같이 진술하고 서명·날인 (무인)하였음을 확인합니다. 　　　　　　　20　.　.　. 　　　○○○○○장　　　　　　　　㊞	
다음과 같은 사유로 위 당사자에 대한 이혼의사의 존부를 확인할 수 없음을 회보합니다. ① 당사자의 소재불명, ② 당사자의 출석거부, ③ 당사자의 진술거부 ④ 그 밖의 사항 (　　　　　　　　　　) 　　　　　　　20　.　.　. 　　○○○○○장　　　　　　　　　㊞	

※ 미성년자의 존재 유무 및 양육과 친권자결정에 관한 협의서 또는 가정법원의 심판정본 및 확정증명서 확인란은 ○, ×로 표시합니다.
※ 재외공관장에 대한 촉탁인 경우에 송달일부터 6개월, 교도소(구치소)장에 대한 촉탁인 경우에 송달일부터 1개월이 지나도록 회보서가 송부되어 오지 않은 경우에는 이혼의사가 불확인된 것으로 처리될 수 있습니다(「협의이혼의 의사확인사무 및 가족관계등록사무 처리지침」 제15조제3항).

[서식 22] 불확인통지서 (가족관계등록예규 제613호 제14호 서식)

○ ○ 법 원
불확인통지서

○○○ 귀하

20   호협   협의이혼의사확인신청

당사자 : 부 ○ ○ ○ (주민등록번호   -   )
　　　　 처 ○ ○ ○ (주민등록번호   -   )

다음과 같은 사유로 위 당사자 사이의 협의이혼의사를 확인할 수 없어 위 사건을 종결처리 하였음을 통지합니다.

① 당사자의 이혼의사 없음, ② 당사자의 소재불명, ③ 당사자의 진술 거부
④ 그 밖의 사항 (　　　　)

20 . . .

법원주사　○ ○ ○　(직인)

[서식 23] 진술요지서 (가족관계등록예규 제613호 제15호 서식)

진 술 요 지 서

당사자 부(夫) ○ ○ ○ (주민등록번호   -   )
           등록기준지
           주   소

      처(妻) ○ ○ ○ (주민등록번호   -   )
           등록기준지
           주   소

진술의 요지

1. 당사자 쌍방의 이혼의사 존부
2. 당사자 사이에 미성년인 자녀(포태 중인 자 포함)의 존재 여부 및 그 자녀에 대한 양육 및 친권자결정에 대한 협의서 또는 가정법원의 심판정본 및 확정증명서 확인여부

3. 이혼에 관한 안내를 받은 연월일

                년   월   일

            주 ○ ○ 대사(또는 영사)   ○ ○ ○   ㊞

[서식 24] 송달증명서 (가족관계등록예규 제613호 제16호 서식)

송 달 증 명 서

사건번호 20   호협   협의이혼의사확인신청
당 사 자 부
          처

 위 사건의 확인서 등본이 20 . . . 자로 당사자(부 또는 처)에게 송달되었음을 증명하여 주시기 바랍니다.
※ 당사자 중 해당하는 사람에 "○"표 한다.

---

20 . . .

신청인   ㊞

○○국 주재 대사(총영사) 귀중

위 사실을 증명합니다.

20 . . .

○○국 주재 대사(총영사)   ㊞

[서식 25] 영수증 (가족관계등록예규 제613호 제17호 서식)

영 수 증

                국 주재 대사(총영사) 귀 하

                교도소(구치소)장   귀 하

사 건 명 20   호협   협의이혼의사확인신청

1. 확인서등본 (수령, 불수령)
2. 양육비부담조서 정본 (수령, 불수령)

위의 서류는   년   월   일   :   분에 틀림없이
영수하였습니다.

          영 수 인: ㊞

<주의> 양육비부담조서정본을 교부한 경우 집행문부여를 위하여 송달증명이 필요하니 영수인의
     서명 또는 날인을 받은 후 반드시 그 등본을 가정법원으로 회송하여 주시기 바랍니다.

[서식 26] 영수증 (가족관계등록예규 제613호 제18호 서식)

협의이혼의사철회서				
당사자	남편	성 명		
^	^	주민등록번호		
^	^	등 록 기 준 지		
^	^	주 소		
^	아내	성 명		
^	^	주민등록번호		
^	^	등 록 기 준 지		
^	^	주 소		
확 인 법 원				법원
확 인 년 월 일				20 년 월 일

위와 같이 이혼의사 확인을 받았으나, 본인은 이혼할 의사가 없으므로 이혼의사를 철회합니다.

20 년 월 일

위 철회인 성 명 :   (서명 또는 날인)
　　　　　연락처 :

장　귀하

[서식 27] 양육비부담조서 (가족관계등록예규 제613호 제19호 서식)

○ ○ 법 원
양육비부담조서

사　건　20　　　호협　　　　협의이혼의사확인신청
부　○○○ (　　-　　)
　　서울 ○○구
모　○○○ (　　-　　)
　　서울 ○○구
미성년자녀 ○○○ (　　-　　)

일　시 :　　．．．　：　　　　장　소:　　호　협의이혼실

다음과 같이 양육비 부담에 관하여 협의가 되었음을 확인

(예) 부○○○은 모○○○에게, 이 사건에 따른 이혼신고가 되면, 미성년 자녀들에 대한 양육비로 이혼신고 다음날부터 자녀들이 각 성년에 이르기 전날까지 1인당 월　　　원을 매월　일에 지급한다.

　　　　　　　　　　　법원 주사　　　　　　　(인)

　　　　　　　　　　　판　　사　　　　　　　 (인)

☞ 관련조문

1. 가족관계의 등록 등에 관한 법률 [시행 2024. 7. 19.] [법률 제19547호, 2023. 7. 18., 일부개정]

제74조 (이혼신고의 기재사항) 이혼의 신고서에는 다음 사항을 기재하여야 한다. <개정 2010. 5. 4.>
1. 당사자의 성명·본·출생연월일·주민등록번호 및 등록기준지(당사자가 외국인인 때에는 그 성명·국적 및 외국인등록번호)
2. 당사자의 부모와 양부모의 성명·등록기준지 및 주민등록번호
3. 「민법」제909조제4항 또는 제5항에 따라 친권자가 정하여진 때에는 그 내용

제75조 (협의상 이혼의 확인) ① 협의상 이혼을 하고자 하는 사람은 등록기준지 또는 주소지를 관할하는 가정법원의 확인을 받아 신고하여야 한다. 다만, 국내에 거주하지 아니하는 경우에 그 확인은 서울가정법원의 관할로 한다.
② 제1항의 신고는 협의상 이혼을 하고자 하는 사람이 가정법원으로부터 확인서등본을 교부 또는 송달받은 날부터 3개월 이내에 그 등본을 첨부하여 행하여야 한다.
③ 제2항의 기간이 경과한 때에는 그 가정법원의 확인은 효력을 상실한다.
④ 가정법원의 확인 절차와 신고에 관하여 필요한 사항은 대법원규칙으로 정한다.

제76조 (간주규정) 협의이혼신고서에 가정법원의 이혼의사확인서등본을 첨부한 경우에는 「민법」제836조제2항에서 정한 증인 2인의 연서가 있는 것으로 본다.

제77조 (준용규정) 제74조는 혼인취소의 신고에 준용한다.

제78조 (준용규정) 제58조는 이혼의 재판이 확정된 경우에 준용한다.

2. 가족관계의 등록 등에 관한 규칙 [시행 2024. 7. 19.] [대법원규칙 제3140호, 2024. 3. 28., 일부개정]

제73조 (이혼의사확인신청) ① 법 제75조에 따라 협의상 이혼을 하려는 부부는 두 사람이 함께 등록기준지 또는 주소지를 관할하는 가정법원에 출석하여 협의이혼의사확인신청서를 제출하고 이혼에 관한 안내를 받아야 한다. <개정 2008. 6. 5.>

② 부부 중 한쪽이 재외국민이거나 수감자로서 출석하기 어려운 경우에는 다른 쪽이 출석하여 협의이혼의사확인신청서를 제출하고 이혼에 관한 안내를 받아야 한다. 재외국민이나 수감자로서 출석이 어려운 자는 서면으로 안내를 받을 수 있다. <신설 2008. 6. 5.>

③ 협의이혼의사확인신청서에는 다음 각 호의 사항을 기재하고 이혼하고자 하는 부부가 공동으로 서명 또는 기명날인하여야 한다. <개정 2008. 6. 5., 2010. 7. 30.>
  1. 당사자의 성명·등록기준지(외국인인 경우에는 국적을 말한다)·주소 및 주민등록번호
  2. 신청의 취지 및 연월일

④ 협의이혼의사확인신청서에는 부부 양쪽의 가족관계증명서와 혼인관계증명서 각 1통을 첨부하여야 한다. 미성년인 자녀(포태중인 자를 포함하되, 이혼에 관한 안내를 받은 날부터 「민법」 제836조의2제2항 또는 제3항에서 정한 기간 이내에 성년에 도달하는 자녀는 제외한다. 다음부터 이 장에서 같다)가 있는 경우 그 자녀의 양육과 친권자결정에 관한 협의서 1통과 그 사본 2통 또는 가정법원의 심판정본 및 확정증명서 각 3통을 제출하여야 한다. <개정 2008. 6. 5., 2009. 3. 31., 2009. 6. 26.>

⑤ 가정법원은 전문상담인을 상담위원으로 위촉하여 「민법」 제836조의2제1항의 상담을 담당하게 할 수 있고, 상담위원의 일당 및 수당은 매년 대법관회의에서 이를 정하여 국고 등에서 지급할 수 있다. <신설 2008. 6. 5.>

⑥ 확인기일, 보정명령, 불확인결과는 전화, 팩시밀리 등 간이한 방법으로 통지할 수 있고, 이혼의사확인 절차에 필요한 송달료에 관하여는 송달료규칙을 준용한다. <개정 2009. 6. 26.>

제74조 (이혼의사 등의 확인) ① 제73조의 이혼의사확인신청이 있는 때에는 가정법원은 부부 양쪽이 이혼에 관한 안내를 받은 날부터 「민법」 제836조의2제2항 또는 제3항에서 정한 기간이 지난 후에 부부 양쪽을 출석시켜 그 진술을 듣고 이혼의사의 유무 및

부부 사이에 미성년인 자녀가 있는지 여부와 미성년인 자녀가 있는 경우 그 자녀에 대한 양육과 친권자결정에 관한 협의서 또는 가정법원의 심판정본 및 확정증명서(다음부터 이 장에서 "이혼의사 등"이라 한다)를 확인하여야 한다. <개정 2009. 6. 26.>
② 부부 중 한쪽이 재외국민이거나 수감자로서 출석하기 어려워 다른 한쪽이 출석하여 신청한 경우에는 관할 재외공관이나 교도소(구치소)의 장에게 이혼의사 등의 확인을 촉탁하여 그 회보서의 기재로써 그 당사자의 출석·진술을 갈음할 수 있다. 이 경우 가정법원은 부부 중 한쪽인 재외국민 또는 수감자가 이혼에 관한 안내를 받은 날부터 「민법」 제836조의2제2항 또는 제3항에서 정한 기간이 지난 후에 신청한 사람을 출석시켜 이혼의사 등을 확인하여야 한다. <개정 2009. 6. 26.>
③ 제1항의 협의이혼의사확인기일은 공개하지 아니한다. 다만, 법원이 공개함이 적정하다고 인정하는 자에게는 방청을 허가할 수 있다. <개정 2014. 10. 2.>
④ 제1항의 협의이혼의사확인기일에 참여한 법원서기관, 법원사무관, 법원주사 또는 법원주사보는 조서를 작성하여야 한다. <신설 2014. 10. 2.> [전문개정 2008. 6. 5.] [제목개정 2009. 6. 26.]

제75조 (재외국민의 이혼의사 확인신청의 특례) ① 부부 양쪽이 재외국민인 경우에는 두 사람이 함께 그 거주지를 관할하는 재외공관의 장에게 이혼의사확인신청을 할 수 있다. 다만, 그 지역을 관할하는 재외공관이 없는 때에는 인접하는 지역을 관할하는 재외공관의 장에게 이를 할 수 있다. <개정 2008. 6. 5.>
② 부부 중 한쪽이 재외국민인 경우에 재외국민인 당사자는 그 거주지를 관할하는 재외공관의 장에게 협의이혼의사확인신청을 할 수 있다. 다만, 그 거주지를 관할하는 재외공관이 없는 경우에는 제1항 단서를 준용한다.
③ 제2항은 부부 양쪽이 모두 재외국민으로서 서로 다른 국가에 거주하고 있는 경우에 준용한다.
④ 제1항부터 제3항까지의 신청을 받은 재외공관의 장은 당사자(제1항의 경우에는 부부 양쪽이고, 제2항과 제3항의 경우에는 신청서를 제출한 당사자이다. 다음부터 "신청당사자"라 한다)에게 이혼에 관한 안내 서면을 교부한 후, 이혼의사의 유무와 미성년인 자녀가 있는지 여부 및 미성년인 자녀가 있는 경우에 그 자녀에 대한 양육과 친권자결정에 관한 협의서 1통 또는 가정법원의 심판정본 및 확정증명서 3통을 제출받아 확인하고 그 요지를 기재한 서면(다음부터 "진술요지서"라 한다)을 작성하여 기명날인한 후 신청서에 첨부하여 지체 없이 서울가정법원에 송부하여야 한다. <개정 2008. 6. 5.> [제목개정 2009. 6. 26.]

제76조 (재외국민의 이혼의사의 확인의 특례) ① 제75조제4항에 따라 서류를 송부받은

서울가정법원은 재외공관의 장이 작성한 진술요지서 및 첨부서류에 의하여 신청당사자의 이혼의사 등을 확인할 수 있다.
② 제75조제2항에 따라 서류를 송부받은 서울가정법원은 국내에 거주하는 당사자를 출석하게 하여 이혼에 관한 안내를 한 후에 출석한 당사자의 이혼의사 등을 확인하여야 한다.
③ 제75조제3항에 따라 서류를 송부받은 서울가정법원이 신청당사자가 아닌 상대방의 이혼의사등을 확인하는 경우에는 제74조제2항을 준용한다.
④ 서울가정법원은 제75조제1항부터 제3항까지의 경우에 부부 양쪽이 이혼에 관한 안내를 받은날부터 「민법」 제836조의2제2항 또는 제3항에서 정한 기간이 지난 후에 이혼의사 등을 확인하여야 한다.
⑤ 제75조제2항의 경우에 서울가정법원은 국내에 거주하는 당사자의 신청이 있을 경우 주소지 관할 가정법원에 사건을 이송할 수 있다. [전문개정 2009. 6. 26.]

제77조 (확인신청의 취하) ① 이혼의사확인신청인은 제74조에 따른 확인을 받기 전까지 신청을 취하할 수 있다.
② 부부 중 양쪽 또는 한쪽이 제74조제1항에 따른 출석통지를 받고도 2회에 걸쳐 출석하지 아니한 때에는 확인신청을 취하한 것으로 본다.
③ 부부 중 양쪽 또는 한쪽이 제73조에 따라 이혼의사확인신청을 한 다음날부터 3개월 안에 이혼에 관한 안내를 받지 아니한 때에는 확인신청을 취하한 것으로 본다. <신설 2009. 3. 31.>

제78조 (확인서 등의 작성·교부) ① 가정법원은 부부 양쪽의 이혼의사 등을 확인하면 확인서를 작성하여야 하고, 미성년인 자녀의 양육과 친권자결정에 관한 협의를 확인하면 그 양육비부담조서도 함께 작성하여야 한다. 다만, 그 협의가 자녀의 복리에 반함에도 가정법원의 보정명령에 불응하는 경우 가정법원은 확인서 및 양육비부담조서를 작성하지 아니한다.
② 제1항의 확인서에는 다음 각 호의 사항을 기재하고 확인을 한 판사 또는 사법보좌관이 기명날인하여야 한다. <개정 2018. 4. 27.>
  1. 법원 및 사건의 표시
  2. 당사자의 성명·주소 및 주민등록번호
  3. 확인연월일
  4. 이혼의사가 확인되었다는 취지
③ 제1항의 양육비부담조서에는 다음 각 호의 사항을 적고 확인을 한 판사 및 가정법원의 서기관·사무관·주사 또는 주사보(다음부터 "법원사무관등"이라 한다)가 기

명날인하여야 한다.
1. 법원 및 사건의 표시
2. 부모의 성명·주소 및 주민등록번호
3. 미성년인 자녀의 성명 및 주민등록번호
4. 확인일시와 장소
5. 판사가 확인한 양육비 부담에 관한 협의 내용

④ 법원사무관등은 제2항의 확인서가 작성된 경우에 지체 없이 확인서등본과 미성년인 자녀가 있는 경우 협의서등본 및 양육비부담조서정본 또는 심판정본 및 확정증명서를 부부 양쪽에게 교부하거나 송달하여야한다. 다만, 당사자가 제74조제2항과 제75조에 따른 재외국민인 경우 재외공관의 장에게 이를 송부하고, 재외공관의 장은 당사자에게 교부 또는 송달한 후 양육비부담조서 정본에 관하여는 영수증등본을 가정법원에 송부하여야 한다. 당사자가 제74조제2항에 따른 수감자인 경우에는 교도소(구치소)의 장에게 송부하고, 교도소(구치소)의 장은 당사자에게 교부한 후 양육비부담조서정본에 관하여는 영수증등본을 가정법원에 송부하여야 한다.

⑤ 양육비부담조서의 집행문은 그 양육비부담조서가 작성된 협의이혼의사확인사건의 확인서에 따라 이혼신고를 하였음을 소명한 때에만 내어준다. [전문개정 2009. 6. 26.]

제79조 (이혼신고서의 제출) 가정법원의 확인서가 첨부된 협의이혼신고서는 부부 중 한쪽이 제출할 수 있다.

제80조 (이혼의사의 철회) ① 이혼의사의 확인을 받은 당사자가 이혼의사를 철회하고자 하는 경우에는 이혼신고가 접수되기 전에 자신의 등록기준지, 주소지 또는 현재지 시·읍·면의 장에게 이혼의사확인서등본을 첨부한 이혼의사철회서를 제출하여야 한다. 다만, 재외국민의 경우 등록기준지시·읍·면의 장 또는 가족관계등록관에게 제출하여야 한다. <개정 2015. 4. 24.>
② 제1항의 경우에 이혼의사의 확인을 받은 다른 쪽 당사자가 이혼신고를 먼저 접수한 경우에는 그 이혼신고를 수리하여야 한다.

3. 민법 [시행 2024. 5. 17.] [법률 제19409호, 2023. 5. 16., 타법개정]

제834조 (협의상 이혼) 부부는 협의에 의하여 이혼할 수 있다.

제835조 (성년후견과 협의상 이혼) 피성년후견인의 협의상 이혼에 관하여는 제808조제2항을 준용한다. [전문개정 2011. 3. 7.]

제836조 (이혼의 성립과 신고방식) ① 협의상 이혼은 가정법원의 확인을 받아 「가족관계의 등록 등에 관한 법률」의 정한 바에 의하여 신고함으로써 그 효력이 생긴다. <개정 1977. 12. 31., 2007. 5. 17.>
② 전항의 신고는 당사자 쌍방과 성년자인 증인 2인의 연서한 서면으로 하여야 한다.

제836조의2 (이혼의 절차) ① 협의상 이혼을 하려는 자는 가정법원이 제공하는 이혼에 관한 안내를 받아야 하고, 가정법원은 필요한 경우 당사자에게 상담에 관하여 전문적인 지식과 경험을 갖춘 전문상담인의 상담을 받을 것을 권고할 수 있다.
② 가정법원에 이혼의사의 확인을 신청한 당사자는 제1항의 안내를 받은 날부터 다음 각 호의 기간이 지난 후에 이혼의사의 확인을 받을 수 있다.
  1. 양육하여야 할 자(포태 중인 자를 포함한다. 이하 이 조에서 같다)가 있는 경우에는 3개월
  2. 제1호에 해당하지 아니하는 경우에는 1개월
③ 가정법원은 폭력으로 인하여 당사자 일방에게 참을 수 없는 고통이 예상되는 등 이혼을 하여야 할 급박한 사정이 있는 경우에는 제2항의 기간을 단축 또는 면제할 수 있다.
④ 양육하여야 할 자가 있는 경우 당사자는 제837조에 따른 자(子)의 양육과 제909조제4항에 따른 자(子)의 친권자결정에 관한 협의서 또는 제837조 및 제909조제4항에 따른 가정법원의 심판정본을 제출하여야 한다.
⑤ 가정법원은 당사자가 협의한 양육비부담에 관한 내용을 확인하는 양육비부담조서를 작성하여야 한다. 이 경우 양육비부담조서의 효력에 대하여는 「가사소송법」 제41조를 준용한다. <신설 2009. 5. 8.>
[본조신설 2007. 12. 21.]

제837조 (이혼과 자의 양육책임) ① 당사자는 그 자의 양육에 관한 사항을 협의에 의하여 정한다. <개정 1990. 1. 13.>
② 제1항의 협의는 다음의 사항을 포함하여야 한다. <개정 2007. 12. 21.>
  1. 양육자의 결정

2. 양육비용의 부담
3. 면접교섭권의 행사 여부 및 그 방법

③ 제1항에 따른 협의가 자(子)의 복리에 반하는 경우에는 가정법원은 보정을 명하거나 직권으로 그 자(子)의 의사(意思)·연령과 부모의 재산상황, 그 밖의 사정을 참작하여 양육에 필요한 사항을 정한다. <개정 2007. 12. 21.>

④ 양육에 관한 사항의 협의가 이루어지지 아니하거나 협의할 수 없는 때에는 가정법원은 직권으로 또는 당사자의 청구에 따라 이에 관하여 결정한다. 이 경우 가정법원은 제3항의 사정을 참작하여야 한다. <신설 2007. 12. 21.>

⑤ 가정법원은 자(子)의 복리를 위하여 필요하다고 인정하는 경우에는 부·모·자(子) 및 검사의 청구 또는 직권으로 자(子)의 양육에 관한 사항을 변경하거나 다른 적당한 처분을 할 수 있다. <신설 2007. 12. 21.>

⑥ 제3항부터 제5항까지의 규정은 양육에 관한 사항 외에는 부모의 권리의무에 변경을 가져오지 아니한다. <신설 2007. 12. 21.>

제837조의2 (면접교섭권) ① 자(子)를 직접 양육하지 아니하는 부모의 일방과 자(子)는 상호 면접교섭할 수 있는 권리를 가진다. <개정 2007. 12. 21.>

② 자(子)를 직접 양육하지 아니하는 부모 일방의 직계존속은 그 부모 일방이 사망하였거나 질병, 외국거주, 그 밖에 불가피한 사정으로 자(子)를 면접교섭할 수 없는 경우 가정법원에 자(子)와의 면접교섭을 청구할 수 있다. 이 경우 가정법원은 자(子)의 의사(意思), 면접교섭을 청구한 사람과 자(子)의 관계, 청구의 동기, 그 밖의 사정을 참작하여야 한다. <신설 2016. 12. 2.>

③ 가정법원은 자의 복리를 위하여 필요한 때에는 당사자의 청구 또는 직권에 의하여 면접교섭을 제한·배제·변경할 수 있다. <개정 2005. 3. 31., 2016. 12. 2.>
[본조신설 1990. 1. 13.]

제838조 (사기, 강박으로 인한 이혼의 취소청구권) 사기 또는 강박으로 인하여 이혼의 의사표시를 한 자는 그 취소를 가정법원에 청구할 수 있다. <개정 1990. 1. 13.>

제839조 (준용규정) 제823조의 규정은 협의상 이혼에 준용한다.

제839조의2 (재산분할청구권) ① 협의상 이혼한 자의 일방은 다른 일방에 대하여 재산분할을 청구할 수 있다.

② 제1항의 재산분할에 관하여 협의가 되지 아니하거나 협의할 수 없는 때에는 가정법원은 당사자의 청구에 의하여 당사자 쌍방의 협력으로 이룩한 재산의 액수 기타 사

정을 참작하여 분할의 액수와 방법을 정한다.
③ 제1항의 재산분할청구권은 이혼한 날부터 2년을 경과한 때에는 소멸한다. [본조신설 1990. 1. 13.]

제839조의3 (재산분할청구권 보전을 위한 사해행위취소권) ① 부부의 일방이 다른 일방의 재산분할청구권 행사를 해함을 알면서도 재산권을 목적으로 하는 법률행위를 한 때에는 다른 일방은 제406조제1항을 준용하여 그 취소 및 원상회복을 가정법원에 청구할 수 있다.
② 제1항의 소는 제406조제2항의 기간 내에 제기하여야 한다.
[본조신설 2007. 12. 21.]

제840조 (재판상 이혼원인) 부부의 일방은 다음 각호의 사유가 있는 경우에는 가정법원에 이혼을 청구할 수 있다. <개정 1990. 1. 13.>
1. 배우자에 부정한 행위가 있었을 때
2. 배우자가 악의로 다른 일방을 유기한 때
3. 배우자 또는 그 직계존속으로부터 심히 부당한 대우를 받았을 때
4. 자기의 직계존속이 배우자로부터 심히 부당한 대우를 받았을 때
5. 배우자의 생사가 3년 이상 분명하지 아니한 때
6. 기타 혼인을 계속하기 어려운 중대한 사유가 있을 때

제841조 (부정으로 인한 이혼청구권의 소멸) 전조제1호의 사유는 다른 일방이 사전동의나 사후 용서를 한 때 또는 이를 안 날로부터 6월, 그 사유있은 날로부터 2년을 경과한 때에는 이혼을 청구하지 못한다.

제842조 (기타 원인으로 인한 이혼청구권의 소멸) 제840조제6호의 사유는 다른 일방이 이를 안 날로부터 6월, 그 사유있은 날로부터 2년을 경과하면 이혼을 청구하지 못한다.

제843조 (준용규정) 재판상 이혼에 따른 손해배상책임에 관하여는 제806조를 준용하고, 재판상 이혼에 따른 자녀의 양육책임 등에 관하여는 제837조를 준용하며, 재판상 이혼에 따른 면접교섭권에 관하여는 제837조의2를 준용하고, 재판상 이혼에 따른 재산분할청구권에 관하여는 제839조의2를 준용하며, 재판상 이혼에 따른 재산분할정구권 보전을 위한 사해행위취소권에 관하여는 제839조의3을 준용한다. [전문개정 2012. 2. 10.]

[서식 28] 양육비부담조서 (가족관계등록예규 제625호 제12호 서식)

혼인취소신고서
(년 월 일)

※ 신고서 작성 시 뒷면의 작성 방법을 참고하고, 선택 항목에는 '영표(○)'로 표시하기 바랍니다.

구분			남 편(부)		아 내(처)	
①당사자	성 명	한글	(성) / (명)	본 (한자)	(성) / (명)	본 (한자)
		한자	(성) / (명)		(성) / (명)	
	주민등록번호		-		-	
	출생연월일					
	등록기준지					
	주 소					
②부모(양부모)	부(양부)성명					
	주민등록번호		-		-	
	모(양모)성명					
	주민등록번호		-		-	
③기타사항						
④재판확정일자			년 월 일	법원명		법원
⑤친권자지정	미성년자성명					
	주민등록번호		-		-	
	친권자	1부 2모 3부모	지정일자	년 월 일	1부 2모 3부모	지정일자	년 월 일
			원인	( )법원의 결정		원인	( )법원의 결정
⑥신고인	성 명		㉑ 또는 서명	주민등록번호		-
	자 격		1소 제기자 2소의상대방 3기타(자격:)			
	주 소			전 화	이메일	
⑦제출인	성 명			주민등록번호		-

제2장 국제이혼 233

작 성 방 법

※ 등록기준지 : 각 란의 해당자가 외국인인 경우에는 그 국적을 기재합니다.
※ 주민등록번호 : 각 란의 해당자가 외국인인 경우에는 외국인등록번호(국내거소신고번호 또는 출생연월일)를 기재합니다.
  ①란 : 법 제25조제2항에 따라 주민등록번호란에 주민등록번호를 기재한 때에는 출생연월일의 기재를 생략할 수 있습니다.
  ②란 : 당사자의 부모가 주민등록번호가 없는 경우에는 등록기준지(본적)를 기재합니다.
    당사자가 양자인 경우 양부모의 성명·주민등록번호를 기재하며, 당사자의 부모가 외국인인 경우에는 주민등록번호란에 외국인등록번호(또는 출생연월일) 및 국적을 기재합니다.
  ③란 : 아래의 사항 및 가족관계등록부에 기록을 분명하게 하는데 특히 필요한 사항을 기재합니다.
    - 신고사건으로 신분의 변경이 있게 되는 자가 있을 경우에는 그 자의 성명, 출생연월일, 등록기준지 및 신분변경의 사유
  ⑤란 : 혼인취소재판에서 지정된 친권자를 기재합니다.
  ⑦란 : 제출인(신고인이 작성한 신고서를 신고인이 아닌 사람이 제출할 경우만 기재)의 성명 및 주민등록번호를 기재합니다.[접수담당공무원은 신분증과 대조]

첨 부 서 류

1. 혼인취소재판의 등본 및 확정증명서 각 1부.
   ※ 아래 2항은 가족관계등록관서에서 전산으로 그 내용을 확인할 수 있는 경우 첨부를 생략합니다.
2. 혼인취소 당사자의 가족관계등록부의 기본증명서, 혼인관계증명서 각 1통.
3. 신분확인[가족관계등록예규 제516호에 의함]
   - 신고인이 출석한 경우 : 신분증명서
   - 제출인이 출석한 경우 : 제출인의 신분증명서
   - 우편제출의 경우 : 신고인의 신분증명서 사본
   ※ 신고인이 성년후견인인 경우에는 3항의 서류 외에 성년후견인의 자격을 증명하는 서면도 함께 첨부해야 합니다.
4. 사건본인이 외국인인 경우 : 국적을 증명하는 서면(여권 또는 외국인등록증) 사본

※ 타인의 서명 또는 인장을 도용하여 허위의 신고서를 제출하거나, 허위신고를 하여 가족관계등록부에 부실의 사실을 기록하게 하는 경우에는 형법에 의하여 5년 이하의 징역 또는 1천만 원 이하의 벌금에 처해집니다.

☞ 관련조문

1. 가족관계의 등록 등에 관한 법률 [시행 2024. 7. 19.] [법률 제19547호, 2023. 7. 18., 일부개정]

제73조 (준용규정) 제58조는 혼인취소의 재판이 확정된 경우에 준용한다.

제77조 (준용규정) 제74조는 혼인취소의 신고에 준용한다.

제58조 (재판에 의한 인지) ① 인지의 재판이 확정된 경우에 소를 제기한 사람은 재판의 확정일부터 1개월 이내에 재판서의 등본 및 확정증명서를 첨부하여 그 취지를 신고하여야 한다.
② 제1항의 신고서에는 재판확정일을 기재하여야 한다.
③ 제1항의 경우에는 그 소의 상대방도 재판서의 등본 및 확정증명서를 첨부하여 인지의 재판이 확정된 취지를 신고할 수 있다. 이 경우 제2항을 준용한다.

제74조 (이혼신고의 기재사항) 이혼의 신고서에는 다음 사항을 기재하여야 한다. <개정 2010. 5. 4.>
1. 당사자의 성명·본·출생연월일·주민등록번호 및 등록기준지(당사자가 외국인인 때에는 그 성명·국적 및 외국인등록번호)
2. 당사자의 부모와 양부모의 성명·등록기준지 및 주민등록번호
3. 「민법」 제909조제4항 또는 제5항에 따라 친권자가 정하여진 때에는 그 내용

2. 민법 [시행 2024. 5. 17.] [법률 제19409호, 2023. 5. 16., 타법개정]

제816조 (혼인취소의 사유) 혼인은 다음 각 호의 어느 하나의 경우에는 법원에 그 취소를 청구할 수 있다. <개정 1990. 1. 13., 2005. 3. 31.>
1. 혼인이 제807조 내지 제809조(제815조의 규정에 의하여 혼인의 무효사유에 해당하는 경우를 제외한다. 이하 제817조 및 제820조에서 같다) 또는 제810조의 규정에 위반한 때
2. 혼인당시 당사자 일방에 부부생활을 계속할 수 없는 악질 기타 중대사유있음을 알지 못한 때
3. 사기 또는 강박으로 인하여 혼인의 의사표시를 한 때

사기또는 강박으로 인하여 혼인의 의사표시를 한 때

제817조 (연령위반혼인 등의 취소청구권자) 혼인이 제807조, 제808조의 규정에 위반한 때에는 당사자 또는 그 법정대리인이 그 취소를 청구할 수 있고 제809조의 규정에 위반한 때에는 당사자, 그 직계존속 또는 4촌 이내의 방계혈족이 그 취소를 청구할 수 있다. <개정 2005. 3. 31.>

제818조 (중혼의 취소청구권자) 당사자 및 그 배우자, 직계혈족, 4촌 이내의 방계혈족 또는 검사는 제810조를 위반한 혼인의 취소를 청구할 수 있다.
[전문개정 2012. 2. 10.] [2012. 2. 10. 법률 제11300호에 의하여 2010. 7. 29. 헌법재판소에서 헌법불합치 결정된 이 조를 개정함.]

제819조 (동의 없는 혼인의 취소청구권의 소멸) 제808조를 위반한 혼인은 그 당사자가 19세가 된 후 또는 성년후견종료의 심판이 있은 후 3개월이 지나거나 혼인 중에 임신한 경우에는 그 취소를 청구하지 못한다.
[전문개정 2011. 3. 7.]

제820조 (근친혼등의 취소청구권의 소멸) 제809조의 규정에 위반한 혼인은 그 당사자간에 혼인중 포태(胞胎)한 때에는 그 취소를 청구하지 못한다. <개정 2005. 3. 31.>
[제목개정 2005. 3. 31.]

제821조 삭제 <2005. 3. 31.>

제822조 (악질 등 사유에 의한 혼인취소청구권의 소멸) 제816조제2호의 규정에 해당하는 사유있는 혼인은 상대방이 그 사유있음을 안 날로부터 6월을 경과한 때에는 그 취소를 청구하지 못한다.

제823조 (사기, 강박으로 인한 혼인취소청구권의 소멸) 사기 또는 강박으로 인한 혼인은 사기를 안 날 또는 강박을 면한 날로부터 3월을 경과한 때에는 그 취소를 청구하지 못한다.

제824조 (혼인취소의 효력) 혼인의 취소의 효력은 기왕에 소급하지 아니한다.

제824조의2 (혼인의 취소와 자의 양육 등) 제837조 및 제837조의2의 규정은 혼인의 취소의 경우에 자의 양육책임과 면접교섭권에 관하여 이를 준용한다. [본조신설 2005. 3. 31.]

[서식 29] 친권자(지정, 변경)신고서 (가족관계등록예규 제625호 제13호 서식)

친권자(①지정 ②변경)신고서
(년   월   일)

※ 신고서 작성 시 뒷면의 작성 방법을 참고하고, 선택항목에는 '영표(○)'로 표시하기 바랍니다.

①미성년자녀	성 명	한글 (성) / (명) 한자 (성) / (명)	주민등록번호	-
	등록기준지		출생연월일	
	주 소			
	성 명	한글 (성) / (명) 한자 (성) / (명)	주민등록번호	-
	등록기준지		출생연월일	
	주 소			
	성 명	한글 (성) / (명) 한자 (성) / (명)	주민등록번호	-
	등록기준지		출생연월일	
	주 소			
②부	성 명	한글 (성) / (명) 한자 (성) / (명)	주민등록번호	-
	등록기준지			
	주 소			
③모	성 명	한글 (성) / (명) 한자 (성) / (명)	주민등록번호	-
	등록기준지			
	주 소			

④친권자				
	미성년자와의 관계		①부 ② 모 ③부모	
	미성년자 성명			
	①지정일자	년 월 일	①지정원인	① 협의 ② ( )법원의 결정
	②변경일자	년 월 일	②변경원인	( )법원의 결정
	미성년자와의 관계		①부 ② 모 ③부모	
	미성년자 성명			
	①지정일자	년 월 일	①지정원인	① 협의 ② ( )법원의 결정
	②변경일자	년 월 일	②변경원인	( )법원의 결정
⑤기타사항				

⑥ 임무대행자	성명	한글 성) / (명)		한자 성) / (명)		주민등록번호		-
	등록기준지				주소			
	선임일자	년 월 일			선임원인	( )법원의 결정		

협의의 친권자 지정 신고 시 신고인 쌍방이 모두 출석하였습니까?
예 ( )   아니오( )

⑦ 신고인	성 명	㊞ 또는 서명	주민등록번호	-	자격	1부 2모 3임무대행자
	주 소			전 화		
				이메일		
	성 명	㊞ 또는 서명	주민등록번호	-	자격	1부 2모
	주 소			전 화		
				이메일		
⑧신고인출석여부		1 부 2 모 3 임무대행자				
⑨제출인	성 명			주민등록번호		-

※ 타인의 서명 또는 인장을 도용하여 허위의 신고서를 제출하거나, 허위신고를 하여 가족관계등록부에 부실의 사실을 기록하게 하는 경우에는 형법에 의하여 5년 이하의 징역 또는 1천만 원 이하의 벌금에 처해집니다.

작 성 방 법
이혼신고 시 친권자지정신고는 이혼신고서의 양식을 이용합니다.

※ 등록기준지 : 각 란의 해당자가 외국인인 경우에는 그 국적을 기재합니다.
※ 주민등록번호 : 각 란의 해당자가 외국인인 경우에는 외국인등록번호(국내거소신고번호 또는 출생연월일)를 기재합니다.
- ①란 : 2명 이상의 미성년자에 대해 친권자가 동일하게 지정(변경)된 경우에는 순서대로 기재합니다.
- : 법 제25조제2항에 따라 주민등록번호란에 주민등록번호를 기재한 때에는 출생연월일의 기재를 생략할 수 있습니다.
- ④란 : 새롭게 친권자로 지정·변경된 자를 의미하며, 지정일자는 협의의 경우에는 협의성립일, 재판의 경우에는 결정 확정된 일자를 기재합니다. 친권자변경에 관한 사항은 재판에 의한 경우에만 기재합니다.
- ⑤란 : 친권자변경신고의 경우에 종전의 친권자를 기재합니다.
- ⑥란 : 재판에 의하여 친권자의 임무대행자로 선임된 자를 기재합니다.
- ⑨란 : 제출인(신고인이 작성한 신고서를 신고인이 아닌 사람이 제출할 경우만 기재)의 성명 및 주민등록번호를 기재합니다.[접수담당공무원은 신분증과 대조]

첨 부 서 류

1. 법원이 친권자를 지정·변경한 경우
   - 재판서등본 및 확정증명서 각 1부.
   - 조정·화해 성립 : 조정(화해)조서등본 및 송달증명서 각 1부.
2. 법원이 친권자의 임무대행자를 선임한 경우
   - 재판서등본 1부
3. 부모의 협의에 의하여 친권자를 지정한 경우
   - 부모 중 한쪽이 신고할 경우: 협의사실을 증명하는 서류 1부.
   - 부모가 함께 신고할 경우: 협의사실 증명하는 서류를 첨부할 필요가 없음.
   ※ 아래 4항은 가족관계등록관서에서 전산으로 그 내용을 확인할 수 있는 경우 첨부를 생략합니다.
4. 당사자의 가족관계등록부의 기본증명서, 가족관계증명서 각 1통.
5. 신분확인[가족관계등록예규 제516호에 의함]
   ① 재판에 의한 친권자 지정·변경, 임무대행자 선임
      - 신고인이 출석한 경우 : 신분증명서
      - 제출인이 출석한 경우 : 제출인의 신분증명서
      - 우편제출의 경우 : 신고인의 신분증명서 사본
      ※ 신고인이 성년후견인인 경우에는 5항의 ① 서류 외에 성년후견인의 자격을 증명하는 서면도 함께 첨부해야 합니다.
   ② 협의에 의한 친권자 지정신고
      - 신고인이 출석한 경우 : 신고인 모두의 신분증명서
      - 신고인 불출석, 제출인 출석의 경우 : 제출인의 신분증명서 및 신고인 모두의 신분증명서 또는 서명공증 또는 인감증명서(신고인의 신분증명서 없이 신고서에 신고인이 서명한 경우 서명공증, 신고서에 인감 날인한 경우 인감증명)
      - 우편제출의 경우 : 신고인 모두의 서명공증 또는 인감증명서(신고서에 서명한 경우 서명공증, 인감을 날인한 경우는 인감증명서)

[서식 30] 친권(상실, 일시정지, 일부제한) 법률행위대리권·재산관리권(상실, 사퇴) 신고서 (가족관계등록예규 제625호 제14호 서식)

①친권(㈎상실 ㈏일시정지 ㈐ 일부제한) ②법률행위대리권·재산관리권(㈎상실 ㈏사퇴)신고서 (년 월 일)									※ 신고서 작성 시 아래의 작성 방법을 참고하고, 선택항목에는 '영표(○)'로 표시하기 바랍니다.	
① 미 성 년 자	성 명	한글	(성) / (명)		한자	(성) / (명)		주민등록번호		-
	등록기준지							출생연월일		
	주 소									
	성 명	한글	(성) / (명)		한자	(성) / (명)		주민등록번호		-
	등록기준지							출생연월일		
	주 소									
	성 명	한글	(성) / (명)		한자	(성) / (명)		주민등록번호		-
	등록기준지							출생연월일		
	주 소									
② 권리 상실자 등	성 명	한글	(성)	(명)	한자	(성) / (명)		주민등록번호		-
	등록기준지									
	주 소									
③재판확정일자		년 월 일				법원명				
④기 타 사 항										
신 ⑤고 인	성 명	㊞ 또는 서명						주민등록번호		-
	자 격	①소 제기자 ②법정대리인 ③기타(자격 :)								
	주 소					전화		이메일		
⑥제출인	성 명					주민등록번호			-	

작 성 방 법

※ 등록기준지 : 각 란의 해당자가 외국인인 경우에는 그 국적을 기재합니다.
※ 주민등록번호 : 각 란의 해당자가 외국인인 경우에는 외국인등록번호(국내거소신고번호 또는 출생연월일)를 기재합니다.
  ①란 : 2명 이상의 미성년자인 자녀에 대해 신고가 있는 경우에는 순서대로 적으시면 됩니다.
       : 법 제25조제2항에 따라 주민등록번호란에 주민등록번호를 기재한 때에는 출생연월일의 기재를 생략할 수 있습니다.
  ②란 : 친권상실·일시정지·일부제한된 자, 법률행위대리권 상실·사퇴한 자, 재산관리권 상실·사퇴한 자를 기재합니다.
  ④란 : 가족관계등록부에 기록을 분명하게 하는데 특히 필요한 사항을 기재합니다.
  ⑥란 : 제출인(신고인이 작성한 신고서를 신고인이 아닌 사람이 제출할 경우만 기재)의 성명 및 주민등록번호를 기재합니다.[접수담당공무원은 신분증과 대조]

첨 부 서 류

1. 상실(일시정지·일부제한)을 원인으로 할 경우에는 재판서등본 및 확정증명서 각 1부.
2. 사퇴를 원인으로 할 경우에는 허가심판서등본 1부.
   ※ 아래 3항은 가족관계등록관서에서 전산으로 그 내용을 확인할 수 있는 경우 첨부를 생략합니다.
3. 당사자의 가족관계등록부의 기본증명서, 가족관계증명서 각 1통.
4. 신분확인[가족관계등록예규 제516호에 의함]
   - 신고인이 출석한 경우 : 신분증명서
   - 제출인이 출석한 경우 : 제출인의 신분증명서
   - 우편제출의 경우 : 신고인의 신분증명서 사본
   ※ 신고인이 성년후견인인 경우에는 4항의 서류 외에 성년후견인의 자격을 증명하는 서면도 함께 첨부해야 합니다.

※ 타인의 서명 또는 인장을 도용하여 허위의 신고서를 제출하거나, 허위신고를 하여 가족관계등록부에 부실의 사실을 기록하게 하는 경우에는 형법에 의하여 5년 이하의 징역 또는 1천만 원 이하의 벌금에 처해집니다.

[서식 31] 친권(상실, 일시정지, 일부제한) 회복 법률행위대리권·재산관리권(상실, 사퇴)회복신고서 (가족관계등록예규 제625호 제15호 서식)

① 친권(㉮상실 ㉯일시정지 ㉰일부제한)회복
② 법률행위대리권·재산관리권(㉮상실 ㉯사퇴)
회복신고서
(년 월 일)

※신고서 작성 시 아래의 작성 방법을 참고하고, 선택항목에는 '영표(○)'로 표시하기 바랍니다.

①미성년자	성 명	한글	(성) / (명)	한자	(성) / (명)	주민등록번호	-
	등록기준지					출생연월일	
	주 소						
	성 명	한글	(성) / (명)	한자	(성) / (명)	주민등록번호	-
	등록기준지					출생연월일	
	주 소						
	성 명	한글	(성) / (명)	한자	(성) / (명)	주민등록번호	-
	등록기준지		-			출생연월일	
	주 소						
②권리회복자	성 명	한글	(성) / (명)	한자	(성) / (명)	주민등록번호	-
	등록기준지						
	주 소						
③재판확정일자		년 월 일			법원명		
④기타사항							
⑤신고인	성 명		㊞ 또는 서명			주민등록번호	-
	자 격		①소제기자 ②친권자 ③기타(자격 :)				
	주 소			전화		이메일	
⑥제출인	성 명				주민등록번호		-

작성방법

※ 등록기준지 : 각 란의 해당자가 외국인인 경우에는 그 국적을 기재합니다.
※ 주민등록번호 : 각 란의 해당자가 외국인인 경우에는 외국인등록번호(국내거소신고번호 또는 출생연월일)를 기재합니다.
①란 : 2명 이상의 미성년자인 자에 대해 신고가 있는 경우에는 순서대로 적으시면 됩니다.
　　 : 법 제25조제2항에 따라 주민등록번호란에 주민등록번호를 기재한 때에는 출생연월일의 기재를 생략할 수 있습니다.
④란 : 가족관계등록부에 기록을 분명하게 하는데 특히 필요한 사항을 기재합니다.
⑥란 : 제출인(신고인이 작성한 신고서를 신고인이 아닌 사람이 제출할 경우만 기재)의 성명 및 주민등록번호를 기재합니다.[접수담당공무원은 신분증과 대조]

첨부서류

1. 상실(일시정지·일부제한)회복을 원인으로 할 경우에는 재판서등본 및 확정증명서 각 1부.
2. 사퇴회복을 원인으로 할 경우에는 허가심판등본 1부.
　※ 아래 3항은 가족관계등록관서에서 전산으로 그 내용을 확인할 수 있는 경우 첨부를 생략합니다.
3. 당사자의 가족관계등록부의 기본증명서, 가족관계증명서 각 1통.
4. 신분확인[가족관계등록예규 제516호에 의함]
　– 신고인이 출석한 경우 : 신분증명서
　– 제출인이 출석한 경우 : 제출인의 신분증명서
　– 우편제출의 경우 : 신고인의 신분증명서 사본
　※ 신고인이 성년후견인인 경우에는 4항의 서류 외에 성년후견인의 자격을 증명하는 서면도 함께 첨부해야 합니다.

※ 타인의 서명 또는 인장을 도용하여 허위의 신고서를 제출하거나, 허위신고를 하여 가족관계등록부에 부실의 사실을 기록하게 하는 경우에는 형법에 의하여 5년 이하의 징역 또는 1천만 원 이하의 벌금에 처해집니다.

☞ 관련조문

1. 가족관계의 등록 등에 관한 법률 [시행 2024. 7. 19.] [법률 제19547호, 2023. 7. 18., 일부개정]

제79조 (친권자 지정 및 변경 신고 등) ① 부모가 「민법」 제909조제4항에 따라 친권자를 정한 때에는 1개월 이내에 그 사실을 신고하여야 한다. 부모 중 일방이 신고하는 경우에는 그 사실을 증명하는 서면을 첨부하여야 한다.

② 다음 각 호의 재판이 확정된 경우에는 그 재판을 청구한 사람이나 그 재판으로 친권자 또는 그 임무를 대행할 사람으로 정하여진 사람이 그 내용을 신고하여야 한다. 이 경우 신고기간, 신고서의 첨부서류 등에 관하여는 제58조를 준용한다. <개정 2013. 7. 30., 2014. 10. 15.>

1. 「민법」 제909조제4항부터 제6항까지의 규정에 따라 친권자를 정하거나 변경하는 재판
2. 「민법」 제909조의2(「민법」 제927조의2제1항에 따라 준용되는 경우를 포함한다), 제927조의2제2항 및 제931조제2항에 따라 친권자 또는 그 임무를 대행할 사람을 지정하거나 선임하는 재판
3. 「민법」 제924조, 제924조의2 및 제926조에 따른 친권의 상실, 일시 정지, 일부 제한 및 그 회복에 관한 재판
4. 「민법」 제925조, 제926조 및 제927조에 따른 법률행위의 대리권이나 재산관리권의 상실·사퇴 및 그 회복에 관한 재판

[제목개정 2013. 7. 30.]

2. 민법 [시행 2024. 5. 17.] [법률 제19409호, 2023. 5. 16., 타법개정]

제909조 (친권자) ① 부모는 미성년자인 자의 친권자가 된다. 양자의 경우에는 양부모(養父母)가 친권자가 된다. <개정 2005. 3. 31.>

② 친권은 부모가 혼인중인 때에는 부모가 공동으로 이를 행사한다. 그러나 부모의 의견이 일치하지 아니하는 경우에는 당사자의 청구에 의하여 가정법원이 이를 정한다.

③ 부모의 일방이 친권을 행사할 수 없을 때에는 다른 일방이 이를 행사한다.

④ 혼인외의 자가 인지된 경우와 부모가 이혼하는 경우에는 부모의 협의로 친권자를 정하여야 하고, 협의할 수 없거나 협의가 이루어지지 아니하는 경우에는 가정법원

은 직권으로 또는 당사자의 청구에 따라 친권자를 지정하여야 한다. 다만, 부모의 협의가 자(子)의 복리에 반하는 경우에는 가정법원은 보정을 명하거나 직권으로 친권자를 정한다. <개정 2005. 3. 31., 2007. 12. 21.>
⑤ 가정법원은 혼인의 취소, 재판상 이혼 또는 인지청구의 소의 경우에는 직권으로 친권자를 정한다. <개정 2005. 3. 31.>
⑥ 가정법원은 자의 복리를 위하여 필요하다고 인정되는 경우에는 자의 4촌 이내의 친족의 청구에 의하여 정하여진 친권자를 다른 일방으로 변경할 수 있다. <신설 2005. 3. 31.> [전문개정 1990. 1. 13.]

제909조의2 (친권자의 지정 등) ① 제909조제4항부터 제6항까지의 규정에 따라 단독 친권자로 정하여진 부모의 일방이 사망한 경우 생존하는 부 또는 모, 미성년자, 미성년자의 친족은 그 사실을 안 날부터 1개월, 사망한 날부터 6개월 내에 가정법원에 생존하는 부 또는 모를 친권자로 지정할 것을 청구할 수 있다.
② 입양이 취소되거나 파양된 경우 또는 양부모가 모두 사망한 경우 친생부모 일방 또는 쌍방, 미성년자, 미성년자의 친족은 그 사실을 안 날부터 1개월, 입양이 취소되거나 파양된 날 또는 양부모가 모두 사망한 날부터 6개월 내에 가정법원에 친생부모 일방 또는 쌍방을 친권자로 지정할 것을 청구할 수 있다. 다만, 친양자의 양부모가 사망한 경우에는 그러하지 아니하다.
③ 제1항 또는 제2항의 기간 내에 친권자 지정의 청구가 없을 때에는 가정법원은 직권으로 또는 미성년자, 미성년자의 친족, 이해관계인, 검사, 지방자치단체의 장의 청구에 의하여 미성년후견인을 선임할 수 있다. 이 경우 생존하는 부 또는 모, 친생부모 일방 또는 쌍방의 소재를 모르거나 그가 정당한 사유 없이 소환에 응하지 아니하는 경우를 제외하고 그에게 의견을 진술할 기회를 주어야 한다.
④ 가정법원은 제1항 또는 제2항에 따른 친권자 지정 청구나 제3항에 따른 후견인 선임 청구가 생존하는 부 또는 모, 친생부모 일방 또는 쌍방의 양육의사 및 양육능력, 청구 동기, 미성년자의 의사, 그 밖의 사정을 고려하여 미성년자의 복리를 위하여 적절하지 아니하다고 인정하면 청구를 기각할 수 있다. 이 경우 가정법원은 직권으로 미성년후견인을 선임하거나 생존하는 부 또는 모, 친생부모 일방 또는 쌍방을 친권자로 지정하여야 한다.
⑤ 가정법원은 다음 각 호의 어느 하나에 해당하는 경우에 직권으로 또는 미성년자, 미성년자의 친족, 이해관계인, 검사, 지방자치단체의 장의 청구에 의하여 제1항부터 제4항까지의 규정에 따라 친권자가 지정되거나 미성년후견인이 선임될 때까지

그 임무를 대행할 사람을 선임할 수 있다. 이 경우 그 임무를 대행할 사람에 대하여는 제25조 및 제954조를 준용한다.
　1. 단독 친권자가 사망한 경우
　2. 입양이 취소되거나 파양된 경우
　3. 양부모가 모두 사망한 경우
⑥ 가정법원은 제3항 또는 제4항에 따라 미성년후견인이 선임된 경우라도 미성년후견인 선임 후 양육상황이나 양육능력의 변동, 미성년자의 의사, 그 밖의 사정을 고려하여 미성년자의 복리를 위하여 필요하면 생존하는 부 또는 모, 친생부모 일방 또는 쌍방, 미성년자의 청구에 의하여 후견을 종료하고 생존하는 부 또는 모, 친생부모 일방 또는 쌍방을 친권자로 지정할 수 있다. [본조신설 2011. 5. 19.]

제924조 (친권의 상실 또는 일시 정지의 선고) ① 가정법원은 부 또는 모가 친권을 남용하여 자녀의 복리를 현저히 해치거나 해칠 우려가 있는 경우에는 자녀, 자녀의 친족, 검사 또는 지방자치단체의 장의 청구에 의하여 그 친권의 상실 또는 일시 정지를 선고할 수 있다.
② 가정법원은 친권의 일시 정지를 선고할 때에는 자녀의 상태, 양육상황, 그 밖의 사정을 고려하여 그 기간을 정하여야 한다. 이 경우 그 기간은 2년을 넘을 수 없다.
③ 가정법원은 자녀의 복리를 위하여 친권의 일시 정지 기간의 연장이 필요하다고 인정하는 경우에는 자녀, 자녀의 친족, 검사, 지방자치단체의 장, 미성년후견인 또는 미성년후견감독인의 청구에 의하여 2년의 범위에서 그 기간을 한 차례만 연장할 수 있다. [전문개정 2014. 10. 15.]

제924조의2 (친권의 일부 제한의 선고) 가정법원은 거소의 지정이나 그 밖의 신상에 관한 결정 등 특정한 사항에 관하여 친권자가 친권을 행사하는 것이 곤란하거나 부적당한 사유가 있어 자녀의 복리를 해치거나 해칠 우려가 있는 경우에는 자녀, 자녀의 친족, 검사 또는 지방자치단체의 장의 청구에 의하여 구체적인 범위를 정하여 친권의 일부 제한을 선고할 수 있다. <개정 2021. 1. 26.> [본조신설 2014. 10. 15.]

제925조 (대리권, 재산관리권 상실의 선고) 가정법원은 법정대리인인 친권자가 부적당한 관리로 인하여 자녀의 재산을 위태롭게 한 경우에는 자녀의 친족, 검사 또는 지방자치단체의 장의 청구에 의하여 그 법률행위의 대리권과 재산관리권의 상실을 선고할 수 있다. <개정 2014. 10. 15.> [전문개정 2012. 2. 10.]

제925조의2 (친권 상실 선고 등의 판단 기준) ① 제924조에 따른 친권 상실의 선고는 같은 조에 따른 친권의 일시 정지, 제924조의2에 따른 친권의 일부 제한, 제925조에 따른 대리권·재산관리권의 상실 선고 또는 그 밖의 다른 조치에 의해서는 자녀의 복리를 충분히 보호할 수 없는 경우에만 할 수 있다.

② 제924조에 따른 친권의 일시 정지, 제924조의2에 따른 친권의 일부 제한 또는 제925조에 따른 대리권·재산관리권의 상실 선고는 제922조의2에 따른 동의를 갈음하는 재판 또는 그 밖의 다른 조치에 의해서는 자녀의 복리를 충분히 보호할 수 없는 경우에만 할 수 있다. [본조신설 2014. 10. 15.]

제925조의3 (부모의 권리와 의무) 제924조와 제924조의2, 제925조에 따라 친권의 상실, 일시 정지, 일부 제한 또는 대리권과 재산관리권의 상실이 선고된 경우에도 부모의 자녀에 대한 그 밖의 권리와 의무는 변경되지 아니한다. [본조신설 2014. 10. 15.]

제926조 (실권 회복의 선고) 가정법원은 제924조, 제924조의2 또는 제925조에 따른 선고의 원인이 소멸된 경우에는 본인, 자녀, 자녀의 친족, 검사 또는 지방자치단체의 장의 청구에 의하여 실권(失權)의 회복을 선고할 수 있다. [전문개정 2014. 10. 15.]

제927조 (대리권, 관리권의 사퇴와 회복) ① 법정대리인인 친권자는 정당한 사유가 있는 때에는 법원의 허가를 얻어 그 법률행위의 대리권과 재산관리권을 사퇴할 수 있다.

② 전항의 사유가 소멸한 때에는 그 친권자는 법원의 허가를 얻어 사퇴한 권리를 회복할 수 있다.

제927조의2 (친권의 상실, 일시 정지 또는 일부 제한과 친권자의 지정 등) ① 제909조 제4항부터 제6항까지의 규정에 따라 단독 친권자가 된 부 또는 모, 양부모(친양자의 양부모를 제외한다) 쌍방에게 다음 각 호의 어느 하나에 해당하는 사유가 있는 경우에는 제909조의2제1항 및 제3항부터 제5항까지의 규정을 준용한다. 다만, 제1호의3·제2호 및 제3호의 경우 새로 정하여진 친권자 또는 미성년후견인의 임무는 제한된 친권의 범위에 속하는 행위에 한정된다. <개정 2014. 10. 15.>

    1. 제924조에 따른 친권상실의 선고가 있는 경우
    1의2. 제924조에 따른 친권 일시 정지의 선고가 있는 경우
    1의3. 제924조의2에 따른 친권 일부 제한의 선고가 있는 경우

2. 제925조에 따른 대리권과 재산관리권 상실의 선고가 있는 경우

3. 제927조제1항에 따라 대리권과 재산관리권을 사퇴한 경우

4. 소재불명 등 친권을 행사할 수 없는 중대한 사유가 있는 경우

② 가정법원은 제1항에 따라 친권자가 지정되거나 미성년후견인이 선임된 후 단독 친권자이었던 부 또는 모, 양부모 일방 또는 쌍방에게 다음 각 호의 어느 하나에 해당하는 사유가 있는 경우에는 그 부모 일방 또는 쌍방, 미성년자, 미성년자의 친족의 청구에 의하여 친권자를 새로 지정할 수 있다.

1. 제926조에 따라 실권의 회복이 선고된 경우

2. 제927조제2항에 따라 사퇴한 권리를 회복한 경우

3. 소재불명이던 부 또는 모가 발견되는 등 친권을 행사할 수 있게 된 경우 [본조신설 2011. 5. 19.] [제목개정 2014. 10. 15.]

제3장 관련 판례

1. 재판상 이혼

　가. 재판상 이혼사유(민법 제840조)

> ☞ 민법 [시행 2024. 5. 17.] [법률 제19409호, 2023. 5. 16., 타법개정]
> 제840조 (재판상 이혼원인) 부부의 일방은 다음 각호의 사유가 있는 경우에는 가정법원에 이혼을 청구할 수 있다.
>   1. 배우자에 부정한 행위가 있었을 때
>   2. 배우자가 악의로 다른 일방을 유기한 때
>   3. 배우자 또는 그 직계존속으로부터 심히 부당한 대우를 받았을 때
>   4. 자기의 직계존속이 배우자로부터 심히 부당한 대우를 받았을 때
>   5. 배우자의 생사가 3년 이상 분명하지 아니한 때
>   6. 기타 혼인을 계속하기 어려운 중대한 사유가 있을 때

(1) 민법 제840조 제6호의 재판상 이혼사유 해당여부 (서울가정법원 2014. 10. 31 선고 2014드단5381 판결 [이혼 및 위자료])

아내가 남편으로부터 칼로 위협을 받는 등의 사실이 있었던 경우 재판상 이혼사유가 인정된다고 본사건

　① 주요판시

B의행위로 인하여 A와 B의 혼인관계는 파탄에 이르렀다 할 것이고 이는 민법 제840조 제6호에 정해진 재판상 이혼사유에 해당합니다.

　② 관련 법조문

- 민법 제840조 제6호

③ 참고판례

※ 수원지방법원 안양지원 2014.12.5 선고 2013드단101134 판결 [이혼등청구의소]
필리핀 국적의 A는 대한민국구적의 B와 혼인을 하였는데 B는 혼인기간 동안 친한 누나인 소외 C와 수시로 전화통화를 하거나 문자메시지를 주고받았고 자주 만나기도 하였으며 C가 아침에 B를 깨워 주기도 하였을 뿐만 아니라 B의 통장과 급여도 C가 관리하였고 B가돈이 필요 할때 C에게 빌리기도 하였습니다. A는 B에게 C와 더 이상 연락하지 말고 돈도 빌리지 말 것을 요청하였으나 B는 A를 속인 채 지속적으로 C와 연락하고 만났습니다.
혼인기간동안 배우자가 싫어함을 알면서도 지나치게 다른 이성과 자주 연락을 취하고 경제적으로 의존함으로써 불화의 원인을 제공하였을 뿐만 아니라 폭력적인 행동을 하기도 하고 생활비도 제대로 지급하지 아니한 경우 이는 민법 제840조 제3호 및 제6호 에서 정한 재판상 이혼사유에 해당한다고 판시하였습니다.

(2) 이혼의 귀책사유 재산분할 및 친권자 양육자지정에 관한 판단 (수원지방법원 2009.1.12 선고 2008르1816판결 [이혼 등])

베트남 출신으로 한국에 귀화한 아내 A가 한국인 남편 B의 폭행 등을 이유로 재판상이혼을 청구하여 이혼하게 되었으나 자녀C의 양육자는 B가 지정된 사건

① 주유판시

법원은 자신보다 28살이나 어리고 국제결혼으로 국내에 들어와 문화 언어문제 등으로 적응의 어려움을 겪고 있는 A를 배려하지 못한 채 오히려 A를 폭행하고 부정한 행위를 한B에게 혼인 파탄의 책임이 있으며 이는 민법 제840조 제3호 및 제6호에서 정한 각 이혼사유에 해당한다고 판단하였습니다. 그리고 법원은 나이 직업 재산정도 혼인생활의 과정 혼인 계속기간 파탄경위 등의 제반사정을 종합하여 B에게 A에 대해 위자료 1,000만원을 지급하라고 판결하였습니다.
재산분할청구와 관련하여 B는 A와의 혼인전인 2003년 1월 29일 시흥시 소재에 8,000만원상당의 주택을 취득하였는데 비록 이 주택을 A와 혼인 전에 취득하였다고 하더라도 그 후 A가 가사노동 자녀양육을 전담하며 재산의 유지에 기여하였으므로 이 주택은 재산분할의 대상이 되며 다만 재산분할의 방법 및 비율에 관하여 볼 때 이사건 주택의 사용현황을 고려하여 그 소유 명의 대로 주택의 소유는 B로 하되 A에게 귀속되는 부분을 현금으로 정산하는 방법으로 분할하며 이사건의 취득경위

및 형성과 유지에 대한 A와B의 기여정도 혼인생활의 기간 및 파탄경위 A와 B의 나이 건강직업소득 생활능력 등의 제반사정을 참작하면 그 가액8,000 중 1,000만원을 A에게 나머지 7,000만원을 B에게 귀속 시키는 것이 상당하다고 보았습니다

친권자 및 양육자지정 양육비 청구와 관련하여 C의 원만한 성장과 복지를 위하여 C의 친권자 및 양육자로 B를 지정하였고 A는 C의 어머니로서 C에 대한 양육비를 B와 분담하여야할 의무가 있는 바 C의 나이 및 교육상황 A와 B의 나이 및 재산 강태 수입정도 등 제반사정을 종합하여 A는 양육비 월 15만을 B에게 지급하라고 하였습니다..

② 관련 법조문

- 민법 제840조 제3호 및 제6호, 제839조의2 제806조, 제837조 제837조의2, 제843조

(3) 자녀가 외국에서 거주하는 친권자 양육자지정에 관한 준거법
   (수원지방법원 2015. 6. 19 선고 2014드단504042[이혼 및 양육자지정])

이혼소송 당시 자녀가 외국에서 생활하는 경우 친권자 및 양육자 지정에 있어 자녀의 상거소지법을 준거법으로 적용한 사건

① 주요판시

외국에 거주하고 있는 국적의 당사자와 대한민국에 상거소를 두고 있는 대한민국 국적의 당사자 사이의 이혼 사건에 대하여 국제사법 제39조 단서에 따라 대한민국 민법을 준거법으로 적용하고 친권자 및 양육자 지정에 관한 법률관계에 관하여는 국제사법 제45조에 따라 사건 본인의 상거소지법이 준거법으로 적용되어 외국법이 준거법으로 지정되나 그 국가의 법에 의하여 대한민국 법이 적용되어야 하는 때에는 대한민국의 법에 의하므로 민법을 준거법으로 적용합니다.

② 관련 법조문

- 국제사법 제39조, 제37조, 제45조, 제9조

• 민법 제840조 제6호

(4) 중혼적 사실혼관계에도 법률혼에 준하는 보호가 인정되는지 여부 (대법원 2009. 12. 24. 선고 2009다64161 판결 [구상금])

중혼적 사실관계일지라도 법률혼인 전 혼인이 사실상 이혼상태에 있다는 등의 특별한 사정이 있는 경우 법률혼에 준하는 보호를 할 필요가 있다고 보아, 중혼적 사실관계에 있는 자를 부부운전자한정운전 특별약관부 자동차 보험계약상의 '사실혼관계에 있는 배우자'에 해당한다고 본 사건

① 주요판시

사실혼은 당사자 사이에 주관적으로 혼인의 의사가 있고, 객관적으로도 사회 관념상 가족질서적인 면에서 부부공동생활을 인정할 만한 혼인생활의 실체가 있으면 일단 성립하는 것이고, 비록 우리 법제가 일부일처주의를 채택하여 중혼을 금지하는 규정을 두고 있다 하더라도 이를 위반한 때를 혼인무효의 사유로 규정하지 않고 단지 혼인취소의 사유로만 규정하고 있는 까닭에(민법 제816조) 중혼에 해당하는 혼인이라도 취소되기 전까지는 유효하게 존속하는 것이고, 이는 중혼적 사실혼이라 하여 달리 볼 것이 아니라고 하였습니다.

또한 비록 중혼적 사실혼관계일지라도 법률혼인 전 혼인이 사실상 이혼상태에 있다는 등의 특별한 사정이 있다면 법률혼에 준하는 보호를 할 필요가 있을 수 있으므로, 법률상 배우자와의 혼인이 아직 해소되지 않은 상태에서 B와 혼인의 의사로 실질적인 혼인생활을 하고 있는 A를, B가 가입한 부부운전자한정운전 특별약관부 자동차보험계약상의 '사실혼관계에 있는 배우자'에 해당한다고 하였습니다.

② 관련 법조문

• 민법 제810조, 제816조
• 약관의 규제에 관한 법률 제5조

③ 참고판례

※ 부산가정법원 2015. 11. 25 선고 2015드단6476판결[사실혼관계존부확인](확정)
직업군인인 A는 법률상 배우자인 C와 이혼할 의사로 별거 하던 중 B를만나 사망할 때까지 46년간 동거하면서 2명의 자녀를 두었는데 B가 군인연금법에서 정한 유족연금 수급권자의 지위를 인정받기 위하여 사실혼관계 존부 확인의 소를 제기한 사안에서 A가 사망할 때까지 부부공동생활의 실체를 갖추고 생활하여 사실혼관계가 존재하였고 A가 C가 법률상 부부관계여서 B와의 사실혼이 중혼적 사실혼 관계에 해당하지만 C와의 불화 등을 이유로 장기간별거하면서 사실상 이혼상태에 있었으므로 A와 B의 사실혼 관계에 대하여 법률상 혼인에 준하는 보호를 할 필요성이 인정된다고 판시한 바 있습니다.

(5) 배우자의 정신장애가 재판상 이혼사유에 해당하는지 여부
(전주지방법원2011.9.6 선고2011르208판결[이혼 및 위자료])

배우자가 불치의 정신장애를 혼인 전 부터 가지고 있었다는 사실을 혼인생활 중 알게 되었다면 그 이후에 일정기간 혼인생활을 지속하였다고 하더라도 재판상이혼사유에 해당한다고 본 사건

① 주요판시

불치의 정신장애를 가지고 있다는 사실을 혼인 전에 상대방 배우자에게 미리 알리지 아니한 채 혼인하였고 그 정신장애로 인하여 상대방 배우자가 끊임없는 정신적 육체적 고통을 겪고 있으며 그러한 고통이 언제 끝날지 모르는 상태인 경우에까지 상대방 배우자에게 배우자간의 애정에 터 잡은 의무에 따라 한정 없이 참고 살아가라고 일방적인 희생을 강요 할 수는 없는 것이므로 혼인 중 정신장애 사실을 알게 된 이후에도 일정기간 혼인생활을 지속하였다고 하더라도 재판상 이혼사유에 해당한다고 판시하였습니다.

② 관련 법조문

• 민법 제840조 제6호, 제843조, 제806조

(6) 혼인파탄의 책임 (창원지방법원 2011. 7. 14 선고 2010르646(본소), 2010르653(반소) 판결[이혼등])

대한민국 국적의 남편은 베트남 국적의 아내가 국내체류목적으로 자신과 혼인 후 가출하여 혼인생활이 파탄되었다고 주장하였으나 남편의 귀책사유로 인하여 아내가 가출하였으므로 아내가 가출하였다는 사정만으로 아내에게 혼인파탄의 주된 책임이 있다고 볼 수 없다고 한 사건

① 주요판시

A와B는 본소와 반소로서 서로 이혼을 원하고 있고 장기간 별거를 하고 있는 등 A와 B 의 혼인관계는 더 이상 회복할수 없을 정도로 파탄에 이르렀다고 할 것입니다.
다만 그 파탄의 책임에 대해 보건대 A는 B가 우리나라 생활적응을 위한 노력이나 배려가 없었다는점 성경험이 없는 B에게 과도한 성관계를 요구하였고 이를 B가 거부하면 결혼정보업체에 전화하는 등 B를 혼인생활의 대등한 당사자가 아닌 일종의 소유물로 대하였다는 점 한국어를 공부하는 등의 노력을 한B에 비해 A는 B와 대화하기위하여 베트남어를 배운다거나 B에게 한국어를 가르치려고 노력하지 않은 점 B가 국내 취업을 위해 가출하였다거나 혼인전 부터 국적취득만을 목적으로 A와 혼인했다고 볼 증거가 없는 점 등을 종합하여 볼 때 혼인 파탄의 주요원인은 A에게 있다고 하였습니다.
따라서 B가 우리나라 입국 후 불과 20일 만에 그 소재마저 알려주지 않은 채 가출하였다는 사정만으로 B에게 혼인파탄의 주된 책임이 있다고는 없다고 판시하였습니다.

② 관련 법조문

- 민법 제840조 제3호 제6호, 제843조, 제806조
※ 대법원 2010. 7. 15 선고 2010므1140 판결

2. 자녀의 입양

(1) 부양료 청구권의 침해를 이유로 한 채권자취소권의 제척기간 기산일
    (대법원 2015. 1. 29 선고 2013다79870 판결 [사해행위 취소])

  부양료지급청구권 침해를 이유로 채권자취소권을 행사하는 경우의 제척기간은 부양료청구권이 구체적인 권리로 성립한 시기부터가 아니라, 취소원인을 안 날 또는 법률행위가 있은 날부터 진행한다고 한 사건

    ① 주요판시

  민법 제974조, 제975조에 의하여 부양의 의무 있는 사람이 여러 사람인 경우에 그 중 부양의무를 이행한 1인이 다른 부양의무자에 대하여 이미 지출한 과거 부양료의 지급을 구하는 권리는 당사자의 협의 또는 가정법원의 심판 확정에 의하여 비로소 구체적이고 독립한 재산적 권리로 성립하게 되지만, 그러한 부양료청구권의 침해를 이유로 채권자취소권을 행사하는 경우의 제척기간은 부양료청구권이 구체적인 권리로서 성립한 시기가 아니라 민법 제406조 제2항이 정한 '취소원인을 안 날' 또는 '법률행위가 있은 날'로부터 진행합니다.

    ② 관련 법조문

- 민법 제406조 제2항, 제974조, 제975조

(2) 친생부인의 소의 원고적격을 갖는 처는 자의 생모에 한정되는지 여부
    (대법원 2014. 12. 11. 선고 2013므4591 판결 [친생부인])

  재혼한 처가 남편의 자녀를 상대로 친생부인의 소를 제기한 경우, 재혼한 처에게 친생부인의 소의 원고적격이 없다고 본 사건

    ① 주요판시

민법 제846조에서의 '부부의 일방'은 제844조의 경우에 해당하는 '부부의 일방', 즉 제844조 제1항에서의 '부'와 '자를 혼인 중에 포태한 처'를 가리키고, 그렇다면 이 경우의 처는 '자의 생모'를 의미하며, 제847조 제1항에서의 '처'도 제846조에 규정된 '부부의 일방으로서의 처'를 의미한다고 해석되므로, 결국 친생부인의 소를 제기할 수 있는 처는 자의 생모에 한정되고, 여기에 친생부인이 주장되는 대상자의 법률상(父)와 '재혼한 처(妻)'는 포함되지 않는다고 하였습니다.

② 관련 법조문

- 민법 제846조, 제847조 제1항, 제844조 제1항, 제846조, 제847조 제1항

(3) 조부모 면접교섭권의 허용여부 (서울가정법원 2016. 2. 11 선고 2015느단5586 [면접교섭허가])

딸의 사망 후 손자를 양육해오던 외조모가 손자를 아버지에게 인도하고 손자를 만나지 못하게된 경우 외조모에게 손자에 대한 면접교섭권이 허가된 사건

① 주요판시

이 사건에 있어서와 같이 D의 모가 D의 출생과정에서 사망한 후 D의 모에 갈음하여 외조모인 A가 그로부터 3년 가까이 손자D를 양육하면서 D와의 사이에 깊은 유대와 애착관계를 형성하여 온 경우라면 이를 상대방의 일방적인 의사에 의하여 단절 시키는 것이 D의 복리와 건전한 성장에 부합하는 것이라고 보기는 어려우므로 이러한 경우에는 비록 A가 민법규정에서 직접적으로 정하고 있는 면접교섭권자가 아닌 외조모라할지라도 예외적으로 이미 사망한 D의모에 갈음하여 D와의 면접교섭권을 할수 있는 권리를 가진다고 해석함이 상당하다고 판시하였습니다.

② 관련 법조문

- 민법 제837조의2 제1항

※ 조부모의 면접교섭청구권을 인정하는 개정민법 조항

제837조의2 (면접교섭권) ① 자를 직접 양육하지 아니하는 부모의 일방과 자는 상호 면접 교섭할수 있는 권리를 가진다
② 자를 직접 양육하지 아니하는 부모일방의 직계존속은 그 부모 일방이 사망하였거나 질병 외국거주 그밖에 불가피한 사정으로 자를 면접교섭 할수 없는 경우 가정법원에 자와의 면접교섭권을 청구 할 수 있다 이 경우 가정법원은 자의 의사 면접교섭을 청구한 사람과 자의 관계 청구의 동기 그 밖의 사정을 참작하여야 한다(신설 2016.12.2)(시행 2017.6.3)
③ 가정법원은 자의 복리를 위하여 필요한때에는 당사자의 청구 또는 직권에 의하여 면접교섭을 제한 배제 변경할 수 있다..

③ 참고판례

※ 서울가정법원 1994. 7. 20자 94브45 항고부결정[친권행사방법 및 면접교섭권행사]
혼인중의 부부가 이혼하지 않은 상태에서 별거하는 경우 자녀를 양육하지 않는 부부일방에게 자녀에 대한 면접교섭권이 인정되는 바 A와B가 부부이지만 이혼하지 않은 상태에서 B가A에게 이혼소송을 제기하였다가 기각당하는 등서로에대한 감정이 악화되어 별거하는 경우 자녀를 양육하지 않는 어머니인 A는 그 자녀들을 면접교섭하는데 현실적으로 어려움이 있다고보이므로 부부간의 협조의무를 규정한 민법 제826조르 적용하거나 민법 제837조의 2를 유추적용하여 A는 구체적으로 그 자녀들을 면접교섭할 수 있는 권리를 행사할 수 있다고 하였습니다.

※ 수원지방법원 2013. 6. 28. 자 2013브33 결정 [면접교섭권배제]
A와 B가 이혼하면서 자녀 C와 D의 각 친권자 및 양육자로 지정되었는데, 형제간인 C와D의 면접교섭을 인정할 것인지 문제 된 사안에서, 민법상 명문으로 형제에 대한 면접교섭권을 인정하고 있지는 아니하나 형제에 대한 면접교섭권은 헌법상 행복추구권 또는 헌법 제36조 제1항에서 규정한 개인의 존엄을 기반으로 하는 가족생활에서 도출되는 헌법상의 권리로서 특별한 사정이 없는 한 부모가 이혼한 전 배우자에 대한 적대적인 감정을 이유로 자녀들이 서로 면접교섭하는 것을 막는 것은 부모의 권리남용이고, C와 D가 서로를 정기적으로 면접교섭하는 것을 간절히 원하고 있다는 등의 이유로, C와 D의 면접교섭을 인정한 사례입니다.

(4) 사실혼관계의 해소방법 및 사실혼 관계의 해소로 인한 재산분할 청구권의 인정여부 (대법원 2009. 2. 9. 자 2008스105 결정 [재산분할에대한재항고])

A가 의식불명 상태의 B를 상대로 사실혼관계의 해소를 주장하면서 법원에 재산분할심판을 청구한 사안에서, 사실혼관계는 A의 의사에 의하여 해소되었고 그에 따라 A의 재산분할청구권이 인정된다고 본 사건

① 주요판시

시실혼관계는 사실상의 관계를 기초로 하여 존재하는 것으로서 당사자 일방의 의사에 의하여 해소될 수 있고 당사자 일방의 파기로 인하여 공동생활의 사실이 없게 되면 사실상의 혼인관계는 해소되는 것이며, 다만 정당한 사유 없이 해소된 때에는 유책자가 상대방에 대하여 손해배상의 책임을 지게 됩니다.

따라서 사실혼 관계의 당사자 중 일방이 의식불명이 된 상태에서 상대방이 사실혼 관계의 해소를 주장하면 위 사실혼관계는 상대방의 의사에 의하여 해소된 것에 해당하므로 그에 따라 재산분할청구권이 인정됩니다.

② 관련 법조문

- 민법 제806조, 제839조의2
※ 대법원 1995. 3. 10 선고 94므1379, 1386 판결
※ 대법원 1996. 11. 22 선고 96도2049 판결
※ 대법원 1993. 6. 11 선고 93므171 판결

③ 참고판례

※ 대법원 1996. 11. 22. 선고 96도2049 판결 [공정증서원본불실기재·불실기재공정증서원본행사]

※ 대법원 1993. 6. 11 선고 93므171판결 [이혼무효]
① 부모 중 한쪽만이 자녀를 양육하게 된 경우 과거 양육비의 상환을 청구할 수 있는지 여부 및 과거양육비의 분담범위를 정하는 기준 (대법원 1994. 5. 13. 자 92스21 전원합의체 결정 [양육자지정 등])
부모 중 어느 한 쪽만이 자녀를 양육하게 된 경우, 그와 같은 양육이 그 양육자의 일방적이고 이기적인 목적이나 동기에서 비롯한 것이라는 등 특별한 사정이 없는 경우 장래 양육비뿐만 아니라 과거 양육비를 청구할 수 있다고 인정한 사건
㉮ 주요판시
어떠한 사정으로 인하여 부모 중 어느 한 쪽만이 자녀를 양육하게 된 경우에, 그와 같은 일방에 의한 양육이 그 양육자의 일방적이고 이기적인 목적이나 동기에서 비롯한 것이라거나 자녀의 이익을 위하여 도움이 되지 아니하거나 그 양육비를 상대방에게 부담시키는 것이 오히려 형평에 어긋나게 되는 등 특별한 사정이 있는 경우를 제외하고는, 양육하는 일방은 상대방에 대하여 현재 및 장래에 있어서의 양육비 중 적정 금액의 분담을 청구할 수 있음은 물론이고, 부모의 자녀

양육의무는 특별한 사정이 없는 한 자녀의 출생과 동시에 발생하는 것이므로 과거의 양육비에 대하여도 상대방이 분담함이 상당하다고 인정되는 경우에는 그 비용의 상환을 청구할 수 있다. 한 쪽의 양육자가 양육비를 청구하기 이전의 과거의 양육비 모두를 상대방에게 부담시키게 되면 상대방은 예상하지 못하였던 양육비를 일시에 부담하게 되어 지나치고 가혹하며 신의성실의 원칙이나 형평의 원칙에 어긋날 수도 있으므로, 이와 같은 경우에는 반드시 이행청구 이후의 양육비와 동일한 기준에서 정할 필요는 없고, 부모 중 한 쪽이 자녀를 양육하게 된 경위와 그에 소요된 비용의 액수, 그 상대방이 부양의무를 인식한 것인지 여부와 그 시기, 그것이 양육에 소요된 통상의 생활비인지 아니면 이례적이고 불가피하게 소요된 다액의 특별한 비용(치료비 등)인지 여부와 당사자들의 재산 상황이나 경제적 능력과 부담의 형평성 등 여러 사정을 고려하여 적절하다고 인정되는 분담의 범위를 정할 수 있습니다.

㈏ 관련 법조문
- 민법 제837조
- 가사소송법 제2조 제1항 (나)목 (2)마류 제3호, 제41조, 제42조
- 가사소송규칙 제92조

㈐ 참고판례

※ 대법원 2008. 6. 12 선고 2005스50 결정 [부양료에 대한 재항고]

② 친권자 및 양육권자의 지정 기준 (서울가정법원 2015. 6. 5. 선고 2014드단311253 판결 [인지및친권행사자지정등청구의소·친권행사자및양육자지정청구의소])
한국에 배우자가 있는 남성 B가 외국 출장 중 현지 여성 A와의 사이에 자녀를 출산하여 자녀가 외국에서 생활하고 있는 상황에서 A를 친권자 및 양육자로 인정한 사건

㈎ 주요판시
법원은 C는 B의 친생자임이 분명하므로 B는 C를 친생자로 인지할 의무가 있고, C의 성장과 복지를 위하여 친권자 및 양육자로 A를 지정하는 것이 적합하며, A가 C를 양육하는 이상 B는 C가 성년에 이를 때까지 양육비를 분담할 의무가 있다고 하였습니다.

㈏ 관련 법조문
- 민법 제837조, 제863조, 제864조의2, 제909조 제4항

㈐ 참고판례

※ 수원지방법원 2014드단504042 [이혼및양육자지정]
태국국적의 A와 대한민국 국적의 B가 혼인을 하여 자녀C를 출산하였으나 혼인기간 중 B가A에게 폭력을 행사하는 등 A에게 부당한대우를 하였고 A가 혼인비자를 받아 대한민국에 재입국하기 위하여 C와 함께 돌아갔음에도 비자발급 절차에 협조하지 않고 있으며 그러한이유로 그 무렵부터 A와B는 별거상태로 지내고 있는 사안에서 법원은 A와B의 혼인파탄경위 C의 연령 현재의 양육상황 등을 고려하여 C의 친권자 및 양육자를 A로 지정한 사례가있습니다.

③ 양육권이 없는 자가 임의로 자녀를 양육한 경우 상대방에게 임의적 양육에 관하여 양육비를 청구할 수 있는지 여부 (대법원 2006. 4. 17. 자 2005스18, 19결정 [친권을행사할자의지정과변경·유아인도등])

조정을 통한 이혼에서 양육자로 지정되지 않은 자가 임의로 자녀를 양육하고 양육비를 청구한 경우 이는 상대방에 대한 관계에서는 상대적으로 위법한 양육에 해당하여 상대방은 양육비를 지급할 의무가 없다고 한 사건

㉮ 주요판시

A와 B가 이혼하면서 C의 친권자 및 양육자를 B로 지정하는 내용의 조정이 성립된 경우, 그 조정조항상의 양육방법이 그 후 다른 협정이나 재판에 의하여 변경되지 않는 한 A에게 자녀를 양육할 권리가 없고, 그럼에도 불구하고 A가 법원으로부터 위 조정조항을 임시로 변경하는 가사소송법 제62조 소정의 사전처분 등을 받지 아니한 채 임의로 자녀를 양육하였다면 이는 B에 대한 관계에서는 상대적으로 위법한 양육이라고 할 것이니, 이러한 A의 임의적 양육에 관하여 B가 A에게 양육비를 지급할 의무가 있다고 할 수는 없다

㉯ 관련 법조문
- 민법 제837조
- 가사소송법 제62조

※ 대법원 1992. 1. 21. 선고 91므689 판결

㉰ 참고판례

※ 대법원 1991. 6. 25. 선고 90므699 판결
※ 대법원 1972. 7. 11. 선고 72므5 판결

④ 과거의 양육비에 관한 권리에 소멸시효 적용여부 (대법원 2011. 7. 29. 자 2008스113 결정 [양육비])

당사자의 협의 또는 가정법원의 심판에 의하여 구체적인 지급청구권으로서 성립하기 전에는 과거의 양육비에 관한 권리는 양육자가 그 권리를 행사할 수 있는 재산권에 해당한다고 할 수 없고, 따라서 이에 대하여는 소멸시효가 진행할 여지가 없다고 한 사건

㉮ 주요판시

당사자의 협의 또는 가정법원의 심판에 의하여 구체적인 지급청구권으로서 성립하기 전에 과거의 양육비에 관한 권리는 양육자가 그 권리를 행사할 수 있는 재산권에 해당하지 않으므로 소멸시효 진행을 주장할 수 없습니다.

㉯ 관련 법조문
- 민법 제837조, 제162조, 제166조

참고판례

대법원 1995. 4. 25. 선고 94므36 판결 [이혼 등]

3. 혼인의 무효와 취소

가. 당사자가 일방에게만 참다운 부부관계의 설정을 바라는 의사가 있고 상대방에게는 그러한 의사가 결여된 경우 혼인의 효력 (대법원 2010. 6. 10. 선고 2010므574 판결 [혼인의무효])

외국인이 대한민국 국민과 참다운 부부관계를 설정하려는 의사 없이 단지 대한민국에 입국하여 취업하기 위한 방편으로 혼인신고에 이르렀다고 봄이 상당한 사안에서 그 혼인은 혼인의사의 합치가 없어 민법 제815조 제1호에 따라 무효라고 본 사건

① 주요판시

민법 제815조 제1호가 혼인무효의 사유로 규정하는 '당사자 간에 혼인의 합의가 없는 때'란 당사자 사이에 사회관념상 부부라고 인정되는 정신적·육체적 결합을 생기게 할 의사의 합치가 없는 경우를 의미하므로, 당사자 일방에게만 그와 같은 참다운 부부관계의 설정을 바라는 효과의사가 있고 상대방에게는 그러한 의사가 결여되었다면 비록 당사자 사이에 혼인신고 자체에 관하여 의사의 합치가 있어 일응 법률상의 부부라는 신분관계를 설정할 의사는 있었다고 하더라도 그 혼인은 당사자 간에 혼인의 합의가 없는 것이어서 무효라고 보아야 합니다.

외국인 B가 대한민국 국민 A와의 사이에 참다운 부부관계를 설정하려는 의사가 없이 단지 한국에 입국하여 취업하기 위한 방편으로 혼인신고에 이르렀다고 봄이 상당한 사안에서, 설령 B가 한국에 입국한 후 한 달 동안 원고와 계속 혼인생활을 해 왔다고 하더라도 이는 B가 진정한 혼인의사 없이 위와 같은 다른 목적의 달성을 위해 일시적으로 혼인생활의 외관을 만들어 낸 것이라고 보일 뿐이므로, A와 B사이에는 혼인의사의 합치가 없어 그 혼인은 민법 제815조 제1호에 따라 무효입니다.

② 관련 법조문

• 민법 제815조 제1호

나. 가장혼인에 있어 혼인무효의 판결을 받지 않고 가족관계등록부의 정정이 가능한지 여부 (대법원 2009. 10. 8. 자 2009스64 결정 [등록부정정결정에대한즉시항고])

혼인의사 없이 상대방의 한국 입국을 목적으로 혼인신고를 한 사실로 형사처벌을 받은 사람이 혼인무효 판결 없이 가정법원의 허가를 받아 가족관계등록부정정신청을 할 수 있다고 한 사건

① 주요판시

대법원은 중국 국적의 조선족 여성과 혼인한 것으로 신고한 자가, 혼인할 의사가 전혀 없음에도 그 여성을 한국에 입국시킬 목적으로 혼인신고를 하여 공전자기록에 불실의 사실을 기재하게 하였다는 등의 범죄사실로 유죄판결을 받아 확정된 사안에서, 위 혼인은 혼인의사의 합치가 결여되어 무효임이 명백하므로 혼인무효판결을 받지 않았더라도 가족관계의 등록 등에 관한 법률 제105조에 따라 가정법원의 허가를 받아 가족관계등록부를 정정할 수 있다고 하였습니다.

② 관련 법조문

• 가족관계의 등록 등에 관한 법률 제105조, 제107조

③ 참고판례

A는 B국제결혼중개업소의 중개로 C를 소개받아 혼인신고를 마쳤고 C는 한국에 입국하여 A의 집에 머무르면서 결혼식을 올리기로 한 상황이었는데 C는 우리들이 결혼한비용과 중개비는 모두 친구로부터 빌린 돈이다 부모님은 이일을 모르고 있고 이일을 알게 되면 결혼에동의할 수 없을 것이다 는 취지의 편지와 A가 사준 휴대폰을 두고 A의 집을 나갔습니다.
한편 A는 C가 결혼식 전까지 성관계를 하지 않겠다고 함에 따라 C와 성관계를 전혀 하지 못하였고 인천 D경찰서에 C의 가출신고를 하였으며 인천 D경찰서에 C를 공정증서불실기재죄 등으로 고소를 하였습니다.

법원은 C는 A와 사이에 참다운 부부관계를 설정하려는 의사가 없음에도 단지 한국

에 입국하여 취업하기위한 방편으로 혼인신고에 이르렀다고 봄이 상당(비록 C가 약 1개월동안 A의집에서A와 함께 생활하는등 혼인생활과 유사한 외관이 있기는 하나 이는 C가 진정한 혼인 의사 없이 위와 같은 다른목적의 달성을 위해 일시적으로 만들어낸 외관에 불과하다)하고 A와B 사이에는 혼인의 합의가 없으므로 그 혼인은 민법 재815조 제1호에 의하여 무효라고 판단하였습니다(인천지방법원 2012.6.29 선고 2011르908판결[혼인의 무효])

다. 임신가능 여부가 혼인취소사유에 해당하는지 여부 (대법원 2015. 2. 26. 선고 2014므4734 판결 [혼인의취소·이혼등] 〈혼인취소 사유에 관한 사건〉)

임신 가능 여부는 원칙적으로 민법 제816조 제2호의 혼인취소 사유인 '부부생활을 계속할 수 없는 악질 기타 중대한 사유'에 해당하지 않는다고 본 사건

① 주요판시

대법원은 B가 배우자인 A를 상대로 A의 성기능 장애등을 이유로 민법 제816조제2호에 따른 혼인취소를 구한사안에서 제반사정에 비추어 B의 부부생활에 A의 성기능 장애는 크게 문제 되지 않았다고 볼 여지가 많고 설령 A에게 성염색체 이상과 불임 등의 문제가 있다고 하더라도 예를 들어 민법 제816조 제2호에서 정한 부부생활을 계속할 수없는 악질기타 중대한 사유에 해당한다고 보기어렵다고 하였습니다.

② 관련법 조문

• 민법 제816조 제2호

③ 참고판례

※ 대법원 1995. 12. 8 94am1676, 1683 판결 [손해배상(기)]

제4장　가족관계등록 선례

제1절　신고

제1관　파양

[선례 1] 외국인과의 파양신고서에 첨부할 증명서

제정 1981. 6. 25. [호적선례 제1-144호, 시행]

한국인이 미국인의 양자가 되었으나 그 양자가 미국국적을 취득하기 전에 파양을 하고자 할 때는 미국 당국에서 발행한 양자가 미국국적 취득전이라는 증명서와 미국법에 의하여 파양이 허용된다는 증명서(섭외사법 제21조 제2항)를 첨부하여 파양신고를 함이 타당할 것이나, 입양이 불가능하게 되어 양자를 포기하겠다는 양친의 선서서(공증문서)를 첨부하여 파양신고를 한 경우에는 그 서면을 위 각 증명서에 준하는 서면으로 보아 파양신고를 수리하여도 무방할 것이다.(81. 6.25 법정 제338호 대전지방법원장 대 법원행정처장 질의회답)

참조예규 : 504항

질의내용 : 한국인이 미국인의 양자가 되었으나 미국의 국적을 취득하기 전이므로 아직 호적에 제적이 되지 아니하고 그 본인도 한국에 계속 거주하고 있는 상태에서 미국인 양부로부터 보내온 미국에서의 입양 및 입국절차가 제반 여건이 맞지 아니하여 불가능하므로 그 절차를 포기한다는 선서서(공증문서)를 첨부하여 파양신고서(양부의 서명날인은 위 선서서로 대용)를 제출하였을 경우 이의 수리여부에 관하여 다음과 같은 두가지 견해 가 있을 수 있사오니 어느 설이 타당한지 교시하여 주시기 바랍니다.

갑설-대법원 호적예규 504항 후단에 의한 미국국적을 취득하기 전이라는 증명서와 미국법에 의거 파양이 허용된다는 증명서가 첨부되지 않았고 위 선서서로 그에 갈음할 수도 없는 것이므로 수리할 수 없다.

을설-양자의 호적이 제적되지 않았으며 위 선서서의 내용과 주민등록표등본에 의하여 미국 입국선임이 명백하고 미국법에 의한 입양절차가 안되어 있음이 인정되므로 위 예규에 위배되지 않는 적법한 파양신고서로 수리 하여야 한다.

[선례 2] 재외국민의 파양절차

제정 1981. 8. 11. [호적선례 제1-145호, 시행]

가. 재외국민인 양친과 양자(즉, 양친과 양자가 모두 우리나라 국민인 경우)가 협의파양을 하고자 할 때에는 호적법 제72조에 정한 사항을 기재한 파양신고서에 의하여 우리나라의 재외공관에 신고하면 될 것이고, 별도로 협의파양의 의사를 확인하는 절차는 필요하지 아니하다. 다만 양자가 15세 미만인 때에는 입양을 승낙하였던 자와의 파양협의가 있어야 한다.

나. 파양할 당사자 일방인 양친은 우리나라 국민이나 다른 일방인 양자는 외국인인 경우에는 섭외사법 제21조의 규정에 의하여 우리나라 민법과 호적법에 정한 절차에 따라 파양할 수 있다. 그러나 파양할 당사자 일방인 양자는 우리나라 국민이나 다른 일방인 양친이 외국인인 경우에는 양친의 본국법에 의하여 파양이 허용되는 증명서와 그 양자가 외국국적 취득전이라는 증명서를 첨부하여 신고하여야 할 것이다. (81. 8.11 법정 제414호 외무부장관 대 법원행정처장 질의회답)

참조조문 : 민법 제869조, 제899조 , 법 제39조
참조예규 : 504항

[선례 3] 한국인이 미국인 양친에게 입양된 후 우리나라 재외공관의 장에게 미국국적 취득전이라는 증명서등을 첨부하지 아니한 파양신고를 하고 그 신고가 본적지 시(구)·읍·면에 송부되어 온 경우의 처리

제정 1985. 6. 26. [호적선례 제1-146호, 시행]

가. 섭외사법 제21조 제2항에 파양은 양친의 본국법에 의하게 되어 있으므로, 한국인이었던 양자가 미국인인 양친의 국적을 취득한 후라면, 우리나라 재외공관의 장은 호적법에 의한 파양신고를 수리할 권한이 없고, 그럼에도 불구하고 이를 수리하여 본적지 시(구)·읍·면에 송부한 경우에는 호적에 이를 기재할 수 없다.

나. 그러나 한국인이 미국인의 양자가 되었으나 미국국적 취득전에 파양하는 경우에는 미국 당국에서 발행한 국적취득전이라는 증명서와 미국법에 의하여 파양이 허용되는 증명서를 첨부하여 호적법에 의한 파양신고를 할 수 있다(예규 504항

참조)

다. 따라서 한국인이 미국인 양친에게 입양된 후 우리나라 재외공관의 장에게 위 "나"의 서면을 첨부하지 아니한 파양신고를 하고 그 신고가 본적지 시(구)·읍·면에 송부되어 온 경우에는, 본적지 시(구)·읍·면의 장은 파양신고를 접수한 재외공관에 그 이유를 명시하여 이를 반려할 것이고, 재외공관의 장은 호적법 제44조에 의하여 신고인에게 위 "나"의 서면을 추완하도록 최고하여 처리하여야 할 것이다.(85. 6.26 법정 제651호 서울가정법원장 대 법원행정처장 질의회답)

참조조문 : 법 제39조, 제41조

질의내용 : 이 법원관내 중구청장으로부터, 우리나라 국민이 미국인에게 입양하였으나 파양하고자 양부모인 미국인과 함께 미국 주재 우리나라 총영사에게 파양신고를 하여 수리된 후 그 파양신고서가 본적지인 중구청에 송부되어 왔을때, 이 파양신고에 기하여 호적기재를 할 수 있는지 여부에 관한 질의가 있어 검토한바, 아래와 같은 의견이 있으므로 어느 설이 타당한지 교시하여 주시기 바랍니다.

갑설-호적기재를 할 수 없다.

(이유) 외국에 거주하는 외국인은 우리 호적법의 적용대상이 되지 못하므로, 그가 우리나라 국민과 함께 우리의 재외공관에 신고를 하여 그것이 수리처분되었다 하더라도 그 신고의 효력은 발생하였다고 볼 수 없기 때문이다.

을설-호적기재를 하여야 한다.

(이유) 갑설의 이유와 같이 잘못 수리된 것이라고 할지라도 호적사무관 장자인 재외공관의 장이 일단 수리처분한 것이라면 이 수리처분은 단순한 문서의 접수와는 다른 행정처분이므로, 달리 그 신고의 효력을 상실시키는 방법이 없는 한 이는 호적에 기재하여야 하고, 그 효력에 관한 다툼이 있다면 이는 별개의 절차에 따라 처리하여야 할 것이기 때문이다.

[선례 4] 양자(여자)가 외국인과 혼인한 경우의 파양절차

제정 1992. 8. 6. [호적선례 제3-244호, 시행]

입양으로 양가에 입적되어 있는 우리나라 여자가 외국인과 혼인하여 부가(부가)에 입적할 수 없는 경우에는 그 여자를 호주로 하여 신호적을 편제하게 되어 있으므로, 이미 이전에 외국인과 혼인신고한 여자가 친가호적(양가)에서 제적되지 아니한 채 신분사항란에 혼인사유만이 기재되어 있는 경우에는 신본적지를 추완신고하여 그 여자를 호주로 한 신호적을 편제하고 친가호적에서 제적시킬 수 있으며, 그러한 경우에 있어서도 입양 당사자간에 협의에 의하여 파양을 할 수는 있으나 파양을 한 경우 그 호적기재는, 양자인 여자가 아직 남편의 국적을 취득하지 못하여 한국 국적을 가지고 있다면 양가호적 중 양친의 신분사항란과 외국인과의 혼인으로 일가창립된 호적 중 호주(양자인 처)의 신분사항란에 파양사유를 기재하면 되지만, 양자인 여자가 남편의 국적을 취득하여 우리나라 국적을 상실한 경우에는 설사 한국의 호적에서 제적(국적상실을 원인)되지 않았다 하더라도 파양(이 경우는 섭외파양임)만에 의하여 한국 국적을 취득하는 것은 아니므로 파양신고에 기한 파양사유만을 양가호적 중 양친의 신분사항란에 기재할 수밖에 없으며, 그 여자가 한국 국적을 다시 취득하기 위하여는 국적회복절차를 별도로 취하여야 할 것이다. (1992. 8. 6. 법정 제1336호)

참조조문 : 민법 제898조, 국적법 제12조 제1호
참조예규 : 195호, 159호, 414호, 442호
질의요지 : 갑녀는 1986. 5. 26. 호주 을남의 양녀로 입양된 후 1987. 1. 27. 일본인 병남과 혼인(갑녀는 양친의 호적에 입적기재되어 있는 상태에서 그 신분사항란에 혼인사유만 기재되어 있음)한 상태에서 협의파양을 하고자 하는바 그 가능 여부 및 협의파양시 친가복적을 할 수 있는 것인지 또는 일가창립으로 단독호주가 되어 호적을 갖게 되는지 여부

[선례 5] 만 15세 미만인 한국인 양자와 네덜란드인 양친이 그 거주지인 홍콩에서 협의 또는 재판상 파양을 한 후에 그 한국인이 제3자(한국인, 홍콩인 또는 기타 외국인)를 양친으로 하는 양친자관계를 새로이 창설하고자 할 경우에 그 파양 및 입양의 허용여부 및 요건과 방식

제정 2007. 8. 28. [호적선례 제6-56호, 시행]

가. 만 15세 미만인 한국인 양자와 네덜란드인 양친 사이의 협의 또는 재판상파양을 원인으로 재외공관의 장 또는 시(구)·읍·면의 장에게 파양의 신고를 하는 경우, 파양자는 입양 당시에 일가창립하였던 호적에서 말소되고 생가로 복적하며, 그에 대한 친생부모의 친권이 부활하게 된다. 또한 생가에 복적한 파양자는 그 파양자에 갈음한 친권자와 새로이 양친이 되고자 하는 제3자가 입양의 합의를 하고 재외공관의 장 또는 시(구)·읍·면의 장에게 입양신고를 함으로써 새로이 양친자관계를 맺을 수 있다.

나. 그러나 위 파양자의 양친이 되고자 하는 사람이 한국인이 아니라 홍콩인을 비롯한 외국인일 경우에는 한국의 "국제사법"과 양친이 되고자 하는 외국인 본국의

국제사법(또는 저촉법)을 종합적으로 검토하여 입양의 준거법을 결정하여야 하고, 그 결정된 준거법이 정한 요건과 방식에 따라 입양을 하여야 하며, 입양이 성립한 경우에는 위 파양자의 친권자가 재외공관의 장 또는 시(구)·읍·면의 장에게 입양증서를 첨부하여 입양의 신고를 하여야 한다. 다만, 한국이나 양친의 본국이 아닌 제3국에서 입양이 이루어지는 경우에는 입양행위지의 법이 정하는 방식에 의할 수도 있다. (2007. 8. 28. 호적과-3007 질의회답)

참조조문 : 민법 제786조, 제814조, 제869조, 제878조, 제882조, 국제사법 제17조, 법 제40조, 제41조, 제63조, 제66조, 제68조, 제75조
참조예규 : 622호

제2관 혼 인

[선례 1] 한국인 남자가 외국에서 외국인 여자와 혼인하여 자를 출산하였으나 혼인신고를 하지 않은 상태에서 다시 한국인 여자와 혼인하고 한국국적을 상실한 경우 한국에 입국한 위 외국인 여자 및 그 자의 호적정리절차

제정 1985. 3. 26. [호적선례 제1-72호, 시행]

한국인 남자가 월남에서 월남인 여자와 혼인하여 자를 출산 하였으나 우리나라 호적에 신고하지 않은채 단신 귀국하여 한국인 여자와 다시 혼인하고 호주국적을 취득하여 그 호적이 말소된 상태에서 위 월남인 여자와 그 자가 우리나라에 입국한 경우에, 월남인 여자가 월남에서 작성된 그나라 방식에 의한 혼인에 관한 증서(증명서 포함)를 소지하고 있다면 남편의 본적지였던 시(구)·읍·면의 장에게 그 증서의 등본을 제출하여 혼인신고를 하고 모(월남인 여자)가 그 호적에 자의 출생신고를 함으로써 그들의 호적을 정리할 수 있을 것이다. (85. 3.26 법정 제339호)

참조조문 : 법 제40조, 제49조, 제51조, 국적법 제2조, 제3조
참조예규 : 569, 570항

268   다문화가정(이혼·혼인) 실무

[선례 2] 일본국에서 적법하게 섭외혼인(남자는 한국인, 여자는 일본인임) 및 혼인외의 자에 대한 인지신고를 마쳤으나 국내 호적을 정리하지 못하고 남자(혼인외의 자의 부)가 사망한 경우 위 혼인 및 인지신고의 효력과 국내 호적의 정리 절차

제정 1983. 12. 2. [호적선례 제1-99호, 시행]

이미 당사자에 의하여 적법하게 일본국에서 섭외 혼인(남자는 한국인, 여자는 일본인임) 및 혼인외의 자에 대한 인지신고가 이루어지고 혼인당사자인 남자(혼인외의 자의 부)의 사망후에 그의 국내 호적을 정리하기 위하여 제3자인 자가 우리나라 재외공관에 혼인 및 인지신고를 한 경우(원칙으로는 재외국민 취적·호적정정및호적정리에관한임시특례법 제3조에 의한 호적정리신청을 하여야 함) 그 신고는 이미 적법하게 성립한 혼인 및 인지에 대한 보고적 신고로서 제3자가 재외공관장에게 하였다고 하더라도 그 효력에는 영향이 없다. (83.12. 2 법정 제417호)
참조조문 : 섭외사법 제10조, 제15조, 제16조, 제20조
참조예규 : 436-3, 557항

[선례 3] 우리나라 여자가 외국인과 혼인한 경우의 재산상속권

제정 1982. 12. 13. [호적선례 제1-152호, 시행]

우리나라 여자가 외국인과 혼인하였다 하더라도 그 재산상속에는 영향을 받지 아니한다. (82.12.13 법정 제417호)

[선례 4] 섭외혼인의 신고절차

제정 1983. 1. 22. [호적선례 제1-153호, 시행]

섭외적 혼인의 성립요건에 관하여는 섭외사법 제15조 제1항 본문이 정하는 바에 따라 각 당사자의 본국법이 적용되며, 그 방식에 관하여는 동항 단서에 의하여 행위지법인 혼인거행지법이 적용되므로,
가. 우리나라 국민이 외국인과 우리나라에서 혼인을 하고 우리나라 방식에 따라 혼

인신고를 하는 경우에는, 그 외국인이 그의 본국법에 의하여 [혼인성립요건을 구비하고 있다는 증명서]를 그 외국인의 본국 기관(대사관 등)에서 발급받아 우리나라 호적법이 정한 절차에 따라 혼인신고를 하여야 하고,

나. 우리나라 국민이 외국인과 외국에서 혼인을 하고 그 외국방식에 의하여 혼인에 관한 증서를 작성한 경우에는 그 증서등본을 첨부하여 호적법 제40조, 제41조가 정하는 바에 따라 그 나라를 관할하는 우리나라 재외공관에 신고할 수도 있고, 본인이 직접 본적지 시(구)·읍·면에 송부하여 신고할 수도 있다.(83. 1.22 법정 제32호 외무부장관 대 법원행정처장 질의회답)

참조조문 : 민법 제812조 , 법 제 76조
참조예규 : 546 내지 550, 555, 560, 561, 563, 565, 567 내지 572항

[선례 5] 우리나라에서 한 외국인 간의 혼인(영사혼)의 효력

제정 1983. 8. 10. [호적선례 제1-158호, 시행]

동일국적의 외국인 상호간에 우리나라에서 그들의 본국법이 정한 방식에 의한 영사혼인을 한 경우에는 우리나라에서도 그 효력이 인정되나, 혼인당사자중 일방이 우리나라 국민인 경우에는 우리나라의 호적법 및 섭외사법이 정한 바에 따라 신고하지 아니하면 혼인의 성립이 인정되지 아니한다. (83. 8.10 법정 제 291호 외무부장관 대 법원행정처장 질의회답)

참조조문 : 민법 제812조 , 섭외사법 제15조 제1항
참조예규 : 547, 548, 568, 573항

[선례 6] 외국에서 섭외혼인을 하고 증서를 작성하였으나 증서제출에 의한 혼인신고를 하지 않고 우리나라 방식에 의한 혼인 신고를 하여 증서작성일자와 혼인신고일자가 상이한 경우의 혼인성립일과 호적정정

제정 1984. 4. 11. [호적선례 제1-167호, 시행]

카나다에서 혼인을 하고 카나다 당국에서 혼인증서를 발급받았으나 카나다 주재 우

리나라 공관에 증서를 제출하지 않고 우리나라 방식에 따라 본적지에서 혼인신고를 하여 혼인증서의 혼인일자와 호적부상의 혼인일자(혼인신고일자)가 상이하게 된 경우, 혼인의 효력발생일은 캐나다 당국이 발행한 혼인증서상의 혼인일자가 될 것이므로, 호적부상의 혼인일자는 이에 맞도록 정정할 수 있을 것이다.(84. 4.11 법정 제125호)

참조조문 : 법 제40조, 제41조, 제120조, 섭외사법 제15조 제1항
참조예규 : 557, 561항

[선례 7] 기혼남자인 외국인과 한국인 여자 사이의 거행지법에 의한 혼인증서가 제출된 경우의 처리

제정 1984. 4. 16. [호적선례 제1-169호, 시행]

우리나라 국민인 갑남·을녀가 캐나다에서 우리나라 법에 의한 혼인(영사혼)을 하고 그후 갑남·을녀가 캐나다의 시민권을 취득한 다음, 갑남이 다시 우리나라 국민인 병녀와 캐나다에서 캐나다 법에 의한 혼인을 한 경우에,

가. 갑남·을녀 사이의 혼인해소의 문제는 캐나다법에 의하여 처리될 문제이고,

나. 갑남·병녀 사이의 혼인도 캐나다법에 의하여 적법한 혼인증서가 작성되었다면 유효한 혼인이므로 그 증서의 등본을 캐나다 주재 우리나라 재외공관에 제출한다면 이 증서등본을 수리하여 병녀의 본적지 시(구)·읍·면에 송부하여야 하고 송부된 증서등본의 내용에 따라 병녀의 호적에 갑남과의 혼인 사유를 기재하여야 한다. (84. 4.16 법정 제135호 외무부장관 대 법원행정처장 질의회답)

참조조문 : 법 제40조, 제41조, 섭외사법 제15조 제1항
참조예규 : 540항

[선례 8] 한국인 여자와 중국인 남자 사이의 혼인신고절차

제정 1984. 8. 6. [호적선례 제1-172호, 시행]

우리나라 여자가 중국인 남자와 우리나라에서 혼인을 하는 경우에는, 중국인 남자에 관하여 혼인성립요건이 구비되어 있다는 뜻의 권한 있는 중국기관(주한 중화민국대

사관 포함)의 증명서와 그 인적사항을 증명하는 서면(외국인등록부등본)을 첨부하여 우리나라 호적법에 의한 혼인신고를 할 수 있다. (84. 8. 6 법정 제234호)
참조조문 : 섭외사법 제15조 제1항
참조예규 : 567항

[선례 9] 한국인 남자와 혼인한 외국인 여자의 국적득상과 입·제적 및 혼인의 효력

제정 1985. 2. 27. [호적선례 제1-176호, 시행]

우리나라 남자와 독일인 여자 사이의 혼인이 거행지법 또는 우리나라법에 의하여 적법하게 이루어진 경우에는 혼인의 효력이 있으며, 이 경우 우리나라 남자의 처가 된 독일인 여자는 혼인으로 인하여 6개월 이내에 독일국적을 상실한다는 조건부로 우리나라 국적을 취득하고(국적법 제3조 제1호) 남편의 호적에 입적될 수 있으나, 6개월 이내에 독일국적을 상실하지 아니하면 우리나라 국적을 상실하게 되므로 (국적법 제12조 제7호) 위 호적에서 제적된다. 다만 이 때에도 신분상 혼인관계는 소멸하지 아니한다. (85. 2.27 법정 제245호 외무부장관 대 법원행정처장 질의회답)
참조조문 : 섭외사법 제15조 제1항
참조예규 : 562항
질의사항 : 1. 한국인 남과 독일인 여 간의 혼인이 아래 각항의 경우에도 법률상으로 유효한지의 여부
  가. 독일인 여가 혼인 후에도 독일국적을 보유하고 있고 한국인 남의 처로 호적에 입적되지 않은 경우
  나. 독일인 여가 독일국적을 포기함으로써 한국인 남의 처로 호적에 입적되는 경우
2. 한국인 남과 독일인 여 사이의 혼인이 상기 가·나의 각 경우에 한국인 끼리의 혼인과 동일한 법률적 효과를 갖게 되는지 여부

[선례 10] 한국인 남자와 혼인한 외국인 여자의 국적득상과 입·제적 및 혼인의 효력

제정 1985. 4. 30. [호적선례 제1-178호, 시행]

가. 우리나라 남자의 처가 된 일본인 여자는 혼인으로 인하여 6개월 이내에 일본국적을 상실한다는 조건부로 우리나라 국적을 취득하고(국적법 제3조 제1호) 남편

의 호적에 입적될 수 있으나, 6개월에 경과하여도 일본국적을 상실하지 아니하면 우리나라 국적을 상실하게 되므로(국적법 제12조 제7호) 위 호적에서 제적되는 바, 그 제적은 주말의 방법에 의하여 하게 된다(호적법 시행령 제36조 참조).
나. 다만 이 때에도 혼인관계는 그대로 계속되므로 혼인관계에 따른 신분상의 효력에는 변함이 없고, 국적상실자가 우리나라 국민이 아니면 향유할 수 없는 권리를 관계 법령에 따라 상실 또는 제한받게 되는데 그친다. (85. 4.30 법정 제468호)

참조예규 : 562항

[선례 11] 한국인 남자와 외국인 여자 사이의 섭외혼인의 성립시기, 외국인 여자의 국적변동 및 이에 따른 혼인의 효력

제정 1985. 11. 6. [호적선례 제1-186호, 시행]

가. 섭외사법 제15조 제1항 단서에 의하면 혼인의 방식은 혼인거행지법에 의하므로, 혼인거행지가 우리나라일 경우에는 호적법에 정한 절차에 따라 신고하여야 혼인이 성립할 것이나, 외국에서 그 나라 방식에 따라 혼인을 거행하고 혼인당사자가 각 본국법에 의한 혼인의 실질적 요건을 갖추고 있다면 우리나라 호적부에의 등재 여부와 관계 없이 혼인이 성립하며,
나. 이 때 외국인 여자가 한국인 남편의 호적에 등재되기 위하여 원국적을 포기하거나 또는 6개월 이내에 이를 포기하겠다는 증명을 제출하여야 하는 것은 아니고,
다. 우리나라 국민의 처가 된 자는 별도의 한국국적 취득신청이 없더라도 국적법 제3조에 따라 6개월 이내에 그 외국국적을 상실한다는 조건부로 일단 우리나라 국적을 취득하며, 6개월이 경과하여도 그 외국국적을 상실하지 아니하면 국적법 제12조 제7호에 의하여 우리나라 국적을 상실하게 되나, 국적상실 여부는 혼인관계에 따른 신분상의 효력에는 영향이 없다. (85.11. 6 법정 제1154호 외무부장관 대법원행정처장 질의회답)

참조예규 : 547, 518, 557, 562, 563항
질의내용 : 주한 독일 대사관이 국제결혼과 관련하여 아래사항을 질의하여 왔으니 이에 대한 귀견을 알려 주시기 바랍니다.
    가. 외국 여자가 한국남자와 결혼했을 경우, 남편 호적에 등재되었을 때만 결혼이 법적 효력을 갖는가? 남편호적에 등재되지 않았을 경우는 어떠한 법적효력을 갖는가?

나. 여자가 원국적을 포기하거나 또는 6개월이내에 포기하겠다는 증명을 하여야만 한국인 남편의 호적에 등재될 수 있는가?

다. 외국 여자가 한국 남자와 결혼하여 결혼신고를 할 때 반드시 한국국적 취득신청을 함께 하여야 되는가? 한국국적 취득신청을 결한 경우 결혼의 법적 효력에 영향을 주는가?

[선례 12] 재외국민 사이의 혼인신고절차

제정 1986. 8. 12. [호적선례 제1-194호, 시행]

외국에 있는 한국인 사이의 혼인은 그 외국에 주재하는 대사, 공사 또는 영사에게 혼인신고를 할 수도 있고, 남자의 본적지 시(구)·읍·면에 직접 혼인신고를 할 수도 있는바, 외국주재 대사 등에게 혼인신고를 할 경우에는 부처의 각 호적등본을 첨부하여야 하고 부의 본적지에 직접 혼인신고를 할 경우에는 처의 호적등본을 첨부하여야 한다. (86. 8.12 법정 제789호)

참조조문 : 민법 제814조, 법 제39조, 영 제42조
참조예규 : 560항

[선례 13] 우리나라 국적을 상실한 여자가 호적상 제적처리되지 않은 상태에서 외국인 남자와 혼인하여 그 혼인사유가 호적에 기재되었다면 이혼후 국적을 회복하고 재혼신고를 하려는 경우에는 그 이혼사실을 소명하여야 한다.

제정 1986. 9. 17. [호적선례 제1-197호, 시행]

한국인이었던 여자가 1972. 5. 6 중화민국의 국적을 취득하여 한국국적을 상실하였으나 호적상으로는 1980. 4. 1에 이르러 비로소 국적상실고시에 의하여 국적상실사유가 기재되고 제적처리된 까닭에 한국국적 상실후인 1979.11.26 중화민국 남자와 혼인신고를 하여 그 사유가 호적에 기재되었으며, 그 후 이혼을 하여 1986. 6.26 한국국적을 회복하고 재혼을 하려는 경우에, 그 이혼사유는 한국호적에 신고할 사항은 아니지만, 일단 호적에 혼인사유가 기재되어 있고 이혼으로 국적회복허가를 받은 여부가 명백하지 않은 이상 위 혼인이 이혼 등 사유로 해소되었다는 사실이 중화민국 정부기관이 발행한 배우자였던 사람의 호적등본이나 그밖의 증명서 등에 의하여 소명되

지 않는다면 호적공무원은 혼인(재혼)신고를 수리할 수 없을 것이다. (86. 9.17 법정 제902호)

참조조문 : 민법 제810조 , 국적법 제12조, 제14조

[선례 14] 지정 미수교국 국민과의 혼인절차

제정 1989. 10. 21. [호적선례 제2-179호, 시행]

우리나라 국민과 지정 미수교국 국민과의 혼인의 경우도 섭외사법 제15조의 규정에 의하여 혼인성립요건은 각 당사자의 본국법에 의하고 그 방식은 동법 제15조 제1항 단서에 의하여 혼인거행지의 법률에 따르게 된다. 따라서 우리나라 국민과 외국인이 외국방식에 의하여 혼인할 경우 우리나라 국민의 혼인요건에 관하여는 우리나라법에 의하여야 할 것이고, 거행지인 외국방식에 의한 혼인이 성립한 경우에는 그 혼인증서등본을 호적관서에 제출함으로써 우리나라 국민의 호적에 혼인사항이 기재될 것이다. (89.10.21. 법정 제1661호 외무부장관 대 법원행정처장 질의회답)

참조조문 : 섭외사법 제15조, 제16조, 법 제25조
참조예규 : 70-1항, 381항, 382항, 387항

[선례 15] 재외공관장이 수리한 재외국민의 혼인으로 인한 혼인증서등본을 송부받았으나 부의 호적에서 중혼임을 발견한경우에 불수리하여야 하는지 여부

제정 1992. 2. 25. [호적선례 제2-181호, 시행]

재외국민이 거행지 방식에 따른 혼인을 하고 적법한 혼인증서를 발급받아 재외공관에 제출하였다면 이는 유효한 혼인으로서, 부의 본적지에서 중혼임을 발견한 경우에도 재외공관장이 수리하여 발송한 그 증서등본의 내용에 따라 부의 호적에 처의 입적기재를 하여야 한다. (92.2.25.인천시 중구청장 대 인천지방법원장 질의회답)

참조법규 : 섭외사법 제15조 제1항, 법 제40조, 41조
참조예규 : 67-2항 , 374-1항, 376항
참조선례 : 호적선례요지집 제1권 151항

제4장 가족관계등록 선례   275

[선례 16] 우리나라 여자가 일본인과 일본에서 일본방식에 의하여 혼인을 한 경우의 혼인증서 제출 방법

제정 1991. 6. 19. [호적선례 제2-182호, 시행]

우리나라 여자가 일본인 남자와 일본에서 일본방식에 의한 혼인신고를 하여 부의 호적에 그 혼인사유가 기재된 경우, 처인 한국인 여자의 호적에 혼인사유의 기재를 하려면 일본인 남편의 호적등본 또는 거행지 유관기관이 발행한 혼인증서를 관할 재외공관 또는 친가본적지 등에 제출하면 될 것이다. 이 경우 혼인사유가 기재된 일본인 남편의 호적등본은 혼인증서의 일종으로 볼 수 있기 때문에 그러한 호적등본을 첨부하였다면 별도로 혼인증서(혼인사실 증명)를 첨부할 필요는 없는 것이고, 또한 혼인신고의 장소는 호적법 제25조 제1항의 규정에 의하면 될 것이며, 외국방식에 의한 혼인증서 제출의 경우라 하여 특별히 본적지 관할구청이 아닌 종로구청을 경유할 필요는 없다. (91.6.19. 법정 제993호)

참조조문 : 법 제25조
참조예규 : 378항, 379항
질의요지 : 일본인 남자와 한국인 여자가 일본국방식에 의하여 혼인을 하고 그 혼인사실이 기재된 호적등본을 첨부하여 여자의 친가본적지에 혼인신고를 할 때에 종로구청을 경유하여야 하는지 여부와 일본대사관에서 발급한 혼인사실증명을 첨부하여야 하는지에 대하여 유권해석하여 수시기 바랍니다.
주 : 혼인신고의 장소에 관한 호적법 제77조의 규정이 삭제(90.12.31.자)되어 혼인신고도 다른 호적신고와 마찬가지로 당사자인 부 또는 처(처)의 본적지 또는 주소지에다 신고할 수 있으므로, 호적선례요지집 제1권 157항의 신고장소에 관한 사항은 변경되었음.

[선례 17] 일본방식에 의한 수리사실이 기재된 혼인신고서 등본을 혼인증서로써 제출한 경우에는 접수처리하여야 한다.

제정 1991. 9. 17. [호적선례 제2-183호, 시행]

우리나라 남자와 일본인 여자가 일본에서 일본방식에 의한 혼인신고를 하고 접수와 수리사실이 기재된 그 혼인신고서(혼인증서)등본을 우리나라 남자의 본적지에 제출한 경우에는 호적공무원은 이를 접수처리하여야 하며 혼인증서등본 이외의 호적(또는

제적)등본의 제출을 요구할 수 없다.
(91.9.17. 법정 제1431호)
참조예규 : 378항

[선례 18] 중국에서 발행한 혼인상황증명을 제출한 경우 혼인신고를 수리하여야 하는지 여부

제정 1991. 2. 25. [호적선례 제2-184호, 시행]

중화인민공화국에서 발행한 [혼인상황증명]은 혼인에 관한 증서에 해당된다 할 것이므로 그 신고는 수리하여도 무방할 것이다.(91.2.25. 서울 종로구청장 대 서울가정법원장 질의회신)
참조예규 : 381항

[선례 19] 한국인과 외국인 사이에 한국에서 한국법에 따라 혼인을 하고, 혼인성립요건을 구비하는 증명서를 본국의 권한있는 기관으로부터 발급받아 혼인신고서를 제출하였을 경우 다른 서면을 또 제출하여야 하는지 여부

제정 1992. 5. 18. [호적선례 제2-185호, 시행]

대한민국 국민인 남자가 외국인인 여자(대한민국 교포로서 미국국적을 취득한 자)와 한국에서 사건본인인 여자 본국의 권한있는 기관(본국의 재외기관인 주한 미대사관)으로부터 본국법에 의한 혼인성립요건을 구비하고 있다는 증명서를 발급받아 한국법에 따라 이를 혼인신고서에 첨부하여 혼인신고를 하였다면, 시(구)·읍·면의 장은 그 여자의 혼인성립요건이 구비된 것으로 간주하여 그 신고서를 수리하여야 할 것이며, 이 경우 사건본인인 여자의 종전 국내 호적(제적)등본을 요구할 수는 없는 것(외국국적을 취득한 자가 아직 대한민국 국적의 상실신고를 하지 않아 그 호적에서 제적되어 있지 않은 경우에도 동일함)이다.(92.5.18. 법정 제837호)
참조조문 : 국적법 제12조 제4호
참조예규 : 70-1항, 378항
참조선례 : 호적선례요지집 제1권 153항
질의요지 : 질의인은 외국인 여자(대한민국 교포로서 미국국적을 취득한 자)와 대한민국에서 혼인을 하

고자 미국국적 취득자인 여자 본국의 권한있는 기관(주한 미대사관)의 본국법에 의한 혼인 성립요건을 구비하였다는 증명서를 발급받아 한국법에 따라 위 증명서를 첨부하여 질의인의 거주지에서 혼인신고서를 제출하였는데, 질의인의 본적지 호적관서에서 미국국적 취득자인 여자의 종전 국내 호적의 첨부가 없다하여 신고한 관청으로 반송되었는 바 미국국적 취득자인 여자의 종전 호적을 첨부하여야 하는지요

[선례 20] 한국인 여자와 재일교포인 북한에 본적을 가진 남자와의 거행지 방식에 의한 혼인신고의 수리 여부

제정 1992. 3. 9. [호적선례 제2-186호, 시행]

한국인 여자와 재일교포인 북한에 본적을 가진 남자와의 혼인이라도 거행지방식에 의한 혼인신고를 수리하였다면 그 혼인은 이미 성립한 것이므로 일본 당국의 혼인수리증명을 첨부한 신고는 이를 수리하고, 처의 호적신분사항란에 혼인사유를 기재할 것이다.(92.3.9. 안양시장 대 수원지방법원장 질의회답)

참조조문 : 법 제40조
참조선례 : 호적선례요지집 제1권 149항

[선례 21] 한국에 호적을 가지고 있는 부모가 중국으로 건너가 살면서 그 곳에서 자(子)를 낳아 결혼을 시킨 경우 한국호적에 그 자의 출생신고와 혼인신고를 하는 절차

제정 1993. 9. 15. [호적선례 제3-192호, 시행]

대한민국에 호적을 가지고 있는 부모가 중국으로 건너가 살면서(1937-현재) 자(子)를 출산하여 결혼시킨 경우, 고국을 방문중에 있는 부모가 부(父)의 기존호적에 자의 출생 및 혼인신고를 할 수 있기 위하여는 출생신고의무자인 부모와 사건본인 자가 현재 대한민국의 국적을 가진 자임이 전제되어야 하므로, 호적공무원이 그러한 호적 신고서를 심사함에 있어서는 그들이 한국 국적의 보유여부를 증명하는 서면(재외국민등록증 등)을 제출하도록 요구할 수 있고, 설사 한국에 부의 호적이 남아 있다 하더라도 그 부가 한국 국적을 상실하여 현재 한국 국적이 없는 경우에는 그 남아 있는 호적은 국적상실을 원인으로 하여 제적되어야 하는 것이므로, 그러한 경우에 다

시 한국 국적을 갖기 위하여는 국적회복절차를 밟아야 하는 것이다. (1993. 9. 15. 법정 제1825호)

참조조문 : 국적법 제2조, 제12조, 법 제49조
참조예규 : 444호
참조선례 : 2권 68항

[선례 22] 1917. 2. 27. 일본인 여자와 혼인하여 처가에 입적(입부혼인)한 우리나라 남자가 친가 호적에서 제적되지 아니하고 남아 있는 경우의 호적정리 방법

제정 1996. 8. 29. [호적선례 제3-266호, 시행]

일본인 여자와 1917년 당시 입부혼인을 하여 처가에 입적한 경우 당연히 그의 친가호적에서 제적되어야 할 것임에도, 호적공무원의 착오로 이를 유류하였다면 본적지 시(구)·읍·면의 장이 감독법원의 허가를 얻어 직권(신고인 및 신고사건 본인, 호주 또는 이해관계인이 직권발동을 촉구하는 의미의 호적정정신청을 본적지 시·구·읍·면의 장에게 할 수도 있음)으로 당해 호적을 정정(제적)할 수 있을 것이다. (1996. 8. 29. 법정 3201-233 국민고충처리위원회위원장 대 법원행정처장 질의회답)

참조조문 : 호적법 제22조 제2항
참조예규 : 381호, 362호, 조선호적예규집(소화 8년 개정판) 936항
참조자료 : 남조선과도정부국적에관한임시조례 제5조, 재판자료 제29집(친족상속에관한구관습 175면~177면, 호적실무자료집(기재편) 264면

[선례 23] 외국인이 한국인과 혼인을 하고 한국방식에 의한 신고를 할 경우 혼인신고의 장소

제정 1994. 2. 16. [호적선례 제3-273호, 시행]

혼인신고는 신고사건본인의 본적지 또는 신고인의 주소지나 현주지에 하거나 당사자가 대한민국의 국적이 없는 경우 그 외국인의 거주지 또는 신고인의 주소지나 현주지에서 하여야 하는 것이므로, 외국인이 혼인을 하고 한국방식에 의한 혼인신고를 할 경우에는 일방이 한국인인 경우에는 그 본적지와 신고인인 혼인 당사자 쌍방의 주소지 또는 현주지 및 외국인의 거주지 중 한 곳을 택하여 그 신고를 할 수 있을

것이며 외국공관의 주소지는 외국인의 거주지 또는 현주지에 포함되지 않는 것이다. (1994. 2. 16. 법정 3202-79)

참조조문 : 민법 제19조, 제20조, 법 제25조

[선례 24] 우리나라 여자가 외국남자(미국시민권취득자)와 1971년 혼인하였음에도 친가의 호적에서 제적되지 않고 혼인사유만이 기재되어 있는 경우 그 혼인의 효력

제정 1996. 3. 20. [호적선례 제3-275호, 시행]

혼인은 호적법에 정한 바에 의하여 신고함으로써 그 효력이 생기는 것이므로, 혼인신고가 접수되어 적법히 수리되었다면 호적에의 기재와는 무관하게 그 효력이 발생하는 것이며, 현행의 호적예규에 의하면 우리나라 여자가 외국인과의 혼인으로 부가(夫家)에 입적할 수 없는 경우에는 부가(夫家)의 입적에 갈음하여 그 여자를 호주로 하는 신호적을 편제하고 친가에서 제적하여야 하지만, 1971. 8. 6. 우리나라 여자가 외국인과 혼인신고한 경우에는 당시의 호적예규에 의하여 그 나라의 국적을 취득하기 전에는 친가호적 중 여자의 신분사항란에 혼인사유만을 기재하고 친가의 호적에서 제적시키지 아니하였으므로 혼인의 효력은 물론 그 기재방식도 적법하다. (1996. 3. 20. 법정 3202-86)

참조조문 : 민법 제812조, 제813조, 법 제76조
참조판례 : 대법원 1981.10.15.자 81스21 결정
참조예규 : 436호, 414호, 78년판 547항

[선례 25] 섭외혼인의 당사자가 혼인신고를 하고 혼인성립증서의 발급을 요구한 경우 호적관서의 장의 처리절차 등

제정 1993. 7. 15. [호적선례 제3-276호, 시행]

일본인 남자와 한국에서 한국방식에 따라 혼인신고를 한 한국인 여자가 본적지 호적관서에다 일본호적관서에 제출하기 위하여 혼인성립증서의 발급을 요구한 경우, 호적관서의 장은 혼인신고 수리의 증명서나 그 신고에 따른 혼인사유가 기재된 호적등

(초)본을 발급해 주어야 하고 혼인신고 접수증명서를 발급해 주어서는 안 될 것이다. 혼인신고접수증명서는 혼인신고가 수리되어 그 효력이 발생된 사실을 증명하여 주는 서면이 아니라 단지 그러한 신고서가 호적관서에 접수된 사실만을 증명하여 주는 "접수증"에 해당하는 것으로밖에 볼 수 없는 것이며, 현재 서울특별시 각 구청에서 사용하고 있는 "국제혼인신고접수증명서" 발급방식은 호적법시행규칙 제42조에서 규정하고 있는 "접수증" 교부방식으로 대체하여 사용되어야 할 것이다. (1993. 7. 15. 법정 제1386호)

참조조문 : 법 제47조, 규칙 제42조, 제49조
참조예규 : 335호
질의요지 : 한국인 여자가 일본인 남자와 거행지법인 우리나라법에 의하여 혼인신고를 하고 그 수리증명의 발급을 요구하자 "국제혼인신고접수증명서"를 발급하여 주기에 이 증명서를 일본호적관서에 제출한바 수리증명의 효력이 없는 것이라고 하는데, 위 증명서의 효력 여부와 혼인신고에 따른 수리증명의 발급절차

[선례 26] 한국인 남자와 중국인 여자 사이의 혼인신고절차(일부변경)

제정 1993. 1. 12. [호적선례 제3-277호, 시행]

한국인 남자와 중국인 여자와의 혼인신고절차는 한국에서 한국방식으로 하는 경우와 중국에서 중국의 방식에 의하여 하는 경우에 따라 아래와 같다.

가. 한국에서 혼인한 경우본적지나 주소지 시(구)·읍·면에 다음의 서면 중 하나를 첨부하여 혼인신고서를 제출하여야 할 것이다.

(1) 사건본인인 중국인이 그 본국의 권한있는 기관(본국관공서, 재외공관)으로부터 본국법에 의한 당해 신분행위의 성립요건을 구비하고 있다는 증명서

(2) 중국인이 그 본국법상 (1)의 증명서제도가 존재하지 않음으로 인하여 그러한 증명서를 신고서에 첨부할 수 없는 경우에는 본국의 한국주재 재외공관의 영사 등의 앞에서 사건본인이 선서한 선서서{당해 신분행위를 함에 있어 본국법상 어떠한 법률적 장애도 없다는 뜻을 구체적으로 명시하여 선서하고 재외공관의 영사 등이 그것을 증명(서명)한 서면}

(3) 중국인이 위 (1)의 증명서나 (2)의 선서서를 첨부할 수 없는 경우에는, 그러한 서면 등을 얻을 수 없다는 뜻과 본국법에 의한 당해 신분행위의 실질적 성립

요건을 구비하고 있다는 뜻을 기재한 서면을 공증받아 제출함과 동시에 본국의 권한있는 기관으로부터 발급받은 신분관계를 증명하는 서면(호적등본, 출생증명서, 여권사본 등) 또는 외국인등록증명서(외국인등록부에 기재되어 있는 가족관계 사항을 병기한 것). 다만, 이때에는 호적관서에서 그러한 자료에 의하여 본국법상 당해 신분행위의 성립요건 구비여부를 심사한 후 그 수리여부를 결정한다.
    (4) 위 (3)의 공증서면은 본국법상 당해 신분행위의 요건을 모두 구비하고 있음을 구체적으로 기재하여야 하며, 단순히 "이 신분행위를 함에 있어 본국법상의 모든 요건을 구비하고 있음"을 형식적, 추상적으로 기재한 것만으로는 충분하지 아니하다.
나. 중국에서 혼인한 경우 한국남자가 한국의 호적관서나 법원에서 혼인성립요건구비증명서를 발급받아 중국에 가서 혼인을 하고 중국방식에 의하여 혼인이 성립되었음을 증명하는 서면(당해국 유관기관 발행의 혼인증서)을 그 지역을 관할하는 한국의 재외공관의 장에게 제출하거나, 국내의 본적지 호적관서에 위 혼인이 성립되었음을 증명하는 서면을 제출하면 될 것이다. (1993. 1. 12. 법정 제55호)

참조조문 : 섭외사법 제2조, 제3조, 제16조, 민법 제812조, 제826조 제3항, 법 제76조
참조예규 : 472호, 436호
주 : 284항 "주" 참조

[선례 27] 중화민국(대만)인과 한국인 사이에 섭외혼인을 함에 있어 중화민국인에 대한 혼인의 실질적 성립요건의 섭외사법상 준거법인 본국법의 결정

제정 1993. 3. 23. [호적선례 제3-278호, 시행]

섭외사법상 신분관계를 형성하는 섭외적 신분행위를 함에 있어 준거법인 당사자의 본국법을 결정하는 문제는 사법관계(사법관계)에 속하는 사항으로서 그 법률을 공포한 국가 내지 정부를 한국정부가 외교상 승인하고 있는지 아닌지의 유무 문제와는 그 차원을 달리한다고 보아야 할 것이므로, 중화민국(대만)인과 한국인 사이에 섭외혼인을 함에 있어 중화민국인의 섭외사법상 혼인의 실질적 성립요건에 대한 준거법인 본국법은 중화인민공화국(중국)의 법률이 아니라 중화민국(대만)의 법률을 적용하여야 할 것이다. 따라서 중화민국 관공서가 중화민국에 속하는 자에 대하여 발행한

혼인성립요건구비증명서는 한국에서 혼인신고를 함에 있어 섭외신분행위의 성립요건을 구비하고 있다는 증명서로 볼 수 있을 것이다.(1993. 3. 23. 법정 제569호 서울가정법원장 대 법원행정처장 질의회답)

참조조문 : 섭외사법 제15조 제1항
참조예규 : 472호, 291호, 317호

[선례 28] 혼인증서 여부의 판단

제정 1993. 5. 21. [호적선례 제3-279호, 시행]

한국인 남자와 중국인 여자가 우리나라의 호적관서에 혼인신고를 하기 위하여 제출한 공증서가 중화인민공화국 길림성 길림시 공증처에서 공증한 것이라 하더라도 그 내용이 단순히 중국인 여자가 혼인신고를 하기 위하여 한국에 갈 계획이라는 취지의 성명서를 공증한 것에 불과하다면, 당사자들이 중화인민공화국에서 혼인을 하고 관계기관에서 발급받은 혼인증서라고 할 수는 없을 것이다. (1993. 5. 21. 호적 제1198호, 동작구청장 대 서울가정법원장 질의회답)

[선례 29] 중화인민공화국에서 발행받은 '공증서'에 주한중국대사관으로부터 인증을 받아 제출한 혼인신고서의 수리 여부(일부변경)

제정 1993. 7. 13. [호적선례 제3-280호, 시행]

중국인 여자가 한국에서 한국 남자와 혼인을 하고 한국방식에 따라 혼인신고를 함에 있어 중국인 여자의 혼인성립요건구비증명서로 제출한 중화인민공화국 공증처에서 발행한 '공증서'에 혼인연령이나 미혼인 사실 및 부모의 성명 등이 기재되어 있어 중국법상 혼인요건을 갖추고 있음을 확인할 수 있고 그 공증서에 대하여 우리나라 주재 중국대사관으로부터 인증을 받았다면, 그 서면은 혼인성립요건구비증명서의 하나로 볼 수 있을 것이므로, 그러한 증명서를 첨부한 혼인신고는 수리하여야 할 것이다.(1993. 7. 13. 법정 제1360호)

참조예규 : 472호

주 : 284항 "주" 참조

[선례 30] 한국인 남자와 혼인하려는 중국인 여자의 혼인성립요건 구비증명서 및 중국결혼증의 효력 여하(일부변경)

제정 1993. 7. 23. [호적선례 제3-281호, 시행]

1. 대법원호적예규 제291호의 "혼인요건을 구비하였다는 증명서"는 대법원호적예규 제472호 2. 내용의 외국인이 그 본국법의 규정에 따라 혼인의 성립요건을 구비하고 있음을 증명하는 서면으로 발급받은 증명서를 말하는 것인데, 이는 외국인이 한국에서 한국법이 규정하고 있는 방식으로 혼인신고를 하는 경우에만 적용되는 것이다. 다만 중국의 경우에는 위와 같은 혼인성립요건 구비증명서의 발급제도가 마련되어 있지 아니한 관계로, 대한민국 주재 중화인민공화국대사관으로부터 외무부를 경유하여 송부받은 회신의 내용대로 "중국국민 당사자가 중국의 호적주관부서에 가서 혼인상황증명을 발급받은 후 현급이상의 공증처에 가서 미혼공증을 받아, 당사자가 그 공증서를 가지고 한국 주재 중국대사관에 가 다시 인증을 받은 서면(이 인증서면에는 연령, 미혼인 사실, 부모의 성명 등이 기재되어 있거나 첨부서면에 이러한 사항이 기재되어 있어야 할 것임)"을 혼인성립요건구비증명서의 하나로 보아 호적사무를 처리하도록 하고 있으며, 이러한 경우에는 중국 결혼증을 제출할 필요도, 또한 제출할 수도 없는 것이다.
2. 만일 중국방식에 의하여 혼인을 한 경우에는, 혼인의 효력은 중국방식에 의하여 유효한 혼인이 성립한 때에 이미 우리나라법상으로도 혼인이 성립된 것으로 보게 되므로, 이러한 때에 우리나라 호적관서에 혼인성립증서의 등본을 제출하게 하는 것(실제로는 위 증서를 제출할 때 편의상 혼인신고서를 작성하게 하고 있음)은 단지 신분관계의 효력을 호적에 공시하고자 하는 데에 그 목적이 있는 것이다. 따라서 이러한 절차를 취하는 경우에는 중국 결혼법상의 결혼증은 혼인성립에 관한 증서의 하나로 보아야 할 것이고, 이 증서의 등본을 우리나라 호적관서에 제출하는 때에 비로소 중국여자를 혼인을 원인으로 하여 우리나라 남자의 호적에 입적 기재하게 된다.(1993. 7. 23. 법정 제1469호 법무부장관 대 법원행정처장 질의회답)

참조조문 : 섭외사법 제15조, 법 제40조
참조예규 : 472호, 291호, 218호

주 : 284항 "주" 참조

[선례 31] 한국인 남자와 중국인 여자와의 혼인신고절차(변경)

제정 1994. 6. 13. [호적선례 제3-282호, 시행]

한국인 남자와 중국인 여자와의 혼인신고를 함에 있어 한국방식에 의한 혼인신고절차에 대하여는, 당사자인 중국 여자가 호적주관부서에 가서 혼인상황증명을 발급받은 후 현급 이상의 공증처에서 미혼공증을 받아 다시 한국 주재 중국대사관에 미혼공증서를 제출하여 그 인증을 받은 다음 혼인신고서에 중국 여자의 신분행위성립요건증명으로 이를 첨부하여 한국 호적관서에 혼인신고를 할 수 있다. (1994. 6. 13. 법정 3202-243)

참조조문 : 섭외사법 제2조, 제3조, 제15조, 민법 제812조, 제826조 제3항, 법 제76조
참조예규 : 472호, 436호
주 : 284항 "주" 참조

[선례 32] 우리나라의 국적을 상실한 중국교포가 한국에 남아 있는 종전의 호적에 곧바로 혼인신고 할 수 있는지 여부

제정 1995. 3. 16. [호적선례 제3-283호, 시행]

중국 국적을 취득한 사람은 설사 종전호적이 제적되지 않은 채 한국에 그대로 남아 있어도 대한민국 국적을 상실한 자이므로 남아 있는 호적은 제적해야 할 것이며, 중국 국적을 가졌던 사람이 중국 국적을 포기하였다 하더라도 이미 한국의 국적은 상실되었으므로 한국에 남아 있는 호적에 혼인신고를 하기 위해서는 먼저 법무부 장관의 국적판정절차를 거쳐 국적을 확정하거나, 국적회복절차에 의해 국적을 취득하여야 할 것이다. (1995. 3. 16. 법정 3202-130)

참조조문 : 민법 제812조, 국적법 제12조, 제14조
참조예규 : 444호, 400호
참조선례 : 2권 334항

[선례 33] 중국인에 대한 신분행위성립요건구비증명서 등에 관한 발급절차 변경

제정 1995. 10. 6. [호적선례 제3-284호, 시행]

1995. 7. 31.부터 중국 국내에서 발행하는 모든 문서(호적주관부서에서 발행한 혼인상황증명서 등 포함)에 대한 인증업무를 주한 중국대사관에서 취급하지 않으므로, 당사자 본인이 중국의 현지 공증처의 공증을 받은 후 중국외교부(중국 주재 한국총영사관이 속해 있는 성정부 외사판공실) 또는 중국 주재 한국대사관(또는 한국영사관)에서 위 문서의 공증절차를 거쳐야만 신분행위요건구비증명서로서 한국 내에서 사용할 수 있을 것이다.(1995. 10. 6. 법정 3202-451)

주 : 본권 선례 277항, 280항, 281항, 282항 중 중국인에 대한 신분행위성립요건구비증명서 등에 관한 발급절차는 위와 같이 변경됨. 단, 중국에서 혼인을 하고 중국방식에 의하여 혼인이 성립되었음을 증명하는 서면{당해국 유관기관 발행의 혼인증서(중국 결혼법상의 결혼증)}을 발급 받은 경우에는 위 절차를 거침이 없이 제출하면 됨.

[선례 34] 한국인 남자와 외국 여자가 외국에서 거행지 방식에 따라 혼인을 하고 국적법 제3조에 규정한 기간(6월)이 경과한 후에 그 지역을 관할하는 재외공관의 장에게 그 증서의 등본을 제출한 경우 호적기재의 방법

제정 1995. 11. 30. [호적선례 제3-285호, 시행]

거행지 방식에 따른 혼인을 하고 그 증서의 등본을 제출하는 것은 이미 유효하게 성립한 혼인에 관한 보고적 신고에 불과하므로, 비록 국적법 제3조에서 정한 기간(6월)이 경과하여 위 증서가 제출되었다 하더라도 형식적심사권만 주어진 호적공무원은 처의 원국적 상실 여부를 가릴 필요 없이 혼인입적 기재를 하여야 할 것이고, 국적상실로 인한 제적은 대법원호적예규 제233호에 의한 법무부장관의 국적상실 통보에 따라야 할 것이다.

(1995. 11. 30. 법정 3202-506 대구지방법원장 대 법원행정처장 질의회답)

참조조문 : 민법 제826조, 법 제40조, 제41조, 국적법 제3조, 제12조
참조판례 : 대법원 1994.6.28. 선고 94므413 판결
참조예규 : 251호, 233호
주 : 위 선례와 배치되는 호적실무자료집(기재편) 109면 주43 단서규정은 변경되었으므로 호적공무원

은 위 증서의 제출에 의하여 호적기재를 한 후 그 등본을 첨부하여 법무부장관에게 지체없이 통보하고, 국적상실로 인한 제적은 법무부장관의 국적상실통보에 따라야 할 것임.

[선례 35] 동성동본인 우리나라 남녀가 외국(일본)에서 그 나라 방식에 의한 혼인을 하고 그 증명을 발급받아 재외국민취적·호적정정및호적정리에관한임시특례법에 의한 호적정리신청을 하여 온 경우 호적공무원이 이를 수리하여야 하는지 여부

제정 1995. 6. 23. [호적선례 제3-288호, 시행]

동성동본인 대한민국 남녀가 일본국에서 그 나라 방식에 의하여 혼인을 하였다면, 그 혼인은 비록 당사자의 본국법인 우리 민법상 취소사유가 있다 하더라도 유효하게 성립된 것이므로 그들이 일본국 호적관서로부터 혼인계수리증명서를 발급받아 재외국민취적·호적정정및호적정리에관한임시특례법에 의한 호적정리신청을 한 경우 호적공무원은 이를 수리하여야 할 것이다. (1995. 6. 23. 법정 3202-299 제주지방법원장 대법원행정처장 질의회답)

참조조문 : 민법 제809조, 제816조, 제814조, 법 제40조, 제41조, 섭외사법 제5조, 제10조, 제15조, 제16조, 재외국민취적·호적정정및호적정리에관한임시특례법 제3조, 제6조
참조판례 : 대법원 1994.6.28. 선고 94므413 판결, 대법원 1991.12.10. 선고 91므535 판결
참조예규 : 479호, 176호, 217호
참조선례 : 1권 153항, 169항, 2권 182항, 186항

[선례 36] 일본국 거주 재외국민인 여자가 무적자인 한국인 남편과 혼인을 하여 자(子)를 출산하고 남편은 호적을 가지기 전에 사망한 경우의 호적정리 절차

제정 1995. 3. 13. [호적선례 제3-289호, 시행]

일본국 거주 재외국민 여자가 무적자인 한국인 남편과 1953. 11. 13. 일본국에서 그 나라 방식에 의한 혼인을 하고, 호적정리를 하지 않고 있던 중, 1955. 8. 5. 그들 사이에 자(子)를 출산하고, 1986. 8. 11. 위 남편이 사망하자 1994. 7. 6. 일본국 주재 한국대사관에 위 사실들에 대한 혼인 및 사망신고와 출생신고를 동시에 한 후, 위 대사관에서 관련신고서류를 처의 친가호적지에 송부하여 왔을 경우 호적정리절차는 처

의 친가호적 중 처의 신분사항란에만 혼인 및 사망사유를 기재하되, 이때 사망사유의 기재방법은 호적실무자료집(기재편) 제133면 3항의 예에 따르되 무적자인 남편이 사망하였다는 취지를 명시해야 하고, 그런 다음 자(자)를 모(모)의 가(가)에 입적시켜야 할 것이다. (1995. 3. 13. 법정 3202-116)

참조조문 : 법 제40조
참조예규 : 399호, 400호

[선례 37] 중국발행의 결혼증서 심사시 유의사항

제정 1996. 11. 9. [호적선례 제4-69호, 시행]

한·중 양국 정부(외교통상부)는 위·변조된 혼인관계서류에 의한 한·중 양국민 간의 불법혼인을 방지하기 위하여 한국 및 중국에서 작성된 결혼증서 등 혼인 관련 서류의 인증절차(영사확인)를 마련하여 시행하기로 하였으니 감독법원 및 호적관서에서는 다음 사항에 유의하여 처리하여야 할 것임.

가. 중국외교부 및 주중대한민국대사관의 영사확인

한국인과 중국인이 중국에서 중국방식에 따라 혼인을 하고 증서(결혼증서)를 작성한 경우에는 중국외교부의 영사확인을 받은 후 다시 주중대한민국대사관의 영사확인을 받아야 함.

나. 호적관서의 처리

위와 같은 절차를 거치지 아니한 중국발행의 결혼증서를 호적관서에서 접수하였을 경우에는 감독법원에 그 수리 여부를 품의하여 처리함. 단, 호적법 제41조의 규정에 의하여 재외공관의 장이 송부한 경우에는 품의할 필요가 없음.

다. 감독법원의 처리

호적관서의 품의를 받은 감독법원에서는 당해 결혼증서에 의심스러운 사항이 있다고 판단되는 경우 증서의 사본을 첨부하여 외교통상부(영사과)에 그 증서가 진정하게 작성되었는지 여부를 조회한 후 회답함. (1996. 11. 9. 법정 3202-307)

주 : * 한·중 국제결혼 수속절차에 관한 한·중 양해각서(1996. 11. 8. 시행) 중 각서조항의 일부 개정으로 2001. 4. 16.부터 영사확인 업무창구가 다음과 같이 변경되었음(2001. 9. 14. 외교통상부 영사 29300-4719).

① 한·중 국제혼인신고에 필요한 중국인 결혼당사자의 미혼공증 및 결혼공증에 대한 영사확인 발

급업무는 주중대한민국대사관 뿐만 아니라 주샹하이, 주칭따오대한민국총영사관에서도 실시함(단, 주심양영사사무소는 제외).
② 한국인 결혼당사자의 미혼공증에 대한 영사확인 발급업무는 주한중국대사관 및 주부산중국총영사관에서도 실시함.

* 한·중 양해각서(1996. 11. 8. 시행)에 따른 중국방식에 의한 한·중 국제결혼절차
① 중국인의 미혼공증 영사확인
  ㉮ 중국인 결혼당사자는 지방공증처에서 미혼공증서를 발급받아
  ㉯ 중국 외교부의 인증을 받은 후
  ㉰ 이를 주중한국대사관 또는 총영사관에 제출, 영사확인을 받아
  ㉱ 한국인 결혼당사자에게 송부
② 한국인의 미혼공증 영사확인
  ㉮ 한국인 결혼당사자는 본인의 혼인상황증서(호적등본)를 한국 외교통상부에 제출(중국인의 미혼공증서 첨부), 영사확인을 받은 후
  ㉯ 동 증서를 주한중국대사관 또는 총영사관에 제출, 인증을 받음.
③ 중국에서의 결혼등기 및 결혼공증 영사확인
  ㉮ 한국인은 중국을 방문, 상기 혼인상황증서를 중국 호적관서에 제출하여 결혼등기를 하고
  ㉯ 혼인당사자들은 중국 지방공증처에서 결혼공증서를 발급받아
  ㉰ 중국외교부의 인증을 받은 후
  ㉱ 이를 주중한국대사관 또는 총영사관에 제출, 영사확인을 받음.
④ 한국에서의 혼인신고
  ㉮ 중국인 결혼당사자는 상기 결혼공증서를 한국인에게 송부
  ㉯ 한국인 결혼당사자는 상기 결혼공증서를 한국내 호적관서에 제출, 중국인과의 혼인사실을 신고함.
⑤ 중국인 배우자의 입국사증 신청
  ㉮ 한국인 당사자는 한국에서의 혼인신고를 마친 후, 중국인과의 혼인사실이 기재된 호적등본과 초청장 등 사증발급에 필요한 서류를 중국인 당사자에게 송부
  ㉯ 중국인 당사자는 상기 서류를 첨부하여 중국주재 공관에 결혼동거목적 단기사증 발급을 신청함.

[선례 38] 한국인과 중국인이 혼인을 하는 경우 혼인당사자인 중국인의 혼인성립요건구비증명서로 중국외교부의 영사확인을 받은 미혼공증서를 첨부하여 한국방식에 따른 혼인신고를 할 수 있는지 여부(변경)

제정 2000. 6. 22. [호적선례 제4-77호, 시행]

우리 나라는 한국인과 외국인 사이의 혼인은 거행지법에 따르도록 하고 있으므로 중

국인과도 그의 혼인성립요건구비증명서를 첨부하여 국내에서 우리 나라 방식에 따른 혼인신고를 할 수 있을 것이다.

다만 1996. 11. 8.부터 시행되고 있는 한·중 양국간의 국제결혼절차에 관한 양해각서에 의하여 중국인 혼인당사자의 경우에는 중국의 소관부서에서 발급한 미혼공증서에 중국외교부의 영사확인을 받은 다음 다시 주중한국대사관의 영사확인을 받은 때에만 혼인성립요건구비증명서로 볼 것이다. (2000. 6. 22. 법정 3202-233)

참조조문 : 민법 제812조, 제813조, 법 제39조, 제40조, 섭외사법 제2조, 제3조, 제15조, 국제사법 제36조
참조예규 : 291호, 317호, 472호
참조선례 : 3권 277항, 281항, 282항, 284항
주 : * 개정전 섭외사법은 혼인의 방식은 거행지법에 의하도록 하였으나(제15조), 개정 국제사법 제36조는 혼인의 방식에 대하여 혼인거행지법 또는 당사자 일방의 본국법에 의하되, 대한민국에서 혼인을 거행하는 경우에 당사자 일방이 대한민국 국민인 때에는 대한민국 법에 의하도록 함.
　　* 69항 "주" 참조

[선례 39] 구 국적법 당시 중국인 여자가 한국인 남자와 혼인하여 한국 국적을 취득하였으나 중국 국적을 포기하지 않아 한국 국적이 상실되었고, 한국 국적을 회복하기 위하여 중국 국적을 포기하고 국적회복허가신청을 하였으나 허가를 얻지 못하여 무국적자가된 상태에서 남편이 사망한 후 다른 한국인 남자와 혼인하고자 하는 경우의 혼인신고 방법(변경)

제정 2000. 10. 18. [호적선례 제4-79호, 시행]

무국적자가 한국인과 한국에서 혼인하는 경우에는 그 무국적자는 섭외사법 제2조 제2항의 규정에 의하여 주소지법 또는 거소지법에 의한 혼인성립요건구비증명서를 혼인신고서에 첨부하여야 하며, 만약 그러한 증명서를 첨부할 수 없는 경우에는 "호적예규 제472호 2.의 다"의 규정에 준하여 혼인성립요건구비증명서를 얻을 수 없다는 뜻과 주소지법 또는 거소지법에 의한 혼인의 실질적 성립요건을 구비하고 있다는 뜻을 기재한 서면을 공증받아 제출함과 동시에 주소지국 또는 거소지국의 권한있는 기관으로부터 발급받은 외국인등록증명서(외국인등록부에 기재되어 있는 가족관계사항을 병기한 것)등 신분관계를 증명하는 서면을 첨부하여 혼인신고할 수 있을 것이다. (2000. 10. 18. 법정 3202-415)

참조조문 : 법 제76조, 섭외사법 제2조, 제11조, 제14조, 국제사법 제3조

참조예규 : 472호
참조선례 : 1권 149항
참조자료 : 신국적법해설(법무부 발행) 176쪽
주 : * 섭외사법의 개정(2001. 7. 1. 시행)으로, 당사자의 본국법에 의하여야 할 경우에 무국적자인 당사자는 "주소지법 또는 거소지법"이 아닌 "상거소지법 또는 거소지법"에 의하는 것으로 변경되었음(국제사법 제3조).
　　 * 상거소(상거소)의 개념 및 인정
　　　대법원 호적예규 제472호(개정호적예규 제596호) 제3항, 제4항 참조

[선례 40] 국내 호적관서에 혼인신고가 되지 않은 재일동포 갑남과 을녀가 자(자) 병을 출산하고 일본에서 그 출생신고는 한 상태에서 후에 갑남이 사망한 경우, ① 을녀가 처라고만 기재된 일본국 발행의 폐쇄제등록원표기재사항증명서를 혼인관계를 증명하는 서면으로 첨부하여 재외국민취적·호적정정 및 호적정리에 관한 특례법에 의한 호적정리신청으로 갑남과 을녀가 혼인한 것으로 할 수 있는지, 없다면 혼인신고방법, ② 자(자) 병의 출생 등 국내 호적정리방법

제정 2001. 9. 26. [호적선례 제5-83호, 시행]

가. 일본국이 발행한 갑남의 폐쇄제등록원표기재사항증명서에는 을녀의 이름 옆에 처라고만 기재되었을 뿐 을녀의 인적사항이나 혼인성립일 등 갑남과 을녀의 혼인관계를 증명할 아무런 기재가 없으므로 그 증명서를 혼인에 관한 증서로 하여 재외국민취적·호적정정및호적정리에관한특례법에 의한 호적정리신청을 할 수는 없을 것이다.
　　또한 혼인당사자인 갑남이 이미 사망하였으므로 을녀와의 혼인관계를 증명할만한 다른 증서를 찾을 수 없다면 달리 혼인신고를 할 방법은 없다.
나. 그러나 부모의 혼인신고가 되지 않은 경우에도 자(자) 병은 일본국에 출생신고한 사실을 증명하는 서면을 첨부하여 위 특례법에 의한 호적정리신청(출생)으로 국내에 호적을 가질 수 있다. 그리고 그러한 증서가 없는 경우에도 혼인외 출생자로서 민법 제864조에 의한 인지판결을 받아 사망한 부가(부가)에 입적하거나 모의 출생신고에 의하여 모가에 입적할 수 있으며, 부 또는 모의 가에 입적할 수 없는 경우에는 관할법원의 취적허가결정을 얻어 취적함으로써 호적을 가질 수 있을 것이다. (2001. 9. 26. 법정 3202 - 392)

참조조문 : 민법 제782조, 법 제40조, 제49조, 제51조
참조예규 : 196호, 229호, 237호
참조선례 : 3권 147항, 148항, 619항

[선례 41] 한국인과 중국인 사이의 혼인신고절차(변경)

제정 2001. 14. 8. [호적선례 제5-84호, 시행]

가. 1996. 11. 8.부터 시행되고 있는 한·중 양국간의 국제결혼절차에 관한 양해각서는 위장결혼을 방지하고자 상대국(상대국)에서 작성된 후 자국(자국)에서 사용될 결혼공증서 등 혼인관계서류의 진위(진위) 여부에 관한 영사확인절차 및 중국에서 중국방식에 따라 혼인을 하고 그 혼인증서에 기하여 한국에서 혼인신고(보고적 신고)를 할 경우의 절차를 각 정한 것일 뿐으로, 국제사법 제36조 제2항은 한국인과 외국인 사이의 혼인의 방식에 대하여 혼인거행지법 또는 당사자 일방의 본국법에 의하며, 다만 대한민국에서 혼인을 거행하는 경우에 당사자 일방이 대한민국 국민인 때에는 대한민국법에 의한다고 규정하고 있으므로, 한국인과 중국인 사이의 혼인신고는 반드시 중국법이 정한 방식에 따라 혼인이 성립된 후에만 할 수 있다고는 할 수 없을 것이다

나. 따라서 한국인이 중국인과 혼인을 하고자 하는 경우에도 대한민국법(민법 제812조, 호적법 제76조)에 따라 중국인의 혼인성립요건구비증명서를 첨부하여 관할 호적관서에 혼인신고(창설적 신고)를 할 수 있다.

그러므로 혼인당사자인 중국인의 국적공증서, 친족공증서, 미혼공증서에 중국 외교부의 영사확인을 받은 후 주중한국대사관의 영사확인을 받았다면 그 서류를 혼인성립요건구비증명서로 첨부하여 우리 나라의 방식에 의한 혼인신고를 할 수 있을 것이다.

다. 다만 위와 같이 우리 나라의 방식에 의하여 성립된 한국인과 중국인 사이의 혼인을 중국 유관기관에서도 인정할지 여부는 의문이므로, 각 호적관서에서는 한국인과 중국인 사이의 우리 나라 방식에 의한 혼인신고 접수시 당사자에게 그 점을 미리 주지시키는 것이 바람직할 것이다. (2001. 11. 8. 법정 3201 - 453 서울지방법원 북부지원장 대 법원행정처장 질의회답)

참조조문 : 민법 제812조, 제814조, 국제사법 제36조

참조예규 : 436호
참조선례 : 4권 77항
주 : 한국인과 중국인 사이에 혼인할 때에는 사실상 한·중 국제결혼 절차에 관한 한·중 양해각서에 의하여 처리되어 왔으나, 이 양해각서가 폐지됨에 따라 한국인과 중국인 사이의 혼인에 관한 신분행위의 성립요건 구비증명서 및 혼인증서등본에 대한 사항을 2003. 6. 9. 대법원 호적예규 제650호로 제정함. 따라서 선례 4권 69항, 77항 및 위 선례는 예규가 제정됨으로 인하여 그 절차가 변경됨.

[선례 42] 갑남과 을녀가 1998. 6. 11. 미국의 주법에 따라 혼인을 한 후 갑남은 1999. 10. 28. 미국 시민권을 취득하고 미국법에 따라 개명을 하였으며, 2000. 6. 3. 자(子) 병을 출산하여 미국의 신분등록관서에 출생등록을 한 상태에서 2001. 3. 26. 한국의 재외공관에 갑남의 국적상실신고만 하여 갑남의 호적이 제적된 경우, 갑남과 을녀의 혼인성립에 따른 호적정리절차 및 자(子) 병의 입적 절차

제정 2002. 1. 30. [호적선례 제5-86호, 시행]

가. 먼저 갑남과 을녀가 미국의 권한있는 기관이 작성한 혼인증서등본을 첨부하여 본적지 또는 주소지 호적관서에 혼인신고를 함과 동시에 국적상실로 제적된 갑의 호적을 부활하여 줄 것을 촉구하는 호적직권정정신청을 하면, 그 혼인신고를 수리한 호적관서에서는 감독법원의 직권정정허가를 얻어 국적상실로 제적된 갑남의 호적을 부활하여 갑남의 신분사항란에 을녀와의 혼인사유를 기재하고 갑남을 호주로 하는 법정분가호적을 편제한 다음 1999. 10. 28.자 국적상실을 원인으로 하여 다시 갑남의 호적을 말소할 것이다.

그 후 을녀가 본적지 또는 주소지 호적관서에 갑남의 국적상실에 따른 호주승계신고를 하면 을녀를 호주로 하는 신호적이 편제될 것이다.

나. 병은 국적법 제2조 제1항 1호의 규정에 따라 대한민국의 국적을 취득하므로 부(父) 또는 모(母)의 출생신고로 모(母)인 을녀의 호적에 입적하게 되는바, 그 출생신고서에 첨부된 미국의 유관기관이 발행한 출생증명서상 부(父)의 이름이 출생신고서에 기재한 부(父)의 이름 또는 호적상 모(母)의 부(夫)의 이름과 다른 경우에도 첨부된 자료들에 의하여 동일인임이 인정된다면 호적공무원은 그 출생신고를 수리하여야 할 것이다.

그리고 병의 출생신고는 위 가항의 절차에 따라 갑남과 을녀의 호적을 정리하기

전에라도 할 수 있으나, 그 출생신고에 따른 호적기재는 갑남과 을녀의 호적이 정리된 후에야 가능하다.

다. 외국법에 의한 방식으로 혼인을 하고 정당한 이유없이 그 혼인증서상 혼인성립일로부터 1월이 경과하여 혼인증서등본을 제출하는 경우에도 과태료 부과대상이 되며, 갑남이 미국법에 의하여 개명한 사항은 우리 호적에 기재되지 않는다.
(2002. 1. 30. 법정 3202 - 37)

참조조문 : 국적법 제2조
참조예규 : 217호, 218호, 434호
참조판례 : 대법원 1994. 6. 28. 선고 94므413 판결
참조선례 : 1권 242항, 3권 185항, 186항, 453항, 612항, 652항, 653항, 4권 113항
주 : 갑남의 국적상실 전에 유효하게 성립된 을녀와의 혼인을 국적상실 후에 신고하는 경우에 그 혼인신고를 수리한 호적관서에서는 감독 법원의 직권정정허가를 얻어 국적상실로 제적된 갑남의 호적을 부활한 다음 을녀와의 혼인사유 등을 기재하고 다시 국적상실을 원인으로 갑남의 호적을 말소하도록 함으로써, 이러한 경우의 신고를 호적부에 기재하기 위한 단순한 보고적 신고에 불과하다고 하면서 국적상실로 제적된 자의 호적을 부활시키는 절차를 거치지 아니하고 그 신고사항을 그대로 제적된 자의 신분사항란에 기재하도록 한 호적선례요지집 제3권 453항은 변경함.

[선례 43] 한국인 갑남과 이집트인 을녀가 이집트에서 이집트법에 따라 혼인을 하고 자(자)를 출산하였으나 한국의 호적관서에 혼인 및 출생신고를 하지 않아 갑남의 호적에 혼인사유 및 자(자)의 입적기재가 이루어지지 않은 상태에서, 갑남이 사망하여 제적되고 갑남의 장남이 호주승계를 하여 그 장남을 호주로 하는 신호적이 편제된 경우, 지금이라도 혼인신고 및 출생신고를 할 수 있는지 여부

제정 2002. 6. 24. [호적선례 제5-90호, 시행]

가. 한국인 갑남과 이집트인 을녀가 이집트에서 이집트법에 따라 혼인을 하고 자(자)를 출산하였으나 한국의 호적관서에 혼인 및 출생신고를 하지 않아 갑남의 호적에 혼인사유 및 자(자)의 입적기재가 이루어지지 않은 상태에서, 갑남이 사망하여 제적되고 갑남의 장남이 호주승계를 하여 그 장남을 호주로 하는 신호적이 편제된 경우라도 갑남과 을녀 사이의 혼인관계는 거행지법인 이집트법에 따라 혼인을 한 날 이미 성립되었으므로 을녀는 한국의 호적관서에서 갑남과의 혼인신고를 할 수 있다.

따라서 을녀는 이집트의 권한있는 기관이 작성한 혼인증서의 등본 및 자(자)의 출생증명서와 그 번역문을 첨부하여 이집트주재 한국공관의 장이나 남편의 본적지 관할 호적관서의 장에게 우편을 이용하거나 직접 제출하는 방법으로 혼인신고와 자(자)의 출생신고를 하면 될 것이다.

나. 위 혼인신고와 출생신고를 수리한 호적관서에서는 감독법원의 허가를 얻어 갑남의 사망에 따른 호주승계로 말소된 갑남의 호적을 부활하여 갑남의 신분사항란에 을녀와의 혼인사유를 기재한 다음 갑남의 사망에 따른 그 장남의 호주승계신고를 원인으로 하여 위 호적을 다시 말소하고, 그 자(자)는 위 출생신고에 따라 갑남의 장남이 호주승계하여 편제된 신호적에 입적기재하게 될 것이다. (2002. 6. 24. 법정 3202 - 223 외교통상부장관 대 법원행정처장 질의회답)

참조조문 : 법 제39조, 제40조, 41조, 51조, 국적법 제2조, (구)섭외사법 제15조
참조예규 : 218호, 434호, 572호
참조판례 : 대법원 1994. 6. 28. 선고 94므413 판결
참조선례 : 1권 72항, 2권 183항

[선례 44] 외국의 방식에 따라 혼인이 성립한 후 다시 우리 나라의 호적관서에 혼인신고 하는 경우에 증인의 연서가 필요한지 여부 및 위 신고인이 재일동포인 경우에 그 첨부서류로써 처의 출생사유 번역문이 혼인신고서에 반드시 첨부되어야 하는지 여부

제정 2002. 11. 5. [호적선례 제5-93호, 시행]

외국의 방식에 따라 혼인이 성립한 경우, 다시 우리 나라의 호적관서에 그 혼인에 관한 증서의 등본을 제출하여 혼인신고를 하는 것은 이미 유효하게 성립한 혼인의 보고적 신고에 불과하여 증인의 연서는 필요하지 아니하다.

또한 신고서의 첨부서류가 외국어로 작성된 때에는 그 번역문도 첨부하여야 할 것이나, 신고인이 재일동포인 경우에는 대법원 호적예규 제399호 및 제400호의 규정에 의하여 그 첨부서류 중 일본국 관공서에서 발행한 호적신고서등본, 호적등·초본 및 기타 증명서(재판서 제외)의 번역문은 첨부하지 않아도 무방하다 (2002. 11. 5. 법정 3202 - 380)

참조조문 : 규칙 제29조
참조예규 : 399호, 400호

[선례 45] 한국인 갑남과 일본인 을녀가 일본국에서 일본방식에 의하여 혼인(1968. 3. 2.)을 하고, 그 사이에 자 병녀, 정남, 무남을 출산하였고, 갑남과 을녀의 혼인신고 및 자들의 출생신고가 일본인 을녀의 호적에 기재가 되었으나 한국인 갑남의 호적에는 기재되어 있지 않은 상태에서 갑남이 사망하고, 재외국민취적·호적정정및호적정리에관한특례법에 의하여 갑남과 을녀의 혼인신고 및 자들의 출생신고를 하여 왔을 경우 이를 정리하는 방법

제정 2003. 7. 4. [호적선례 제5-97호, 시행]

가. 한국인 갑남과 일본인 을녀가 일본국에서 일본방식에 의하여 혼인(1968. 3. 2.)을 하고, 그 사이에 자 병녀, 정남, 무남을 출산하였고, 갑남과 을녀의 혼인신고 및 자들의 출생신고가 일본인 을녀의 호적에 기재가 되었으나 한국인 갑남의 호적에는 기재되어 있지 않은 상태에서 갑남이 사망하고, 재외국민취적·호적정정및호적정리에관한특례법에 의하여 갑남과 을녀의 혼인신고 및 자들의 출생신고를 하여 왔을 경우, 한국인 갑남과 일본인 을녀의 혼인에 대하여는 일본국 방식에 의하여 이미 혼인이 성립되었고, 구 국적법에 의하면 혼인으로 인하여 일본인 을녀는 우리 나라 국적을 취득게 되므로 먼저 감독법원의 허가를 얻어 사망한 자의 호적을 부활한 후 일본인 을녀와의 혼인사유를 기재함과 동시에 법정분가 호적을 편제하고, 을녀를 분가호적에 혼인으로 입적시킨 후 갑남의 사망사유를 법정분가된 호적에 이기하여 다시 제적하여야 할 것이다. 또한 을녀가 일본국적을 포기한 바 없어 우리 나라 국적을 상실한 경우에는 국적상실신고나, 법무부장관의 국적상실통보에 의하여 을녀의 호적을 정리할 수 있을 것이다.

나. 한국인 갑남과 일본인 을녀 사이에 출생한 자 병녀, 정남, 무남이 모 을녀의 호적에 입적된 경우, 자들은 출생에 의하여 한국국적과 일본국적을 취득한 이중국적자라 할 것이므로 부 또는 기타 출생신고의무자의 출생신고에 의하여 한국인 갑남의 호적에 입적할 수 있을 것이나, 국적법 부칙 제5조 및 제12조의 규정에 의하면 만22세가 되기전까지 국적을 선택하여야 하므로 이 기간 내에 출생신고를 하지 아니한 경우에는 우리 나라 국적을 상실하였다고 할 것이다. 따라서 이러한 자들은 출생신고에 의하여 한국인 갑남의 호적에 입적할 수 없으며, 별도의 국적회복절차를 밟아야 할 것이다.(2003. 7. 4. 호적 3202-269 제주지방법원장 대법원행정처장 질의회답)

참조조문 : 구 국적법 제3조, 국적법 제2조, 제12조, 부칙 제5조, 구 섭외사법 제15조
참조예규 : 218호, 283호, 434호, 573호
참조선례 : 1권 72항, 2권 183항, 188항
참조자료 : 신 국적법 해설(법무부 발행 1998. 7.) 77쪽, 186~188쪽
주 : 국적법이 2005.5.24. 법률 제7499호로 개정된바 있어, 이중국적자의 경우 만22세가 지난 사람에 대한 출생신고가 접수된 경우 반드시 감독법원에 질의하여 처리하시기 바람.

[선례 46] 한국인 남자와 일본인 여자가 일본국 방식에 의하여 혼인을 하여 그 혼인계와 일본법에 따라 일본인 여자의 성이 한국인 남자의 성으로 변경되었다는 내용의 수리증명서를 첨부하여 혼인신고를 하였을 경우 이를 수리하여 호적기재를 하여야 하는지 여부

제정 2003. 8. 6. [호적선례 제5-98호, 시행]

한국인 남자와 일본인 여자가 일본국 방식에 의하여 혼인을 하여 그 혼인계와 일본법에 따라 일본인 여자의 성이 한국인 남자의 성으로 변경되었다는 내용의 수리증명서를 첨부하여 한국인 호적관서에 혼인신고를 하여왔을 경우 이를 수리하여 혼인사유를 호적에 기재하여야 한다. 다만,"혼인을 하면 성(성)이 변경되는가??의 문제는 혼인의 신분적효력에 관한 것인바, 우리 나라 국제사법 제37조에 의하면 혼인의 일반적효력은 부부의 동일한 본국법, 부부의 동일한 상거소지법, 부부와 가장 밀접한 관련이 있는 곳의 법의 순위에 의하게 되어 있고, 이 사안의 경우는 부부의 동일한 상거소지법을 따라야 할 것이므로 일본법에 의하여 외국인 배우자의 성(성)은 혼인과 더불어 변경된 성(성)을 기재하여야 할 것이다. 또한 혼인으로 인하여 성(성)이 변경되는 것은 일본방식의 혼인에 따르는 "부속문제"에 불과하기 때문에 국제사법 제10조에 의하여 배척될 것도 아니라고 할 것이다. (2003. 8. 6. 호적 3202-312 외교통상부장관 대 법원행정처장 질의회답)
참조예규 : 435호

[선례 47] 한국인 갑남이 중국 국적을 가진 을녀와의 혼인으로 법정분가 호적이 편제되고 자를 출산하였으나, 그 혼인이 무효라하여 가정법원의 혼인무효판결을 받은 경우 호적정리방법

제정 2004. 9. 21. [호적선례 제5-106호, 시행]

한국인 갑남이 중국 국적을 가진 을녀와의 혼인으로 법정분가 호적이 편제되고 자를 출산하였으나, 그 혼인이 무효라하여 가정법원의 혼인무효판결을 받은 경우 그 혼인무효판결등본 및 확정증명서를 첨부하여 호적관서에 호적정정신청을 하면 갑남의 호적기재 전부를 말소하여 갑남의 본가호적에 부활편제하여야 한다. 갑남과 을녀의 혼인이 무효됨으로 인하여 그 사이에서 출생한 자는 혼인외 자가 되고, 한국인 남자와 외국인 여자 사이에서 출생한 혼인외 자는 출생에 의하여 한국 국적을 취득할 수 없으므로, 관할 호적관서에서는 호적법 제22조 규정의 정정절차에 따라 자의 호적기재를 말소하여야 한다. 그런 다음 자(子)가 우리 나라의 호적을 갖고자 한다면 먼저 중국인 을녀가 혼인외 자로 출생신고(만일 우리 나라 호적관서에 출생신고를 하는 경우에는 그 출생신고는 외국인에 관한 호적신고로 특종신고서류편철장에 편철하여야 함)를 한 후 한국인 갑남이 인지신고를 하고(갑남의 신분사항란에만 인지사유를 기재하게 됨) 국적법 제3조의 규정에 따라 법무부장관에게 신고함으로써 자는 대한민국 국적을 취득하게 되고, 호적관서에 국적취득신고를 하여 부(父)인 갑남의 호적에 입적할 수 있을 것이다. (2004. 9. 21. 호적 3202-412 수원지방법원장 대 법원행정처장 질의회답)

참조조문 : 국제사법 제41조, 법 제22조, 국적법 제3조
참조예규 : 434호, 472호
참조선례 : 2권 219항, 3권 574항, 576항, 4권 124항

[선례 48] 요르단인 을녀가 한국인 갑남과의 사이에 병남(1998. 6. 13.생)을 출산한 후 요르단에서 요르단법에 의하여 혼인(1999. 2. 27.)을 하였으나 한국인 갑남의 호적에 혼인신고 및 자의 출생신고를 하지 않아 그 기재가 되어 있지 않은 상태에서 갑남과 연락이 두절된 경우 한국인 갑남의 호적에 혼인신고 및 자의 출생신고를 할 수 있는 방법

제정 2004. 11. 11. [호적선례 제5-109호, 시행]

요르단인 을녀가 한국인 갑남과의 사이에 병남(1998. 6. 13.생)을 출산한 후 요르단에서 요르단법에 의하여 혼인(1999. 2. 27.)을 하였으나 한국인 갑남의 호적에 혼인신고 및 자의 출생신고를 하지 않아 그 기재가 되어 있지 않은 상태에서 갑남과 연락이 두절된 경우 한국인 갑남의 호적에 혼인신고 및 자의 출생신고를 할 수 있는 방법에 대하여는, 먼저 병남은 갑남의 혼인외 자가 되므로 갑남의 호적에 입적하기 위해서는 갑남이 인지신고를 하거나 갑남이 인지신고를 할 수 없는 경우라면 갑남을 상대로 인지판결을 받아 그 판결정본 및 확정증명서를 첨부하여 호적관서에 인지신고를 한 후 법무부장관에게 그 신고를 하여 병남이 우리 나라 국적을 취득한 다음 호적관서에 국적취득신고를 하면 갑남의 호적에 입적할 수 있을 것이다.

한편, 요르단인 을녀와의 혼인관계에 대하여는 거행지법인 요르단법에 의하여 혼인신고를 한 날 이미 성립되었으므로 을녀는 요르단의 권한있는 기관이 작성한 혼인증서의 등본 및 번역문을 첨부하여 요르단 주재 한국공관의 장이나 남편의 본적지 관할 호적관서의 장에게 우편을 이용하거나 직접 제출하는 방법으로 혼인신고를 할 수 있다. (2004. 11. 11. 호적 3202-515 외교통상부장관 대 법원행정처장 질의회답)

참조조문 : 법 제40조, 제41조, 제51조, 국적법 제2조, 제3조, 국제사법 제36조
참조예규 : 218호, 434호, 572호
참조선례 : 1권 72항, 4권 124항

[선례 49] 한국인 갑남과 일본인 을녀가 미국 방식에 의하여 혼인을 하고 그 증서등본에 의한 혼인신고를 하여 갑남의 한국 호적에 일본인 을녀와의 혼인사유가 기재된 후, 일본법에 따라 일본인 을녀의 성(姓)이 한국인 갑남의 성(姓)으로 변경된 취지가 기재된 을녀의 일본 호적등본을 제출할 경우, 갑남의 본적지 호적관장자가 감독법원의 허가를 얻어 직권정정의 방식에 의하여 갑남의 신분사항란에 기재된 혼인사유 중 일본인 을녀의 혼인 전의 성(姓)을 남편인 갑남의 성(姓)으로 정정할 수 있는지 여부

제정 2005. 4. 22. [호적선례 제5-110호, 시행]

가. 섭외적 사법관계에서 "혼인에 의한 배우자의 성(姓)변경 문제는 혼인의 신분적 효력에 관한 것이므로 국제사법 제37조에 의하여 지정되는 혼인의 일반적 효력의 준거법에 따라 결정된다. 즉 한국인 갑남과 일본인 을녀가 혼인한 경우, ① 국제사법 제37조에 따른 준거법이 일본법인 경우에는, 일본법에 따라 일본인 을

녀의 성(성)이 한국인 갑남의 성(성)으로 변경된 취지가 기재된 을녀의 일본 호적 등본을 제출하였다면, 갑남의 본적지 호적관장자는 감독법원의 허가를 얻어 직권 정정의 방식에 의하여 갑남의 신분사항란에 기재된 혼인사유 중 일본인 을녀의 혼인 전의 성(성)을 남편인 갑남의 성(성)으로 정정할 수 있을 것이나, ② 국제사법 제37조에 따른 준거법이 한국법인 경우에는, 비록 같은 호적등본을 제출하였더라도, 갑남의 신분사항란에 기재된 혼인사유 중 일본인 을녀의 혼인 전의 성(성)을 남편인 갑남의 성(성)으로 정정할 수는 없다고 할 것이다.

나. 따라서 당사자가 혼인의 일반적 효력의 준거법이 일본법임을 주장하며 갑남의 신분사항란에 기재된 혼인사유 중 일본인 을녀의 혼인 전의 성(성)을 남편인 갑남의 성(성)으로 정정할 것을 신청하는 경우에는, 국제사법 제37조에 의하여 지정된 혼인의 일반적 효력의 준거법이 일본법임을 소명하는 자료를 첨부하여야 할 것이다. (2005. 4. 22 호적과 - 210 서울남부지방법원장 대 법원행정처장 질의회답)

참조조문 : 국제사법 제10조, 제37조

[선례 50] 한국주재 중국대사관에서 영사가 발급한 미(재)혼성명공증서[미(재)혼성명공증서]가 혼인의 준거법소속국인 중국의 권한 있는 기관이 발급한 '혼인의 성립요건을 구비하고 있다는 증명서'에 해당하는지 여부(적극)

제정 2005. 12. 26. [호적선례 제6-64호, 시행]

가. 중화인민공화국 외교부의 회신공문에 따르면, 2003. 10. 1. 이후부터 중국에서 시행된 '혼인등기조례(혼인등기조례)'에 의하여 기존의 혼인상황실체공증(혼인상황실체공증)업무가 폐지되고, 혼인상황성명서공증(혼인상황성명서공증)업무가 시행되고 있으므로, 2003. 10. 1. 이후부터 외국인과 중국인 사이에 혼인을 함에 있어서 그 중국인이 외국주재 중국의 대사 또는 영사로부터 공증을 받은 혼인상황성명서(혼인상황성명서)는 그 중국인이 중국의 본국법에 의하여 혼인의 성립요건을 갖추었음을 입증하는 서류가 된다고 하는바,

나. 중국인 을녀가 한국인 갑남과 혼인신고를 하기 위하여 한국주재 중국대사관의 영사기 공증한 '미(재)혼성명서[미(재)혼성명서]'를 첨부한 경우, 이는 혼인의 일방

당사자인 중국인의 본국법인 중국법에 의하여 혼인의 성립요건을 갖추었음을 증명하는 서면에 해당한다고 할 것이므로, 혼인의 일방당사자인 중국인이 위 서면을 첨부하여 혼인신고를 하는 경우에 시(구)·읍·면의 장은 이를 수리하여야 한다.(2005. 12. 26. 호적과 - 2936 질의회답)

참조조문 : 법 제76조, 국제사법 제36조
참조예규 : 596호, 661호
참조문헌 : 중화인민공화국외교부 (2005)령팔자 제344호(2005. 8. 8.)

[선례 51] ① 한국인 남자가 베트남사회주의공화국(이하 '베트남'이라고 칭함) 국적의 여자와 베트남에서 베트남방식에 따라 혼인하여 재외공관의 장(대사, 공사 또는 영사) 또는 본적지 시(구)·읍·면의 장에게 '결혼등록(신고)서'를 제출한 경우, 이 '결혼등록(신고)서'를 베트남의 권한 있는 기관이 발행한 '혼인증서의 등본'으로 볼 수 있는지 여부(소극)와, ② 만18세 이상 만 20세 미만의 베트남 여자가 한국인 남자와 한국방식으로 혼인하는 경우, 혼인신고서에 그 베트남 여자의 부모 등의 혼인동의서를 첨부하여야 하는지 여부(소극)

제정 2006. 8. 8. [호적선례 제6-68호, 시행]

가. 한국인 남자와 베트남 여자가 베트남에서 베트남방식에 따라 혼인할 경우, 한국인 남자는 1월 이내에 베트남주재 재외공관의 장 또는 본적지 시(구)·읍·면의 장에게 베트남의 권한 있는 기관(지방 인민위원회 위원장) 명의의 '혼인증서[GIAY CHUNG NHAN KET HON(BAN SAO)]'의 등본과 그에 대한 번역문을 첨부하여 혼인신고를 하여야 한다(호적법 제40조, 호적예규 제572호, 호적예규 제715호 참조). 그러나 한국인 남자가 베트남에서 베트남방식으로 혼인을 하기 위하여 지방인민위원회 위원장에게 제출하는 서면인 '결혼등록(신고)서'는 베트남의 권한 있는 기관이 발행한 '혼인증서'가 아니므로, 한국인 남자가 재외공관의 장 또는 시(구)·읍·면의 장에게 '혼인증서'의 등본이 아닌 '결혼등록(신고)서'만을 혼인신고서에 첨부하였다면, 재외공관의 장 또는 본적지 시(구)·읍·면의 장은 그 혼인신고서를 수리할 수 없다.

나. 또한 한국인 남자와 베트남 여자가 한국에서 한국방식에 따라 혼인할 경우, 혼인신고인은 베트남의 지방인민위원회 위원장 명의의 '혼인상황확인서(GIAY XAC

NHAN TINH TRANG HON NHAN)'와 그 한국어번역문, 주한 베트남대사(또는 영사) 명의의 '혼인요건인증서' 및 베트남 여자의 국적을 증명하는 서면(예컨대, 호적등본, 출생증명서, 여권사본 등)과 그 한국어번역문을 첨부하여 혼인신고를 하여야 한다(호적법 제76조, 호적예규 제596호, 호적예규 제661호, 호적예규 제715호 참조).

다. 혼인의 실질적 성립요건은 각 당사자에 관하여 그 본국법에 의하므로(국제사법 제36조 제1항), 한국의 민법상 미성년자에 해당하는 만 18세 이상 20세 미만의 베트남 여자가 한국인 남자와 한국에서 한국방식으로 혼인하는 경우, 베트남의 혼인관련법령이 베트남 여자의 부모 등의 혼인동의를 요하지 아니하므로, 그 '혼인동의서'를 혼인신고서에 첨부할 필요가 없다. (2006. 8. 8. 호적과-2696 질의회답)

참조조문 : 법 제40조, 제76조, 국제사법 제36조
참조예규 : 572호, 596호, 661호, 715호

[선례 52] 갑남과 을녀는 일본국에서 일본국 방식으로 혼인하여 외국인등록원표에 그 혼인사항이 기재되어 있는 일본영주 재외국민인바, 갑남과 을녀의 혼인계[혼인계 : 혼인계에 기재된 갑남과 을녀의 출생연월일은 일본국의 외국인등록원표상의 출생연월일의 기재와는 동일하나 각자의 호적에 기재되어 있는 출생연월일과는 상이하였고, 혼인계에 기재된 갑남의 모(모)의 성명도 갑남의 외국인등록원표의 기재에 따랐으나, 갑남의 호적의 기재와는 상이함]를 첨부한 혼인신고서와 일본국에서 갑남과 을녀 사이에서 혼인중에 출생한 것으로 기재되어 있는 병과 정의 출생계(출생계)를 첨부한 출생신고서에 의하여 갑남의 호적을 정리하는 방법

제정 2006. 8. 8. [호적선례 제6-70호, 시행]

가. 갑남과 을녀가 일본영주 재외국민으로서 일본국 당국에 혼인신고를 한 경우에는 그 신고일에 혼인이 성립하고(호적예규 제218호 참조), 일본국 호적공무원이 갑남이 무녀와 혼인중에 있다는 것을 간과하여 갑남과 을녀의 혼인신고서를 수리한 때에는 그 혼인이 중혼(중혼)으로 취소되지 아니하는 한, 일응 유효한 혼인이므로(민법 제810조, 제816조, 제818조, 제826조 참조), 갑남과 을녀가 일본국의

혼인계(혼인계)를 첨부하여, 주오사카총영사에게 혼인신고를 하고 주오사카총영사가 갑남의 본적지 시(구)·읍·면의 장에게 이를 송부하였다면, 갑남의 본적지 시(구)·읍·면의 장은 혼인신고서를 받은 것과 마찬가지로 갑남의 호적 신분사항란에 을녀와의 후혼사유를 기재함과 동시에 을녀를 갑남의 호적에 혼인입적하고, 을녀를 그 친가에서 제적처리하여야 하며(호적법 제76조, 제40조, 제41조, 호적예규 제478호 참조), 갑남과 을녀가 혼인계(혼인계)를 제출한 날 이후에 출생한 병과 정은, 출생신고에 의하여 갑남과 을녀의 혼인중의 자(자)로서 부(부)인 갑남의 가(가)에 입적하여야 한다(민법 제781조, 호적법 제49조).

나. 갑남과 을녀의 혼인계(혼인계)에 기재되어 있는 인적사항과 호적에 기재된 내용이 서로 다른 경우라도 각각 동일인임이 확인되거나 사소한 착오나 유루가 있는 것에 불과한 때에는 갑남의 시(구)·읍·면의 장이 이를 수리할 수도 있겠으나, 혼인계(혼인계)에 기재되어 있는 사항과 갑남의 호적에 기재되어 있는 사항(출생연월일 및 모의 성명) 및 을녀의 호적에 기재되어 있는 사항(출생연월일)이 서로 상이하여, 혼인계(혼인계)에 기재된 당사자와 호적부에 기재된 당사자의 동일성이 인정된다고 볼 수 없는 경우에는, 갑남과 을녀 모두 각자의 호적에 기재되어 있는 사람과 동일인이라는 취지로 사인(사인)이 작성한 동일인보증서를 첨부하였다고 하여도, 그 보증서가 진실성을 담보한다고 볼 수도 없으므로, 우리나라 관공서나 일본국 관공서 명의의 동일성을 증명하는 서면이 별도로 제출되지 아니하는 한, 갑남의 본적지 시(구)·읍·면의 장은 갑남과 을녀의 혼인신고서를 수리할 수 없으며, 따라서 갑남과 을녀의 혼인중 출생자인 병과 정도 역시 출생신고에 의하여 갑남의 호적에 입적될 수 없다.(2006. 9. 13. 호적과-3215 질의회답)

참조조문 : 민법 제781조, 제810조, 제816조, 제818조, 제826조, 법 제40조, 제41조, 제49조, 제76조
참조예규 : 637호, 478호, 218호
참조선례 : 3권 644항, 5권 100항

[선례 53] 한국인 갑과 중국인 을이 한국에서 한국방식에 따라 혼인할 경우, 그 혼인신고서에 첨부하여야 할 중국인 당사자의 혼인성립요건구비증명 서면에 '친족공증서'가 포함되는지 여부(한정적극)

제정 2006. 11. 8. [호적선례 제6-72호, 시행]

한국인 갑과 중국인 을이 한국에서 한국방식에 따라 혼인할 경우에, 신고인은 시(구)·읍·면의 장에게 혼인신고서에 을의 국적이 중국임을 증명하는 서면(예 : 호적등본, 출생증명서, 여권사본 또는 신분등록부등본 등)과 을이 중국의 혼인관련법령에 의하여 혼인성립요건을 구비하고 있음을 증명하는 중국의 권한 있는 기관발행의 서면을 첨부하여 제출하여야 하고, 이를 접수한 시(구)·읍·면의 장은 을이 혼인성립요건을 구비한 것으로 보아 그 혼인신고서를 수리하여야 하지만, 첨부한 혼인성립요건구비증명서에 을의 부모 성명이 기재되어 있지 않을 경우에는 이를 소명하는 자료로서, 을의 친족관계증명서의 제출을 요구할 수 있다(국제사법 제36조, 호적법 제76조, 호적예규 제596호, 제661호, 제452호 참조).
(2006. 11. 8. 호적과-4002 질의회답)

참조조문 : 국제사법 제36조, 법 제76조
참조예규 : 596호, 661호, 452호
참조선례 : 3권 281항, 5권 84항

[선례 54] 4촌 사이인 한국인 갑남과 파키스탄인 올녀가 파키스탄에서 파키스탄의 혼인법령에 따라 혼인하였는바, 한국에서 그 혼인의 효력을 인정할 수 있는지 여부(소극)

제정 2007. 9. 7. [호적선례 제6-75호, 시행]

가. 한국인과 외국인의 혼인은 각 당사자에 관하여 그 본국법이 정한 실질적 성립요건을 구비하여야 하므로, 한국 남자와 파키스탄 여자의 혼인이 유효하게 성립하기 위해서는 한국 남자는 민법이 요구하는 성립요건을, 파키스탄 여자는 파키스탄의 혼인법령이 요구하는 성립요건을 각각 구비하여야 한다.

나. 그런데, 민법 제809조 제1항은 공서양속에 관련된 강행규정으로서 8촌 이내의 혈족관계에 있는 당사자 사이의 혼인을 금지하고, 그러한 관계에 있는 사람들 사이의 혼인을 무효로 하고 있는바, 이러한 근친관계는 당사자 쌍방과 관련된 혼인장애사유로서 당사자 쌍방에게 누적적·중첩적으로 적용되는 것이므로, 비록 파키스탄의 혼인법령이 4촌인 당사자 사이의 혼인을 유효한 것으로 인정한다고 하더라도 한국에서 혼인의 실질적 성립요건을 결여하여 무효인 혼인임이 명백하므로, 당사자가 파키스탄 방식에 의한 혼인증서를 첨부하여 혼인신고를 하더라도 시(구)·읍·면의 장 또는 재외공관의 장은 이를 수리할 수가 없다. (2007. 9. 7. 호

적과-3094 질의회답)

참조조문 : 민법 제103조, 제809조 내지 제813조, 법 제40조, 제41조, 국제사법 제10조, 제36조

제3관 이 혼

[선례 1] 한국인 여자가 외국인 남자와 혼인하였다가 우리나라 국적을 상실하기 전에 외국에서 이혼하였으나 이혼신고를 하지 않은 상태에서 한국인 남자와의 사이에 혼인외의 자를 출산한 경우 그 자를 자기의 호적에 입적시키는 절차 등

제정 1985. 5. 16. [호적선례 제1-74호, 시행]

우리나라 여자가 미국인 남자와 혼인하고 미국시민권을 취득하기 전에 미국에서 이혼한 후 귀국하였으나 우리나라 호적에 이혼 신고를 하지 않은 상태에서 다른 남자와의 사이에 혼인외의 자를 출산한 경우에는,

가. 미국인 부와의 미국법원의 이혼판결이 민사소송법 제203조 소정의 조건을 구비하였다면 그 이혼판결등본과 확정증명서 및 위 각 서류의 번역문을 첨부하여 시(구)·읍·면에 이혼신고를 함으로써 그 호적을 정리할 수 있고,

나. 위 혼인외외 자에 대하여는 출생신고의무자인 모가 혼인외의 자를 출생신고를 하여 모의 호적에 입적시킬 수 있으나 사실상 부가 인지신고를 하면 그 자는 부의 호적에 입적하게 된다.(85. 5.16 법정 제520호)

참조조문 : 민법 제781조, 제855조 , 법 제51조, 제63조, 제81조 , 민사소송법 제203조
참조예규 : 679-8항

[선례 2] 우리나라 국적을 상실한 여자가 호적상 제적처리되지 않은 상태에서 외국인 남자와 혼인하여 그 혼인사유가 호적에 기재되었다면 이혼후 국적을 회복하고 재혼신고를 하려는 경우에는 그 이혼사실을 소명하여야 한다.

제정 1986. 9. 17. [호적선례 제1-197호, 시행]

한국인이었던 여자가 1972. 5. 6 중화민국의 국적을 취득하여 한국국적을 상실하였으

나 호적상으로는 1980. 4. 1에 이르러 비로소 국적상실고시에 의하여 국적상실사유가 기재되고 제적처리된 까닭에 한국국적 상실후인 1979.11.26 중화민국 남자와 혼인신고를 하여 그 사유가 호적에 기재되었으며, 그 후 이혼을 하여 1986. 6.26 한국국적을 회복하고 재혼을 하려는 경우에, 그 이혼사유는 한국호적에 신고할 사항은 아니지만, 일단 호적에 혼인사유가 기재되어 있고 이혼으로 국적회복허가를 받은 여부가 명백하지 않은 이상 위 혼인이 이혼 등 사유로 해소되었다는 사실이 중화민국 정부기관이 발행한 배우자였던 사람의 호적등본이나 그밖의 증명서 등에 의하여 소명되지 않는다면 호적공무원은 혼인(재혼)신고를 수리할 수 없을 것이다. (86. 9.17 법정 제902호)

참조조문 : 민법 제810조 , 국적법 제12조, 제14조

[선례 3] 재외국민 사이에 거행지 방식에 따라 작성된 이혼증서의 제출에 의하여 호적기재가 된 이상 이혼성립과정에 하자가 있다 하더라도 그 이혼의 효력은 재판에 의하여서만 부정될 수 있다.

제정 1981. 2. 10. [호적선례 제1-198호, 시행]

재일동포 사이에 협의이혼을 함에 있어 이혼 거행지인 일본방식에 따라 일본당국에 이혼신고를 마치고 호적법 제40조, 제41조에 의하여 그 수리증명서등본(증서)을 우리나라 주일 공관에 제출, 이를 수리한 공관장이 본적지 시(구)·읍·면의 장에게 송부하여 이혼의 호적기재가 되었다면 당사자 일방에게 이혼의 의사가 없었다든가 이혼신고서가 당사자 일방에 의하여 작성되었다는 등의 사유가 있다 하더라도 그 이혼의 효력은 재판에 의하여서만 부정될 수 있다.(81. 2.10 법정 제94호 외무부장관 대 법원행정처장 질의회답)

참조조문 : 섭외사법 제10조 제2항
참조예규 : 673, 674, 679-1항
질의내용 : 가. 당관에서 접수, 처리한 이혼신고에 관하여 당사자 일방(처)으로부터 동 이혼신고는 자신이 일시 귀국중 남편이 일방적으로 작성, 신고한 것이므로 무효라는 요지의 서한을 접수하였습니다.
　　　　　 나. 당초 당관은 대법원 1979. 1. 8. 법정 제 8호 통첩에 의하여 일본당국에서 발급한 이혼증명서류 첨부로써 당사자 쌍방의 의사확인에 갈음한다고 판단하여, 일본당국의 이혼신고수리증명서등본을 첨부한 이혼신고서를 빈난 야마구찌 시방본부를 통하여 접수, 본

부에 송부한 바 있읍니다.
다. 그런데 처로부터의 서한 접수후 동 신고서류검토와 신고인인 남편과의 면담 등을 통하여 확인한 결과, 남편이 처의 음주 및 낭비벽 등을 이유로 처가 일시귀국중 일방적으로 이혼신고서를 작성, 거주지인 시모노세키 시청에 이혼신고를 하고 그 수리증명서를 첨부하여 당관에 이혼신고를 하였음이 확인 되었읍니다.
라. 따라서 동 이혼신고는 중대한 하자가 있는 신고로서 무효라고 사료되는 바, 동 이혼의 원상회복절차 등을 회시하여 주시기 바랍니다.

[선례 4] 외국법원의 이혼판결에 기한 이혼신고절차

제정 1981. 11. 20. [호적선례 제1-199호, 시행]

가. 외국법원의 이혼판결에 기한 이혼신고절차는 "외국법원의 이혼판결에 기한 이혼신고 처리지침"(예규 679-8항)에 따르는 외에는 우리나라 법원의 판결에 기한 이혼신고절차와 동일하다. 즉, 외국법원의 이혼판결에 기한 이혼신고를 하고자 할 때에는 이혼신고서(2통 작성)에 호적법 제79조에 정한 사항을 기재하고 {특히 처의 복적할 가를 정확히 기재하여야 함} 소 제기자 일방만이 신고인으로서 서명날인하면 족하나, 만일 소 제기자가 외국인이거나 또는 신고를 하지 아니하는 경우에는 이해관계인인 상대방(피소자)이 서명날인하여 신고할 수 있다.
나. 이혼신고서의 첨부서류는 위 예규 679-8항에 명시한 첨부서류 외에 당사자 쌍방의 호적등본 {부의 호적 및 처의 친가호적등본}을 신고서 각통에 첨부하면 족하다. 다만, 1통의 호적등본만을 첨부한 때에는 다른 신고서에는 신고인이 이를 등사한 등본을 첨부하게 하고 재외공관장이 인증하여 호적등본의 첨부에 갈음할 수 있다.(81.11.20 법정 제609호 외무부장관 대 법원행정처장 질의회답)

참조조문 : 법 제29조, 제63조, 제81조, 영 제42조
참조예규 : 653항

[선례 5] 외국법원의 혼인무효 또는 취소판결에 기한 호적신고절차 등

제정 1983. 3. 30. [호적선례 제1-200호, 시행]

"외국법원의 이혼판결에 기한 이혼신고 처리지침"(예규 679-8항)은 외국법원의 이혼판결에만 적용되는 처리지침 이므로, 외국법원에서 민사소송법 제203조의 요건을 갖춘 혼인무효나 취소판결을 받은 경우에는 국내에서 집행판결을 받아야만 그 호적신고를 할 수 있다. 그런데 국내법원에서 집행판결을 받은 바 없이 외국법원의 혼인무효판결에 기한 호적신고가 수리되었다면, 이는 신분관계에 중대한 영향을 미치는 사항이므로, 일반 민사소송법에 의한 혼인관계존재확인판결을 받아 호적을 정정할 수 있을 것이다.(83. 3.30 법정 제105호)
참조조문 : 법 제123조

[선례 6] 외국인 남자와 국내에서 혼인하였으나 그가 본국에 귀국하여 행방불명된 경우의 이혼절차

제정 1983. 3. 5. [호적선례 제1-201호, 시행]

일본인 남자와 국내에서 혼인하였으나 그가 본국에 귀국하여 행방을 알 수 없는 경우에는, 부에게 일본법에 의하여 이혼사유가 있고 그 이혼사유가 우리 민법 제840조에 열거한 이혼사유에 해당한다면(섭외사법 제18조 참조), 가사심판법 제9조, 인사소송법 제25조, 제3조의 규정에 따라 서울가정법원에 이혼심판을 청구할 수 있고, 그 심판이 승소로 확정되면 그 심판서등본을 첨부하여 이혼신고를 할 수 있다.(83. 3. 5 법정 제821)
참조조문 : 법 제63조, 제81조

[선례 7] 미국법원의 이혼판결에 기한 이혼신고

제정 1985. 5. 16. [호적선례 제1-207호, 시행]

한국인 여자와 미국인 남자 사이의 미국법원의 이혼판결이 민사소송법 제203조 소정의 조건을 구비하였다면 이혼판결등본과 확정 증명서 및 위 각 서류의 번역문을 첨부하여 시(구)·읍·면에 이혼신고를 함으로써 한국인 여자의 호적을 정리할 수 있다.(85. 5.16 법정 제520호)
참조조문 : 법 제63조, 제81조

참조예규 : 679-8항

[선례 8] 외국법원에서 9년전에 받은 이혼판결에 기한 이혼신고의 가부

제정 1985. 8. 31. [호적선례 제1-211호, 시행]

외국법원의 이혼판결은 민사소송법 제203조 소정의 조건을 구비하는 한 우리나라에서도 언제나 그 효력이 있으므로, 한국인 여자가 9년전에 미국법원에서 미국인 남자와의 사이에 이혼판결을 받은 경우에도 그 판결등본과 판결확정증명서 및 위 각 서류의 번역문을 첨부하여 자신의 본적지, 주소지 또는 현주지 시(구)·읍·면에 이혼신고를 함으로써 그 호적을 정리할 수 있다.(85. 8.31 법정 제8919)

참조조문 : 법 제25조, 제62조, 제81조
참조예규 : 679-8항

[선례 9] 외국인 남자와 국내에서 혼인하였으나 그가 본국에 귀국하여 행방불명된 경우의 이혼절차

제정 1988. 9. 19. [호적선례 제2-206호, 시행]

외국인 남자와 국내에서 혼인하였으나 그가 본국에 귀국하여 행방을 알 수 없는 경우, 한국인 처가 외국인 남편과 이혼하기 위해서는 남편의 본국법에 의하여 이혼이 허용되는 원인사실이 있고 그 원인사실이 대한민국 민법 제840조의 이혼사유에 해당되어야 하며, 외국인인 남편이 한국내에 거주하고 있지 않더라도 이국내의 소재를 알 수 없는 경우에는 대한민국 대법원 소재지의 가정법원에 이혼심판을 청구할 수 있고, 그 이혼심판이 확정되면 그 심판등본과 확정증명서를 첨부하여 이혼신고를 할 수 있다.(88.9.19 법정 제1126호)

참조조문 : 섭외사법 제18조, 가사소송법 제13조 제2항. 법 제63조, 제81조
참조선례 : 호적선례요지집 제1권 201항

[선례 10] 이혼판결에 의한 이혼신고 수리 여부

제정 1991. 7. 16. [호적선례 제2-210호, 시행]

이혼신고서에 첨부된 판결문에 피고가 공시송달에 의하지 아니하고 소송의 개시에 필요한 소환또는 명령의 송달을 받은 사실의 기재와 판결확정사실의 기재가 없고 달리 위 사실을 증명하는 서면도 첨부되지 아니하고 판결의 사본을 첨부하여 신고하였다면 외국판결의 효력요건을 갖추지 못한 것으로 보여져 불수리함이 상당하다.(91.7.16.서울 용산구청장 대 서울가정법원장 질의회답)
참조조문 : 민사소송법 제203조
참조예규 : 441항, 442항, 443항
참조선례 : 호적선례요지집 제1권 207항, 208항

[선례 11] 이혼판결 효력 및 이혼신고서에 첨부할 서면

제정 1991. 8. 16. [호적선례 제2-211호, 시행]

외국법원의 이혼판결은 민사소송법 제203조의 조건을 구비하여야 효력이 있으며, 그 이혼신고에는 판결의 정본 또는 등본과 판결확정증명서, 패소한 피고가 우리나라 국민인 경우에 그 피고가 공시송달에 의하지 아니하고 소송의 개시에 필요한 소환 또는 명령의 송달을 받았거나 또는 이를받지 아니하고도 적극적으로 응소한 사실을 증명하는 서면 및 위 각 서류의 번역문을 첨부하여야 한다. (88.2.27.법정 제 330호)
참조조문 : 민사소송법 제203조
참조예규 : 441항 혼갑의 증조부인 을의 제적부는 현존하고 있으나 6·25사변의 와중에 조부 병과 부 정의 호적(제적)이 멸실된 것이 사실이라면 그 멸실의 사실과 호적(제적)재제에 관한 사항을 공적으로 증명할 수 있는 자료를 첨부하여 본적지의 시(구)·읍·면에 멸실호적회복신고를 함으로써 멸실된 호적(제적)의 재제를 할 수 있고,재제된 호적(제적)에 의하여 호주상속으로 갑의 호적도 편제할 수 있을 것이나,그러한 경우에는 그 후에 취적절차에 의하여 편제된 갑의 호적을 말소하는 내용의 호적정정을 하여야 할 것이다. 91.8.16. 법정 제1283호
참조선례 : 호적선례요지집 제1권 199항, 207항, 208항, 211항

[선례 12] 이혼판결이 민사소송법 제203조의 조건을 갖추고 있으면 국내에서 집행판결을 받을 필요가 없다.

제정 1992. 1. 29. [호적선례 제2-212호, 시행]

외국법원의 이혼판결이 민사소송법 제203조의 조건을 갖추고 있다면 우리나라에서도 그 효력이 있게 되는 바, 그러한 조건을 갖춘 경우에는 국내에서 집행판결을 받을 필요가 없다. (92.1.29.법정 제224호)

참조예규 : 441항, 442항
참조선례 : 호적선례요지집 제1권 199항, 207항

[선례 13] 혼인무효판결에 의한 호적정정절차

제정 1991. 11. 14. [호적선례 제2-220호, 시행]

미국시민권을 가진 재미동포 여자와 혼인신고를 한 후 미국법원에서 그 여자와의 혼인에 대한 무효판결(항소심에서 승소)을 받은 경우에 그 호적을 정리하기 위해서는 위 혼인무효판결(민사소송법 제203조의 요건을 갖춘 것일 것) 정본 또는 등본과 그 확정증명을 첨부하여 우리나라 관할법원에서 집행판결을 받은 후에 혼인무효판결로 인한 호적정정신청을 하면 혼인으로 인하여 법정분가된 호적이 말소되고 본가의 제적이 부활된다.

(90.7.10.법정 제 1052호 및 91.11.14.법정 제 1656호)
참조조문 : 민사소송법 제203조, 제476조, 제477조 , 법 제123조
참조예규 : 653-1 항
참조선례 : 호적선례요지집 제1권 200항

[선례 14] 외국법원의 이혼판결에 따른 이혼신고의 요건

제정 1993. 3. 16. [호적선례 제3-316호, 시행]

외국법원의 이혼판결이 국내에서 효력을 가지기 위하여는 민사소송법 제203조 소정

의 조건을 구비하여야 하는데, 그 조건 중에는 "패소한 피고가 대한민국 국민인 경우에는 공시송달에 의하지 아니하고 소송의 개시에 필요한 소환 또는 명령의 송달을 받은 일 또는 받지 아니하고 응소한 일"이 있을 것이 명시되어 있어 이혼신고서에 첨부된 판결의 정본 또는 등본에 의하여 그 조건의 구비 여부가 명백하지 아니한 때에는 그 조건을 갖추었음을 증명하는 서면과 그 번역문을 이혼신고서에 첨부하도록 되어 있다. 따라서 그러한 조건이 충족되지 아니한 외국법원의 판결은 국내에서 효력을 갖지 못하는 것이지만, 첨부된 판결정본 또는 등본에 그 조건의 구비 여부가 명백하지 않은 경우라 하더라도 그 판결에 대하여 국내법원으로부터 집행판결을 받아 이혼신고서에 첨부하여 제출하게 되면 형식적 심사권밖에 없는 호적공무원은 그 조건이 충족된 것으로 보아 수리할 수밖에 없는 것이나, 그 조건을 구비하였음이 명백하지 아니한 외국법원의 이혼판결에 따른 이혼신고서에 그 조건을 갖추었음을 증명하는 서면과 번역문 또는 국내법원의 집행판결을 첨부하지 않은 것을 호적관서의 장(재외공관의 장 포함)이 이를 간과하고 수리하여 본적지 호적공무원에게 송부하였다면 이는 효력이 없는 판결에 기한 이혼신고로서 무효인 신고이므로 그 신고서를 송부받은 본적지 호적공무원은 그 신고에 따른 호적기재를 할 것이 아니라 무효인 사유를 부전지 등에 명시하여 위 이혼신고서를 송부한 재외공관의 장에게 반려하여야 할 것이며, 이혼신고서를 반려받은 재외공관의 장은 다시 그 신고서를 심사하여 무효사유가 있다고 인정되는 때에는 그 수리처분을 불수리처분으로 변경하여야 하는 것이고, 만약 위 조건을 충족하지 못한 외국법원의 이혼판결에 기한 이혼신고서에 의하여 이미 그 사유가 호적에 기재되었다면 이는 무효의 기재로 볼 수밖에 없으므로 호적정정절차에 의하여 잘못 기재된 호적의 기재를 정정하여야 할 것이다. (1993. 3. 16. 법정 제517호)

참조조문 : 민사소송법 제203조 , 제476조, 제477조
참조예규 : 479호, 371호, 415호
참조선례 : 1권 199항

[선례 15] 외국법원의 이혼판결에 기한 이혼신고서의 처리

제정 1993. 6. 1. [호적선례 제3-317호, 시행]

1. 외국법원의 이혼판결에 기하여 본적지 호적관서에 이혼신고를 하는 경우라 하여

그 이혼신고서에 첨부된 판결문의 번역문에 주재국 대사나 영사의 확인을 받아야 하는 것은 아니다.

2. 외국법원의 이혼판결에 기한 이혼신고의 경우에는 그 외국판결이 민사소송법 제203조 소정의 조건을 구비하는 한 우리나라에서도 효력이 있으므로 국내법원에서 집행판결을 받을 필요는 없으나, 만약 민사소송법 제203조의 조건을 구비하지 못한 외국법원의 이혼판결에 기한 이혼신고서에 의하여 이미 그 사유가 호적에 기재된 경우에는 판결에 의한 호적정정절차에 따라 잘못 기재된 호적의 기재를 정정하여야 할 것이다. (1993. 6. 1. 호적 제1254호 용산구청장 대 서울가정법원장 질의회답)

참조조문 : 민사소송법 제203조, 법 제123조
참조예규 : 371호, 297호, 491호

[선례 16] 배우자인 처(妻)가 우리나라 국적을 상실한 경우에도 협의이혼이 가능한지 여부

제정 1994. 12. 27. [호적선례 제3-319호, 시행]

일본인 여자가 한국인 남자와 혼인하여 그 호적에 처로 입적되었다가 우리나라의 국적상실을 이유로 제적된 경우, 부(夫)인 한국인 남자의 본국법이 협의이혼제도를 인정하고 있으므로 양 당사자는 본적지 또는 주소지를 관할하는 가정법원(지방법원 및 지원 포함)에 협의이혼의사확인신청을 하여 협의이혼의사확인을 받아 관할 호적관서에 협의이혼신고를 할 수 있을 것이다. (1994. 12. 27. 법정 3202-490)

참조조문 : 섭외사법 제18조, 법 제79조의 2, 규칙 제7장

[선례 17] 중국인 여자와 혼인한 한국인 남자가 중국에서 협의이혼할 수 있는지 여부

제정 1995. 4. 18. [호적선례 제3-320호, 시행]

부(夫)의 본국법인 우리나라법 및 중국법이 협의이혼제도를 각 인정하고 있으므로 중국에서 중국방식에 의한 협의이혼이 가능하며 이 경우 협의이혼신고를 중국당국에 하고 그 수리증명서 등을 받아(작성) 본적지 호적관서에 제출하여 협의이혼신고를 할

수 있을 것이다. (1995. 4. 18. 법정 3202-203)
참조조문 : 법 제63조, 제81조, 제79조의 2, 섭외사법 제18조
참조예규 : 322호
참조선례 : 1권 201항, 2권 206항

[선례 18] 외국인과 혼인한 우리나라 여자가 이혼을 한 경우 입적할 가(家) 등

제정 1993. 4. 16. [호적선례 제3-321호, 시행]

일본인 남자와 혼인(1987. 1. 20.자)한 우리나라 여자가 혼인당시 부가(夫家)에 입적할 수 없어 그 당시의 호적기재방식에 따라 여자의 친가호적 중 그의 신분사항란에 혼인사유만이 기재되어 있는 상태(다만, 이 경우 혼인관계가 계속된다면 신본적지를 추완신고하여 그 여자를 호주로 하는 신호적을 편제할 수도 있다)에서 당사자들이 일가를 창립한다는 취지와 그 장소를 기재한 협의이혼신고서를 제출하여 그 신고서가 수리된 때에는, 여자가 이혼한 때에는 친가에 복적하거나 일가를 창립할 수 있는 것이므로, 친가호적 중 이혼한 여자의 신분사항란의 혼인사유 다음에 이혼사유 및 일가창립제적사유를 기재하고 제적함과 동시에 일가창립지에 신호적을 편제하여야 한다. 그런데 일가창립지 호적관서에만 이혼에 따른 일가창립을 원인으로 한 신호적이 편제되고 아직까지 친가호적에서의 이혼 및 일가창립을 원인으로 한 제적처리가 유루되어 있다면 이는 호적공무원의 과오이므로 친가본적지 호적공무원은 일가창립지 호적관서로부터 이혼신고서류 또는 그에 갈음하여 이혼에 따라 일가창립을 원인으로 하여 새로이 편제된 호적의 호적등·초본 1통을 송부받아 호적법시행규칙 제67조 제4호에 준하여 간이직권정정절차에 의하여 그 여자의 신분사항란에 이혼 및 일가창립을 원인으로 하는 제적절차를 취하여야 한다. (1993. 4. 16. 법정 제732호)
참조조문 : 민법 제787조, 법 제79조, 규칙 제67조 제4호
참조예규 : 67호, 409호, 442호

[선례 19] 호적상 외국인과 혼인중에 있는 을녀가 그 외국인과 외국에서 이미 이혼판결을 받았으나 아직 이혼신고가 되지 않은 상태에서 다시 한국인 갑남과 혼인하여 혼가(갑남의 호적)에 입적된 후 갑남이 을녀와 외국에서 이혼판결을 받아 이혼신고를 하고자 하는 경우의 호적정리절차

제정 2001. 4. 13. [호적선례 제4-83호, 시행]

가. 호적상 외국인과 혼인중에 있는 을녀가 외국에서 이미 이혼판결을 받았지만 그에 따른 이혼신고가 되지 않은 상태에서 다시 한국인 갑남과 혼인한 경우라면, 호적상으로는 중혼관계가 성립된 것으로 보이지만 이는 판결에 따른 이혼신고의 무자의 이혼신고의 지연으로 인한 외형상의 결과일 뿐으로 중혼관계가 성립한 것이라고 할 수는 없다. 그러나 을녀의 중혼 여부에 따라 처인 을녀의 부가(부가) 입적기재와 친가제적사유, 남편인 갑남의 혼인사유기재 내용이 각 달라지므로 먼저 을녀와 외국인 남편과의 이혼판결에 따른 호적정리를 한 후 갑남과의 혼인 및 이혼신고에 의한 호적기재를 하여야 한다. 하지만 위와 같은 절차로 을녀의 호적이 정리되기 전이라도 갑남은 을녀와 이혼할 수 있으므로 외국법원에서의 이혼판결에 의한 이혼신고서류를 구비하여 재외공관 또는 호적관서에 제출하면, 그 신고를 수리한 호적관서에서는 갑남의 신분사항란에만 이혼사유를 기재하고 그 신고서류는 특종신고서류편철장에 편철하며, 을녀의 친가본적지 호적관서에 갑남과의 이혼사실을 통지하게 된다.
나. 위 통지를 받은 호적관서에서는 먼저 외국인 남자와의 이혼판결에 따른 이혼신고를 할 것을 을녀에게 최고하여 이혼신고에 따른 호적기재를 하게 되나 그 기간내에 신고하지 않을 때에는 국내에서 효력있는 이혼판결이 첨부되어 있는 경우에 한하여 직권기재절차를 취한 다음, 후혼인 갑남과의 혼인을 사유로 을녀를 제적하고 갑남의 본적지 호적관서에 통지한다.
다. 위 통지를 받은 갑남의 본적지 호적관서에서는 특종신고서류편철장에 편철된 갑남의 이혼신고서에 의하여 을녀를 제적시키면 된다. 따라서 위와 같은 절차로 호적정리가 이루어지려면 을녀와의 이혼신고서류 제출시에 을녀와 외국인 남자와의 혼인(전혼)해소를 증명하는 이혼판결등본 및 그 확정증명서, 번역문 등 이혼신고서류를 함께 제출하여야 한다. (2001. 4. 13. 법정 3202-165)

참조예규 : 371호, 479호

참조선례 : 2권 208항, 3권 566항

[선례 20] 일본국 법원에서 받은 이혼무효심판에 대하여 우리 나라에서 호적신고를 하기 위하여 다시 국내 법원의 집행판결을 받아야 하는지 여부

제정 2001. 9. 24. [호적선례 제5-111호, 시행]

가. 우리 나라에서 집행판결이 면제되는 외국법원의 판결은 대법원 호적예규 제371호의 규정에 의하여 민사소송법 제203조의 요건을 구비하고 있는 이혼판결에 한정되므로, 외국법원에서 이혼무효판결을 받은 경우에는 다시 국내 법원의 집행판결을 받아야만 호적신고를 할 수 있다.
나. 집행판결소송에 있어서 원고는 외국판결에서 청구권이 있는 당사자로 표시된 자 또는 그 승계인이고 피고는 그 상대방인 집행채무자 또는 그 승계인이므로, 이혼무효심판서에 신청인으로 기재된 자가 원고로서 상대방으로 기재된 자를 피고로 소송을 제기하여야 할 것이다. (2001. 9. 24. 법정 3202 - 388)

참조조문 : 민사소송법 제203조, 제476조, 제477조
참조예규 : 371호

[선례 21] 한국인 남자와 가나인 여자가 가나법에 따라 혼인을 하고 자(자)를 출산하였으나 한국의 호적관서에서는 혼인 및 출생신고를 하지 않은 경우, 국내법상 이혼이 가능한지 여부

제정 2002. 11. 5. [호적선례 제5-112호, 시행]

한국인 남자와 가나인 여자 사이의 혼인관계는 이미 거행지법인 가나법에 의하여 성립하였으므로 한국의 호적관서에 혼인신고를 하지 않은 경우에도 그 혼인관계는 국내에서 유효한 것이며, 따라서 국내법상 당사자는 이혼할 수 있다.
가나인 처는, 가나의 권한있는 기관이 작성한 혼인증서의 등본 및 자(자)의 출생증명서와 그 번역문을 첨부하여, 가나주재 한국공관의 장이나 한국인 남편의 본적지 관할 호적관서의 장에게 우편 또는 직접 제출하는 방법으로 혼인신고 및 출생신고를 함으로써 남편의 호적상 자신과 자(자)의 호적정리를 할 수 있으며, 그 후 이혼(협의

이혼 또는 재판상 이혼)에 관한 절차를 밟으면 될 것이다. (2002. 11. 5. 법정 3202 - 368)

참조조문 : 법 제39조, 제40조, 제41조, 제51조, 국제사법 제36조, 국적법 제2조
참조예규 : 218호, 434호, 572호
참조선례 : 1권 72항, 2권 183항, 184항, 3권 652항, 653항

[선례 22] 외국인과 혼인하여 외국에 거주하다 외국법원의 이혼판결을 받았으나 이혼판결문을 분실한 경우 이혼판결문의 제출없이 이혼신고를 할 수 있는지 여부

제정 2004. 7. 5. [호적선례 제5-119호, 시행]

재판에 의한 이혼의 호적신고는 반드시 이혼판결(조정포함)등본과 확정증명서를 첨부하여야 하며, 외국법원에서 이혼판결을 받은 경우에도 동일하다. 따라서 외국에서 이혼판결을 받았으나 그 이혼판결문을 분실한 경우라 하더라도 이혼신고서에 판결등본과 확정증명서를 생략할 수 없다.

(2004. 7. 5. 호적 3202 - 282)

참조조문 : 법 제63조, 제81조

[선례 23] 재일 한국인 부부가 일본에서 협의이혼을 하고자 하는 경우에 일본 가정재판소가 당사자의 협의이혼의사를 확인하는 대행기관이 될 수 있는지 여부 및 재일 한국인 부부가 일본에서 협의이혼을 하고자 하는 경우에 일본 공증인이 선서인증의 방법에 의하여 당사자의 협의이혼의사를 확인하는 대행기관이 될 수 있는지 여부

제정 2005. 2. 3. [호적선례 제5-123호, 시행]

가. 재일 한국인 부부가 일본에서 협의이혼을 하고자 하는 경우에는 부부의 동일한 본국법인 대한민국 법률이 적용되므로(국제사법 제39조, 제37조), 대한민국 법률이 정하는 절차에 의하여야 한다. 따라서 협의상 이혼을 하고자 하는 자는 본적지 또는 주소지를 관할하는 가정법원의 확인을 받아 신고하여야 하며, 다만 국내에 거주하지 아니하는 경우에는 서울가정법원의 관할로 하는바(호적법 제79조의

2), 당사자 쌍방이 재외국민인 경우 그 거주지를 관할하는 재외공관의 장에게 협의이혼의사의 확인을 신청할 수 있고, 그 재외공관의 장은 이혼의사의 존부 및 친권행사자 지정의 요지를 기재한 진술요지서를 작성하여 이를 신청서에 첨부하여 서울가정법원에 송부하여야 한다(호적법시행규칙 제88조, 제88조의2).
나. 그러므로 일본가정재판소는 재일 한국인 부부의 협의이혼의사를 확인하는 대행기관이 될 수 없으며, 일본 공증인도 선서인증의 방법에 의하여 재일 한국인 부부의 협의이혼의사를 확인하는 대행기관이 될 수 없다. (2005. 2. 3. 호적 3202 - 39)

참조조문 : 국제사법 제37조, 제39조, 법 제79조의2, 규칙 제88조, 제88조의2
참조예규 : 332호, 668호

[선례 24] 미국 국적 취득으로 인한 국적상실로 남편의 호적에서 제적된 처의 성명과 미국법원의 이혼판결문상 처의 성명이 상이할 경우, 남편의 호적상 이혼사유 중 배우자란에 기재하여야 할 처의 성명

제정 2007. 9. 7. [호적선례 제6-79호, 시행]

호적은 국민 개개인의 신분관계를 등록하여 이를 공시·공증하는 제도로서, 호적부는 이를 열람하는 제3자가 착오를 일으키지 아니하도록 명확하게 기재되어야 하고 한국의 민법상 혼인을 하더라도 처의 성이 남편의 성으로 변경되는 것은 아니하므로, 혼인 중 미국 국적을 취득하여 한국국적을 상실한 처가 남편의 호적에서 제적된 후, 미국법원의 이혼판결문을 첨부하여 이혼신고를 하는 경우에 그 남편의 호적상 혼인사유 중 배우자란에 기재된 처의 성명과 미국법원의 이혼판결문에 기재된 처의 성명이 상이한 때에는 남편의 혼인사유 중 배우자란에 기재된 처의 성명을 남편의 이혼사유 중 배우자란에 기재하여야 한다. (2007. 9. 7. 호적과-3088 질의회답)

참조조문 : 국제사법 제17조, 제39조, 법 제79조

제4관 친권 및 후견

[선례 1] 외국인 여자의 미성년인 혼인외의 자를 한국인 부가 인지한 경우에는 그 자의 국적에 관계없이 친자관계가 발생하고 친권행사도 가능하다.

제정 1981. 4. 4. [호적선례 제1-94호, 시행]

일본인 여자의 미성년인 혼인외의 자를 한국인 부가 인지한 경우에는 그 자는 한국 국적을 취득하게 되지만 그 후 6월이 경과하도록 일본 국적을 상실하지 않는다면 한국 국적을 상실하게 된다. 그러나 인지된 자가 한국 국적을 상실한 경우라도 이미 발생한 인지의 효력에는 변함이 없고 법률상의 친자관계가 발생하였음에는 이론이 있을 수 없으므로, 친자관계에서 발생하는 효력인 친권도 한국인 부가 당연히 행사할 수 있는 것이라고 할 것이다. (81. 4. 4 법정 제207호 법무부장관 대 법원행정처장 질의회답)

참조조문 : 민법 제855조, 제859조, 제860조, 제909조, 제911조 , 국적법 제3조, 제4조, 제12조
참조예규 : 436-3, 1047항

[선례 2] 이혼한 생모는 외국인과 혼인하여 외국에 거주하고 있는 경우에도 백부에 우선하여 미성년인 자의 후견인이 된다.

제정 1984. 5. 7. [호적선례 제1-217호, 시행]

미성년자의 생모가 이혼한 후 미국인과 혼인하여 미국에 거주하고 있을 경우에도(미성년자의 아버지는 생모와 이혼후 사망하였음) 백부에 우선하여 미성년자의 후견인이 된다. (84. 5. 7 법정 제159호 서울가정법원장 대 법원행정처장 질의회답)

참조예규 : 699항
참조판례 : 84.11.12 84다카2046
질의내용 : 미성년자의 생모가 이혼한 후 미국인과 혼인하여 미국에 거주하고 있을 경우에 (미성년자의 아버지는 이혼후 사망하였음), 백부의 미성년자에 대한 후견개시신고를 수리할 수 있는지에 필하여 아래와 같은 의견이 있으므로 어느 설이 타당한지 알려 주시기 바랍니다.
갑설-이혼한 생모는 전혼중에 출생한 자의 친권자는 되지 못하나 법정후견인의 자격은 있다 할 것이므로 민법 제932조의 규정에 의하여 예외없이 백부보다 우선순위의 후견인이 된다.

(이유) 이혼한 생모는 전혼중에 출생한 자의 직계혈족이므로 비록 생모가 위 자녀와 동거하지 않고 재혼하여 외국에 거주하고 있다 할지라도 민법 제932조에 정한 후견인의 순위에는 변동이 없다고 할 것이기 때문이나.

을설-외국인과 재혼하여 외국에 거주중이며 미성년의 자녀와 동거하지 않는 생모는 미성년자의 법정후견인이 될 수 없다.

(이유) 이혼한 전혼중에 출생한 자에 대한 법정후견인의 자격이 있다고 하는 것은 미성년자와 생모가 동거를 하고 있음을 전제로 한 것이라고 생각되며, 만약 생모가 미성년자와 동거하지 않을 뿐만 아니라 재혼하여 미국에 거주하고 있을 경우에는 피후견인에 대한 후견임무수행이 불가능하여 후견의 내용인 재산관리와 감호·양육 등을 기대할 수 없기 때문이다.

당원의 의견-후견인 제도는 미성년자의 보호·교양을 위하여 존재하는 것이라고 할 것인 바, 이건과 같이 생모가 미성년자와 동거하지 않고 더우기 외국인과 재혼하여 현재 국내에 거주하지 않고 있을 경우에는 백부에게 법정후견인의 지위를 당연히 인정하여 후견개시신고서에 피후견인이 국내에 거주하고 있다는 소명서류(주민등록표등본), 생가 외국인과 재혼하여 외국에 거주하고 있는 사실에 관한 소명서류(호적등·초본, 출입국에 관한 사실증명 등) 등을 첨부하게 하고 그 신고를 수리함이 타당하다.

[선례 3] 부 사망후 외국인과 혼인하였으나 아직 혼인제적되지 않은 모의 미성년인 자에 대한 친권행사 가부

제정 1984. 6. 1. [호적선례 제1-218호, 시행]

미성년자의 부 사망후 그의 모가 외국인과 혼인하였으나 아직 외국국적을 취득하지 아니하여 원래의 혼가에서 제적되지 않은 경우에도 모는 미성년자에 대한 친권을 행사할 수 없다. (84. 6. 1 법정 제182호 서울가정법원장 대 법원행정처장 질의회답)

질의내용 : 미성년자의 부 사망후 그의 모가 외국인과 재혼하였으나 아직도 우리나라의 국적을 상실하지 아니하여 그 호적에서 혼인에 의한 제적이 되지 아니한 경우에 모가 미성년자에 대하여 계속하여 친권을 행사할 수 있는지의 여부에 관한 질의가 있으니, 아래와 같은 의견중 어느 설이 타당한지 알려 주시기 바랍니다.

갑설-친권을 행사할 수 없다.

(이유) 미성년자의 부 사망후 모가 재혼하였을 경우에는 민법 제909조 제5항에 따라 그 모는 미성년자의 친권자가 될 수 없으므로 친권을 행사할 수 없다.

을설-친권을 행사할 수 있다.

(이유) 외국인과 재혼하였다 할지라도 국적법상 국적상실이 없는 동안에는 국내법상의 혼인으로 인한 제적과는 달리 호적상의 제적기재가 되지 아니하기 때문에 계속하여 친권을 행사할 수 있다.

[선례 4] 생모의 부의 양자로 입양된 미성년자에 대한 친권행사

제정 1986. 1. 8. [호적선례 제1-226호, 시행]

일본인 부모 사이에서 출생한 미성년자가, 그 부모가 이혼하고 친권자인 생모가 한국인 남자와 재혼한 후, 그 한국인 남자의 양자로 입적된 경우에는, 한국인 양부와 생모가 그 미성년자에 대한 친권을 공동으로 행사한다. (86. 1. 8 법정 제12호 외무부장관 대 법원행정처장 질의회답)

참조조문 : 민법 제909조

제5장 가류 가사소송사건

제1절 혼인의 무효

1. 의의 및 사유

가. 사유

혼인의 무효는 혼인설립 이전의 단계에서 그 성립요건의 흠으로 유효한 혼인이 성립하지 않은 것을 말하는 바, 민법 제815조의 혼인무효의 사유는 다음과 같다.

① 당사자 사이에 혼인의 합의가 없는 때,
② 당사자 사이에 8촌 이내의 혈족관계(친양자의 입양전의 혈족을 포함)가 있는 때,
③ 당사자 사이에 직계인척관계가 있거나 있었던 때,
④ 당사자 사이에 양부모계의 직계혈족관계가 있었던 때
⑤ 혼인의사의 철회
   혼인 당사자 사이의 혼인할 의사의 합치는 혼인신고서를 작성할 때는 물론이고 혼인신고서를 가족관계등록사무를 처리하는 공무원에게 신고할 때에는 존재해야 하는바, 혼인신고서 제출 선에 그 의사가 철회되었다면 그 혼인은 무효이다.

☞ 민법 [시행 2024. 5. 17.] [법률 제19409호, 2023. 5. 16., 타법개정]
제815조 (혼인의 무효) 혼인은 다음 각 호의 어느 하나의 경우에는 무효로 한다. <개정 2005. 3. 31.>
   1. 당사자간에 혼인의 합의가 없는 때
   2. 혼인이 제809조제1항의 규정을 위반한 때
   3. 당사자간에 직계인척관계(直系姻戚關係)가 있거나 있었던 때
   4. 당사자간에 양부모계의 직계혈족관계가 있었던 때
[헌법불합치, 2018헌바115, 2022.10.27, 민법(2005. 3. 31. 법률 제7427호로 개정된 것) 제815조 제2호는 헌법에 합치되지 아니한다. 위 법률조항은 2024. 12. 31.을 시한으로 개정될 때까지 계속 적용된다.]

나. 혼인의사의 철회

혼인당사자 사이의 혼인할 의사의 합치는 혼인신고서를 작성할 때는 물론이고 혼인신고서를 가족관계등록사무를 처리하는 공무원에게 신고할 때에도 존재해야 하는 바, 혼인신고서 제출 전에 그 의사가 철회되었다면 그 혼인은 무효이다.

다. 실질적 성립요건 : 혼인의사의 결여

[판례 1] 대법원 2003. 10. 9. 2003도3800

중국 조선족 여자들이 참다운 부부관계를 설정할 의사 없이 우리나라에 들어와 취업하기 위한 방편으로 우리나라 남자와 위장혼인을 한 경우에는, 혼인의 신고 자체에 관하여는 당사자 사이에 의사의 합치가 있지만, 참다운 부부관계를 설정할 의사는 없는 것이기 때문에, 그러한 혼인은 우리나라 법상 효력이 없고, 따라서 위와 같은 혼인신고행위는 공정증서원본불실기재죄를 구성한다.

[판례 2] 혼인의무효 (대법원 2000. 4. 11. 선고 99므1329 판결)

【판시사항】

사실혼관계에 있는 당사자 사이의 혼인의사가 불분명한 경우, 혼인의사의 존재를 추정할 수 있는지 여부(적극)

【판결요지】

혼인의 합의란 법률혼주의를 채택하고 있는 우리 나라 법제하에서는 법률상 유효한 혼인을 성립하게 하는 합의를 말하는 것이므로 비록 사실혼관계에 있는 당사자 일방이 혼인신고를 한 경우에도 상대방에게 혼인의사가 결여되었다고 인정되는 한 그 혼인은 무효라 할 것이나, 상대방의 혼인의사가 불분명한 경우에는 혼인의 관행과 신의성실의 원칙에 따라 사실혼관계를 형성시킨 상대방의 행위에 기초하여 그 혼인의사의 존재를 추정할 수 있으므로 이와 반대되는 사정, 즉 혼인의사를 명백히 철회하였다거나 당사자 사이에 사실혼관계를 해소하기로 합의하였다는 등의 사정이 인정되지 아니하는 경우에는 그 혼인을 무효라고 할 수 없다.

[판례 3] 이혼및위자료 (대법원 1983. 12. 27. 선고 83므28 판결)

【판시사항】

혼인신고서의 제출전에 혼인의사의 철회와 신고된 혼인의 효력(=혼인무효)

【판결요지】

혼인 당사자간의 혼인할 의사의 합치는 혼인신고서를 작성할 때는 물론이고 혼인신고서를 호적공무원에게 신고할 때에도 존재함을 요한다고 해석되므로 일단 의사의 합치아래 유효하게 신고서를 작성하였더라도 그 제출전에 일방이 타방에 대하여 또는 그 제출을 타인에게 의뢰하였다면 그 사람에게 혼인의사를 철회한 경우나 호적공무원에게 혼인의사를 철회하였으니 그 수리를 하지 말도록 말한 경우에는 혼인의 의사합치가 없다고 할 것이므로 그 신고서가 제출되었더라도 그 혼인은 무효이다.

[판례 4] 혼인무효확인 (대법원 1993. 9. 14. 선고 93므430 판결)

【판시사항】

일방적인 혼인신고 후 혼인의 실체 없이 몇 차례의 육체관계로 자를 출산하였다 하더라도 무효인 혼인을 추인하였다고 보기 어렵다 한 사례

【판결요지】

일방적인 혼인신고 후 혼인의 실체 없이 몇 차례의 육체관계로 자를 출산하였다 하더라도 무효인 혼인을 추인하였다고 보기 어렵다 한 사례.

[판례 5] 혼인무효확인 (대법원 1995. 11. 21. 선고 95므731 판결)

【판시사항】

[1] 협의이혼한 후 배우자 일방이 일방적으로 혼인신고를 하였더라도 그 사실을 알고 혼인생활을 계속한 경우, 상대방에게 혼인할 의사가 있었거나 무효인 혼인을 추인하였다고 인정한 사례

[2] 유책배우자의 이혼청구 인정 여부

【판결요지】

[1] 협의이혼한 후 배우자 일방이 일방적으로 혼인신고를 하였더라도 그 사실을 알고 혼인생활을 계속한 경우, 상대방에게 혼인할 의사가 있었거나 무효인 혼인을 추인하였다고 인정한 사례.

[2] 혼인생활의 파탄에 대하여 주된 책임이 있는 배우자는 그 파탄을 사유로 하여 이혼

을 청구할 수 없는 것이 원칙이고, 다만 상대방도 그 파탄 이후 혼인을 계속할 의사가 없음이 객관적으로 명백하고 다만 오기나 보복적 감정에서 이혼에 응하지 않고 있을 뿐이라는 등 특별한 사정이 있는 경우에만 예외적으로 유책배우자의 이혼청구권이 인정된다.

라. 형식적 성립요건 : 민법 제812조 제2항에 위배한 경우 혼인무효의 사유에 해당하는가(유효)

☞ 민법 [시행 2024. 5. 17.] [법률 제19409호, 2023. 5. 16., 타법개정]
제812조 (혼인의 성립) ① 혼인은 「가족관계의 등록 등에 관한 법률」에 정한 바에 의하여 신고함으로써 그 효력이 생긴다. <개정 2007. 5. 17.>
② 전항의 신고는 당사자 쌍방과 성년자인 증인 2인의 연서한 서면으로 하여야 한다.

☞ 가족관계의 등록 등에 관한 법률 [시행 2024. 7. 19.] [법률 제19547호, 2023. 7. 18., 일부개정]
제71조 (혼인신고의 기재사항 등) 혼인의 신고서에는 다음 사항을 기재하여야 한다. 다만, 제3호의 경우에는 혼인당사자의 협의서를 첨부하여야 한다. <개정 2010. 5. 4.>
1. 당사자의 성명·본·출생연월일·주민등록번호 및 등록기준지(당사자가 외국인인 때에는 그 성명·출생연월일·국적 및 외국인등록번호)
2. 당사자의 부모와 양부모의 성명·등록기준지 및 주민등록번호
3. 「민법」 제781조제1항 단서에 따른 협의가 있는 경우 그 사실
4. 「민법」 제809조제1항에 따른 근친혼에 해당되지 아니한다는 사실

[판례 6] 이혼및위자료 (대법원 1991. 12. 10. 선고 91므344 판결)

【판시사항】
가. 혼인신고를 하였으나 이중호적에 등재된 경우의 혼인성립의 효력 유무(적극)
나. 혼인취소소송의 대상이 되는 중혼에 있어서의 재판상 이혼의 청구의 가부(적극)

【판결요지】
가. 혼인은 호적법에 따라 호적공무원이 그 신고를 수리함으로써 유효하게 성립되는 것이며 호적부에의 기재는 그 유효요건이 아니어서 호적에 적법하게 기재되는 여부는 혼인성립의 효과에 영향을 미치는 것은 아니므로 부부가 일단 혼인신고를 하였다면 그 혼인관계는 성립된 것이고 그 호적의 기재가 무효한 이중호적에 의하였다 하여

그 효력이 좌우되는 것은 아니다.
나. 혼인이 일단 성립되면 그것이 위법한 중혼이라 하더라도 당연히 무효가 되는 것은 아니고 법원의 판결에 의하여 취소될 때에 비로소 그 효력이 소멸될 뿐이므로 아직 그 혼인취소의 확정판결이 없는 한 법률상의 부부라 할 것이어서 재판상 이혼의 청구도 가능하다.

[판례 7] 혼인취소 (대법원 1991. 12. 10. 선고 91므535 판결)

【판시사항】

가. 우리 나라 사람들이 혼인 거행지인 일본국의 호적법에 따른 혼인신고를 마친 경우의 혼인의 효력 유무(적극)
나. 재일교포 사이에 우리 민법상 혼인이 유효하게 성립하였으나 호적에 혼인사실이 기재되지 않은 경우, 일본에서 이혼함에 있어서 이혼의 합의만으로 이혼되는지 여부(소극)
다. 중혼자의 사망 후 전혼의 배우자가 생존한 중혼의 일방 당사자를 상대로 중혼의 취소를 구할 이익 유무(적극)
라. 위 "다"항과 같은 혼인취소청구가 권리남용에 해당하거나 신의칙에 반하여 위법한 것이 된다고 할 수 없다고 본 사례

【판결요지】

가. 섭외사법 제15조 제1항은 우리 나라 사람들 사이의 외국에서의 혼인에 있어서 민법 제812조와 호적법에 의한 본적지에서의 신고나 제814조의 공관장에의 신고에 의한 방법 외에 거행지법에 의한 혼인도 유효하게 성립하는 것으로 규정하고 있고, 거행지법인 일본국 민법에 의하면 혼인은 동 국의 호적법에 의하여 신고함으로써 성립하도록 규정되어 있으므로 일본국법에 따른 혼인신고를 마쳤다면 혼인이 유효하게 성립하였다고 할 것이다.
나. 섭외사법 제18조 본문에 의하면 재일교포인 부부가 일본에서 이혼한다 하더라도 우리 나라 법이 그 준거법이 될 터인데 우리 민법상 일단 혼인이 유효하게 성립하였다면 이혼신고에 의하여 협의이혼하거나 재판상으로만 유효하게 이혼할 수 있는 것이고, 호적에 그 혼인사실이 기재되지 않았다 하여 이혼의 합의만으로 이혼되는 것은 아니다.
다. 중혼자가 사망한 후에라도 그 사망에 의하여 중혼으로 인하여 형성된 신분관계가 소멸하는 것은 아니므로 전혼의 배우자는 생존한 중혼의 일방 당사자를 상대로 중혼의 취소를 구할 이익이 있다.

라. 중혼관계에 있어 전혼의 배우자가 사망한 상대방과 이미 사실상 이혼상태에 있었다든가 그 혼인사실을 뒤늦게 공관장에게 신고하였다는 사정만 가지고 전혼의 배우자가 생존한 중혼의 일방 당사자를 상대로 제기한 혼인취소청구가 오로지 피청구인을 괴롭히기 위한 소송으로 권리남용에 해당하거나 신의칙에 반하여 위법한 것이 된다고 할 수 없다고 본 사례.

2. 정당한 당사자

가. 원고적격

당사자, 법정대리인 또는 4촌 이내의 친족은 언제든지 혼인무효의 소 제기 가능(가사소송법 제23조)

① 법정대리인은 당사자의 법정대리인을 의미하는 바, 미성년자의 경우는 견해가 대립
② 그 밖의 자에게도 원고적격이 인정

☞ 가사소송법 [시행 2023. 10. 19.] [법률 제19354호, 2023. 4. 18., 타법개정]
제23조 (혼인무효 및 이혼무효의 소의 제기권자) 당사자, 법정대리인 또는 4촌 이내의 친족은 언제든지 혼인무효나 이혼무효의 소를 제기할 수 있다. [전문개정 2010. 3. 31.]

[판례 8] 친생관계부존재 (대법원 1981. 10. 13. 선고 80므60 전원합의체 판결)

【판시사항】

민법 제777조 소정의 친족이 친자관계 부존재확인의 소를 제기함에 있어 확인의 이익유무(적극)

【판결요지】

민법 제777조 소정의 친족은 특단의 사정이 없는 한, 그와 같은 신분관계를 가졌다는 사실만으로써 당연히 친자관계존부 확인의 소를 제기할 소송상의 이익이 있다.

나. 피고적격

부부 한쪽이 소를 제기할 때는 배우자가 상대방으로 되고(법 제24조 제1항, 제3자가 제기할 때는 부부를 상대방으로 하고, 부부 중 어느 한쪽이 사망한 경우는 생존자가 상대방(같은 조 제2항).

> ☞ 가사소송법 [시행 2023. 10. 19.] [법률 제19354호, 2023. 4. 18., 타법개정]
> 제24조 (혼인무효·취소 및 이혼무효·취소의 소의 상대방) ① 부부 중 어느 한쪽이 혼인의 무효나 취소 또는 이혼무효의 소를 제기할 때에는 배우자를 상대방으로 한다.
> ② 제3자가 제1항에 규정된 소를 제기할 때에는 부부를 상대방으로 하고, 부부 중 어느 한쪽이 사망한 경우에는 그 생존자를 상대방으로 한다.
> ③ 제1항과 제2항에 따라 상대방이 될 사람이 사망한 경우에는 검사를 상대방으로 한다.
> ④ 이혼취소의 소에 관하여는 제1항과 제3항을 준용한다.
> [전문개정 2010. 3. 31.]

3. 관할

가. 토지관할

부부생활의 실태와 사건의 유형에 따라 토지관할이 구분(가사소송법 제22조) ➡ 전속관할

> ① 부부가 같은 가정법원의 관할구역 내에 보통재판적이 있을 때는 그 가정법원
> ② 부부가 마지막으로 같은 주소지를 가졌던 가정법원의 관할구역 내에 부부 중 어느 한쪽의 보통재판적이 있을 때는 그 가정법원
> ③ 위의 각 경우에 해당하지 안하는 경우로서 부부 중 어느 한쪽이 다른 한쪽을 상대로 하는 경우는 상대방의 보통재판적이 있는 곳의 가정법원, 부부 모두를 상대로 하는 경우는 부부 중 어느 한쪽의 보통재판적이 있는 곳의 가정법원
> ④ 부부 중 어느 한쪽이 사망한 경우 생존한 다른 한쪽 보통재판적이 있는 곳의 가정법원
> ⑤ 부부가 모두 사망한 경우 부부 중 어느 한쪽 마지막 주소지 가정법원이 각각 관할법원

> ☞ 가사소송법 [시행 2023. 10. 19.] [법률 제19354호, 2023. 4. 18., 타법개정]
> 제22조 (관할) 혼인의 무효나 취소, 이혼의 무효나 취소 및 재판상 이혼의 소는 다음 각 호의 구분에 따른 가정법원의 전속관할로 한다.
> 1. 부부가 같은 가정법원의 관할 구역 내에 보통재판적이 있을 때에는 그 가정법원
> 2. 부부가 마지막으로 같은 주소지를 가졌던 가정법원의 관할 구역 내에 부부 중 어느 한쪽의 보통재판적이 있을 때에는 그 가정법원
> 3. 제1호와 제2호에 해당되지 아니하는 경우로서 부부 중 어느 한쪽이 다른 한쪽을 상대로 하는 경우에는 상대방의 보통재판적이 있는 곳의 가정법원, 부부 모두를 상대로 하는 경우에는 부부 중 어느 한쪽의 보통재판적이 있는 곳의 가정법원
> 4. 부부 중 어느 한쪽이 사망한 경우에는 생존한 다른 한쪽의 보통재판적이 있는 곳의 가정법원
> 5. 부부가 모두 사망한 경우에는 부부 중 어느 한쪽의 마지막 주소지의 가정법원
> [전문개정 2010. 3. 31.]

나. 사물관할

단독판사의 사물관할(사물관할규칙 제3조)

> ☞ 민사 및 가사소송의 사물관할에 관한 규칙 [시행 2023. 3. 1.] [대법원규칙 제3088호, 2023. 1. 31., 일부개정]
> 제3조 (가정법원 및 그 지원 합의부의 심판범위) 가정법원 및 가정법원지원의 합의부는 「가사소송법」 제2조제1항, 제2항의 사건 중 다음 사건을 제1심으로 심판한다. <신설 1990. 12. 31., 1991. 8. 3., 1997. 12. 31., 2002. 6. 28., 2015. 7. 28., 2016. 2. 19., 2016. 11. 1., 2023. 1. 31.>
> 1. 소송목적의 값이 5억원을 초과하는 다류 가사소송사건. 다만, 단독판사가 심판할 것으로 합의부가 결정한 사건을 제외한다.
> 2. 「가사소송법」 제2조제1항제2호 나목 9), 10) 사건 및 4) 사건 중 청구목적의 값이 5억원을 초과하는 사건. 다만, 단독판사가 심판할 것으로 합의부가 결정한 사건을 제외한다.
> 2의2. 다류 가사소송사건과 「가사소송법」 제2조제1항제2호 나목 4) 사건을 병합한 사건으로서 그 소송목적의 값과 청구목적의 값을 더한 금액이 5억원을 초과하는 사건. 다만, 단독판사가 심판할 것으로 합의부가 결정한 사건을 제외한다.

3. 제1호부터 제2호의2까지 본문에 해당하지 아니하는 사건으로서 합의부가 심판할 것으로 합의부가 결정한 사건. [제2조제2항에서 이동 <2001. 2. 10.>]

다. 관련사건의 병합

혼인무효의 청구에는 흔히 다류 가사소송사건인 위자료 또는 원상회복의 청구가 병합될 수 있고, 혼인취소나 재판상 이혼청구가 예비적, 선택적으로 병합되거나 반소 형태로 청구되기도 한다.

라. 소송절차의 승계

(1) 원고가 사망한 경우

원고가 사망이나 그 밖의 사유로 소송절차를 계속하여 진행할 수 없게 된 때는 다른 제소권자가 그 사유가 발생한 때부터 6개월 이내에 소송절차를 승계할 수 있다(가사소송법 제16조)

따라서 당사자, 법정대리인 또는 4촌 이내의 친족은 당연히 그 소송절차를 승계할 수 있고, 그 밖의 확인의 이익을 입증하고 소송절차를 승계할 수 있게 된다.

☞ **가사소송법** [시행 2023. 10. 19.] [법률 제19354호, 2023. 4. 18., 타법개정]
제16조 (소송 절차의 승계) ① 가류 또는 나류 가사소송사건의 원고가 사망이나 그 밖의 사유(소송 능력을 상실한 경우는 제외한다)로 소송 절차를 계속하여 진행할 수 없게 된 때에는 다른 제소권자(提訴權者)가 소송 절차를 승계할 수 있다.
② 제1항의 승계신청은 승계 사유가 생긴 때부터 6개월 이내에 하여야 한다.
③ 제2항의 기간 내에 승계신청이 없을 때에는 소가 취하된 것으로 본다.
[전문개정 2010. 3. 31.]

(2) 피고가 사망한 경우

부부 모두가 피고로 된 경우에 그 중 어느 한쪽이 사망한 때는 생존 배우자만이 피고로 남아 소송절차를 계속 진행하게 된다.

4. 혼인무효의 효과

가. 소급효

☞ 가사소송법 [시행 2023. 10. 19.] [법률 제19354호, 2023. 4. 18., 타법개정]
제25조 (친권자 지정 등에 관한 협의권고) ① 가정법원은 미성년자인 자녀가 있는 부부의 혼인의 취소나 재판상 이혼의 청구를 심리할 때에는 그 청구가 인용될 경우를 대비하여 부모에게 다음 각 호의 사항에 관하여 미리 협의하도록 권고하여야 한다.
   1. 미성년자인 자녀의 친권자로 지정될 사람
   2. 미성년자인 자녀에 대한 양육과 면접교섭권
② 가정법원이 혼인무효의 청구를 심리하여 그 청구가 인용되는 경우에 남편과 부자관계가 존속되는 미성년자인 자녀가 있는 경우에도 제1항과 같다.
[전문개정 2010. 3. 31.]

☞ 민법 [시행 2024. 5. 17.] [법률 제19409호, 2023. 5. 16., 타법개정]
제909조 (친권자) ④ 혼인외의 자가 인지된 경우와 부모가 이혼하는 경우에는 부모의 협의로 친권자를 정하여야 하고, 협의할 수 없거나 협의가 이루어지지 아니하는 경우에는 가정법원은 직권으로 또는 당사자의 청구에 따라 친권자를 지정하여야 한다. 다만, 부모의 협의가 자(子)의 복리에 반하는 경우에는 가정법원은 보정을 명하거나 직권으로 친권자를 정한다. <개정 2005. 3. 31., 2007. 12. 21.>

[판례 9] 소유권이전등기말소 (대법원 1971. 11. 15. 선고 71다1983 판결)

【판시사항】

혼인신고가 위법하여 무효인 경우에도 무효인 혼인 중 출생한 자를 그 호적에 출생신고하여 등재한 이상 그 자에 대한 인지의 효력이 있다

【판결요지】

혼인신고가 위법하여 무효인 경우에도 무효한 혼인 중 출생한 자를 그 호적에 출생신고하여 등재한 이상 그 자에 대한 인지의 효력이 있다.

[판례 10] 혼인무효확인 (대법원 1978. 7. 11. 선고 78므7 판결)

【판시사항】

협의이혼으로 혼인관계가 해소된 경우 혼인관계무효 확인을 구하는 소의 이익

【판결요지】

협의이혼으로 혼인관계가 해소된 경우에도 과거의 혼인관계의 무효확인을 구할 정당한 법률상의 이익이 있다.

[판례 11] 혼인무효 (대법원 1983. 4. 12. 선고 82므64 판결)

【판시사항】

혼인무효청구가 권리남용에 해당한다고 한 사례

【판결요지】

청구인이 소외 망(갑)과 혼인신고를 마치고 혼인생활을 하던 중 소외 (을)과 내연관계를 맺고 집을 나가 (을)과 2중으로 혼인신고까지 하고 있다가 소외 망 (갑)과 내연관계를 맺고 살던 피청구인이 (갑)사망후 청구인의 사망신고를 하고 망 (갑)과의 혼인신고를 하자 청구인이 상속재산을 탐하여 자기와 망 (갑)간의 혼인관계가 유효한 것이었다고 하면서 피청구인과 망 (갑)간의 혼인이 무효의 것이라고 주장함은 결과적으로 자기와 (갑), (을)간의 두개의 혼인관계가 모두 유효하다고 주장하는 것이 되어 신의에 좇은 권리행사라고 볼 수 없어 이는 권리남용에 해당한다.

[판례 12] 혼인무효확인 (대법원 1987. 4. 28. 선고 86므130 판결)

【판시사항】

혼인무효심판청구가 권리남용에 해당한다고 한 사례

【판결요지】

갑의 친모 을이 병과 혼인하여 혼인신고를 마치고 갑을 출생하고 동거하다가 가출하여 타인과 혼인신고까지 마치고 동거하고 있던중, 갑의 부 병이 정과 동거하여 오다가 사망하자, 갑이 을과 공동상속하게 될 유산 처분등의 곤란을 회피하고자 병의 호적상에 허위로 을의 사망신고를 하고 나서 다시 병과 정의 혼인신고를 한뒤 망부 병의 사망신고를 하였는데 정이 유산처분을 반대하고 나서자 분란끝에 갑이 정을 공동상속인 지위에서 제거하기 위하여 을의 승낙도 없이 을의 이름으로 정을 상대로 혼인무효의 심판청구를 제기하였으나 대법원에서 패소확정되자 다시 갑이 직접 이 사건 혼인무효심판청구를 제기

> 하였다면, 비록 정과 병사이의 혼인신고는 병의 사망후에 이루어진 것으로서 무효라 할 것이나 위 혼인무효가 확정되는 경우 되살아 나게 될 병과 을의 부부관계는 위 시기에 사실상 소멸되어 돌이킬 수 없는 상태에 이르게 되었으므로 을과 병의 각 사망신고와 정과 병사이의 혼인신고를 사실과 다르게 신고한 지위에서 오로지 을과 병사이의 혼인관계가 형식상 존속함을 이용하여 을의 상속권을 회복할 목적으로 제기된 이사건 혼인무효심판청구는 신의에 좇은 권리행사라고 볼 수 없어 사회생활상 용인될 수 없다.

5. 판결 등

가. 청구인용판결의 주문

『원고와 피고 사이에 20 . . . 서울 동대문구청장에게 신고하여 한 혼인은 무효임을 확인한다.』는 주문을 쓰게 되는바, 이에 따른 주문례는 다음과 같다.

> ① 부부 중 어느 한쪽이 다른 한쪽을 상대방으로 한 경우
>   『1. 원고와 피고 사이에 20... 서울 종로구청장에게 신고하여 한 혼인은 무효임을 확인한 다. 2. 소송비용은 피고가 부담한다』
> ② 부부 중 어느 한쪽이 사망하여 생존한 다른 한쪽이 검사를 상대방으로 한 경우
>   『1. 원고와 망 ○○○(주민등록번호, 등록기준지 : 서울 서초구 서초동 100) 사이에 20 서울 서초구청장에게 신고하여 한 혼인은 무효임을 확인한다. 2. 소송비용은 국가가 부담한다.』
> ③ 제3자가 부부 모두를 상대방으로 한 경우
>   『1. 피고들 사이에 20... 서울 용산구청장에게 신고하여 한 혼인은 무효임을 확인한다. 2. 소송비용은 피고들이 부담한다』
> ④ 제3자가 부부 중 생존한 한쪽만을 상대방으로 한 경우
>   『1. 피고와 망 ○○○(주민등록번호, 등록기준지 : 서울 중구 서소문동 100) 사이에 20 서울 중구청장에게 신고하여 한 혼인은 무효임을 확인한다. 2. 소송비용은 피고가 부담한다.』
> ⑤ 제3자가 사망한 부부 양쪽 대신 검사를 상대방으로 한 경우
>   『1. 망 ○○○(주민등록번호, 등록기준지 : 서울 서초구 서초동 100)와 망 △△△(주민등록 번호, 등록기준지 : 위와 같은 곳) 사이에 20... 서울 서초구청장에게 신고하여 한 혼인 은 무효임을 확인한다. 2. 소송비용은 국가가 부담한다.』

⑥ 다류 가사소송사건 및 마류 가사비송사건이 병합된 경우

『1. 원고와 피고 사이에 20... 서울 서초구청장에게 신고하여 한 혼인은 무효임을 확인한 다. 2. 피고는 원고에게 위자료로 ○○○만 원을 지급하고, 별지 목록 기재 물건을 인도 하라. 3. 원고의 나머지 위자료 및 인도 청구를 기각한다. 4. 사건본인에 대한 친권자 및 양육자를 원고로 지정한다. 5. 소송비용 중 1/3은 원고가, 나머지는 피고가 각 부담한 다. 6. 제2항은 가집행할 수 있다.』

⑦ 국제혼인무효사건의 경우

『1. 원고와 피고 사이에 20... 중화인민공화국 흑룡강성 공증처에서 혼인등기를 하고 혼인증서를 발급받아 20... 서울 관악구청장에게 그 증서등본을 제출하여 한 혼인은 무효임을 확인한다. 2. 소송비용은 피고가 부담한다.』

6. 혼인무효 관련 서식

[서식 1] 혼인무효 청구의 소 (조선족으로 형사판결 받아 혼인무효 소송을 제기한 경우)

소 장

원 고   홍 길 동 (진화   )
         서기 19○○년 ○월 ○일생
         등록기준지
         주소   (우편번호   )

피 고   김 갑 순
         서기 19○○년 ○월 ○일생
         등록기준지
         주소   (우편번호   )

혼인무효 청구의 소 (조선족으로 형사판결 받아 혼인무효 소송을 제기한경우)

청 구 취 지

1. 원고와 피고 사이에 2011. 3. 28. ○○시 ○○구청장에게 신고하여 한 혼인은 무효임을

확인다.
2. 소송비용은 피고의 부담으로 한다.
라는 재판을 구함.

청 구 원 인

1. 원고와 피고는 가족관계등록부상 2011. 3. 28. 혼인신고를 한 법률상 부부인 것으로 등재되어있습니다.
   피고는 흑룡강성 출신 조선족으로서 노동에 종사하였으며, 원고는 일정한 직업이 없는 상태였습니다.

2. 원고와 피고는 진정한 혼인을 할 의사가 없었으나, 피고의 한국 체류기간의 만료가 되어가자 계속하여 체류하고 원고는 그 대가를 받을 목적으로 위장결혼을 하기로 공모한 후, 2011. 3. 28.경 ○○시 ○○구 ○○동 소재 ○○구청 가족관계등록계에서 원·피고는 진정으로 결혼한 것처럼 허위내용의 혼인신고서를 작성하여 피고의 미재혼공증서 등 혼인 관련 서류를 첨부, 제출하여 신고함으로써 위와 같이 가족관계등록부에 등재되게 되었습니다.

3. 그리하여 원·피고는 ○○지방법원 2011고단3327호 공정증서원본불실기재등 사건의 판결을 받고 피고는 2011. 11. 8. 강제출국을 한 상태입니다.

4. 그렇다면 원·피고 사이의 이 사건 혼인은 당사자 사이에 혼인의 합의가 없이 이루어진 것으로서 민법 제815조 제1호의 혼인무효사유에 해당하여 무효라 할것이므로, 그 확인을 구하는 원고의 이 사건에 관하여 청구취지와 같은 판결을 내려주시기 바랍니다.

입 증 방 법

갑제1호증	가족관계증명서
갑제2호증	주민등록등본
갑제3호증	출입국에 관한 사실증명
갑제4호증	판결문(2011고단3327호)
갑제5호증	혼인관계증명서
갑제6호증	원고와 피고 사이의 미성년자녀가 있는 경우 그 자녀 각자의 기본증명서

기타 변론시 필요에 따라 수시 제출 하겠음

첨 부 서 류

1. 위 호증부분   1부
1. 위임장   1부

2012년 2월 21일

원 고 ○ ○ ○

○○지방법원 귀중

[주] 1. 신청서는 2통이 필요하다.
    2. 관할법원은 쌍방주소지이다.
    3. 쌍방주소지는 일방최후주소지 또는 상대방주소지를 말한다.

[서식 2] 판결서

○ ○ 지 방 법 원
판 결

사   건   2011고단○○ 가. 공정증서원본불실기재나. 불실기재공정증서원본행사

피 고 인   1. 가. 나. ○ ○ ○(111111-1111111), 공원주 거 : ○○시 ○○구 ○○동 ○○번지등록기준지 : ○○시 ○○구 ○○동 ○○번지
          2. 가, .나. ○ ○ ○(111111-1111111), 무직
             주 거 : ○○시 ○○구 ○○동 ○○번지등록기준지 : ○○시 ○○구 ○○동 ○○번지

검   사   ○ ○ ○
변 호 인   변호사 ○ ○ ○(피고인 1을 위한 국선)
판결선고   2011. 10. 20.

주 문

피고인들을 각 징역 8월에 처한다.
피고인 ○○○에 대하여는 이 판결 선고 전의 구금일수 37일을 위 형에 산입한다. 다만, 이 판결확정일로부터 각 2년간 위 각 형의 집행을 유예한다.

이 유

1. 범죄사실

   피고인 ○○○는 흑룡강성 출신 조선족으로서 노동에 종사하는 자, 같은 ○○○는 일정한 직업이 없는 자인바, 사실은 진정한 혼인을 할 의사가 없음에도 불구하고 위 ○○○는 한국 체류기간의 만료가 되어가자 계속하여 체류하고 위 ○○○는 그 대가를 받을 목적으로 이른바 위장결혼하기로 공모한 후, 2011. 3. 28.경 ○○시 ○○구 ○○동 소재 ○○구청 가족관계등록계에서 피고인들이 진정으로 결혼한 것처럼 허위내용의 혼인신고서를 작성하고 피고인 ○○○의 미재혼공증서 등 혼인 관련 서류를 첨부, 제출하여 그 정을 모르는 담당공무원으로 하여금 피고인들이 혼인하였다는 취지를 피고인 ○○○의 가족관계등록부에 기재하게 함으로써 공정증서원본인 가족관계등록부에 불실의 사실을 기재하게 하고 그 무렵 그곳에 이를 비치하게 하여 이를 행사 하였다.

증거의 요지

1. 피고인들의 법정진술 중 일부
1. 피고인 ○○○에 대한 검찰 피의자신문조서
1. 가족관계증명서

법령의 적용

1. 범죄사실에 대한 해당법조 및 형의 선택

   각 형법 제228조 제1항, 제30조(징역형 선택), 각 형법 제229조, 제228조 제1항, 제30조(직역형 선택)

1. 경합범가중

   형법 제37조 전단, 제38조 제1항 제2호, 제50조

1. 미결구금일수 산입(피고인 ○○○에 대하여)

   형법 제57조

1. 집행유예

   형법 제62조 제1항(피고인 ○○○가 강제출국될 것인 점, 피고인 ○○○가 자신의 잘못을 반성하고 있는 점 등 정상참작)

판 사   ○ ○ ○

제6장 나류 가사소송사건

제1절 혼인의 취소

1. 의의 및 성질

혼인의 취소는 혼인의 성립과정에 일정한 흠이 있는 경우에 그 혼인의 효력을 장래에 향하여 소멸시키는 것을 의미하는바, 민법이 규정하는 혼인취소의 사유는 다음과 같다.

---

① 중혼금지규정에 위반한 혼인(민 816조 1호, 810조)
　A남이 B녀를 상대로 이혼소송을 제기하여 승소판결을 선고받고 그 판결이 확정되자 C녀와 혼인하여 혼인신고를 마쳤으나 그 후 B녀의 재심청구에 의하여 그 이혼판결의 취소 및 이혼청구기각의 판결이 확정된 경우 A남과 C녀 사이의 혼인

　A남이 B녀와 협의이혼신고 후 C녀와 혼인신고를 하였으나, B녀가 협의이혼 무효확인을 구하는 소 또는 이혼의 취소를 구하는 소를 제기하여 승소확정판결을 받은 경우 A남과 C녀 사이의 혼인

　배우자 있는 사람이 다른 사람과 혼인하기 위하여 이름을 바꿔 새로이 가족관계등록부를 창설한 다음 다른 사람과의 혼인신고를 마친 경우 위 다른 사람과의 혼인

----

② 혼인 당시 당사자 한쪽에 부부생활을 계속할 수 없는 악질, 그 밖의 중대한 사유가 있음을 알지 못한 때(민 816조 2호)
③ 사기 또는 강박으로 인하여 혼인의 의사표시를 한 때(민 816조 3호)
　사기란 혼인의사를 결정하게 할 목적으로써 혼인당사자의 한쪽 또는 양쪽에게 허위의 사실을 고지하여 이들을 착오에 빠뜨려서 혼인의사를 결정짓도록 하는 것을 의미
　사기자가 혼인의 상대방이든 제3자이든 또는 제3자에 의하여 사기가 행하여진 경우에 혼인의 상대방이 그것을 알고 있었건 없었던 묻지 않는다.
　사기로 인하여 혼인이 취소되기 위해서는 사기로 인하여 생긴 착오가 일반적으로 사회생활 관계에 비추어 볼 때 혼인생활에 미치는 영향이 크고, 당사자가 그러한 사실을 알았더라면 혼인하지 않았을 것이라고 인정되는 경우여야 한다.
　강박이란 혼인을 결정케 할 목적으로써 혼인당사자의 한쪽 또는 양쪽에게 해악을 예고하여 공포에 몰아넣음으로써 혼인의사를 결정짓도록 하는 것을 의미하는 바, 강박자가 혼인의 상대방이든 제3자이든 묻지 않는다.

가. 취소원인

> ☞ 민법 [시행 2024. 5. 17.] [법률 제19409호, 2023. 5. 16., 타법개정]
> 제816조 (혼인취소의 사유) 혼인은 다음 각 호의 어느 하나의 경우에는 법원에 그 취소를 청구할 수 있다. <개정 1990. 1. 13., 2005. 3. 31.>
> 1. 혼인이 제807조 내지 제809조(제815조의 규정에 의하여 혼인의 무효사유에 해당하는 경우를 제외한다. 이하 제817조 및 제820조에서 같다) 또는 제810조의 규정에 위반한 때
> 2. 혼인당시 당사자 일방에 부부생활을 계속할 수 없는 악질 기타 중대사유있음을 알지 못한 때
> 3. 사기 또는 강박으로 인하여 혼인의 의사표시를 한 때
>
> 제810조 (중혼의 금지) 배우자 있는 자는 다시 혼인하지 못한다.

[판례 13] 혼인취소 (대법원 1970. 7. 21. 선고 70므18 판결)

> 【판시사항】
> 중혼으로 되었던 것이어서 그 혼인이 취소되는 실례.
>
> 【판결요지】
> 중혼으로 되었던 것이어서 그 혼인이 취소되는 실례.

[판례 14] 혼인취소 (대법원 1984. 3. 27. 선고 84므9 판결)

> 【판시사항】
> 협의이혼이 취소된 경우 취소전에 맺어진 새로운 혼인이 중혼에 해당하는지 여부
>
> 【판결요지】
> 청구인과 피청구인(갑)이 협의이혼한 것이 피청구인(갑)의 기망에 인한 것이었음을 이유로 청구인이 제기한 협의이혼취소심판이 청구인 승소로 확정되었다면 청구인과 피청구인(갑)은 당초부터 이혼하지 않은 상태로 되돌아 갔다 할 것이니 위 취소심판 계속중 피청구인 (갑), (을)사이에 이루어진 혼인은 중혼의 금지규정에 위반한 것으로 혼인의 취소사유에 해당한다.

[판례 15] 혼인무효확인등 (대법원 1986. 6. 24. 선고 86므9 판결)

【판시사항】
가. 배우자 있는 자가 이중호적을 만들어 타인과 다시 혼인한 경우, 중혼해당 여부
나. 중혼자가 사망한 경우, 잔존배우자의 중혼취소청구가부

【판결요지】
가. 배우자 있는 자가 타인과 혼인하기 위하여 이름을 바꿔 새로이 취적함으로써 이중호적을 만들어 그 호적에 타인과의 혼인신고를 마쳤다면 위 타인과의 혼인은 민법 제810조가 금지하는 중혼임이 명백하며 동인이 배우자와 혼인신고만 하였을 뿐 실제 동거한 일이 없다 하더라도 그 결론에는 지장이 없다.
나. 중혼자의 사망으로 중혼관계가 해소되었다 하여도 전혼의 배우자는 생존하는 중혼당사자의 일방을 상대로 혼인취소를 구할 수 있음은 민법 제818조, 민사소송법 제27조 제2항 규정에 의하여 명백하다.

2. 정당한 당사자

가. 원고적격(민 제817조, 제818조)

원고적격은 그 취소사유에 따라 다른바, 원고적격이 법정되어 있는 것은 다음과 같다.

① 혼인적령 위반 및 동의 없는 혼인의 경우 : 당사자 또는 그 법정대리인
② 근친혼의 경우 : 당사자, 그 직계존속 또는 4촌 이내의 방계혈족
③ 중혼의 경우 : 당사자 및 그 배우자, 직계혈족, 4촌 이내의 방계혈족, 검사

☞ 민법 [시행 2024. 5. 17.] [법률 제19409호, 2023. 5. 16., 타법개정]
제817조 (나이위반 혼인 등의 취소청구권자) 혼인이 제807조, 제808조의 규정에 위반한 때에는 당사자 또는 그 법정대리인이 그 취소를 청구할 수 있고 제809조의 규정에 위반한 때에는 당사자, 그 직계존속 또는 4촌 이내의 방계혈족이 그 취소를 청구할 수 있다. <개정 2005. 3. 31.> [제목개정 2022. 12. 27.]

제818조 (중혼의 취소청구권자) 당사자 및 그 배우자, 직계혈족, 4촌 이내의 방계혈족 또는 검사는 제810조를 위반한 혼인의 취소를 청구할 수 있다.

[전문개정 2012. 2. 10.] [2012. 2. 10. 법률 제11300호에 의하여 2010. 7. 29. 헌법재판소에서 헌법불합치 결정된 이 조를 개정함.]

나. 피고적격

부부의 한쪽이 소를 제기할 때는 배우자를 상대방으로 하고, 제3자, 즉 위 ①, ②, ③의 경우에 당사자 이외의 사람이 소를 제기할 때는 부부를 상대방으로 한다.

부부의 어느 한쪽이 사망한 때는 생존자를 상대방으로 하며, 상대방으로 될 사람이 모두 사망한 때는 상대방으로 한다(가사소송법 제24조 제1항, 제2항, 제3항)

☞ **가사소송법** [시행 2023. 10. 19.] [법률 제19354호, 2023. 4. 18., 타법개정]
제24조 (혼인무효·취소 및 이혼무효·취소의 소의 상대방) ① 부부 중 어느 한쪽이 혼인의 무효나 취소 또는 이혼무효의 소를 제기할 때에는 배우자를 상대방으로 한다.
② 제3자가 제1항에 규정된 소를 제기할 때에는 부부를 상대방으로 하고, 부부 중 어느 한쪽이 사망한 경우에는 그 생존자를 상대방으로 한다.
③ 제1항과 제2항에 따라 상대방이 될 사람이 사망한 경우에는 검사를 상대방으로 한다.
④ 이혼취소의 소에 관하여는 제1항과 제3항을 준용한다.
[전문개정 2010. 3. 31.]

다. 혼인취소소송의 성질

(1) 형성소송

[판례 16] 이혼및위자료 (대법원 1991. 12. 10. 선고 91므344 판결)

【판시사항】

가. 혼인신고를 하였으나 이중호적에 등재된 경우의 혼인성립의 효력 유무(적극)
나. 혼인취소소송의 대상이 되는 중혼에 있어서의 재판상 이혼의 청구의 가부(적극)

【판결요지】

가. 혼인은 호적법에 따라 호적공무원이 그 신고를 수리함으로써 유효하게 성립되는 것이며 호적부에의 기재는 그 유효요건이 아니어서 호적에 적법하게 기재되는 여부는 혼인성립의 효과에 영향을 미치는 것은 아니므로 부부가 일단 혼인신고를 하였다면

그 혼인관계는 성립된 것이고 그 호적의 기재가 무효한 이중호적에 의하였다 하여 그 효력이 좌우되는 것은 아니다.
나. 혼인이 일단 성립되면 그것이 위법한 중혼이라 하더라도 당연히 무효가 되는 것은 아니고 법원의 판결에 의하여 취소될 때에 비로소 그 효력이 소멸될 뿐이므로 아직 그 혼인취소의 확정판결이 없는 한 법률상의 부부라 할 것이어서 재판상 이혼의 청구도 가능하다.

(2) 제척기간의 제한

혼인적령위반, 동의 없는 혼인, 악질 등 중대한 사유, 사기·강박의 경우(민법 제817조, 제818조, 제819조, 제820조, 제822조, 제823조)

중혼의 경우에는 제척기간의 제한이 없어 중혼상태가 유지되고 있는 한 언제든지 청구할 수 있다.

☞ **민법** [시행 2024. 5. 17.] [법률 제19409호, 2023. 5. 16., 타법개정]

제817조 (나이위반 혼인 등의 취소청구권자) 혼인이 제807조, 제808조의 규정에 위반한 때에는 당사자 또는 그 법정대리인이 그 취소를 청구할 수 있고 제809조의 규정에 위반한 때에는 당사자, 그 직계존속 또는 4촌 이내의 방계혈족이 그 취소를 청구할 수 있다. <개정 2005. 3. 31.> [제목개정 2022. 12. 27.]

제818조 (중혼의 취소청구권자) 당사자 및 그 배우자, 직계혈족, 4촌 이내의 방계혈족 또는 검사는 제810조를 위반한 혼인의 취소를 청구할 수 있다. [전문개정 2012. 2. 10.] [2012. 2. 10. 법률 제11300호에 의하여 2010. 7. 29. 헌법재판소에서 헌법불합치 결정된 이 조를 개정함.]

제819조 (동의 없는 혼인의 취소청구권의 소멸) 제808조를 위반한 혼인은 그 당사자가 19세가 된 후 또는 성년후견종료의 심판이 있은 후 3개월이 지나거나 혼인 중에 임신한 경우에는 그 취소를 청구하지 못한다. [전문개정 2011. 3. 7.]

제820조 (근친혼등의 취소청구권의 소멸) 제809조의 규정에 위반한 혼인은 그 당사자간에 혼인중 포태(胞胎)한 때에는 그 취소를 청구하지 못한다. <개정 2005. 3. 31.> [제목개정 2005. 3. 31.]

제822조 (악질 등 사유에 의한 혼인취소청구권의 소멸) 제816조제2호의 규정에 해당하는 사유있는 혼인은 상대방이 그 사유있음을 안 날로부터 6월을 경과한 때에는 그 취소를 청구하지 못한다.

제823조 (사기, 강박으로 인한 혼인취소청구권의 소멸) 사기 또는 강박으로 인한 혼인은 사기를 안 날 또는 강박을 면한 날로부터 3월을 경과한 때에는 그 취소를 청구하지 못한다.

[판례 17] 혼인취소 (대법원 1991. 12. 10. 선고 91므535 판결)

【판시사항】

가. 우리 나라 사람들이 혼인 거행지인 일본국의 호적법에 따른 혼인신고를 마친 경우의 혼인의 효력 유무(적극)

나. 재일교포 사이에 우리 민법상 혼인이 유효하게 성립하였으나 호적에 혼인사실이 기재되지 않은 경우, 일본에서 이혼함에 있어서 이혼의 합의만으로 이혼되는지 여부(소극)

다. 중혼자의 사망 후 전혼의 배우자가 생존한 중혼의 일방 당사자를 상대로 중혼의 취소를 구할 이익 유무(적극)

라. 위 "다"항과 같은 혼인취소청구가 권리남용에 해당하거나 신의칙에 반하여 위법한 것이 된다고 할 수 없다고 본 사례

【판결요지】

가. 섭외사법 제15조 제1항은 우리 나라 사람들 사이의 외국에서의 혼인에 있어서 민법 제812조와 호적법에 의한 본적지에서의 신고나 제814조의 공관장에의 신고에 의한 방법 외에 거행지법에 의한 혼인도 유효하게 성립하는 것으로 규정하고 있고, 거행지법인 일본국 민법에 의하면 혼인은 동 국의 호적법에 의하여 신고함으로써 성립하도록 규정되어 있으므로 일본국법에 따른 혼인신고를 마쳤다면 혼인이 유효하게 성립하였다고 할 것이다.

나. 섭외사법 제18조 본문에 의하면 재일교포인 부부가 일본에서 이혼한다 하더라도 우리 나라 법이 그 준거법이 될 터인데 우리 민법상 일단 혼인이 유효하게 성립하였다면 이혼신고에 의하여 협의이혼하거나 재판상으로만 유효하게 이혼할 수 있는 것이고, 호적에 그 혼인사실이 기재되지 않았다 하여 이혼의 합의만으로 이혼되는 것은 아니다.

다. 중혼자가 사망한 후에라도 그 사망에 의하여 중혼으로 인하여 형성된 신분관계가 소

멸하는 것은 아니므로 전혼의 배우자는 생존한 중혼의 일방 당사자를 상대로 중혼의 취소를 구할 이익이 있다.
라. 중혼관계에 있어 전혼의 배우자가 사망한 상대방과 이미 사실상 이혼상태에 있었다든가 그 혼인사실을 뒤늦게 공관장에게 신고하였다는 사정만 가지고 전혼의 배우자가 생존한 중혼의 일방 당사자를 상대로 제기한 혼인취소청구가 오로지 피청구인을 괴롭히기 위한 소송으로 권리남용에 해당하거나 신의칙에 반하여 위법한 것이 된다고 할 수 없다고 본 사례.

라. 혼인취소의 효과

(1) 장래에 향하여 효력 : 소급하지 않음

☞ 민법 [시행 2024. 5. 17.] [법률 제19409호, 2023. 5. 16., 타법개정]
제824조 (혼인취소의 효력) 혼인의 취소의 효력은 기왕에 소급하지 아니한다.

[판례 18] 토지인도등 (대법원 1996. 12. 23. 선고 95다48308 판결)

변경 : 대법원 2020. 5. 21. 선고 2018다287522 전원합의체 판결에 의하여 변경

【판시사항】

[1] 부부의 일방이 사망하여 상대방 배우자가 상속받은 후에 그 혼인이 취소된 경우, 이미 이루어진 상속관계가 소급하여 무효로 되거나 부당이득으로 되는지 여부(소극)
[2] 지분이 과반수에 미달하는 공유자의 공유물 보존행위 가부(적극)

【판결요지】

[1] 민법 제824조는 "혼인의 취소의 효력은 기왕에 소급하지 아니한다."고 규정하고 있을 뿐 재산상속 등에 관해 소급효를 인정할 별도의 규정이 없는바, 혼인 중에 부부 일방이 사망하여 상대방이 배우자로서 망인의 재산을 상속받은 후에 그 혼인이 취소되었다는 사정만으로 그 전에 이루어진 상속관계가 소급하여 무효라거나 또는 그 상속재산이 법률상 원인 없이 취득한 것이라고는 볼 수 없다.
[2] 공유지분이 과반수에 미달하는 공유자도 공유물의 보존행위로서 다른 공유자와의 협의 없이 공유물을 배타적으로 점유, 사용하고 있는 공유자에 대하여 공유물의 인도나 명도를 구할 수 있다.

(2) 자녀에 관한 처분

☞ 민법 [시행 2024. 5. 17.] [법률 제19409호, 2023. 5. 16., 타법개정]
제824조의2 (혼인의 취소와 자의 양육 등) 제837조 및 제837조의2의 규정은 혼인의 취소의 경우에 자의 양육책임과 면접교섭권에 관하여 이를 준용한다. [본조신설 2005. 3. 31.]

제909조 (친권자) ⑤ 가정법원은 혼인의 취소, 재판상 이혼 또는 인지청구의 소의 경우에는 직권으로 친권자를 정한다. <개정 2005. 3. 31.>

(3) 손해배상청구

☞ 민법 [시행 2024. 5. 17.] [법률 제19409호, 2023. 5. 16., 타법개정]
제825조 (혼인취소와 손해배상청구권) 제806조의 규정은 혼인의 무효 또는 취소의 경우에 준용한다.

(4) 재산분할청구

가사소송법 제2조 제1항 2. 나. 4호, "민법 제839조의2 제2항(…혼인의 취소를 원인으로 하는 경우를 포함한다)의 규정에 의한 재산분할에 관한 처분

☞ 가사소송법 [시행 2023. 10. 19.] [법률 제19354호, 2023. 4. 18., 타법개정]
제2조 (가정법원의 관장 사항) ① 다음 각 호의 사항(이하 "가사사건"이라 한다)에 대한 심리(審理)와 재판은 가정법원의 전속관할(專屬管轄)로 한다. <개정 2013. 4. 5., 2013. 7. 30., 2014. 10. 15., 2016. 12. 2., 2017. 10. 31.>
  2. 가사비송사건
    나. 마류(類) 사건
      4) 「민법」 제839조의2제2항(같은 법 제843조에 따라 준용되는 경우 및 혼인의 취소를 원인으로 하는 경우를 포함한다)에 따른 재산 분할에 관한 처분

> ☞ 민법 [시행 2024. 5. 17.] [법률 제19409호, 2023. 5. 16., 타법개정]
> 제839조의2 (재산분할청구권) ① 협의상 이혼한 자의 일방은 다른 일방에 대하여 재산분할을 청구할 수 있다.
> ② 제1항의 재산분할에 관하여 협의가 되지 아니하거나 협의할 수 없는 때에는 가정법원은 당사자의 청구에 의하여 당사자 쌍방의 협력으로 이룩한 재산의 액수 기타 사정을 참작하여 분할의 액수와 방법을 정한다.
> ③ 제1항의 재산분할청구권은 이혼한 날부터 2년을 경과한 때에는 소멸한다.
> [본조신설 1990. 1. 13.]

마. 조정전치주의

혼인을 취소하는 대신, 일방이 타방에게 위자료를 지급하고 협의이혼하도록 하는 것과 같이, 간접적이고 우회적인 조정을 한다.

3. 관할

가. 토지관할은 혼인무효의 소와 동일
나. 가정법원 단독판사의 사물관할에 속한다(사물관할규칙 제3조)

> ☞ 민사 및 가사소송의 사물관할에 관한 규칙 [시행 2023. 3. 1.] [대법원규칙 제3088호, 2023. 1. 31., 일부개정]
> 제3조 (가정법원 및 그 지원 합의부의 심판범위) 가정법원 및 가정법원지원의 합의부는 「가사소송법」 제2조제1항, 제2항의 사건 중 다음 사건을 제1심으로 심판한다. <신설 1990. 12. 31., 1991. 8. 3., 1997. 12. 31., 2002. 6. 28., 2015. 7. 28., 2016. 2. 19., 2016. 11. 1., 2023. 1. 31.>
> 1. 소송목적의 값이 5억원을 초과하는 다류 가사소송사건.다만, 단독판사가 심판할 것으로 합의부가 결정한 사건을 제외한다.
> 2. 「가사소송법」 제2조제1항제2호 나목 9), 10) 사건 및 4) 사건 중 청구목적의 값이 5억원을 초과하는 사건. 다만, 단독판사가 심판할 것으로 합의부가 결정한 사건을 제외한다.
> 2의2. 다류 가사소송사건과 「가사소송법」 제2조제1항제2호 나목 4) 사건을 병합한 사건으로서 그 소송목적의 값과 청구목적의 값을 더한 금액이 5억원을 초과

> 하는 사건. 다만, 단독판사가 심판할 것으로 합의부가 결정한 사건을 제외한다.
> 3. 제1호부터 제2호의2까지 본문에 해당하지 아니하는 사건으로서 합의부가 심판할 것으로 합의부가 결정한 사건.
> [제2조제2항에서 이동 <2001. 2. 10.>]

가. 제척기간

혼인취소의 사유에 따라서는 제적기간의 제한을 받는 바, 기간이 경과한 후에는 취소불가

> ① 동의 없는 혼인 : 당사자가 19세에 달한 후 또는 성년후견종료 심판이 있은 후 3월이 경과하거나 혼인 중에 포태한 때(민 제819조)
> ② 근친혼 : 당사자가 혼인 중 포태한 때(민 제820조)
> ③ 혼인을 계속할 수 없는 악질, 그 밖을 중대한 사유 있는 경우 : 그 사유 있음을 안 날부터 6월을 경과한 때(민 제82조)
> ④ 사기, 강박으로 인한 혼인의사표시의 경우 : 사기를 안 날 또는 강박을 면한 날로부터 3월을 경과한 때(민 제823조)

4. 판결 등

가. 청구인용판결의 주문

『원고와 피고 사이에 20 . . . 서울 서초구청장에게 신고하여 혼인을 취소한다.』

5. 혼인취소 관련 서식

[서식 1] 혼인취소의 소 (부에게 의처증과 알콜중독증이 있어 부부생활을 계속할 수 없는 사유가 있음을 알지 못했다는 이유로 부를 상대로 혼인취소의 소를 제기하는 경우)

혼인의 취소청구

원　　고　　홍 길 동 (전화　　　　　)
　　　　　　서기 19○○년 ○월 ○일생
　　　　　　등록기준지
　　　　　　주소　　　　(우편번호　　　　)

피　　고　　김 갑 순
　　　　　　서기 19○○년 ○월 ○일생
　　　　　　등록기준지
　　　　　　주소　　　　(우편번호　　　　)

청 구 취 지

원고와 피고의 혼인신고(20 ○○년 ○월 ○일 ○○시 ○○구청장 접수)는 이를 취소한다.
라는 판결을 구합니다.

청 구 원 인

1. 원고와 피고는 소외 ○○○의 중매로 20 ○○년 ○월 ○일 결혼식을 올리고 20 ○○년 ○월 ○일 혼인신고를 마친 법률상의 부부입니다.
2. 피고는 20 ○○년 ○월 ○일 무단가출하여 며칠씩 그 행방을 감추는가 하면 헛소리를 하는 등 정신병자이고 알고본 즉, 결혼전에는 정신분열증으로 ○○정신병원에 입원한 사실도 있으며, 갈수록 증세가 심하여 앞으로 결혼생활을 같이 할 수 없는 실정입니다.
3. 위와 같이 피고는 결혼전부터 악질이 있음에도 불구하고 이를 숨기고 원고와 결혼하였으므로 청구취지와 같이 이건 청구에 이르렀습니다.

첨 부 서 류

1. 가족관계증명서　　　　　　　　　　　　1통
2. 주민등록등본　　　　　　　　　　　　　1통
3. 입원사실증명서　　　　　　　　　　　　1통
4. 진단서　　　　　　　　　　　　　　　　1통
5. 혼인관계증명서　　　　　　　　　　　　1통
6. 원고와 피고사이의 미성년자녀가 있는 경우
   그 자녀 각자의 기본증명서, 가족관계증명서　1통

20○○. ○. ○.

위 원고 ○ ○ ○　(인)

제7장 관련 법령

1. 민법 [시행 2021. 1. 26.] [법률 제17905호, 2021. 1. 26., 일부개정]

제4편 친 족

제3장 혼 인

제1절 약혼

제800조 (약혼의 자유) 성년에 달한 자는 자유로 약혼할 수 있다.

제801조(약혼연령) 18세가 된 사람은 부모나 미성년후견인의 동의를 받아 약혼할 수 있다. 이 경우 제808조를 준용한다. [전문개정 2011. 3. 7.]

제802조 (성년후견과 약혼) 피성년후견인은 부모나 성년후견인의 동의를 받아 약혼할 수 있다. 이 경우 제808조를 준용한다. [전문개정 2011. 3. 7.]

제803조 (약혼의 강제이행금지) 약혼은 강제이행을 청구하지 못한다.

제804조 (약혼해제의 사유) 당사자 한쪽에 다음 각 호의 어느 하나에 해당하는 사유가 있는 경우에는 상대방은 약혼을 해제할 수 있다.
1. 약혼 후 자격정지 이상의 형을 선고받은 경우
2. 약혼 후 성년후견개시나 한정후견개시의 심판을 받은 경우
3. 성병, 불치의 정신병, 그 밖의 불치의 병질(病疾)이 있는 경우
4. 약혼 후 다른 사람과 약혼이나 혼인을 한 경우
5. 약혼 후 다른 사람과 간음(姦淫)한 경우
6. 약혼 후 1년 이상 생사(生死)가 불명한 경우
7. 정당한 이유 없이 혼인을 거절하거나 그 시기를 늦추는 경우
8. 그 밖에 중대한 사유가 있는 경우

[전문개정 2011. 3. 7.]

제805조 (약혼해제의 방법) 약혼의 해제는 상대방에 대한 의사표시로 한다. 그러나 상대방에 대하여 의사표시를 할 수 없는 때에는 그 해제의 원인있음을 안 때에 해제된 것으로 본다.

제806조 (약혼해제와 손해배상청구권) ① 약혼을 해제한 때에는 당사자 일방은 과실있는 상대방에 대하여 이로 인한 손해의 배상을 청구할 수 있다.
② 전항의 경우에는 재산상 손해외에 정신상 고통에 대하여도 손해배상의 책임이 있다.
③ 정신상 고통에 대한 배상청구권은 양도 또는 승계하지 못한다. 그러나 당사자간에 이미 그 배상에 관한 계약이 성립되거나 소를 제기한 후에는 그러하지 아니하다.

제4절 혼인의 효력

제1관 일반적 효력

제826조 (부부간의 의무) ① 부부는 동거하며 서로 부양하고 협조하여야 한다. 그러나 정당한 이유로 일시적으로 동거하지 아니하는 경우에는 서로 인용하여야 한다.
② 부부의 동거장소는 부부의 협의에 따라 정한다. 그러나 협의가 이루어지지 아니하는 경우에는 당사자의 청구에 의하여 가정법원이 이를 정한다. <개정 1990. 1. 13.>
③ 삭제 <2005. 3. 31.>
④ 삭제 <2005. 3. 31.>

제826조의2 (성년의제) 미성년자가 혼인을 한 때에는 성년자로 본다.
[본조신설 1977. 12. 31.]

제827조 (부부간의 가사대리권) ① 부부는 일상의 가사에 관하여 서로 대리권이 있다.
② 전항의 대리권에 가한 제한은 선의의 제삼자에게 대항하지 못한다.

제2관 재산상 효력

제830조 (특유재산과 귀속불명재산) ① 부부의 일방이 혼인전부터 가진 고유재산과 혼인중 자기의 명의로 취득한 재산은 그 특유재산으로 한다.
② 부부의 누구에게 속한 것인지 분명하지 아니한 재산은 부부의 공유로 추정한다. <개정 1977. 12. 31.>

제831조 (특유재산의 관리 등) 부부는 그 특유재산을 각자 관리, 사용, 수익한다.

제832조 (가사로 인한 채무의 연대책임) 부부의 일방이 일상의 가사에 관하여 제삼자와 법률행위를 한 때에는 다른 일방은 이로 인한 채무에 대하여 연대책임이 있다. 그러나 이미 제삼자에 대하여 다른 일방의 책임없음을 명시한 때에는 그러하지 아니하다.

제833조 (생활비용) 부부의 공동생활에 필요한 비용은 당사자간에 특별한 약정이 없으면 부부가 공동으로 부담한다.
[전문개정 1990. 1. 13.]

제5절 이혼

제1관 협의상 이혼

제837조 (이혼과 자의 양육책임) ① 당사자는 그 자의 양육에 관한 사항을 협의에 의하여 정한다. <개정 1990. 1. 13.>
② 제1항의 협의는 다음의 사항을 포함하여야 한다. <개정 2007. 12. 21.>
   1. 양육자의 결정
   2. 양육비용의 부담
   3. 면접교섭권의 행사 여부 및 그 방법
③ 제1항에 따른 협의가 자(子)의 복리에 반하는 경우에는 가정법원은 보정을 명하거나 직권으로 그 자(子)의 의사(意思)·나이와 부모의 재산상황, 그 밖의 사정을 참작하여 양육에 필요한 사항을 정한다. <개정 2007. 12. 21., 2022. 12. 27.>
④ 양육에 관한 사항의 협의가 이루어지지 아니하거나 협의할 수 없는 때에는 가정법원은 직권으로 또는 당사자의 청구에 따라 이에 관하여 결정한다. 이 경우 가정법원은 제3항의 사정을 참작하여야 한다. <신설 2007. 12. 21.>
⑤ 가정법원은 자(子)의 복리를 위하여 필요하다고 인정하는 경우에는 부·모·자(子) 및 검사의 청구 또는 직권으로 자(子)의 양육에 관한 사항을 변경하거나 다른 적당한 처분을 할 수 있다. <신설 2007. 12. 21.>
⑥ 제3항부터 제5항까지의 규정은 양육에 관한 사항 외에는 부모의 권리의무에 변경을 가져오지 아니한다. <신설 2007. 12. 21.>

제837조의2 (면접교섭권) ① 자(子)를 직접 양육하지 아니하는 부모의 일방과 자(子)는 상호 면접교섭할 수 있는 권리를 가진다. <개정 2007. 12. 21.>

② 자(子)를 직접 양육하지 아니하는 부모 일방의 직계존속은 그 부모 일방이 사망하였거나 질병, 외국거주, 그 밖에 불가피한 사정으로 자(子)를 면접교섭할 수 없는 경우 가정법원에 자(子)와의 면접교섭을 청구할 수 있다. 이 경우 가정법원은 자(子)의 의사(意思), 면접교섭을 청구한 사람과 자(子)의 관계, 청구의 동기, 그 밖의 사정을 참작하여야 한다. <신설 2016. 12. 2.>

③ 가정법원은 자의 복리를 위하여 필요한 때에는 당사자의 청구 또는 직권에 의하여 면접교섭을 제한·배제·변경할 수 있다. <개정 2005. 3. 31., 2016. 12. 2.>

[본조신설 1990. 1. 13.]

제839조의2 (재산분할청구권) ① 협의상 이혼한 자의 일방은 다른 일방에 대하여 재산분할을 청구할 수 있다.

② 제1항의 재산분할에 관하여 협의가 되지 아니하거나 협의할 수 없는 때에는 가정법원은 당사자의 청구에 의하여 당사자 쌍방의 협력으로 이룩한 재산의 액수 기타 사정을 참작하여 분할의 액수와 방법을 정한다.

③ 제1항의 재산분할청구권은 이혼한 날부터 2년을 경과한 때에는 소멸한다.

[본조신설 1990. 1. 13.]

제2관 재판상 이혼

제840조 (재판상 이혼원인) 부부의 일방은 다음 각호의 사유가 있는 경우에는 가정법원에 이혼을 청구할 수 있다. <개정 1990. 1. 13.>
1. 배우자에 부정한 행위가 있었을 때
2. 배우자가 악의로 다른 일방을 유기한 때
3. 배우자 또는 그 직계존속으로부터 심히 부당한 대우를 받았을 때
4. 자기의 직계존속이 배우자로부터 심히 부당한 대우를 받았을 때
5. 배우자의 생사가 3년 이상 분명하지 아니한 때
6. 기타 혼인을 계속하기 어려운 중대한 사유가 있을 때

제841조 (부정으로 인한 이혼청구권의 소멸) 전조제1호의 사유는 다른 일방이 사전동의나 사후 용서를 한 때 또는 이를 안 날로부터 6월, 그 사유있는 날로부터 2년을 경과한 때에는 이혼을 청구하지 못한다.

제842조 (기타 원인으로 인한 이혼청구권의 소멸) 제840조제6호의 사유는 다른 일방이 이를 안 날로부터 6월, 그 사유있은 날로부터 2년을 경과하면 이혼을 청구하지 못한다.

제843조 (준용규정) 재판상 이혼에 따른 손해배상책임에 관하여는 제806조를 준용하고, 재판상 이혼에 따른 자녀의 양육책임 등에 관하여는 제837조를 준용하며, 재판상 이혼에 따른 면접교섭권에 관하여는 제837조의2를 준용하고, 재판상 이혼에 따른 재산분할청구권에 관하여는 제839조의2를 준용하며, 재판상 이혼에 따른 재산분할청구권 보전을 위한 사해행위취소권에 관하여는 제839조의3을 준용한다. [전문개정 2012. 2. 10.]

제3절 친권

제1관 총칙

제909조 (친권자) ① 부모는 미성년자인 자의 친권자가 된다. 양자의 경우에는 양부모(養父母)가 친권자가 된다. <개정 2005. 3. 31.>
② 친권은 부모가 혼인중인 때에는 부모가 공동으로 이를 행사한다. 그러나 부모의 의견이 일치하지 아니하는 경우에는 당사자의 청구에 의하여 가정법원이 이를 정한다.
③ 부모의 일방이 친권을 행사할 수 없을 때에는 다른 일방이 이를 행사한다.
④ 혼인외의 자가 인지된 경우와 부모가 이혼하는 경우에는 부모의 협의로 친권자를 정하여야 하고, 협의할 수 없거나 협의가 이루어지지 아니하는 경우에는 가정법원은 직권으로 또는 당사자의 청구에 따라 친권자를 지정하여야 한다. 다만, 부모의 협의가 자(子)의 복리에 반하는 경우에는 가정법원은 보정을 명하거나 직권으로 친권자를 정한다. <개정 2005. 3. 31., 2007. 12. 21.>
⑤ 가정법원은 혼인의 취소, 재판상 이혼 또는 인지청구의 소의 경우에는 직권으로 친권자를 정한다. <개정 2005. 3. 31.>
⑥ 가정법원은 자의 복리를 위하여 필요하다고 인정되는 경우에는 자의 4촌 이내의 친족의 청구에 의하여 정하여진 친권자를 다른 일방으로 변경할 수 있다. <신설 2005. 3. 31.>
[전문개정 1990. 1. 13.]

제912조 (친권 행사와 친권자 지정의 기준) ① 친권을 행사함에 있어서는 자의 복리를 우선적으로 고려하여야 한다. <개정 2011. 5. 19.>
② 가정법원이 친권자를 지정함에 있어서는 자(子)의 복리를 우선적으로 고려하여야 한다.

이를 위하여 가정법원은 관련 분야의 전문가나 사회복지기관으로부터 자문을 받을 수 있다. <신설 2011. 5. 19.>
[본조신설 2005. 3. 31.] [제목개정 2011. 5. 19.]

제7장 부양

제974조 (부양의무) 다음 각호의 친족은 서로 부양의 의무가 있다.
1. 직계혈족 및 그 배우자간
2. 삭제 <1990. 1. 13.>
3. 기타 친족간(生計를 같이 하는 境遇에 限한다.)

제975조 (부양의무와 생활능력) 부양의 의무는 부양을 받을 자가 자기의 자력 또는 근로에 의하여 생활을 유지할 수 없는 경우에 한하여 이를 이행할 책임이 있다.

제976조 (부양의 순위) ① 부양의 의무있는 자가 수인인 경우에 부양을 할 자의 순위에 관하여 당사자간에 협정이 없는 때에는 법원은 당사자의 청구에 의하여 이를 정한다. 부양을 받을 권리자가 수인인 경우에 부양의무자의 자력이 그 전원을 부양할 수 없는 때에도 같다.
② 전항의 경우에 법원은 수인의 부양의무자 또는 권리자를 선정할 수 있다.

제977조 (부양의 정도, 방법) 부양의 정도 또는 방법에 관하여 당사자간에 협정이 없는 때에는 법원은 당사자의 청구에 의하여 부양을 받을 자의 생활정도와 부양의무자의 자력 기타 제반사정을 참작하여 이를 정한다.

제978조 (부양관계의 변경 또는 취소) 부양을 할 자 또는 부양을 받을 자의 순위, 부양의 정도 또는 방법에 관한 당사자의 협정이나 법원의 판결이 있은 후 이에 관한 사정변경이 있는 때에는 법원은 당사자의 청구에 의하여 그 협정이나 판결을 취소 또는 변경할 수 있다.

제5편 상 속

제1장 상속

제2절 상속인 <개정 1990. 1. 13.>

제1000조 (상속의 순위) ① 상속에 있어서는 다음 순위로 상속인이 된다. <개정 1990. 1. 13.>
1. 피상속인의 직계비속
2. 피상속인의 직계존속
3. 피상속인의 형제자매
4. 피상속인의 4촌 이내의 방계혈족

② 전항의 경우에 동순위의 상속인이 수인인 때에는 최근친을 선순위로 하고 동친등의 상속인이 수인인 때에는 공동상속인이 된다.
③ 태아는 상속순위에 관하여는 이미 출생한 것으로 본다. <개정 1990. 1. 13.> [제목개정 1990. 1. 13.]

제1001조 (대습상속) 전조제1항제1호와 제3호의 규정에 의하여 상속인이 될 직계비속 또는 형제자매가 상속개시전에 사망하거나 결격자가 된 경우에 그 직계비속이 있는 때에는 그 직계비속이 사망하거나 결격된 자의 순위에 갈음하여 상속인이 된다. <개정 2014. 12. 30.>

제1003조 (배우자의 상속순위) ① 피상속인의 배우자는 제1000조제1항제1호와 제2호의 규정에 의한 상속인이 있는 경우에는 그 상속인과 동순위로 공동상속인이 되고 그 상속인이 없는 때에는 단독상속인이 된다. <개정 1990. 1. 13.>
② 제1001조의 경우에 상속개시전에 사망 또는 결격된 자의 배우자는 동조의 규정에 의한 상속인과 동순위로 공동상속인이 되고 그 상속인이 없는 때에는 단독상속인이 된다. <개정 1990. 1. 13.>
[제목개정 1990. 1. 13.]

제1004조 (상속인의 결격사유) 다음 각 호의 어느 하나에 해당한 자는 상속인이 되지 못한다. <개정 1990. 1. 13., 2005. 3. 31.>
1. 고의로 직계존속, 피상속인, 그 배우자 또는 상속의 선순위나 동순위에 있는 자를

살해하거나 살해하려 한 자
2. 고의로 직계존속, 피상속인과 그 배우자에게 상해를 가하여 사망에 이르게 한 자
3. 사기 또는 강박으로 피상속인의 상속에 관한 유언 또는 유언의 철회를 방해한 자
4. 사기 또는 강박으로 피상속인의 상속에 관한 유언을 하게 한 자
5. 피상속인의 상속에 관한 유언서를 위조·변조·파기 또는 은닉한 자

제3절 상속의 효력 <개정 1990. 1. 13.>

제1관 일반적 효력

제1005조 (상속과 포괄적 권리의무의 승계) 상속인은 상속개시된 때로부터 피상속인의 재산에 관한 포괄적 권리의무를 승계한다. 그러나 피상속인의 일신에 전속한 것은 그러하지 아니하다. <개정 1990. 1. 13.>

제1006조 (공동상속과 재산의 공유) 상속인이 수인인 때에는 상속재산은 그 공유로 한다. <개정 1990. 1. 13.>

제1007조 (공동상속인의 권리의무승계) 공동상속인은 각자의 상속분에 응하여 피상속인의 권리의무를 승계한다.

제1008조 (특별수익자의 상속분) 공동상속인 중에 피상속인으로부터 재산의 증여 또는 유증을 받은 자가 있는 경우에 그 수증재산이 자기의 상속분에 달하지 못한 때에는 그 부족한 부분의 한도에서 상속분이 있다. <개정 1977. 12. 31.>

제1008조의2 (기여분) ① 공동상속인 중에 상당한 기간 동거·간호 그 밖의 방법으로 피상속인을 특별히 부양하거나 피상속인의 재산의 유지 또는 증가에 특별히 기여한 자가 있을 때에는 상속개시 당시의 피상속인의 재산가액에서 공동상속인의 협의로 정한 그 자의 기여분을 공제한 것을 상속재산으로 보고 제1009조 및 제1010조에 의하여 산정한 상속분에 기여분을 가산한 액으로써 그 자의 상속분으로 한다. <개정 2005. 3. 31.>
② 제1항의 협의가 되지 아니하거나 협의할 수 없는 때에는 가정법원은 제1항에 규정된 기여자의 청구에 의하여 기여의 시기·방법 및 정도와 상속재산의 액 기타의 사정을 참작하여 기여분을 정한다.
③ 기여분은 상속이 개시된 때의 피상속인의 재산가액에서 유증의 가액을 공제한 액을 넘

지 못한다.
④ 제2항의 규정에 의한 청구는 제1013조제2항의 규정에 의한 청구가 있을 경우 또는 제1014조에 규정하는 경우에 할 수 있다.
[본조신설 1990. 1. 13.]

제1008조의3 (분묘 등의 승계) 분묘에 속한 1정보 이내의 금양임야와 600평 이내의 묘토인 농지, 족보와 제구의 소유권은 제사를 주재하는 자가 이를 승계한다. [본조신설 1990. 1. 13.]

제2관 상속분

제1009조 (법정상속분) ① 동순위의 상속인이 수인인 때에는 그 상속분은 균분으로 한다. <개정 1977. 12. 31., 1990. 1. 13.>
② 피상속인의 배우자의 상속분은 직계비속과 공동으로 상속하는 때에는 직계비속의 상속분의 5할을 가산하고, 직계존속과 공동으로 상속하는 때에는 직계존속의 상속분의 5할을 가산한다. <개정 1990. 1. 13.>
③ 삭제 <1990. 1. 13.>

제1010조 (대습상속분) ① 제1001조의 규정에 의하여 사망 또는 결격된 자에 갈음하여 상속인이 된 자의 상속분은 사망 또는 결격된 자의 상속분에 의한다. <개성 2014. 12. 30.>
② 전항의 경우에 사망 또는 결격된 자의 직계비속이 수인인 때에는 그 상속분은 사망 또는 결격된 자의 상속분의 한도에서 제1009조의 규정에 의하여 이를 정한다. 제1003조제2항의 경우에도 또한 같다.

제3관 상속재산의 분할

제1012조 (유언에 의한 분할방법의 지정, 분할금지) 피상속인은 유언으로 상속재산의 분할방법을 정하거나 이를 정할 것을 제삼자에게 위탁할 수 있고 상속개시의 날로부터 5년을 초과하지 아니하는 기간내의 그 분할을 금지할 수 있다.

제1013조 (협의에 의한 분할) ① 전조의 경우외에는 공동상속인은 언제든지 그 협의에 의하여 상속재산을 분할할 수 있다.
② 제269조의 규정은 전항의 상속재산의 분할에 준용한다.

제1014조 (분할후의 피인지자 등의 청구권) 상속개시후의 인지 또는 재판의 확정에 의하여 공동상속인이 된 자가 상속재산의 분할을 청구할 경우에 다른 공동상속인이 이미 분할 기타 처분을 한 때에는 그 상속분에 상당한 가액의 지급을 청구할 권리가 있다.

제1015조 (분할의 소급효) 상속재산의 분할은 상속개시된 때에 소급하여 그 효력이 있다. 그러나 제삼자의 권리를 해하지 못한다.

2. 가사소송법 [시행 2023. 10. 19.] [법률 제19354호, 2023. 4. 18., 타법개정]

제1조 (목적) 이 법은 인격의 존엄과 남녀 평등을 기본으로 하고 가정의 평화 및 친족 간에 서로 돕는 미풍양속을 보존하고 발전시키기 위하여 가사(家事)에 관한 소송(訴訟)과 비송(非訟) 및 조정(調停)에 대한 절차의 특례를 규정함을 목적으로 한다. [전문개정 2010. 3. 31.]

제2조 (가정법원의 관장 사항) ① 다음 각 호의 사항(이하 "가사사건"이라 한다)에 대한 심리(審理)와 재판은 가정법원의 전속관할(專屬管轄)로 한다. <개정 2013. 4. 5., 2013. 7. 30., 2014. 10. 15., 2016. 12. 2., 2017. 10. 31.>
  1. 가사소송사건
    가. 가류(類) 사건
      1) 혼인의 무효
      2) 이혼의 무효
      3) 인지(認知)의 무효
      4) 친생자관계 존부 확인(親生子關係 存否 確認)
      5) 입양의 무효
      6) 파양(罷養)의 무효
    나. 나류(類) 사건
      1) 사실상 혼인관계 존부 확인
      2) 혼인의 취소
      3) 이혼의 취소
      4) 재판상 이혼
      5) 아버지의 결정
      6) 친생부인(親生否認)
      7) 인지의 취소
      8) 인지에 대한 이의(異議)
      9) 인지청구
      10) 입양의 취소
      11) 파양의 취소
      12) 재판상 파양
      13) 친양자(親養子) 입양의 취소
      14) 친양자의 파양

다. 다류(類) 사건

1) 약혼 해제(解除) 또는 사실혼관계 부당 파기(破棄)로 인한 손해배상청구(제3자에 대한 청구를 포함한다) 및 원상회복의 청구
2) 혼인의 무효·취소, 이혼의 무효·취소 또는 이혼을 원인으로 하는 손해배상 청구(제3자에 대한 청구를 포함한다) 및 원상회복의 청구
3) 입양의 무효·취소, 파양의 무효·취소 또는 파양을 원인으로 하는 손해배상 청구(제3자에 대한 청구를 포함한다) 및 원상회복의 청구
4) 「민법」 제839조의3에 따른 재산분할청구권 보전을 위한 사해행위(詐害行爲) 취소 및 원상회복의 청구

2. 가사비송사건

가. 라류(類) 사건

1) 「민법」 제9조제1항, 제11조, 제14조의3제2항 및 제959조의20에 따른 성년후견 개시의 심판과 그 종료의 심판
1)의2 「민법」 제10조제2항 및 제3항에 따른 취소할 수 없는 피성년후견인의 법률행위의 범위 결정 및 그 변경
1)의3 「민법」 제12조제1항, 제14조, 제14조의3제1항 및 제959조의20에 따른 한정후견 개시의 심판과 그 종료의 심판
1)의4 「민법」 제13조제1항부터 제3항까지의 규정에 따른 피한정후견인이 한정후견인의 동의를 받아야 하는 행위의 범위 결정과 그 변경 및 한정후견인의 동의를 갈음하는 허가
1)의5 「민법」 제14조의2, 제14조의3 및 제959조의20에 따른 특정후견의 심판과 그 종료의 심판
2) 「민법」 제22조부터 제26조까지의 규정에 따른 부재자 재산의 관리에 관한 처분
2)의2 「민법」 제909조의2제5항에 따라 친권자 또는 미성년후견인의 임무를 대행할 사람(이하 "임무대행자"라 한다)의 같은 법 제25조에 따른 권한을 넘는 행위의 허가
3) 「민법」 제27조부터 제29조까지의 규정에 따른 실종의 선고와 그 취소
4) 「민법」 제781조제4항에 따른 성(姓)과 본(本)의 창설 허가
5) 「민법」 제781조제5항에 따른 자녀의 종전 성과 본의 계속사용허가
6) 「민법」 제781조제6항에 따른 자녀의 성과 본의 변경허가
7) 「민법」 제829조제2항 단서에 따른 부부재산약정의 변경에 대한 허가
7)의2 「민법」 제854조의2에 따른 친생부인의 허가
7)의3 「민법」 제855조의2제1항 및 제2항에 따른 인지의 허가

8) 「민법」 제867조에 따른 미성년자의 입양에 대한 허가
8)의2 「민법」 제873조제2항에 따라 준용되는 같은 법 제867조에 따른 피성년후견인이 입양을 하거나 양자가 되는 것에 대한 허가
9) 「민법」 제871조제2항에 따른 부모의 동의를 갈음하는 심판
10) 삭제 <2013. 7. 30.>
11) 「민법」 제906조제1항 단서에 따른 양자의 친족 또는 이해관계인의 파양 청구에 대한 허가
12) 「민법」 제908조의2에 따른 친양자 입양의 허가
13) 「민법」 제909조제2항 단서에 따른 친권 행사 방법의 결정
13)의2 「민법」 제909조의2제1항부터 제5항까지(같은 법 제927조의2제1항 각 호 외의 부분 본문에 따라 준용되는 경우를 포함한다)에 따른 친권자의 지정, 미성년후견인의 선임 및 임무대행자의 선임
13)의3 「민법」 제909조의2제6항에 따른 후견의 종료 및 친권자의 지정
14) 삭제 <2021. 1. 26.>
15) 「민법」 제918조(같은 법 제956조에 따라 준용되는 경우를 포함한다)에 따른 재산관리인의 선임(選任) 또는 개임(改任)과 재산관리에 관한 처분
16) 「민법」 제921조(「민법」 제949조의3에 따라 준용되는 경우를 포함한다)에 따른 특별대리인의 선임
17) 「민법」 제927조에 따른 친권자의 법률행위 대리권 및 재산관리권의 사퇴(辭退) 또는 회복에 대한 허가
17)의2 「민법」 제927조의2제2항에 따른 친권자의 지정
17)의3 「민법」 제931조제2항에 따른 후견의 종료 및 친권자의 지정
18) 「민법」 제932조, 제936조제1항부터 제3항까지, 제940조, 제959조의3 및 제959조의9에 따른 미성년후견인·성년후견인·한정후견인·특정후견인의 선임 또는 변경
18)의2 「민법」 제938조제2항부터 제4항까지의 규정에 따른 성년후견인의 법정대리권의 범위 결정과 그 변경 및 성년후견인이 피성년후견인의 신상에 관하여 결정할 수 있는 권한의 범위 결정과 그 변경
18)의3 「민법」 제940조의7에 따라 준용되는 제940조와 제940조의3, 제940조의4, 제959조의5 및 제959조의10에 따른 미성년후견감독인·성년후견감독인·한정후견감독인·특정후견감독인의 선임 또는 변경
19) 「민법」 제939조(「민법」 제940조의7, 제959조의3제2항, 제959조의5제2항, 제959조의9제2항, 제959조의10제2항에 따라 준용되는 경우 및 제959조의16제3항에 따라 준용되는 제940조의7에 따라 다시 준용되는 경우를 포함

한다)에 따른 미성년후견인·성년후견인·한정후견인·특정후견인·미성년후견감독인·성년후견감독인·한정후견감독인·특정후견감독인·임의후견감독인의 사임에 대한 허가

20) 「민법」 제941조제1항 단서(같은 법 제948조에 따라 준용되는 경우를 포함한다)에 따른 후견인의 재산 목록 작성을 위한 기간의 연장허가

21) 「민법」 제947조의2제2항(「민법」 제959조의6에 따라 준용되는 경우를 포함한다)에 따른 피성년후견인 또는 피한정후견인의 격리에 대한 허가 및 「민법」 제947조의2제4항(「민법」 제940조의7, 제959조의5제2항 및 제959조의6에 따라 준용되는 경우를 포함한다)에 따른 피미성년후견인, 피성년후견인 또는 피한정후견인에 대한 의료행위의 동의에 대한 허가

21)의2 「민법」 제947조의2제5항(「민법」 제940조의7, 제959조의5제2항 및 제959조의6에 따라 준용되는 경우를 포함한다)에 따른 피미성년후견인, 피성년후견인 또는 피한정후견인이 거주하는 건물 또는 그 대지에 대한 매도 등에 대한 허가

21)의3 「민법」 제949조의2(「민법」 제940조의7, 제959조의5제2항, 제959조의6, 제959조의10제2항, 제959조의12에 따라 준용되는 경우 및 제959조의16제3항에 따라 준용되는 제940조의7에 따라 다시 준용되는 경우를 포함한다)에 따른 여러 명의 성년후견인·한정후견인·특정후견인·성년후견감독인·한정후견감독인·특정후견감독인·임의후견감독인의 권한 행사에 관한 결정과 그 변경 또는 취소 및 성년후견인·한정후견인·특정후견인·성년후견감독인·한정후견감독인·특정후견감독인·임의후견감독인의 의사표시를 갈음하는 재판

21)의4 「민법」 제950조제2항(「민법」 제948조 및 제959조의6에 따라 준용되는 경우를 포함한다)에 따른 미성년후견감독인·성년후견감독인·한정후견감독인의 동의를 갈음하는 허가

22) 「민법」 제954조(「민법」 제948조, 제959조의6 및 제959조의12에 따라 준용되는 경우를 포함한다)에 따른 피미성년후견인, 피성년후견인, 피한정후견인 또는 피특정후견인의 재산상황에 대한 조사 및 그 재산관리 등 후견임무 수행에 관하여 필요한 처분명령

22)의2 「민법」 제909조의2제5항에 따라 준용되는 같은 법 제954조에 따른 미성년자의 재산상황에 대한 조사 및 그 재산관리 등 임무대행자의 임무 수행에 관하여 필요한 처분명령

23) 「민법」 제955조(「민법」 제940조의7, 제948조, 제959조의5제2항, 제959조의6, 제959조의10제2항, 제959조의12에 따라 준용되는 경우 및 제

959조의16제3항에 따라 준용되는 제940조의7에 따라 다시 준용되는 경우를 포함한다)에 따른 미성년후견인·성년후견인·한정후견인·특정후견인·미성년후견감독인·성년후견감독인·한정후견감독인·특정후견감독인·임의후견감독인에 대한 보수(報酬)의 수여

24) 「민법」 제957조제1항 단서(「민법」 제959조의7 및 제959조의13에 따라 준용되는 경우를 포함한다)에 따른 후견 종료 시 관리계산기간의 연장허가

24)의2 「민법」 제959조의4에 따른 한정후견인에게 대리권을 수여하는 심판과 그 범위 변경 및 한정후견인이 피한정후견인의 신상에 관하여 결정할 수 있는 권한의 범위 결정과 그 변경

24)의3 「민법」 제959조의8에 따른 피특정후견인의 후원을 위하여 필요한 처분명령

24)의4 「민법」 제959조의11에 따른 특정후견인에게 대리권을 수여하는 심판

24)의5 「민법」 제959조의16제3항에 따라 준용되는 제940조의7에 따라 다시 준용되는 제940조 및 제959조의15제1항·제3항·제4항에 따른 임의후견감독인의 선임 또는 변경

24)의6 「민법」 제959조의16제2항에 따른 임의후견감독인에 대한 감독사무에 관한 보고 요구, 임의후견인의 사무 또는 본인의 재산상황에 대한 조사명령 또는 임의후견감독인의 직무에 관하여 필요한 처분명령

24)의7 「민법」 제959조의17제2항에 따른 임의후견인의 해임

24)의8 「민법」 제959조의18제2항에 따른 후견계약 종료의 허가

25) 삭제 <2013. 4. 5.>

26) 삭제 <2013. 4. 5.>

27) 삭제 <2013. 4. 5.>

28) 삭제 <2013. 4. 5.>

29) 삭제 <2013. 4. 5.>

30) 「민법」 제1019조제1항 단서에 따른 상속의 승인 또는 포기를 위한 기간의 연장허가

31) 「민법」 제1023조(같은 법 제1044조에 따라 준용되는 경우를 포함한다)에 따른 상속재산 보존을 위한 처분

32) 「민법」 제1024조제2항, 제1030조 및 제1041조에 따른 상속의 한정승인신고 또는 포기신고의 수리(受理)와 한정승인 취소신고 또는 포기 취소신고의 수리

33) 「민법」 제1035조제2항(같은 법 제1040조제3항, 제1051조제3항 및 제1056조제2항에 따라 준용되는 경우를 포함한다) 및 제1113조제2항에 따른

감정인(鑑定人)의 선임
- 34) 「민법」 제1040조제1항에 따른 공동상속재산을 위한 관리인의 선임
- 35) 「민법」 제1045조에 따른 상속재산의 분리
- 36) 「민법」 제1047조에 따른 상속재산 분리 후의 상속재산 관리에 관한 처분
- 37) 「민법」 제1053조에 따른 관리인의 선임 및 그 공고와 재산관리에 관한 처분
- 38) 「민법」 제1057조에 따른 상속인 수색(搜索)의 공고
- 39) 「민법」 제1057조의2에 따른 상속재산의 분여(分與)
- 40) 「민법」 제1070조제2항에 따른 유언의 검인(檢認)
- 41) 「민법」 제1091조에 따른 유언의 증서 또는 녹음(錄音)의 검인
- 42) 「민법」 제1092조에 따른 유언증서의 개봉
- 43) 「민법」 제1096조에 따른 유언집행자의 선임 및 그 임무에 관한 처분
- 44) 「민법」 제1097조제2항에 따른 유언집행자의 승낙 또는 사퇴를 위한 통지의 수리
- 45) 「민법」 제1104조제1항에 따른 유언집행자에 대한 보수의 결정
- 46) 「민법」 제1105조에 따른 유언집행자의 사퇴에 대한 허가
- 47) 「민법」 제1106조에 따른 유언집행자의 해임
- 48) 「민법」 제1111조에 따른 부담(負擔) 있는 유언의 취소

나. 마류(類) 사건
- 1) 「민법」 제826조 및 제833조에 따른 부부의 동거·부양·협조 또는 생활비용의 부담에 관한 처분
- 2) 「민법」 제829조제3항에 따른 재산관리자의 변경 또는 공유재산(共有財産)의 분할을 위한 처분
- 3) 「민법」 제837조 및 제837조의2(같은 법 제843조에 따라 위 각 조항이 준용되는 경우 및 혼인의 취소 또는 인지를 원인으로 하는 경우를 포함한다)에 따른 자녀의 양육에 관한 처분과 그 변경, 면접교섭권(面接交渉權)의 처분 또는 제한·배제·변경
- 4) 「민법」 제839조의2제2항(같은 법 제843조에 따라 준용되는 경우 및 혼인의 취소를 원인으로 하는 경우를 포함한다)에 따른 재산 분할에 관한 처분
- 5) 「민법」 제909조제4항 및 제6항(혼인의 취소를 원인으로 하는 경우를 포함한다)에 따른 친권자의 지정과 변경
- 6) 「민법」 제922조의2에 따른 친권자의 동의를 갈음하는 재판
- 7) 「민법」 제924조, 제924조의2, 제925조 및 제926조에 따른 친권의 상실, 일시 정지, 일부 제한 및 그 실권 회복의 선고 또는 법률행위의 대리권과 재

산관리권의 상실 및 그 실권 회복의 선고
8) 「민법」 제976조부터 제978조까지의 규정에 따른 부양(扶養)에 관한 처분
9) 「민법」 제1008조의2제2항 및 제4항에 따른 기여분(寄與分)의 결정
10) 「민법」 제1013조제2항에 따른 상속재산의 분할에 관한 처분

② 가정법원은 다른 법률이나 대법원규칙에서 가정법원의 권한으로 정한 사항에 대하여도 심리·재판한다.

③ 제2항의 사건에 관한 절차는 법률이나 대법원규칙으로 따로 정하는 경우를 제외하고는 라류 가사비송사건의 절차에 따른다. [전문개정 2010. 3. 31.]

제4조 (제척·기피 및 회피) 법원 직원의 제척·기피 및 회피에 관한 「민사소송법」의 규정 중 법관에 관한 사항은 조정장(調停長)과 조정위원에 준용하고, 법원사무관등에 관한 사항은 가사조사관(家事調査官)에 준용한다. [전문개정 2010. 3. 31.]

제6조 (가사조사관) ① 가사조사관은 재판장, 조정장 또는 조정담당판사의 명을 받아 사실을 조사한다.

② 가사조사관의 사실조사 방법과 절차에 관한 사항은 대법원규칙으로 정한다.

[전문개정 2010. 3. 31.]

제7조 (본인 출석주의) ① 가정법원, 조정위원회 또는 조정담당판사의 변론기일, 심리기일 또는 조정기일에 소환을 받은 당사자 및 이해관계인은 본인 또는 법정대리인이 출석하여야 한다. 다만, 특별한 사정이 있을 때에는 재판장, 조정장 또는 조정담당판사의 허가를 받아 대리인을 출석하게 할 수 있고 보조인을 동반할 수 있다.

② 변호사 아닌 자가 대리인 또는 보조인이 되려면 미리 재판장, 조정장 또는 조정담당판사의 허가를 받아야 한다.

③ 재판장, 조정장 또는 조정담당판사는 언제든지 제1항 및 제2항의 허가를 취소할 수 있고, 본인이 법정대리인 또는 대리인과 함께 출석할 것을 명할 수 있다.

[전문개정 2010. 3. 31.]

제8조 (사실조사의 촉탁) 재판장, 조정장, 조정담당판사 또는 가사조사관은 사실조사를 위하여 필요한 경우에는 경찰 등 행정기관이나 그 밖에 상당하다고 인정되는 단체 또는 개인에게 사실의 조사를 촉탁하고 필요한 사항을 보고하도록 요구할 수 있다. [전문개정 2010. 3. 31.]

제9조 (가족관계등록부 기록 등의 촉탁) 가정법원은 대법원규칙으로 정하는 판결 또는 심판이 확정되거나 효력을 발생한 경우에는 대법원규칙으로 정하는 바에 따라 지체 없이 가족관계등록 사무를 처리하는 사람에게 가족관계등록부에 등록할 것을 촉탁하거나 후견등기 사무를 처리하는 사람에게 후견등기부에 등기할 것을 촉탁하여야 한다. <개정 2013. 4. 5.> [전문개정 2010. 3. 31.] [제목개정 2013. 4. 5.]

제10조 (보도 금지) 가정법원에서 처리 중이거나 처리한 사건에 관하여는 성명·연령·직업 및 용모 등을 볼 때 본인이 누구인지 미루어 짐작할 수 있는 정도의 사실이나 사진을 신문, 잡지, 그 밖의 출판물에 게재하거나 방송할 수 없다. [전문개정 2010. 3. 31.]

제11조 (위임 규정) 가사사건의 재판과 조정의 절차에 관하여 필요한 사항은 대법원규칙으로 정한다. [전문개정 2010. 3. 31.]

제4편 가사조정 <개정 2010. 3. 31.>

제49조 (준용법률) 가사조정에 관하여는 이 법에 특별한 규정이 있는 경우를 제외하고는 「민사조정법」을 준용한다. 다만, 「민사조정법」 제18조 및 제23조는 준용하지 아니한다.
[전문개정 2010. 3. 31.]

제50조 (조정 전치주의) ① 나류 및 다류 가사소송사건과 마류 가사비송사건에 대하여 가정법원에 소를 제기하거나 심판을 청구하려는 사람은 먼저 조정을 신청하여야 한다.
② 제1항의 사건에 관하여 조정을 신청하지 아니하고 소를 제기하거나 심판을 청구한 경우에는 가정법원은 그 사건을 조정에 회부하여야 한다. 다만, 공시송달의 방법이 아니면 당사자의 어느 한쪽 또는 양쪽을 소환할 수 없거나 그 사건을 조정에 회부하더라도 조정이 성립될 수 없다고 인정하는 경우에는 그러하지 아니하다.
[전문개정 2010. 3. 31.]

제51조 (관할) ① 가사조정사건은 그에 상응하는 가사소송사건이나 가사비송사건을 관할하는 가정법원 또는 당사자가 합의로 정한 가정법원이 관할한다.
② 가사조정사건에 관하여는 제13조제3항부터 제5항까지의 규정을 준용한다.
[전문개정 2010. 3. 31.]

제52조 (조정기관) ① 가사조정사건은 조정장 1명과 2명 이상의 조정위원으로 구성된 조정위원회가 처리한다.
② 조정담당판사는 상당한 이유가 있는 경우에는 당사자가 반대의 의사를 명백하게 표시하지 아니하면 단독으로 조정할 수 있다.
[전문개정 2010. 3. 31.]

제53조 (조정장 등 및 조정위원의 지정) ① 조정장이나 조정담당판사는 가정법원장 또는 가정법원지원장이 그 관할법원의 판사 중에서 지정한다.
② 조정위원회를 구성하는 조정위원은 학식과 덕망이 있는 사람으로서 매년 미리 가정법원장이나 가정법원지원장이 위촉한 사람 또는 당사자가 합의하여 선정한 사람 중에서 각 사건마다 조정장이 지정한다.
[전문개정 2010. 3. 31.]

제54조 (조정위원) 조정위원은 조정위원회에서 하는 조정에 관여할 뿐 아니라 가정법원, 조정위원회 또는 조정담당판사의 촉탁에 따라 다른 조정사건에 관하여 전문적 지식에 따른 의견을 진술하거나 분쟁의 해결을 위하여 사건 관계인의 의견을 듣는다. [전문개정 2010. 3. 31.]

제55조 (조정의 신청) 조정의 신청에 관하여는 제36조제2항부터 제5항까지의 규정을 준용한다. [전문개정 2010. 3. 31.]

제56조 (사실의 사전 조사) 조정장이나 조정담당판사는 특별한 사정이 없으면 조정을 하기 전에 기한을 정하여 가사조사관에게 사건에 관한 사실을 조사하게 하여야 한다. [전문개정 2010. 3. 31.]

제57조 (관련 사건의 병합신청) ① 조정의 목적인 청구와 제14조에 규정된 관련 관계에 있는 나류, 다류 및 마류 가사사건의 청구는 병합하여 조정신청할 수 있다.
② 당사자 간의 분쟁을 일시에 해결하기 위하여 필요하면 당사자는 조정위원회 또는 조정담당판사의 허가를 받아 조정의 목적인 청구와 관련 있는 민사사건의 청구를 병합하여 조정신청할 수 있다.
[전문개정 2010. 3. 31.]

제58조 (조정의 원칙) ① 조정위원회는 조정을 할 때 당사자의 이익뿐 아니라 조정으로 인하여 영향받게 되는 모든 이해관계인의 이익을 고려하고 분쟁을 평화적・종국적(終局的)으로

해결할 수 있는 방안을 마련하여 당사자를 설득하여야 한다.
② 자녀의 친권을 행사할 사람의 지정과 변경, 양육 방법의 결정 등 미성년자인 자녀의 이해(利害)에 직접적인 관련이 있는 사항을 조정할 때에는 미성년자인 자녀의 복지를 우선적으로 고려하여야 한다.
[전문개정 2010. 3. 31.]

제59조 (조정의 성립) ① 조정은 당사자 사이에 합의된 사항을 조서에 적음으로써 성립한다.
② 조정이나 확정된 조정을 갈음하는 결정은 재판상 화해와 동일한 효력이 있다. 다만, 당사자가 임의로 처분할 수 없는 사항에 대하여는 그러하지 아니하다.
[전문개정 2010. 3. 31.]

제60조 (이의신청 등에 의한 소송으로의 이행) 제57조제2항에 따라 조정신청된 민사사건의 청구에 관하여는 「민사조정법」 제36조를 준용한다. 이 경우 가정법원은 결정으로 그 민사사건을 관할법원에 이송하여야 한다.
[전문개정 2010. 3. 31.]

제61조 (조정장 등의 의견 첨부) 조정의 목적인 가사사건의 청구에 관하여 「민사조정법」 제36조에 따라 소가 제기된 것으로 의제(擬制)되거나, 제50조제2항에 따라 조정에 회부된 사건을 다시 가정법원에 회부할 때에는 조정장이나 조정담당판사는 의견을 첨부하여 기록을 관할가정법원에 보내야 한다.
[전문개정 2010. 3. 31.]

3. 가사소송규칙 [시행 2019. 8. 2] [대법원규칙 제2856호, 2019. 8. 2, 일부개정]

제1편 총 칙

제8조 (가사조사관의 임무) 가사조사관은 재판장, 조정장 또는 조정담당판사의 명을 받아 사실을 조사하고 의무이행상태를 점검하며 당사자 또는 사건관계인의 가정 기타 주위 환경의 조정을 위한 조치를 행한다.

제9조 (가사조사관의 사실조사) ① 가사조사관은 조사를 명령받은 사항에 관하여 독립하여 조사한다.
② 가사조사관은 필요에 따라 사건관계인의 학력, 경력, 생활상태, 재산상태와 성격, 건강 및 가정환경등에 대하여 심리학, 사회학, 경제학, 교육학 기타 전문적 지식을 활용하여 조사하여야 한다.

제10조 (조사기간) 가사조사관이 재판장, 조정장 또는 조정담당판사의 조사명령을 받은 경우에 그 명령에 기한의 정함이 없는 때에는 그 명령을 받은 때로부터 2월이내에 조사를 완료하여야 한다.

제11조 (조사보고서의 작성) ① 가사조사관이 사실조사를 마친 때에는 조사보고서를 작성하여 조사명령을 한 재판장, 조정장 또는 조정담당판사에게 보고하여야 한다.
② 조사보고서에는 조사의 방법과 결과 및 가사조사관의 의견을 기재하여야 한다.
③ 가사조사관은 전문가의 감정 기타 조력이 필요하다고 인정할 때에는 그 취지를 기재하여야 한다.

제12조 (사회복지기관과의 연락등) 재판장, 조정장 또는 조정담당판사는 사건처리를 위하여 당사자 또는 사건관계인의 가정 기타의 환경을 조정할 필요가 있는 때에는 가사조사관으로 하여금 사회복지기관과의 연락, 기타의 조정조치를 하게 할 수 있다. 이 경우에는 제11조 제1항 및 제2항의 규정을 준용한다.

제12조의2 (상담 권고) ① 가정법원은 필요한 경우 당사자에게 상담에 관하여 전문적인 지식과 경험을 갖춘 전문상담인의 상담을 받을 것을 권고할 수 있다.
② 가정법원은 전문상담인을 상담위원으로 위촉하여 제1항의 상담을 담당하게 할 수 있고, 상담위원의 일당 및 수당은 매년 대법관회의에서 이를 정하여 국고 등에서 지급할 수

있다.
③ 가정법원은 당사자가 다른 가정법원 관할구역 내에 거주하는 등 필요한 경우에는 다른 가정법원에서 위촉한 상담위원으로 하여금 제1항의 상담을 담당하게 할 수 있다. <신설 2016. 12. 29.>
[본조신설 2008. 6. 5.]

제13조 (가사조사관의 기일에의 출석) 가정법원, 조정위원회 또는 조정담당판사는 가사조사관을 기일에 출석시켜 의견을 진술하게 할 수 있다.

제4편 가사조정

제117조 (준용규정) ① 가사조정에 관하여는 법 및 이 규칙에 특별한 규정이 있는 경우를 제외하고는 「민사조정규칙」의 규정을 준용한다. <개정 2006. 3. 23.>
② 제16조, 제17조 및 제20조의 규정은 가사조정사건에 이를 준용한다.

제118조 (조정장소) 조정위원회 또는 조정담당판사는 필요하다고 인정한 때에는 법원외의 적당한 장소에서 조정할 수 있다.

제119조 (격지조정) ① 조정위원회 또는 조정담당판사는 당사자가 동시에 출석하여 조정할 수 없는 사정이 있다고 인정한 때에는, 서면으로 조정안을 작성하여 각 당사자에게 제시할 수 있다. 이 경우, 조정안에는 그 조정으로 인한 효과를 기재하여야 한다.
② 당사자가 제1항의 조정안에 동의한 때에는, 조정위원회 또는 조정담당판사가 지명한 조정위원의 면전에서 조정안에 기명날인 또는 서명하여야 한다. <개정 2002. 6. 28.>
③ 당사자 전원이 제2항의 규정에 의한 동의를 한 때에는 조정이 성립된 것으로 본다. 이 경우, 조정조서에는 격지조정에 의하여 조정이 성립되었음을 기재하고, 각 당사자가 기명날인 또는 서명한 조정안을 첨부하여야 한다. <개정 2002. 6. 28.>

제120조 (조정장의 기명날인) 조정위원회가 작성하는 조정안, 결정서, 조서, 의견서등에는 조정위원회를 대표하여 조정장이 기명날인한다.

4. 민사조정법 [시행 2020. 3. 5] [법률 제16910호, 2020. 2. 4, 일부개정]

제1조 (목적) 이 법은 민사(民事)에 관한 분쟁을 조정(調停) 절차에 따라 당사자의 자주적·자율적 분쟁 해결 노력을 존중하면서 적정·공정·신속하고 효율적으로 해결함을 목적으로 한다. <개정 2020. 2. 4.> [전문개정 2010. 3. 31.]

제2조 (조정사건) 민사에 관한 분쟁의 당사자는 법원에 조정을 신청할 수 있다. <개정 2020. 2. 4.> [전문개정 2010. 3. 31.]

제3조 (관할법원) ① 조정사건은 다음 각 호의 어느 하나에 해당하는 곳을 관할하는 지방법원, 지방법원지원(地方法院支院), 시법원(市法院) 또는 군법원(郡法院)(이하 "시·군법원"이라 한다)이 관할한다.
　　1. 피신청인에 대한 「민사소송법」 제3조부터 제6조까지의 규정에 따른 보통재판적(普通裁判籍) 소재지
　　2. 피신청인의 사무소 또는 영업소 소재지
　　3. 피신청인의 근무지
　　4. 분쟁의 목적물 소재지
　　5. 손해 발생지
② 제1항에도 불구하고 조정사건은 그에 상응하는 소송사건의 전속관할법원(專屬管轄法院)이나 당사자 사이에 합의로 정한 법원에서 관할할 수 있다.
[전문개정 2010. 3. 31.]

제4조 (이송) ① 고등법원장, 지방법원장 또는 지방법원지원장의 지정을 받아 조정사건을 담당하는 판사 또는 조정사건을 담당하는 시·군법원의 판사(이하 "조정담당판사"라 한다)는 사건이 그 관할에 속하지 아니한다고 인정할 때에는 결정(決定)으로 사건을 관할법원에 이송하여야 한다. 다만, 피신청인이 관할위반에 대하여 항변(抗辯)을 하지 아니하고 조정절차에서 진술하거나, 사건의 해결을 위하여 특히 필요하다고 인정할 때에는 그러하지 아니하다.
② 조정담당판사는 사건이 그 관할에 속하는 경우라도 이송하는 것이 적절하다고 인정하면 직권 또는 당사자의 신청에 의한 결정으로 그 사건을 다른 관할법원에 이송할 수 있다.
③ 제1항 및 제2항에 따른 결정에 대하여는 불복의 신청을 하지 못한다.
[전문개정 2010. 3. 31.]

제5조 (신청 방식) ① 조정의 신청은 서면(書面)이나 구술(口述)로 할 수 있다.
② 구술로 신청할 때에는 법원서기관, 법원사무관, 법원주사 또는 법원주사보(이하 "법원사무관등"이라 한다)의 앞에서 진술하여야 한다.
③ 제2항의 경우에 법원사무관등은 조정신청조서(調停申請調書)를 작성하고 이에 기명날인하여야 한다.
④ 조정신청을 할 때에는 대법원규칙으로 정하는 바에 따라 수수료를 내야 한다. [전문개정 2010. 3. 31.]

제5조의2 (독촉절차의 조정으로의 이행) ① 「민사소송법」 제469조제2항에 따라 채무자가 적법한 이의신청을 하여 같은 법 제473조제1항에 따라 지급명령을 발령한 법원이 인지의 보정을 명한 경우 채권자는 인지를 보정하는 대신 해당 기간 이내에 조정으로의 이행을 신청할 수 있다.
② 제1항의 이행신청이 부적법하다고 인정하는 때에는 위 법원은 결정으로 이를 각하하여야 한다. 이 결정에 대하여는 즉시항고(卽時抗告)를 할 수 있다.
③ 채권자가 제1항에 따라 적법한 이행신청을 한 경우에는 「민사소송법」 제472조제2항에도 불구하고 지급명령을 신청한 때에 이의신청된 청구목적의 값에 관하여 조정이 신청된 것으로 본다.
[본조신설 2012. 1. 17.]

제5조의3 (독촉절차의 조정으로의 이행에 따른 처리) ① 제5조의2제3항에 따라 조정이 신청된 것으로 보는 경우, 지급명령을 발령한 법원은 채권자에게 상당한 기간을 정하여, 조정을 신청하는 경우 제5조제4항에 따라 내야 할 수수료에서 지급명령 신청 시에 붙인 인지액을 뺀 액수에 해당하는 수수료를 보정하도록 명하여야 한다.
② 채권자가 제1항의 기간 이내에 수수료를 보정하지 아니한 때에는 위 법원은 결정으로 지급명령신청서를 각하하여야 한다. 이 결정에 대하여는 즉시항고를 할 수 있다.
③ 제1항에 따른 수수료가 보정되면 법원사무관등은 바로 조정사건에 관한 기록을 제3조에 따른 관할법원에 보내야 한다.
④ 제5조의2의 경우 독촉절차의 비용은 조정절차의 비용의 일부로 한다.
[본조신설 2012. 1. 17.]

제6조 (조정 회부) 수소법원(受訴法院)은 필요하다고 인정하면 항소심(抗訴審) 판결 선고 전까지 소송이 계속(係屬) 중인 사건을 결정으로 조정에 회부(回附)할 수 있다. [전문개정 2010. 3. 31.]

제7조 (조정기관) ① 조정사건은 조정담당판사가 처리한다.
　② 조정담당판사는 스스로 조정을 하거나, 상임(常任)으로 이 법에 따른 조정에 관한 사무를 처리하는 조정위원(이하 "상임 조정위원"이라 한다) 또는 조정위원회로 하여금 조정을 하게 할 수 있다. 다만, 당사자의 신청이 있을 때에는 조정위원회로 하여금 조정을 하게 하여야 한다.
　③ 제6조에 따라 수소법원이 조정에 회부한 사건으로서 수소법원이 스스로 조정하는 것이 적절하다고 인정한 사건은 제1항 및 제2항에도 불구하고 스스로 처리할 수 있다.
　④ 제2항 본문 및 제3항에 따라 조정을 하는 상임 조정위원과 수소법원은 조정담당판사와 동일한 권한을 가진다.
　⑤ 제3항의 경우에 수소법원은 수명법관(受命法官)이나 수탁판사(受託判事)로 하여금 조정을 담당하게 할 수 있다. 이 경우 수명법관이나 수탁판사는 조정담당판사와 동일한 권한을 가진다.
　⑥ 조정담당판사가 제2항에 따라 스스로 조정을 하거나 조정위원회로 하여금 조정을 하게 하는 경우 조정담당판사나 조정장(調停長)은 조정위원으로 하여금 분쟁해결방안을 도출하기 위하여 사건관계인의 의견을 들어 합의안을 도출하거나 그 밖에 조정사건의 처리를 위하여 필요한 사무를 수행하게 할 수 있다. <신설 2020. 2. 4.>
　[전문개정 2010. 3. 31.]

제8조 (조정위원회) 조정위원회는 조정장 1명과 조정위원 2명 이상으로 구성한다. <개정 2020. 2. 4.> [전문개정 2010. 3. 31.]

제9조 (조정장) 조정장은 다음 각 호의 구분에 따른 사람이 된다.
　1. 제7조제2항의 경우: 조정담당판사 또는 상임 조정위원
　2. 제7조제3항의 경우: 수소법원의 재판장
　3. 제7조제5항의 경우: 수명법관 또는 수탁판사
　4. 시·군법원의 경우: 시·군법원의 판사
　[전문개정 2010. 3. 31.]

제10조 (조정위원) ① 조정위원은 고등법원장, 지방법원장 또는 지방법원지원장이 학식과 덕망이 있는 사람 중에서 미리 위촉한다. 다만, 상임 조정위원은 변호사 자격이 있는 사람으로서 대법원규칙으로 정하는 일정한 경력을 가진 사람 중에서 법원행정처장이 위촉한다.
　② 조정위원의 임기는 2년으로 한다. 다만, 특별한 사정이 있을 때에는 임기를 2년 이내로 정하여 조정위원을 위촉할 수 있다.

③ 제1항에 따른 조정위원은 다음 각 호의 사무를 수행한다. <개정 2020. 2. 4.>
 1. 조정에 관여하는 일
 2. 조정담당판사 또는 조정장의 촉탁(囑託)을 받아 제7조제6항에서 정한 사무를 수행하는 일
④ 법원은 조정위원에게 정기적인 교육 및 연수기회를 제공하여야 한다. <신설 2020. 2. 4.>
[전문개정 2010. 3. 31.]

제10조의2 (조정위원회를 구성하는 조정위원) 조정위원회를 구성하는 조정위원은 당사자가 합의하여 선정한 사람 또는 제10조제1항의 조정위원 중에서 사건마다 조정장이 지정한다. [전문개정 2010. 3. 31.]

제11조 (조정절차) ① 조정위원회의 조정절차는 조정장이 지휘한다. <개정 2020. 2. 4.>
② 제7조에 따른 조정기관은 조정절차에서 당사자를 동등하게 대우하고, 사건에 대하여 충분히 진술할 수 있는 기회를 주어야 한다. <신설 2020. 2. 4.> [전문개정 2010. 3. 31.]

제12조 (조정위원에 대한 수당 등) 조정위원에게는 대법원규칙으로 정하는 바에 따라 수당을 지급하고, 필요한 경우에는 그 밖의 여비·일당 및 숙박료를 지급할 수 있다. [전문개정 2010. 3. 31.]

제13조 (수수료 납부의 심사) ① 조정담당판사는 신청인이 제5조제4항에 따른 수수료를 내지 아니한 경우에는 적절한 기간을 정하여 그 기간 내에 낼 것을 명하여야 한다.
② 신청인이 제1항의 명령을 이행하지 아니하면 조정담당판사는 명령으로 신청서를 각하(却下)하여야 한다.
③ 제2항의 명령에 대하여는 즉시항고를 할 수 있다. <개정 2012. 1. 17.>
[전문개정 2010. 3. 31.]

제14조 (조정신청서 등의 송달) 조정신청서나 조정신청조서는 지체 없이 피신청인에게 송달하여야 한다. [전문개정 2010. 3. 31.]

제14조의2 (사건의 분리·병합) 제7조에 따른 조정기관은 조정사건의 분리 또는 병합을 명하거나 이를 취소할 수 있다. [전문개정 2010. 3. 31.]

제15조 (조정기일) ① 조정기일은 당사자에게 통지하여야 한다.
② 조정기일의 통지는 소환장을 송달하는 방법이나 그 밖의 적절한 방법으로 할 수 있다.
③ 양쪽 당사자가 법원에 출석하여 조정신청을 하는 경우에는 특별한 사정이 없으면 그 신청일을 조정기일로 한다.
[전문개정 2010. 3. 31.]

제16조 (이해관계인의 참가) ① 조정의 결과에 관하여 이해관계가 있는 자는 조정담당판사의 허가를 받아 조정에 참가할 수 있다.
② 조정담당판사는 필요하다고 인정하면 조정의 결과에 관하여 이해관계가 있는 자를 조정에 참가하게 할 수 있다.
[전문개정 2010. 3. 31.]

제17조 (피신청인의 경정) ① 신청인이 피신청인을 잘못 지정한 것이 명백한 경우에는 조정담당판사는 신청인의 신청을 받아 결정으로 피신청인의 경정(更正)을 허가할 수 있다.
② 제1항에 따른 허가결정이 있는 경우 새로운 피신청인에 대한 조정신청은 제1항의 경정신청이 있은 때에 한 것으로 본다.
③ 제1항에 따른 허가결정이 있는 경우 종전의 피신청인에 대한 조정신청은 제1항의 경정신청이 있은 때에 취하(取下)된 것으로 본다.
④ 제6조에 따라 제1심 수소법원이 조정에 회부한 사건에 대하여 「민사소송법」 제260조에 따른 피고의 경정을 한 경우에는 소송절차에서도 그 효력이 있다.
[전문개정 2010. 3. 31.]

제18조 (대표당사자) ① 공동의 이해관계가 있는 다수(多數)의 당사자는 그중 한 사람 또는 여러 사람을 대표당사자로 선임할 수 있다.
② 제1항의 선임은 서면으로 증명하여야 한다.
③ 조정담당판사는 필요하다고 인정하면 당사자에게 대표당사자를 선임할 것을 명할 수 있다.
④ 대표당사자는 자신을 선임한 다른 당사자를 위하여 다음 각 호의 행위를 제외하고는 각자 조정절차에 관한 모든 행위를 할 수 있다.
  1. 조정조항안(調停條項案)의 수락
  2. 조정신청의 취하
  3. 제30조 및 제32조에 따른 결정에 관계되는 행위
  4. 대리인의 선임
⑤ 대표당사자가 선임된 경우에는 대표당사자 외의 나머지 당사자에게는 조정기일을 통지

하지 아니할 수 있다.
[전문개정 2010. 3. 31.]

제19조 (조정 장소) ① 조정담당판사는 사건의 내용, 당사자의 의사와 편의 등을 고려하여 법원 외의 적당한 장소에서 조정을 할 수 있다. <개정 2020. 2. 4.>
② 제7조제6항에 따른 조정위원이 법원 외의 장소에서 조정사무를 수행하는 경우에는 미리 조정담당판사의 허가를 받아야 한다. <신설 2020. 2. 4.>
[전문개정 2010. 3. 31.]

제20조 (비공개) 조정절차는 공개하지 아니할 수 있다. 다만, 조정절차를 공개하지 아니하는 경우에도 조정담당판사는 적당하다고 인정하는 자에게 방청을 허가할 수 있다. [전문개정 2010. 3. 31.]

제21조 (조정 전의 처분) ① 조정담당판사는 조정을 위하여 특히 필요하다고 인정하면 당사자의 신청을 받아 상대방과 그 밖의 사건관계인에게 조정 전의 처분으로서 다음 각 호의 사항을 명할 수 있다.
  1. 현상(現狀)을 변경하거나 물건을 처분하는 행위의 금지
  2. 그 밖에 조정의 내용이 되는 사항의 실현(實現)을 불가능하게 하거나 현저히 곤란하게 하는 행위의 배제(排除)
② 제1항의 처분을 할 때에는 제42조에 규정된 처분 위반에 대한 제재(制裁)를 고지하여야 한다.
③ 제1항의 처분에 대하여는 즉시항고를 할 수 있다.
④ 제1항의 처분은 집행력을 갖지 아니한다.
[전문개정 2010. 3. 31.]

제22조 (진술청취와 사실조사) 조정담당판사는 조정에 관하여 당사자나 이해관계인의 진술을 듣고 필요하다고 인정하면 적당한 방법으로 사실조사를 할 수 있다. <개정 2020. 2. 4.>
[전문개정 2010. 3. 31.] [제목개정 2020. 2. 4.]

제23조 (진술의 원용 제한) 조정절차에서의 의견과 진술은 민사소송(해당 조정에 대한 준재심은 제외한다)에서 원용(援用)하지 못한다. <개정 2020. 2. 4.>
[전문개정 2010. 3. 31.]

제24조 (조서의 작성) 조정절차에 참여한 법원사무관등은 조정에 관하여 조서를 작성하여야 한다. 다만, 조정담당판사의 허가가 있는 경우에는 그 기재의 일부를 생략할 수 있다. [전문개정 2010. 3. 31.]

제25조 (조정신청의 각하) ① 당사자에게 조정기일을 통지할 수 없을 때에는 조정담당판사는 결정으로 조정신청을 각하할 수 있다.
② 제1항에 따른 결정에 대하여는 불복의 신청을 하지 못한다.
[전문개정 2010. 3. 31.]

제26조 (조정을 하지 아니하는 결정) ① 조정담당판사는 사건이 그 성질상 조정을 하기에 적당하지 아니하다고 인정하거나 당사자가 부당한 목적으로 조정신청을 한 것임을 인정하는 경우에는 조정을 하지 아니하는 결정으로 사건을 종결시킬 수 있다.
② 제1항에 따른 결정에 대하여는 불복의 신청을 하지 못한다.
[전문개정 2010. 3. 31.]

제27조 (조정의 불성립) 조정담당판사는 다음 각 호의 어느 하나에 해당하는 경우 제30조에 따른 결정을 하지 아니할 때에는 조정이 성립되지 아니한 것으로 사건을 종결시켜야 한다.
　　1. 당사자 사이에 합의가 성립되지 아니하는 경우
　　2. 성립된 합의의 내용이 적당하지 아니하다고 인정하는 경우
　　[전문개정 2010. 3. 31.]

제28조 (조정의 성립) 조정은 당사자 사이에 합의된 사항을 조서에 기재함으로써 성립한다.
[전문개정 2010. 3. 31.]

제29조 (조정의 효력) 조정은 재판상의 화해와 동일한 효력이 있다.
[전문개정 2010. 3. 31.]

제30조 (조정을 갈음하는 결정) 조정담당판사는 합의가 성립되지 아니한 사건 또는 당사자 사이에 성립된 합의의 내용이 적당하지 아니하다고 인정한 사건에 관하여 직권으로 당사자의 이익이나 그 밖의 모든 사정을 고려하여 신청인의 신청 취지에 반하지 아니하는 한도에서 사건의 공평한 해결을 위한 결정을 할 수 있다. <개정 2020. 2. 4.> [전문개정 2010. 3. 31.]

제31조 (신청인의 불출석) ① 신청인이 조정기일에 출석하지 아니한 때에는 다시 기일을 정하여 통지하여야 한다.

② 제1항의 새로운 기일 또는 그 후의 기일에 신청인이 출석하지 아니한 때에는 조정신청이 취하된 것으로 본다.

[전문개정 2010. 3. 31.]

제32조 (피신청인의 불출석) 피신청인이 조정기일에 출석하지 아니한 경우 조정담당판사는 상당하다고 인정하는 때에는 직권으로 제30조에 따른 결정을 할 수 있다. <개정 2020. 2. 4.> [전문개정 2010. 3. 31.]

제33조 (조정에 관한 조서의 송달 등) ① 법원사무관등은 다음 각 호의 어느 하나에 해당하는 때에는 그 사유를 조서에 기재하여야 한다.

1. 사건에 관하여 조정을 하지 아니하기로 하는 결정이 있을 때
2. 조정이 성립되지 아니한 때
3. 조정을 갈음하는 결정이 있을 때

② 법원사무관등은 제1항에 따른 조서 중 조정을 하지 아니하기로 하는 결정이 있거나 조정이 성립되지 아니한 사유를 기재한 조서는 그 등본을, 조정을 갈음하는 결정을 기재한 조서 또는 제28조에 따른 조서는 그 정본(正本)을 당사자에게 각각 송달하여야 한다.

[전문개정 2010. 3. 31.]

제34조 (이의신청) ① 제30조 또는 제32조의 결정에 대하여 당사자는 그 조서의 정본이 송달된 날부터 2주일 이내에 이의를 신청할 수 있다. 다만, 조서의 정본이 송달되기 전에도 이의를 신청할 수 있다.

② 제1항의 기간 내에 이의신청이 있을 때에는 조정담당판사는 이의신청의 상대방에게 지체 없이 이를 통지하여야 한다.

③ 이의신청을 한 당사자는 해당 심급(審級)의 판결이 선고될 때까지 상대방의 동의를 받아 이의신청을 취하할 수 있다. 이 경우 「민사소송법」 제266조제3항부터 제6항까지의 규정을 준용하며, "소"(訴)는 "이의신청"으로 본다.

④ 다음 각 호의 어느 하나에 해당하는 경우에는 제30조 및 제32조에 따른 결정은 재판상의 화해와 동일한 효력이 있다.

1. 제1항에 따른 기간 내에 이의신청이 없는 경우
2. 이의신청이 취하된 경우

3. 이의신청이 적법하지 아니하여 대법원규칙으로 정하는 바에 따라 각하결정이 확정된 경우

⑤ 제1항의 기간은 불변기간으로 한다.

[전문개정 2010. 3. 31.]

제35조 (소멸시효의 중단) ① 조정신청은 시효중단의 효력이 있다.

② 당사자의 신청에 의한 조정사건에 관하여 다음 각 호의 어느 하나에 해당하는 사유가 있는 때에는 1개월 이내에 소를 제기하지 아니하면 시효중단의 효력이 없다.

1. 조정신청이 취하된 때
2. 제31조제2항에 따라 조정신청이 취하된 것으로 보는 때

[전문개정 2010. 3. 31.]

제36조 (이의신청에 의한 소송으로의 이행) ① 다음 각 호의 어느 하나에 해당하는 경우에는 조정신청을 한 때에 소가 제기된 것으로 본다.

1. 제26조에 따라 조정을 하지 아니하기로 하는 결정이 있는 경우
2. 제27조에 따라 조정이 성립되지 아니한 것으로 사건이 종결된 경우
3. 제30조 또는 제32조에 따른 조정을 갈음하는 결정에 대하여 제34조제1항에 따른 기간 내에 이의신청이 있는 경우

② 제1항에 따라 조정신청을 한 때에 소가 제기된 것으로 보는 경우 해당 신청인은 소를 제기할 때 소장(訴狀)에 붙여야 할 인지액(印紙額)에서 그 조정신청서에 붙인 인지액을 뺀 금액에 상당하는 인지를 보정(補正)하여야 한다. [전문개정 2010. 3. 31.]

제37조 (절차비용) ① 조정절차의 비용은 조정이 성립된 경우에는 특별한 합의가 없으면 당사자들이 각자 부담하고, 조정이 성립되지 아니한 경우에는 신청인이 부담한다.

② 조정신청이 제36조제1항에 따라 소송으로 이행(移行)되었을 때에는 제1항의 비용은 소송비용의 일부로 본다.

[전문개정 2010. 3. 31.]

제38조 (「민사소송법」의 준용) ① 조정에 관하여는 「민사소송법」 제51조, 제52조, 제55조부터 제60조까지(제58조제1항 후단은 제외한다), 제62조, 제62조의2, 제63조제1항, 제64조, 제145조, 제152조제2항·제3항 및 제163조를 준용한다. <개정 2016. 2. 3., 2020. 2. 4.>

② 이 법에 따른 기일, 기간 및 서류의 송달에 관하여는 「민사소송법」을 준용한다. 다만, 「민사소송법」 제185조제2항, 제187조, 제194조부터 제196조까지의 규정은 제28조에 따라 작성된 조서를 송달하는 경우를 제외하고는 준용하지 아니한다.

[전문개정 2010. 3. 31.]

제39조 (「비송사건절차법」의 준용) 조정에 관하여는 이 법에 특별한 규정이 있는 경우를 제외하고는 그 성질에 반하지 아니하는 범위에서 「비송사건절차법」 제1편(제15조는 제외한다)을 준용한다. [전문개정 2010. 3. 31.]

제40조 (조정위원회 및 조정장의 권한) 조정위원회가 조정을 하는 경우 조정위원회와 조정장은 다음 각 호의 구분에 따른 조정담당판사의 권한을 가진다. <개정 2020. 2. 4.>
  1. 조정위원회: 제16조, 제17조제1항, 제18조제3항, 제19조제1항, 제21조제1항, 제22조, 제25조제1항, 제26조제1항, 제27조, 제30조 및 제32조에 규정된 조정담당판사의 권한
  2. 조정장: 제13조제1항·제2항, 제20조, 제24조, 제34조제2항 및 제42조에 규정된 조정담당판사의 권한 [전문개정 2010. 3. 31.]

제40조의2 (상임 조정위원의 공무원 의제) 상임 조정위원은 「형법」 제129조부터 제132조까지의 규정에 따른 벌칙을 적용할 때에는 공무원으로 본다.
[본조신설 2009. 2. 6.]

제41조 (벌칙) ① 조정위원 또는 조정위원이었던 사람이 정당한 이유 없이 합의의 과정이나 조정장 또는 조정위원의 의견 및 그 의견별 조정위원의 수(數)를 누설한 경우에는 30만원 이하의 벌금에 처한다.
② 조정위원 또는 조정위원이었던 사람이 정당한 이유 없이 그 직무수행 중에 알게 된 타인의 비밀을 누설한 경우에는 2년 이하의 징역 또는 100만원 이하의 벌금에 처한다.
③ 제2항의 죄는 고소가 있어야 공소(公訴)를 제기할 수 있다. [전문개정 2010. 3. 31.]

제42조 (조정 전의 처분 위반자에 대한 제재) ① 조정담당판사는 당사자 또는 참가인이 제21조에 따른 조정 전의 처분에 따르지 아니하면 직권으로 5백만원 이하의 과태료를 부과한다. <개정 2020. 2. 4.>
② 「비송사건절차법」 제248조 및 제250조 중 검사(檢事)에 관한 규정은 제1항의 과태료 재판에는 적용하지 아니한다. [전문개정 2010. 3. 31.]

제43조 (위임규정) 이 법에서 규정한 사항 외에 조정절차에서의 의견청취, 사실조사, 절차비용의 예납(豫納), 독촉절차와의 관계, 소송절차와의 관계, 집행절차와의 관계, 그 밖에 조정에 필요한 사항은 대법원규칙으로 정한다. <개정 2012. 1. 17., 2020. 2. 4.> [전문개정 2010. 3. 31.]

5. 민사조정규칙 [시행 2021. 11. 18.] [대법원규칙 제3002호, 2021. 10. 29., 일부개정]

제1조 (규칙의 취지) 민사조정에 관하여는 민사조정법(이하 "법"이라 한다)의 규정에 의하는 외에 이 규칙이 정하는 바에 의한다.

제2조 (조정의 신청) ① 조정신청서나 조정신청조서에는 당사자, 대리인, 신청의 취지와 분쟁의 내용을 명확히 기재하여야 하며, 증거서류가 있는 경우에는 신청과 동시에 이를 제출하여야 한다.
② 조정을 서면으로 신청하는 경우에는 피신청인 수에 상응하는 부본을 제출하여야 한다.

제2조의2 (조정신청의 각하등) ① 조정신청서나 조정신청조서를 피신청인에게 송달할 수 없는 경우에는 조정담당판사는 상당한 기간을 정하여 주소의 보정을 명하여야 한다.
② 신청인이 주소를 보정하지 아니한 때에는 조정담당판사는 명령으로 조정신청서를 각하하여야 한다. 다만, 공시송달에 의한 소송진행이 가능하다고 인정되는 때에는 조정이 성립되지 아니한 것으로 사건을 종결시킬 수 있다.
③ 제2항의 규정에 의한 각하명령에 대하여는 불복의 신청을 하지 못한다.
[본조신설 1992. 12. 30.]

제3조 (조정수수료) ① 조정신청의 수수료는 「민사소송 등 인지법」 제2조에 따라 산출한 금액의 10분의 1로 한다. 다만, 「민사소송 등에서의 전자문서 이용 등에 관한 법률」 제8조에 따라 등록사용자로서 전산정보처리시스템을 이용한 민사소송 등의 진행에 동의한 자가 조정신청서를 전자문서로 제출하는 경우 조정신청의 수수료는 본문에 따라 산출한 금액의 10분의 9로 한다. <개정 2011. 7. 28., 2013. 10. 11.>
② 제1항 본문에 따른 수수료가 1천원 미만이면 1천원으로 하고, 제1항 본문 또는 단서에 따른 수수료 중 100원 미만은 계산하지 아니한다. <신설 2013. 10. 11.>
③ 제1항에 따른 수수료를 제외하고 이 법 및 이 규칙에 따른 절차에 있어서의 신청수수료에 관하여는 그 성질에 반하지 아니하는 한 「민사소송 등 인지법」을 준용한다. <개정 2011. 7. 28., 2013. 10. 11.>
④ 제1항의 수수료는 인지로 납부하여야 한다. 다만, 「민사소송 등 인지규칙」이 정하는 바에 의하여 현금이나 신용카드·직불카드 등으로 납부할 수 있다. <개정 2011. 7. 28., 2013. 10. 11.>

제4조 (수송절차와의 관계) ① 조정의 신청이 있는 사건에 관하여 소송이 계속된 때에는, 수

소법원은 결정으로 조정이 종료될 때까지 소송절차를 중지할 수 있다.

② 법 제6조의 규정에 의하여 소송사건이 조정에 회부된 때에는 그 절차가 종료될 때까지 소송절차는 중지된다.

③ 소송이 계속중인 사건을 법 제6조의 규정에 의하여 조정에 회부한 경우, 조정이 성립하거나 조정을 갈음하는 결정이 확정된 때에는 소의 취하가 있는 것으로 본다. <개정 2020. 3. 30.>

④ 제3항의 규정에 의하여 소가 취하된 것으로 보는 경우 조정담당판사는 그 취지를 수소법원에 지체없이 통지하여야 한다. 다만, 법 제7조제3항의 규정에 의하여 수소법원이 스스로 조정한 경우에는 그러하지 아니하다. <개정 1992. 12. 30.>

⑤ 법 제6조의 규정에 의하여 조정에 회부된 사건의 조정기일에 당사자 쌍방 또는 일방이 출석하지 아니한 경우 조정담당판사는 법 제30조의 규정에 의하여 조정을 갈음하는 결정을 할 수 있다. 당사자가 출석하지 아니하여 조정기일을 2회이상 진행하지 못한 경우 조정을 갈음하는 결정을 하지 아니하는 때에는 조정절차를 종결하고 사건을 수소법원에 다시 회부하여야 한다. <신설 2001. 10. 29., 2020. 3. 30.>

⑥ 제1항의 결정에 대하여는 불복하지 못한다.

제5조 (집행절차와의 관계) ① 조정담당판사는 분쟁의 실정에 의해 사건을 조정에 의하여 해결하는 것이 상당하다고 인정되는 경우, 조정의 성립을 불가능하게 하거나 또는 현저히 곤란하게 할 우려가 있는 때에는, 신청에 의하여 담보를 제공하게 하거나 제공하게 하지 아니하고 조정이 종료될 때까지 조정의 목적이 된 권리에 관한 집행절차의 정지를 명할 수 있다. 다만, 재판 및 조서 기타 법원에서 작성된 서면의 기재에 기한 집행절차에 관하여는 그러하지 아니하다.

② 조정담당판사는 집행절차의 정지를 명한 경우에 필요하다고 인정하는 때에는 신청에 의하여 담보를 제공하게 하거나 제공하게 하지 아니하고 이를 속행할 것을 명할 수 있다.

③ 제1항 및 제2항의 신청을 함에는 그 이유를 소명하여야 한다.

④ 민사소송법 제122조, 제123조, 제125조 및 제126조의 규정은 제1항 및 제2항의 담보에 이를 준용한다. <개정 2002. 6. 28.>

⑤ 제1항 및 제2항의 규정에 의한 결정에 대하여는 당사자는 즉시 항고를 할 수 있다.

제6조 (당사자의 출석의무와 대리인등) ① 법 제15조제1항의 규정에 의한 통지를 받은 당사자는 기일에 본인이 출석하여야 한다. 그러나 특별한 사정이 있는 경우에는 대리인을 출석시키거나 보조인을 동반할 수 있다.

② 다음 각 호의 어느 하나에 해당하는 경우 조정담당판사의 허가를 받아 변호사 아닌 자를 제1항의 대리인 또는 보조인으로 할 수 있다. 다만, 조정사건이 소액사건심판법 제2

조제1항에 해당하는 경우에는 소액사건심판법 제8조를 준용한다. <개정 2020. 3. 30.>
   1. 당사자의 배우자 또는 4촌 안의 친족으로서 당사자와의 생활관계에 비추어 상당하다고 인정되는 경우
   2. 당사자와 고용, 그 밖에 이에 준하는 계약관계를 맺고 그 사건에 관한 통상사무를 처리·보조하는 사람으로서 그 사람이 담당하는 사무와 사건의 내용 등에 비추어 상당하다고 인정되는 경우
③ 법 제6조의 규정에 의하여 소송사건이 조정에 회부된 경우, 소송대리인은 조정에 관하여도 당사자를 대리할 수 있다. 다만, 화해 또는 조정에 관한 권한이 있음을 서면으로 증명하여야 한다. <신설 1993. 12. 28.>
④ 조정담당판사는 언제든지 제2항의 허가를 취소할 수 있다.
⑤ 제2항의 규정에 의한 선임불허가결정 및 제4항의 규정에 의한 허가취소결정에 대하여는 불복하지 못한다. <개정 1993. 12. 28.>
⑥ 제2항에 규정된 허가신청은 서면으로 하여야 한다. <신설 2020. 3. 30.>
[제목개정 1993. 12. 28.]

제6조의2 (비디오 등 중계장치 등에 의한 조정기일) ① 조정담당판사는 상당하다고 인정하는 때에는 당사자의 신청을 받거나 동의를 얻어 비디오 등 중계장치에 의한 중계시설을 통하거나 인터넷 화상장치를 이용하여 조정기일을 열 수 있다.
② 제1항의 조정기일에 관하여는 민사소송규칙 제73조의2 및 제73조의3을 준용한다.
[본조신설 2021. 10. 29.]

제6조의3 (비디오 등 중계장치 등에 의한 조정사무 수행) 법 제7조제6항의 규정에 따라 조정기일 외에서 합의안을 도출하거나 그 밖에 조정사건의 처리를 위하여 필요한 사무는 당사자의 의견을 들어 비디오 등 중계장치에 의한 중계시설을 통하거나 인터넷 화상장치를 이용하여 수행할 수 있다. [본조신설 2021. 10. 29.]

제7조 (조정위원회를 구성하는 조정위원의 지정취소) 조정장은 사건처리상 특히 필요하다고 인정하는 때에는 조정위원회를 구성하는 조정위원의 지정을 취소할 수 있다. [전문개정 1992. 12. 30.]

제8조 (사실조사등) ① 조정담당판사 또는 조정위원회는 사실의 조사를 지방법원 판사에게 촉탁할 수 있다. <개정 2020. 3. 30.>

② 조정위원회는 조정장에게 사실의 조사를 하게 할 수 있다. <개정 2020. 3. 30.>
③ 조정담당판사 또는 조정위원회는 상당하다고 인정하는 때에는, 소속법원의 조정위원에게 사실의 조사를 하게 할 수 있다.
④ 삭제 <2020. 3. 30.>
[제목개정 2020. 3. 30.]

제9조 (의견청취의 촉탁) 조정담당판사는 지방법원판사에게 분쟁해결에 관하여 이해관계인에 대한 의견의 청취를 촉탁할 수 있다.

제10조 (촉탁된 사실조사등의 조정위원에 의한 실시) 제8조제1항 또는 제9조의 촉탁을 받은 지방법원 판사는 상당하다고 인정하는 때에는 소속법원의 조정위원에게 당해촉탁에 관한 사실의 조사 또는 의견의 청취를 하게 할 수 있다.

제11조 (조사의 촉탁) 조정담당판사는 필요한 조사를 공무소 기타 적당하다고 인정하는 자에게 촉탁할 수 있다.

제12조 (전문적인 지식, 경험에 관한 의견의 청취) ① 조정담당판사 또는 조정위원회는 필요하다고 인정하는 때에는, 소속법원의 조정위원으로부터 전문적인 지식, 경험에 기한 의견을 청취할 수 있다. <개정 2021. 10. 29.>
② 조정담당판사는 상당하다고 인정하는 때에는 당사자의 의견을 들어 소속법원의 조정위원으로 하여금 비디오 등 중계장치에 의한 중계시설을 통하거나 인터넷 화상장치를 이용하여 제1항의 의견을 진술하게 할 수 있다. <신설 2021. 10. 29.>

제12조의2 (조서의 작성) ① 조정에 관한 조서에는 조정담당판사와 법원사무관등이 기명날인하고 조정담당판사가 지장이 있는 때에는 법원사무관등이 그 사유를 기재한다.
② 법 제7조제3항에 의하여 수소법원이 스스로 조정하는 경우에는 재판장과 법원사무관등이 기명날인하고 재판장이 지장이 있는 때에는 합의부원이 그 사유를 기재하고 기명날인한다. 법관전원이 지장이 있는 때에는 법원사무관등이 그 사유를 기재한다.
③ 조정이 성립된 경우에 조서의 작성방식에 관하여는 민사소송규칙 제31조의 규정을 준용한다. <개정 1998. 10. 8., 2002. 6. 28.>
[본조신설 1993. 12. 28.]

제13조 (비용의 예납등) ① 사실조사, 소환, 고지 기타 조정절차비용의 예납에 관하여는 민사소송법 제116조 및 민사소송규칙 제19조, 제20조의 규정을 준용한다. <개정 2002. 6.

28., 2020. 3. 30.>
② 법 및 이 규칙에 의하여 당사자등이 예납할 절차비용의 범위와 액에 관하여는 민사소송비용법 및 민사소송비용규칙을 준용한다.

제14조 (조정위원회의 의결) 조정위원회의 의결은 과반수의 의견에 의한다. 그러나 가부동수인 경우에는 조정장의 결정에 따른다.

제15조 (합의의 비공개) 조정위원회의 합의는 공개하지 아니한다.

제15조의2 (조정을 갈음하는 결정) ① 조정담당판사는 조정기일 외에서도 법 제30조, 제32조의 규정에 의한 결정을 할 수 있다. 이 경우에는 조정담당판사가 결정서를 작성하고 기명날인하여야 한다.
② 제1항의 경우 법원사무관등은 당사자에게 결정서 정본을 송달하여야 한다.
③ 제1항의 경우 법 제34조제1항의 규정에 의한 이의신청의 기간은 결정서 정본이 송달된 날로부터 기산한다.
④ 민사소송법 제185조제2항, 제187조 또는 제194조 내지 제196조의 규정에 의한 송달 이외의 방법으로 당사자 쌍방 또는 일방에게 조정을 갈음하는 결정서 정본을 송달할 수 없는 때에는 조정담당판사는 직권 또는 당사자의 신청에 의하여 조정을 갈음하는 결정을 취소하고, 법 제27조의 규정에 의하여 조정의 불성립으로 사건을 종결하여야 한다. <신설 2001. 10. 29., 2002. 6. 28., 2020. 3. 30.>
[전문개정 1993. 12. 28.] [제목개정 2020. 3. 30.]

제16조 (이의신청) ① 조정담당판사는 법 제34조제1항의 규정에 의한 이의신청이 적법하지 아니하다고 인정하는 때에는 결정으로 이의신청을 각하하여야 한다. 이의신청이 적법하지 아니함에도 조정담당판사가 이를 각하하지 아니한 때에는 수소법원이 결정으로 이를 각하한다. <개정 1995. 12. 26.>
② 제1항의 결정에 대하여는 즉시 항고를 할 수 있다.
③ 제2항의 즉시항고는 집행정지의 효력이 있다.
④ 제1항의 결정에 관하여는 민사소송법 제3편제3장의 규정을 준용한다. <신설 1995. 12. 26.>

제16조의2 (절차비용) 법 제6조의 규정에 의하여 소송사건이 조정에 회부된 경우 조정이 성립하거나 조정을 갈음하는 결정이 확정된 때에는 소송비용은 조정절차비용의 일부로 본다. 다만, 조정을 갈음하는 결정에 대한 이의신청이 취하된 경우에 있어서 이의신청이후의 소송비용은 그러하지 아니하다. <개정 1995. 12. 26., 2020. 3. 30.> [본조신설 1993. 12. 28.]

제16조의3 (조서의 송달) 조정을 하지 아니하기로 하는 결정이 있거나 조정이 성립되지 아니한 경우, 각 그 사유를 기재한 조서등본의 송달은 그 조정기일에 출석하지 아니한 당사자에 대하여 한다. [본조신설 1993. 12. 28.]

제16조의4 (인지액 납부의 심사) ① 법 제36조제1항에 따라 소가 제기된 것으로 보는 경우, 조정담당판사는 신청인에게 적절한 기간을 정하여 법 제36조제2항에 따른 인지를 보정하도록 명하여야 한다.

② 신청인이 제1항의 기간 이내에 인지를 보정하지 아니한 때에는 조정담당판사는 결정으로 조정신청서를 각하하여야 한다. 이 결정에 대하여는 즉시항고를 할 수 있다.
[본조신설 2013. 10. 11.]

제17조 (기록의 열람등) 당사자나 이해관계를 소명한 제3자는 수수료를 납부하고 기록의 열람·복사, 재판서·조서의 정본·등본·초본의 교부 또는 소송에 관한 사항의 증명서의 교부를 법원사무관등에게 신청할 수 있다.
[전문개정 2002. 6. 28.]

제18조 (조정위원회 및 조정장의 권한) ① 조정위원회가 조정을 하는 경우에는 제4조제5항, 제5조제1항·제2항, 제9조, 제11조, 제15조의2제1항 및 제4항의 규정에 의한 조정담당판사의 권한은 조정위원회에, 제2조의2제1항·제2항, 제4조제4항, 제6조제2항·제3항, 제12조의2제1항 및 제16조제1항의 규정에 의한 조정담당판사의 권한은 조정장에 각 속한다. <개정 2001. 10. 29.>

② 조정위원회의 명령, 결정, 처분서등에는 조정위원회를 대표하여 조정장이 기명날인한다. <신설 1993. 12. 28.>

```
┌─  ─┐
 版 權

 所 有
└─  ─┘
```

2024년 최신판
다문화가정[이혼·혼인] 실무

2024年 6月 10日 初版 發行

編 著 : 법률연구회
發行處 : 법률정보센터

주소 서울 성북구 아리랑로4가길 14
전화 (02) 953-2112
등록 1993.7.26. NO.1-1554
www.lawbookcenter.com

* 本書의 無斷 複製를 禁합니다.

ISBN 978-89-6376-555-6   定價 : 25,000원